Eckhart Pick

Pentagramm des Lebens

aus Familie, Wissenschaft, Politik, Numismatik und Sport

Für Antje

Eckhart Pick

Pentagramm des Lebens

aus Familie, Wissenschaft, Politik, Numismatik und Sport

Inhaltsverzeichnis

Seite

Kindheit und Jugend

Das Elternhaus

Am achten Februar 1941 wurde ich in Mainz geboren. Genauer, in Mainz – Mombach im Rochus-Krankenhaus. Dass meine Mutter Matilde geborene Hoffmann dort entband statt in der städtischen Klinik, hatte damit zu tun, dass eine Zwillingsgeburt erwartet wurde, die auch tatsächlich eintrat. Deswegen sollte die Geburt nicht zu Hause, in der Großen Bleiche 53, Ecke Bauhofstraße, sondern in der Mombacher Klinik stattfinden. Mein älterer Bruder Siegfried kam eine gute Stunde vor mir zur Welt. Ich wies immer darauf hin, dass meine angeborene Höflichkeit schon mit meiner Geburt zu Tage trat, da ich meinem Bruder den Vortritt gelassen habe mit all den Nachteilen die das Herkommen dem Zweitgeborenen traditionell in der Vergangenheit aufbürdete: Statt der Nachfolge in die Herrschaft über ein Territorium war ihm in der Regel der geistliche Stand zugewiesen. Ich habe diesen Nachteil der späteren Geburt allerdings ganz gut überstanden, z. B. indem ich dem mir zugedachten geistlichen Beruf entgehen konnte. Die Wohnung in der Großen Bleiche lag sinniger Weise da, wo heute die Büros der Abgeordneten des Landtags von Rheinland-

Das erste (Such) Bild: Links Eckhart – rechts Siegfried (schon unverkennbar?) im Alter von 7 Monaten.

Jetzt ist doch klar, wer „wer" ist (1943).

Pfalz untergebracht sind. Dass ich selbst einmal dieser Kategorie kurzzeitig angehören würde, wurde mir allerdings nicht in die Wiege gelegt. Mein Vater war der bekannte Pfarrer Dr. Georg Pick der Freireligiösen Gemeinde Mainz, die 1845 gegründet worden war, ein glänzender Redner mit vielen Bekannten und Freunden in der Mainzer und rheinland-pfälzischen Szene. Gleichzeitig war er im Gegensatz zu mir, ein ausgeglichener, vielbelesener und gütiger Mensch, der nie laut wurde und der niemals zu handfesten Erziehungsmaßnahmen griff. Kurzum, die von uns Kindern gebrauchte Formulierung „Väterchen" war bezeichnend. Meine Mutter, „Mutti", ein frohgemutes Mainzer Kind, das jüngste von sieben Geschwistern, war vor ihrer Heirat 1939 Sekretärin im damals städtischen Krankenhaus im Vorzimmer von Prof. Keller, dem Chef der Kinderklinik. Diese Tätigkeit gab sie auf, auch als 1943 das dritte Kind, Freya, die Familie erweiterte. Mein Vorname leitete sich von dem Mystiker Meister Eckhart ab, für den mein Vater eine besondere Vorliebe hatte. Als gebürtiger Straßburger, 1892 geboren, war er im Ersten Weltkrieg während seines Studiums in Straßburg für die Deutschen in den Krieg gezogen und war nach dem Versailler Frieden und dem Verlust des Elsass an Frankreich, im Deutschen Gebiet geblieben. Er studierte dann in Heidelberg weiter Philosophie. In Straßburg hatte er Albert Schweitzer kennengelernt, der derselben liberal-christlichen Studentenverbindung, der „Wilhelmitana" angehörte. Sie haben sich auch noch später geschrieben. Über Heidelberg, wo er bei Heinrich Rickert in Philosophie Summa cum laude promoviert hatte, im Nebenfach bei Karl Jaspers in Psychopathologie, war er 1929 nach Mainz gelangt. Er war als Pfarrer der Freireligiösen Gemeinde bei seinen Schäfchen sehr beliebt, auch weil er auf seinem Segelboot namens „Katze" in seiner Freizeit auf dem Rhein immer Freunde mitnahm. Eines Tages versenkte er es bei einer Rheinpartie im „Binger Loch", was seinem Namen wegen der Felsen mit ihren Untiefen alle Ehre machte. Wenn er später auf diesen Vorfall angesprochen wurde, reagierte er etwas einsilbig. Es war ihm unangenehm, über diesen dann doch glücklich ausgegangenen Unfall ohne Personenschaden zu berichten Das Boot muss heute noch irgendwo auf dem Grund des Rheins liegen, behaupte ich.

Früheste Erinnerungen

Meine frühesten Erinnerungen bestehen im Aufenthalt auf dem großen Ledersessel meines Vaters, den ich „Budda“ nannte. Das stimmte meinen Vater insofern hoffnungsfroh, dass ich – siehe mein Vorname – einmal ein Philosoph werden könnte. Auch diese Hoffnung wurde nicht erfüllt, obwohl ich später anfangs neben Jura auch Philosophie studierte. Von dem besagten mit breiten Lehnen versehenen Sessel vor seinem Schreibtisch konnte ich schon früh die reichgefüllten Bücherregale meines Vaters erreichen, eine Tatsache, die ihn zu dem folgenden Zweizeiler veranlasste. Er konnte auch wunderbar dichten.

„Der Räuber, Räuber Willewit,
der nimmt uns unsre Schlüssel mit.
Der Eckhart ist sein Spießgesell

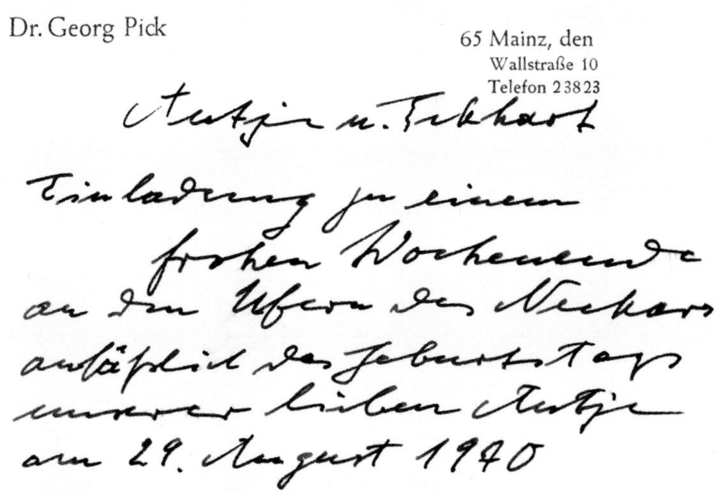
Dr. Georg Pick
65 Mainz, den
Wallstraße 10
Telefon 23823

Antje u. Eckhart

Einladung zu einem
frohen Wochenende
an den Ufern des Neckars
anläßlich des Geburtstags
unserer lieben Antje
am 29. August 1940

Die charakteristische Schrift meines Vaters.

und holt die Bücher vom Gestell“.

Später, als unsere Schwester Freya 1943 hinzukam,
erweiterte er die Zeilen:

„Die Freyabopp` macht viel Krawall,
erfüllt das Haus mit lautem Schall“.

Wobei „Bopp“ ein Mainzer Ausdruck für „Puppe“ war. Ich nannte meinen Bruder wie daraus hervorgeht, anfangs „Willewit“. Mein Bruder bewachte seine (unsere) Spielsachen sehr betont, indem er sie in einer Zimmerecke sicherte und sich davorsetzte. Die Schlüssel faszinierten ihn wohl wegen ihres Klanges und Glanzes. Wahrscheinlich wurde dort schon seine Affinität zu goldglänzenden Zähnen sichtbar. Die Liebe zu Büchern habe ich allerdings vom Sessel unseres Vaters aus ins Leben einbezogen und so zu sagen im väterlichen Büchergestell zu „fassen“ bekommen. Er las uns in seinem Arbeitszimmer oft vor. „Vater, zähl` uns ein Märchen“ war die Aufforderung, uns eine Geschichte aus dem deutschen Märchenschatz oder der griechischen Mythologie zu erzählen. Dazu brauchte er kein Buch, weil er diese Geschichten im Kopfe hatte. Auch Märchen seiner elsässischen Heimat gehörten dazu. Eines endete mit dem Satz: „D` Ratte henn en uffgezehrt“. Auch der Vers: S`nachts, wenn der Mond schint, ruppelt`s uff de Brucke, bringt der Hans die Gretel ham, uff de krumme Krucke“. Früh kamen wir mit dem griechischen und germanischen Götterkosmos in Kontakt. Homers Ilias und Odyssee waren uns bald ebenso vertraut wie die Mythen aus der Edda. Unser Vater schöpfte bei seinen Predigten aus dem Schatz an Literatur und Philosophie. Vor allem Goethe war immer wieder Gegenstand religiöser Betrachtung. Dessen Pantheismus schätzte er sehr. Philosophen und kritische Denker wie Meister Eckhart, Spinoza, Giordano Bruno und Michael Servet waren für ihn Vorbilder in Mut und Freiheit des Denkens.

Das nächste Ereignis, das mir im Gedächtnis geblieben ist, war ein großer Baum in einer Grünanlage auf der anderen Seite der Großen Bleiche, von dem eines Tages ein Mann herunterfiel, als wir dort spielten. Vielleicht war es die Unterhaltung der Erwachsenen über diesen Vorfall, der mich so beschäftigte. Ich erinnere mich auch noch an den einzigen Tag im Kindergarten, von dem unsere Mutter meinen Bruder und mich erlöste, als wir weinend auf einem Schrank saßen. Warum die so genannten Kindergärtnerinnen uns so drangsaliert hatten weiß ich bis heute nicht. Eventuell entsprachen wir nicht ihrer

Auffassung von Disziplin und Unterordnung. Am tiefsten sind die Eindrücke rund um die Fliegerangriffe auf die Stadt im Jahre 1945. Ich erinnere mich noch an das Hochbett im Keller unseres Hauses Große Bleiche 53, der zum Luftschutzraum „LSR“ deklariert war, in den wir bei Fliegeralarm flüchteten und in dem wir die Bombenabwürfe abwarteten. Auf dem Bild sieht man das unzerstörte Haus, die Ecke Große Bleiche 53 / Bauhofstraße, ein repräsentatives Haus, wohl in den 80er Jahren des 19. Jahrhunderts (wieder) aufgebaut, sicher aber schon aus der Barockzeit stammend. Das Foto zeigt den repräsentativen ersten Stock mit unserer Wohnung, von der aus zwei Frauen beobachten, die ich nicht identifizieren kann, wie 1930 die französischen Besatzungstruppen nach der Rheinlandräumung die Stadt verlassen. Wie es sich gehörte, bewaffnet und mit klingendem Spiel.

Das Geburtshaus, die Ecke Bauhofstraße / Große Bleiche 53.

Sehr genau ist mir der 27. Februar 1945 in Erinnerung. Nach der verheerenden Bombardierung von Mainz, das damals zum größten Teil zerstört wurde, retteten wir uns –Mutter und die drei Kinder, aus der noch rauchenden Ruine unseres Hauses. In Abwesenheit unseres Vaters, der irgendwo zum Löschen eingeteilt war. Ohne die Standfestigkeit unserer Mutter wären wir sicher im Feuer oder unter einstürzenden Trümmern umgekommen. Sie weigerte sich, mit uns in das Nachbarhaus zu flüchten, das in dieser Zeit wie üblich durch Zwischengänge und -türen auf der Ebene der Keller mit den benachbarten Gebäuden verbunden war. Alle, die nach den Bombentreffern in unser Haus in Panik in die Keller der angrenzenden Häuser flüchteten, die wohl noch nicht getroffen waren oder noch nicht brannten, kamen dort später um. Als wir den Keller nach dem Angriff verließen,

Zu dritt in Osthofen 1949: von links Siegfried, Freya und ich.

lag auf der Straße ein angekohltes, gelbes Holzwägelchen, das Überbleibsel unserer Spielsachen. Vermutlich wollte mein Bruder den Spielzeugrest bergen, jedenfalls fiel er in eine Kanalöffnung, deren Deckel weggesprengt war. Außer ein paar blauen Flecken ging das Abenteuer aber gut aus.

Ausgebombt und in neuer Umgebung: Zuflucht Ingelheim

Da unsere Wohnung einschließlich eines großen Teils der Bibliothek, soweit sie nicht ausgelagert werden konnte, nicht mehr da war, gehörten wir zum Kreis der „Ausgebombten", die auf die umliegenden Gemeinden, sofern diese nicht dasselbe Schicksal wie Mainz erlitten hatten, verteilt wurden. Zuerst zogen meine Eltern uns auf einem kleinen Leiterwagen mitsamt unserer Habe nach Ebersheim, das mir auch heute noch sehr weit vom Stadtkern entfernt erscheint, auch wenn es 1969 eingemeindet wurde. Die spätere Eingemeindung nannte man damals „Zwangsehe". Von dort aus wurden wir nach Ingelheim „evakuiert", wie es damals hieß. Unser erstes Domizil war zunächst ein Zimmer in der Weihehalle der Freireligiösen Gemeinde Ingelheim in der Mühlstraße, umgeben von einem wilden Garten mit einem dort gefundenen römischen Steinsarg, dessen teilweise verrückte Deckplatte unseren Phantasien über die Identität des Begrabenen freien Lauf ließ. Später, als die Franzosen nach dem Abzug der Amerikaner ihre „Besatzungszone" errichteten, okkupierten sie die herrschaftlichen Villen entlang der Bahnhofstraße. Ihre Gärten grenzten an die Rückseite unseres Grundstücks. Wenn die französischen Familien gute Laune hatten, reichten sie uns manchmal Weißbrot, in Form von „Baguettes" oder „Flutes" über den Zaun oder warfen Reststücke in den Garten. Sie waren allerdings nicht so freigiebig wie die Amerikaner, von denen wir Schokolade und Zigaretten - zum Tauschen - erhielten. Die Schullaufbahn meines Bruders und mir begann 1947 in der „Präsident-Mohr-Schule" in Ingelheim, der Volksschule von Ober – Ingelheim. Mohr war eine der bedeutendsten Männer aus dem Paulskirchen-Parlament und später Präsident der Ständeversammlung in Hessen. Er war auch Mitbegründer der Freireligiösen Gemeinde in Ingelheim.

Heute „Aufhof“ statt des historischen „Ufhubs“

Inzwischen waren wir in eine richtige Wohnung im Neuweg 30, an der Ecke „Ufhub“, umgezogen. Heute haben die Ingelheimer Stadtväter und -mütter daraus den „Aufhof“ gemacht, wahrscheinlich weil es ihnen vornehmer klang. Uns war es damals allerdings egal. In der Nähe befand sich auch ein alter Wehrturm, Teil der alten Befestigung der Stadt. Später wurde er von der Ingelheimer SPD genutzt. Ich konnte damals nicht ahnen, dass ich als MdB dort einmal Sprechstunden abhalten würde.

Das Gebäude, in dem unsere Wohnung lag, war ein ehemaliges Gasthaus mit Räumen, die unter dem Dach noch mit dem Schmuck früherer Feste bestehend aus Girlanden und Glastrauben angefüllt waren, ein Eldorado zum Spielen. Neben unserer Wohnung lag der Bauernhof von Frau Walch, einer energischen Bäuerin, deren Mann wohl (noch) nicht aus dem Krieg bzw. der Gefangenschaft heimgekehrt war. Wir konnten jedenfalls die Vorteile der Landwirtschaft nach dem Kriege hautnah verfolgen. Dazu gehörte das Zuschauen, wie geschlachtet wurde, von der hauseigenen Kegelbahn aus, deren Fenster auf den Innenhof der Nachbarschaft gingen. Über dem Misthaufen befand sich eine „Puddelpumpe“, mit der die Gülle in den Kesselwagen zur Düngung der Felder gepumpt wurde. Als sich unsere neugierige Schwester Freya einmal zufällig unter der Pum-

Vater, Mutter und drei Kinder.

pe aufhielt, bediente das Nachbarkind Manfred den Schwengel und überschüttete sie mit einem Schwall Jauche. Es dauerte etwas, bis unsere Mutter Kind und Kleidung wieder gesäubert hatte. Nach meiner Theorie hat ihre bis heute bewunderte Haarpracht ihren Ursprung in der damaligen Dusche. Wir selbst hatten auch einen kleinen Stall mit Hasen und einem Dutzend Hühnern zur Selbstversorgung. Wenn ein Tier geschlachtet werden musste, zog sich mein Vater zurück und ein Nachbar, dessen Ziegenmilch mich heute noch erschaudern lässt, verrichtete das notwendige Werk, wobei wir Kinder über die verschiedenen Organe des Schlachtopfers mit rheinhessischem Dialekt aufgeklärt wurden.

Spielplatz Wingert

Die Umgebung, damals noch am Rande der Bebauung von Ingelheim Richtung Groß Winternheim, geprägt von Weinbergen und Getreidefeldern, lud uns Kinder zu Abenteuern in den Wingerten und Feldern ein. Man konnte Früchte und Trauben „stoppeln", auch wenn die Ernte noch nicht beendet und eingebracht war. Das war natürlich nicht legal und öfter verfolgte uns der „Wingertschütz", der uns angesichts seines Alters nicht folgen konnte, wenn wir von den terrassierten Weinbergen auf die nächste Etage sprangen. Seine eigentliche Aufgabe bestand ja auch darin, fressgierige Stare durch Knallen zu vertreiben und nicht hungrige Kinder. Auf der anderen Seite des Neuwegs befand sich ein Löschteich, der noch mit Wasser gefüllt war, um bei Bränden Löschwasser zur Verfügung zu haben. Er diente später den deutschen Soldaten vor ihrer Gefangennahme noch dazu, Kriegsgerät wie Waffen zu entsorgen. Eines Tages fanden wir eine Panzerfaust, die wir bearbeiteten, bis der Zünder losging. Es gab einen gehörigen Lärm. Zum Glück war sie nicht mehr mit einer Granate geladen. Aus dem Lauf kamen nur noch angekohlte Plättchen. Der Schreck saß uns allerdings tief im Gemüt, als wir schnell nach Hause liefen. Bevor wir in die Schule kamen, sehe ich noch heute unsere Mutter, die normalerweise nichts so schnell erschüttern konnte, aufgelöst und mit Tränen nach Hause kommen. Sie hatte versucht, für uns die Schiefertäfelchen zu kaufen, die wir als ABC – Schützen benötigten. Papier war damals zu teuer, um darauf die Hausaufgaben zu machen. Die Ladeninhaberin hatte die Tafeln schon zurecht gelegt, als eine Käuferin mit Geld und Wein sie meiner Mutter wegschnappte. Ich habe meine Mutter nur selten Weinen sehen. Als Ersatz bekamen wir später doch noch gebrauchte Tafeln, die schon tiefe Runzeln oder Runen vom Druck der Griffel aufwiesen. In unser Haus zog etwas später der Direktor Frammelsberger von der „Schöfferhof-Brauerei" aus Mainz mit seiner Familie ein. Vermutlich gehörte unser Gast(haus) zum Besitz der Brauerei. Er war ein liebenswerter Bayer, der unseren Eltern oft einen Kasten Bier mitbrachte, so dass wir am Tauschhandel teilhaben konnten.

Einmal verbrachten wir Kinder, als unsere Mutter krank war, mehrere Wochen bei einer ihrer Schwestern, Gisela und ihrem Mann Ernst, der Bahnhofvorsteher in Osthofen bei Worms war. Da wir während der Schulzeit dort aufgenommen waren, besuchte ich die Volksschule. Als der Lehrer einmal im Dialekt von Jesus und seinen 12 Jüngern erzählte, verstand ich „Hiener" und dachte, es handele sich um Hühner, bis ich dann aufgeklärt wurde.

Unser Vater war in dieser Zeit mit unserem „Fahrzeug", einem betagten Fahrrad, unterwegs in die umliegenden Gemeinden, die er in Rheinhessen betreute. Er brachte dann öfter von den Feiern Taufen, Trauungen und Beerdigungen seine Honorare in Form von Mehl- oder Kartoffelsäcken und (seltener) Wein auf dem Gepäckträger mit nach Hause. Wie er dies ohne Gangschaltung auf den damals ziemlich löcherigen und holperigen Straßen und Wegen schaffte, blieb sein Geheimnis. Wir haben ihn nie klagen hören.

In der Volksschule

In der Schule fühlte ich mich wie auch in den folgenden „Anstalten" ganz wohl. Die „Präsident-Mohr-Schule" lag in der Mitte von Ober-Ingelheim, nicht weit vom alten Rathaus, vielleicht zehn Minuten zu Fuß von unserer Wohnung. Nicht zu Fuß, sondern mit einer Kutsche, kam unser Klassenkamerad Carlo von Opel, der täglich so zur Schule vom Gut Westerhaus gefahren wurde. Gelegentlich waren wir dort eingeladen. Mir wurde damals schon klar, dass es unterschiedliche soziale Schichten der Gesellschaft gab. Die „Ohrenbrücker" waren Kinder in unserer Klasse, die in der Gegend um die Ohrenbrücke über die Selz in einer Behelfssiedlung wohnten. Ich weiß nicht mehr, ob es sich um Landfahrer handelte oder um Menschen, die ohne oder mit geringem Einkommen waren. Die erste Klassenlehrerin, „Fräulein" Mayerweg, so nannte man damals

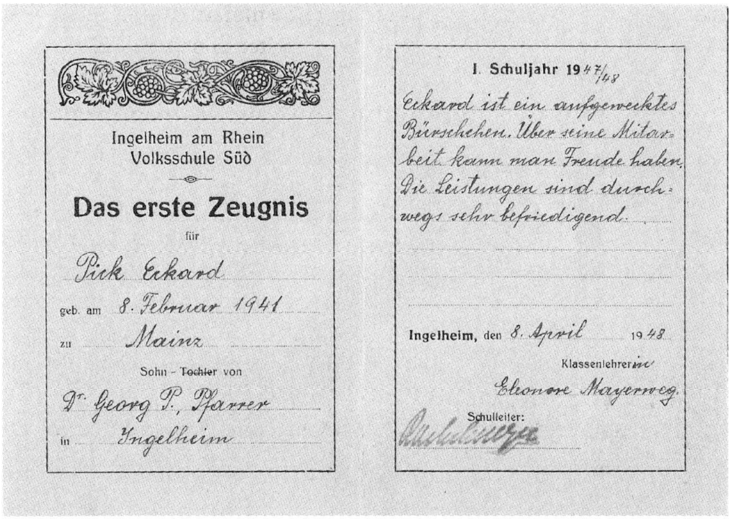
Ingelheim am Rhein
Volksschule Süd

Das erste Zeugnis

für

Pick Eckard

geb. am 8. Februar 1941

zu Mainz

Sohn - Tochter von

Dr. Georg P., Pfarrer

in Ingelheim

I. Schuljahr 1947/48

Eckard ist ein aufgewecktes Bürschchen. Über seine Mitarbeit kann man Freude haben. Die Leistungen sind durchwegs sehr befriedigend.

Ingelheim, den 8. April 1948

Klassenlehrerin

Eleonore Mayerweg.

Schulleiter:

Das erste Zeugnis.

die Lehrerinnen, hatte mich wohl etwas in ihr Herz geschlossen. Ich durfte sie manchmal in Ihrer Wohnung in der Bahnhofstraße besuchen. Einmal war ich allerdings zum Rapport bestellt, weil die Mutter einer Klassenkameradin, die gepetzt hatte, behauptete, ich hätte ihr Töchterchen mit Schneebällen beworfen und sogar in den Schnee „gestummpt“ (hochdeutsch: gestoßen). Es blieb aber bei einer Ermahnung der Lehrerin. Von ihr erhielt ich das erste Zeugnis, dem noch viele folgen sollten. „Eckhart ist ein aufgewecktes Bürschchen“ stand darin. Ich kommentiere es nicht. In Ingelheim war einer der Mitschüler Heino Krebs, dessen Vater der Direktor des Amtsgerichts, dort vermutlich wohl der einzige Richter, war. Ich erwähne ihn deshalb, weil ich ihn später wieder im Gymnasium in Mainz traf und weil er mich zum Fechtsport animierte und unter tragischen Umständen verstarb.

Wieder in Mainz und in den weiteren Schulen

Nach zwei Jahren zogen wir von Ingelheim wieder nach Mainz zurück. Zunächst in die Turmstraße Nr. 19, die später in Nr. 26 umbenannt wurde. Hier hatten die Franzosen Holzhäuser gebaut, vorwiegend für Landesbedienstete. Ich meine mich zu erinnern, dass der

Sozialdemokrat Georg Rückert, Oberbürgermeister in Ingelheim und später Regierungspräsident für Rheinhessen, die neue Unterkunft vermittelt hatte. Das Haus, eine Doppelhaushälfte, lag hinter der Waggonfabrik, der „Waggon“, und grenzte an den unbebauten und von der Spargelwirtschaft geprägten Teil des Mombacher Sandes und an das „Müllerwäldchen“, eine herrliche Landschaft prädestiniert für Abenteuer in den ehemaligen Spargel- und Obstfeldern. Nebendran wohnten der spätere Gründer der Minipressenmesse Norbert Kubatzki und seine Mutter. In der Volksschule Mombach leitete Lehrer Ahr unsere Klasse, streng aber gerecht. Ich erinnere mich noch gerne an die Schulspeisung, die wir dort täglich bekamen, wöchentlich mit einem Riegel Schokolade als Höhepunkt. Vorbildlich wurde mein Löffel, den wir immer dabei hatten, auch mit Lebertran wegen des Vitamins D gefüllt, vorbildlich deswegen, weil ich der Einzige war, der freiwillig einen Nachschlag wollte.

Das altsprachliche Gymnasium

Nach der Volksschule besuchten mein Bruder und ich ab 1950 das altsprachliche Gymnasium in Mainz, das zunächst in der Marienschule unterhalb von St. Stephan in der Altstadt untergebracht war. Sie ersetzte das zerstörte Gebäude in der Kaiserstraße noch für einige Jahre, bis man wieder in die Kaiserstraße am „117er Ehrenhof“ umziehen konnte. Der dortige mächtige Löwe aus Bronze hatte vom Auf-ihm-sitzen und Herunterrutschen immer einen blankpolierten Rücken und eine hell schimmernde Schwanzoberfläche. Wir fuhren immer mit der Straßenbahn, die damals noch ein größeres Schienennetz besaß als heute, von unserer Wohnung in der Mombacher Turmstraße bis zum Münster- oder Schillerplatz, gewöhnlich auf dem damals offenen Perron der Wagen, weil der Innenraum schon bei unserer Haltestelle „Waggonfabrik“ übervoll war. Das hatte den Vorteil, dass der Schaffner, der mit der Geldtasche vor sich auf dem Bauch Fahrkarten verkaufte, uns kleine Passagiere zwischen den Erwachsenen gar nicht sehen konnte. Nach dem Umzug der Schule vom Stefansberg in die Kaiserstraße konnten wir am Bahnhof aussteigen. Wir sparten damit häufig 10 Pfennige Fahrgeld, das wir zur Belebung der Nachkriegskonjunktur nutzen konnten meistens als Käufer von „Klickerwasser“. Das waren kleine Flaschen mit Mineralwasser und einer Glaskugel als Verschluss nach der Öffnung. Alternativ erwarben wir auch Lakritzpfennige. Manchmal ärger-

Im Treppenhaus des Gymnasiums: Der in der ersten Reihe rechts außen bin ich, Siegfried in der Mitte, am gleichen Pullover erkennbar. Der Lehrer oben rechts Dr. Ganter.

ten wir auch die älteren Schüler, indem wir so genannte „Milchbomben" zündeten. Die Primaner standen meist in Kreisen in den Pausen zusammen und stellten die Milchtüten vor sich hin. Wir rannten dann durch den Kreis und traten auf die Milchtüten, die dann den Inhalt an die Beine der Umstehenden verspritzten. Dann war natürlich Flucht angesagt. Ansonsten war ich gut gelitten, da mein Bruder und ich frei hatten, wenn sich unsere Klassenkameraden mit der Bibel beschäftigten. Ich spielte dann meist im Handballtor. Im Gymnasium waren damals neben Kriegsheimkehrern mit altem Kommandoton und z. T. entsprechender „rechter" Gesinnung auch Lehrer tätig, an die ich mich gerne erinnere. Der Sportlehrer, Jockel Eberle, an den noch lange ein Preis im Basketball erinnerte, meinte zwar, als ich mich einmal im Sportunterricht mit einem Mitschüler unterhielt, es gäbe nichts „Verschwätzteres" als „Pfarrersöhne und Lehrertöchter", schätzte aber meine sportlichen Tätigkeiten, zu denen ich noch komme. Die Turnhalle ist mir deutlich vor Augen, da sie mit einem ziemlich gewelltem Boden behaftet war Das waren, wie uns erzählt wurde, Überbleibsel aus dem Krieg mit dessen Erschütterungen nach dem Abwurf der Bomben. In der Schule trafen wir unsere Cousine Herta und unseren Cousin Will, die Kinder meines Lieblingsonkels Otto, eines Bruders meiner Mutter. In der Großen Pause konnten die Schüler Getränke wie Milch oder Wasser und Brötchen kaufen. In einer Freistunde, denn wir besuchten als „Heidenkinder" nicht den vormittäglichen Religionsunterricht, sondern erst am Nachmittag den freireligiösen, spielten wir mit den „Großen" Handball im Hof. Dabei hoben sie mich einmal hoch und ich hatte auf das Verkaufsgestell des Hausmeisters mit Ölfarbe „Bauers Milchbar" zu schreiben. Aus irgendwelchen Gründen empfand er es wohl als unangemessen. Die Fahndung nach den Missetätern blieb ohne Erfolg.

Bin ich ein „armer Bub?"

Unser erster Klassenlehrer in der Sexta und Quinta war Studienrat Flommersfeld. Er war der Onkel unseres Mitschülers Karl Ludwig. Er entdeckte bei mir eine angeborene körperliche Schwäche. Das kam so. Da wir bei ihm unter anderem Geographie hatten, mussten wir eine Gebirgsgegend malen. Als er mich bei der Kontrolle fragte, warum ich die Berge denn grün gemalt habe, meinte ich: „Das ist doch braun". Da strich er mir über den Kopf und sagte: „Du armer Bub". Da ich nicht Lokführer oder Kapitän werden wollte, hat mir die Farbschwäche nicht geschadet. Sie verhinderte allerdings einen Wechsel in die Schmuckbranche. Unsere Paten, Klara und Oskar Ruth, betrieben einen für Idar-Oberstein typischen Handel mit Edelsteinen. Da sie keine Kinder hatten, hätten sie gerne eines der Geschwister zur Nachfolge ausgewählt. Ich kam schon wegen der Farbsteine, mit denen sie vor allem in den USA handelten, nicht in Frage. Später, wenn ich bei Abstimmungen als Versammlungsleiter mit farbigen Stimmzetteln zu tun hatte, war die Benennung der Farbe immer Sache eines Kopräsidenten. Ich hielt mich zurück und bevorzugte numerierte Stimmscheine.

Später erzählte mir ein „Leidensgenosse" von seinen Erlebnissen bei der kanadischen Eisenbahn. Dort arbeitete er als Schienenwärter während der Semesterferien. Wenn er in einem der zahlreichen Tunnels zu tun hatte und sich ein Zug näherte und die Lampen auf „rot" oder „grün" sprangen, wusste er nicht, aus welcher Richtung er kam. Sein Mittel war, dass er sein Ohr auf die Schienen legte und dann seine Draisine, mit der er unterwegs war, von dem Gleis kippte.

Nach einiger Zeit wechselte das Gymnasium „Marienschule" nun als „Altsprachliches Gymnasium", später „Rabanus-Maurus-Gymnasium", anfangs der 50er Jahre zurück in das wieder aufgebaute Gebäude in der Kaiserstraße neben der Christuskirche. Wenn ich heute die vergleichsweise komfortablen Schulen sehe, kann ich den Fortschritt erkennen, den nur der ermessen kann, der die Nachkriegszeit miterlebt hat. Wir hatten Jahre lang keine Sporthalle, sondern tummelten uns auf der Anlage am Rhein neben dem Kaisertor oder auf dem asphaltierten Schulhof. Aufgeschürfte Beine und malträtierte Knie waren unser Markenzeichen. Überdies hatten meine Eltern Schulgeld zu zahlen, 20 DM für den ersten Schüler, 10 DM für das zweite Kind. Keine Kleinigkeit bei dem Einkommen meines Vaters, damals rund 400 DM. Da ich ein guter Schüler war, bestellte mich eines Tages 1951 der „Direx" Meyer in sein Arbeitszimmer und eröffnete mir, dass ich kein Schulgeld mehr zu zahlen hätte. Meinem Herzklopfen ob dieser Einladung in die Direktion – man weiß ja nie - folgte daraufhin große Erleichterung und zu Hause Anerkennung.

Begleitschutz auf dem Schulweg: Ein Lehrer

Ich ging, wie gesagt gerne in die Schule. Dazu trugen Lehrer wie der Studiendirektor Dr. Franz bei, der immer wieder auf interessante Bücher zur Geschichte von Mainz hinwies und auf die Bedeutung der Stadt in der Vergangenheit. Er regte sich im Gegensatz zur damaligen Stadtpolitik darüber auf, dass das bischöfliche Palais und der Erker am „Kronberger Hof" noch nach dem Krieg dem Modernisierungswahn geopfert wurden. Er hat mit Sicherheit in mir das Interesse an Geschichte und dem Verständnis ihrer Zusammenhänge überhaupt geweckt. Er war Vorsitzender des traditionsreichen Mainzer Altertumsvereins und ich unterhielt mich gerne mit ihm, vor allem auf dem Weg auf der Kaiserstraße morgens zur Schule. Während der Zerberus in Person von Oberstudienrat Brunn mit Akribie die Nachzügler am Eingang zum Schulhof notierte, entfiel das bei mir, wenn ich mit Dr. Franz in angeregter Unterhaltung gerade noch nach dem Klingeln der Schulglocke den Schulhof betrat. Er konnte ja schlecht den vorgesetzten Kollegen tadeln. Mein Bruder Siegfried war meist etwas früher als ich auf dem Weg. Er hatte auch, zurückhaltender als ich, weniger Interesse, mit einem Lehrer längere Privatgespräche zu führen. Einmal schrieben wir eine Klassenarbeit in Französisch bei Studienrat Niehaus. Ich saß wie immer weiter hinten im Klassenraum, nie neben meinem Bruder, wohl wegen der Gefahr der Kollaboration bei Klassenarbeiten, als ich sah, dass der stärkste Junge in unserer Klasse, Pfeifer, genannt „Elle" – wie Elefant – meinem Bruder, der vor ihm saß, das Arbeitsheft wegnahm, um abzuschreiben. Ich ging empört nach vorne, entriss ihm das Heft, gab es meinem verdutzten Bruder zurück und haute dem Übeltäter eine runter. Herr Niehaus beschäftigte sich während dieser Aktion mit Lesen, oder tat so, und reagierte nicht. Da ich die Rache „Elles" fürchtete, trug ich freiwillig nach der Stunde die eingesammelten Arbeiten dem Lehrer voran in dessen Arbeitszimmer. Nach Schulschluss erwartete mich, wie ich vorausgesehen hatte, besagter Klassenkamerad am Ausgang. Er lief mir die gesamte Strecke bis zum Bahnhof hinterher, ohne mich zu erwischen. Am nächsten Tag war sein Zorn offenbar verraucht, denn er sprach mich nicht mehr darauf an. Er hatte übrigens eine schöne Stimme und sang im Domchor. Vielleicht hat ihn diese musikalisch-geistliche Übung dazu gebracht, mir zu vergeben. Ich war wohl in der Klasse recht beliebt, was mein Spitzname „Kattchen" verriet. Niehaus erzählte gelegentlich, wie es ihm gelang als „Franzose" aus der Gefangenschaft in einem Lager in Frankreich zu fliehen. Sein perfektes Französisch half ihm dabei, als er in der Bahn kontrolliert wurde, weil er sich laut mit den Mitfahrern unterhielt. Ein weiterer Lehrer war Oberstudienrat Kublick, der uns Latein und Griechisch beibrachte. Er hatte die Eigenart vom Gang aus einen Schlüsselbund in die wartende Schülermenge zu werfen und es fing ihn immer einer von denen auf, die es nötig hatten. Einmal hielten wir die mutmaßlichen „Fänger" fest und der Schlüsselbund landete auf dem Boden. Das fand der Lehrer nicht lustig. Er war vielleicht kein guter Pädagoge, war jedoch vielseitig kulturell interessiert und wäre an der Uni wohl besser am Platz gewesen. Trotzdem lernten wir Viel bei ihm. Die Rückgabe der Klassenarbeiten wurde von ihm zelebriert. Er nahm jedes einzelne Heft in die Hand und kommentierte die Leistung. Ein Prädikat „bessere Arbeit", adelte den Betreffenden. Einmal gab er mir die Lateinarbeit mit der höchsten Weihe „hat mich sehr gefreut, Eckhart" zurück. Auf meine Reaktion „mich auch", die ganz naiv und spontan erfolgte, hieb er mir das Heft um die Ohren. Später sagte er mir, das habe der Erziehung gedient und es habe offenbar Früchte getragen. Er war es übrigens, der bei mir das Interesse an der Numismatik weckte, da er selbst griechische und römische Münzen sammelte und mir gelegentlich einen Katalog schenkte. Ich weiß allerdings nicht, was aus seiner Sammlung geworden ist.

Mein Bruder, der sehr musikalisch ist, hielt als Geiger die Familienehre im Fach Musik hoch. Studienrat Dr. Bösken, unser Musiklehrer und ein anerkannter Orgelspezialist, begleitete ihn oft bei Schulfesten, während ich im Schulchor sang. Er hätte zweifellos auch seine Karriere als Violinist gemacht, zumal er bei Günter Kehr, dem damaligen Direktor des Konservatoriums und Leiter des Mainzer Kammerorchesters studierte. Er hat dann aber, wie angedeutet, den handfesteren Beruf des Zahnarztes ergriffen, der ihn in eine Zahnarztpraxis nach Waldshut an den Oberrhein führte, wo er heute noch lebt.

„I like Hitlerstamps", meint ein Junge aus den USA

Georg Pick war seinerzeit in Mainz und darüber hinaus allgemein bekannt und als eindrucksvolle Persönlichkeit sehr geschätzt. Das galt auch für die Stadtverwaltung und besonders für Oberbürgermeister Franz Stein. Anfangs der 50er Jahre war deshalb unser Vater Mitglied einer ersten Mainzer Delegation, die zu einer Reise in die USA, ich glaube von der amerikanischen Regierung eingeladen, aufbrach. Sie wurde von dem damaligen Mainzer Oberbürgermeister auf dem Mainzer Hauptbahnhof verabschiedet, um von Frankfurt aus in die USA zu fliegen. Stein, der zu unserer Familie ein herzliches Verhältnis pflegte, wir trafen ihn öfter sonntags im Waldrestaurant auf dem Lenneberg im Gonsenheimer Wald, fragte mich, was ich denn so mache und vorhabe. Ich antwortete, dass ich nach der Schule Jura studieren wollte. Darauf erwiderte er: „Ich dachte immer, dass du aus einer anständigen Familie kommst". Soweit seine Meinung über die Juristen. Als mich mein Freund Jörg Metschke erstmals in Mainz besuchte, fragte er am Bahnhof am Taxistand nach der Gartenfeldstraße. Einer der Taxifahrer fragte vor seiner eigentlich erwarteten Antwort zurück: „Wollen Sie zu Herrn Dr. Pick?" Das beeindruckte Jörg sehr, wie er später immer betonte. Für uns war es klar, dass mein Vater deshalb in Taxikreisen so bekannt war, weil er sich zu amtlich veranlassten Terminen wie Taufen, Hochzeiten und Beerdigungen stets von ihnen fahren ließ.

Mein Vater lernte auf dieser Reise nach den USA in der Stadt Evansville, der Hauptstadt von Indiana, eine Familie namens Youngs kennen, deren Sohn Craig sich sehr an einem Besuch in Mainz interessiert zeigte. Auf die Einladung durch Vater folgte sein Besuch in Mainz. Da ich in der Schule noch kein Englisch hatte, impfte Vater uns mit einem Willkommensgruß, der lautete: „We great you as our guest and friend". Besagter Gast war sehr an Hitler und seinen Briefmarken interessiert. Auf sein Drängen hin „I like Hitlerstamps" besuchten wir häufig die Briefmarkenhandlung Lörsch auf der Großen Bleiche. Der Inhaber, an dessen großen Goldring an der Hand ich mich besonders erinnere, erzählte uns, dass die Amerikaner nicht „chocolate", sondern „candy" sagen würden, wenn von Schokolade die Rede wäre. Das hätten ihm die GIs der amerikanischen Besatzung erklärt. Das wurde von Craig aber bestritten. Später besuchten mein Bruder und ich die Familie Youngs in England, wo der Vater als Berater der englischen Kohlegesellschaft in Wales tätig war. Wir wohnten in einem Badeort an der Küste namens Mumbles, nicht weit von Swansea. Dort lernten wir nicht nur englisch, sondern auch für uns damals so ferne Sportarten wie Kricket und Golf kennen. Dass nach jeder Kinovorstellung die Nationalhymne gesungen wurde, hat uns beeindruckt. Außerdem machten wir erste Schritte im Erlernen des Gälischen, der keltischen Ursprache, die gespickt mit Kehllauten ist. „Llan whire ... llantisillo ogogogoch" war der Name eines Bahnhofs mit der übergroßen Länge.

Wie kommt man mit dem „2 CV" ins Schloss?

Um noch etwas bei der Musik zu verweilen. Es gab damals in Mainz den Philharmonischen Verein, gegründet von einem musikbegeisterten Herrn Georg Reith. Dessen Konzerte als Liebhaberorchester mit renommierten Künstlern, waren ein bedeutender Teil im Musikleben der Stadt. Mein Bruder saß neben Dr. Falck, dem Direktor des Stadtarchivs und in seiner Freizeit Konzertmeister des Vereins, am ersten Pult. Einmal saßen wir erwartungsfroh im Großen Saal des Schlosses, um einem Konzert zu lauschen. Es war wohl ein Violinkonzert mit Michel Schwalbé, dem damaligen Konzertmeister der Berliner Philharmoniker. An den Dirigenten erinnere ich mich nicht mehr. Es ging aber nicht los und der Platz meines Bruders auf der Bühne blieb leer. Da öffnete sich die Eingangstür zum Großen Saal und eine kleine Frau in Kittelschürze, mit ihrem

Jüngsten an der Hand, kam suchend auf dem Mittelgang die Reihen entlang, bis sie uns fand. Es war Franziska, genannt Fränzel, die Frau eines unserer Cousins Otto, dem Jüngeren, die uns sagte, dass Siegfried einen Autounfall gehabt hätte, es sei ihm aber nichts passiert. Dann nahm das Konzert seinen Verlauf ohne Siegfried. Der hatte mit aufgeschlitztem Anzugsärmel und aufgeschürftem Unterarm - lässig die Arme auf dem offenen Fensterrahmen ruhend - unseren kindereigenen 2 CV bei einer Kollision mit einem anderen Pkw auf die Seite gelegt (der andere hatte übrigens Vorfahrt). Siegfried wurde dann in der Klinik mit einer Tetanusspritze verarztet. Der von Siegfried genutzte „Deux chevaux" war für 1400 DM von uns drei Kindern von einem Kommilitonen aus Wiesbaden kurz nach dem Erwerb des Führerscheins Anfang der 60er Jahre gekauft worden. Es war ein Kastenwagen mit dem Namen „Weekend". Er war sehr praktisch, besaß noch eine Handkurbel, mit der die 12,5 PS-Maschine zur Not zum Laufen gebracht werden konnte. Wenn man die zweite Reihe der Bestuhlung nach vorne verschob, konnte man auch darin schlafen. Mein Bruder und ich nutzten den Wagen nach dem Kauf für eine Fahrt nach Südfrankreich. Ich schrieb mit Kreide an die Dachfront „occupé", was auf der Fahrt für Heiterkeit sorgte. Nicht amusés waren die Lastwagenfahrer, wenn sie uns an Steigungen wegen unserer schwachen Motorisierung überholen mussten oder bei Überholverboten hinter uns herzotteln mussten. Der Campingplatz in „Palavas les flots", damals noch ein verschlafener Fischerhafen, war Treffpunkt deutscher Studenten mit kleinem Budget. Immerhin konnten wir uns eine Tour zu Pferde in die Camargue leisten. Ich bekam natürlich das größte Tier zugeteilt. Es trug den Namen „Musique" und lief immer am Schluss

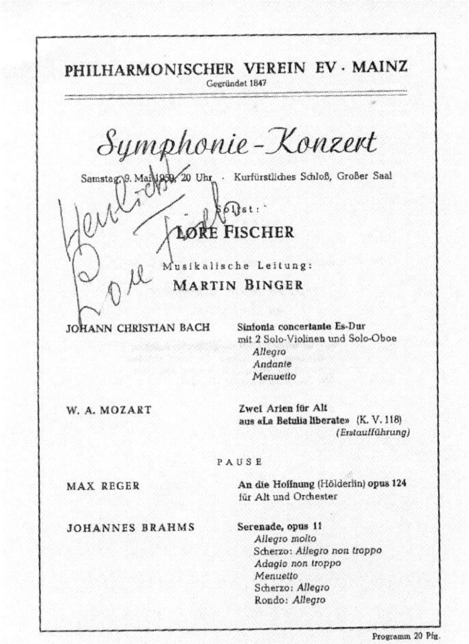

PHILHARMONISCHER VEREIN EV · MAINZ
Gegründet 1847

Symphonie-Konzert

Samstag, 9. Mai 1959, 20 Uhr · Kurfürstliches Schloß, Großer Saal

Solist:
LORE FISCHER

Musikalische Leitung:
MARTIN BINGER

JOHANN CHRISTIAN BACH	**Sinfonia concertante Es-Dur** mit 2 Solo-Violinen und Solo-Oboe *Allegro* *Andante* *Menuetto*
W. A. MOZART	**Zwei Arien für Alt aus «La Betulia liberate»** (K. V. 118) *(Erstaufführung)*

PAUSE

MAX REGER	**An die Hoffnung** (Hölderlin) **opus 124** für Alt und Orchester
JOHANNES BRAHMS	**Serenade, opus 11** *Allegro molto* Scherzo: *Allegro non troppo* *Adagio non troppo* *Menuetto* Scherzo: *Allegro* Rondo: *Allegro*

Programm 20 Pfg.

Diesmal war Siegfried pünktlich.

der Karawane. Es setzte sich immer dann in Bewegung, wenn der Guide ihn dazu ermunterte. Als ich es auch probierte, drehte das Pferd nur den Kopf nach mir um, so dass ich es dann unterließ, ihn anzuspornen. Nach dem Ritt sagte ich, dass ich zumindest das klügste Tier erwischt hätte. Es hätte den Marsch mit dem geringsten Aufwand gemacht. Das Kino des Dorfs war in einem größeren Anwesen untergebracht. Als wir dort die Inhaber abends beim Essen antrafen, meinten sie, nach dem Beginn der Vorstellung gefragt: „Après le repas". Das Auto leistete uns lange Jahre gute Dienste, bis Siegfried ihn dann schließlich zu Bruch fuhr. Nach dem Studium der Zahnmedizin in Freiburg wollte er mit einem Freund seinen Haushalt (Bett und weitere Utensilien) nach Hause fahren. Dann machte der Motor auf der Autobahn in Höhe der Abfahrt nach Riegel schlapp. Sein Hilferuf erreichte uns in Mainz und ich fuhr mit dem Opel Rekord unseres Vaters nach Riegel. Dort versuchten die zwei Gestrandeten gerade einen Teil der Ladung zu verkaufen. Ich schleppte das Wrack in eine Werkstatt, wo ich es für 400 DM verkaufte. Übrigens schlug ich für den Fall des Kaufs eines anderen Pkws bei dem Händler einen Zuschlag von weiteren 250 DM heraus. Dies blieb aber nur Theorie, wobei ich mächtig stolz auf meine Geschäftstüchtigkeit war.

Zuckmayer und seine -unsere- Schule

Die Schulzeit von Siegfried und mir endete mit dem Abitur 1960, was ich zwar nicht in Glanzform, aber solide schaffte. Zwei Jahre später holte sie mich gewissermaßen wieder ein, als die Stadt Mainz ihre angeblich verfrühte 2000-Jahrfeier im Jahre 1962 beging. Das wurde mit einer Briefmarke gewissermaßen bestätigt, sehr zum Ärger von Trier, der selbst zur ältesten Stadt stilisierten Kommune. Ich behaupte immer noch, dass die Stadt als Civitas oder Lager Castrum Moguntiacum, schließlich Hauptstadt der Provinz Obergermanien, mutmaßlich älter als Trier sein müsste, da die Römer doch viel früher den Rhein kolonisierten als das abseits liegende Moseltal, in dem die Treverer Widerstand leisteten. Aber zurück zur Schulzeitreminiszenz. Im selben Jahr 1962 feierte auch das Humanistische Gymnasium sein vierhundertjähriges Bestehen. Dieses Jubiläum war nicht umstritten! Mein Vater war damals im Rahmen der Festlichkeiten zu einer Veranstaltung des Gymnasiums ins Mainzer (damals noch) städtische Theater eingeladen. Carl Zuckmayer hielt am 27. Mai einen lebendigen Vortrag mit dem Titel „Das

Ziel der Klasse", das ihn als ehemaligen Schüler outete. Da mein Vater plötzlich verhindert war, überließ er meiner Schwester Freya und mir die Karten, die in einer der ersten Reihen des Parketts auch noch in der Mitte ausgezeichnete Plätze und nahe am Rednerpult auf der Bühne beinhalteten. Als wir kurz vor der Eröffnung die Plätze einnahmen, gingen wir an der aus ihrer Sicht schlechter platzierten Lehrerschaft vorbei und nahmen Platz. Wir hörten uns die vergnügliche Rede an, bei der Zuckmayer auf der Bühne hin und her sprang, indem er einen Lehrer aus seiner Schulzeit imitierte, der von dem Tick besessen war, der Mensch habe nur eine bestimmte Menge Gelenkschmiere im Leben zur Verfügung; deswegen müsse man sozusagen im Wiegeschritt auf und ab gehend das Quantum schonen. Am nächsten Tag musste sich meine Schwester, die ja noch zur Schule ging, die Klage anhören, wir hätten eigentlich, wenn überhaupt zugelassen, auf hintere Plätze gehört und nicht **vor** die Lehrer und hätten so wie so die Karten zurückgeben müssen. Das Timing sei raffiniert gewesen, nämlich unmittelbar vor Beginn erst zu erscheinen. Deshalb wäre eine Korrektur (von wem auch immer?) nicht mehr möglich gewesen. Selbst unser Kunstleh-

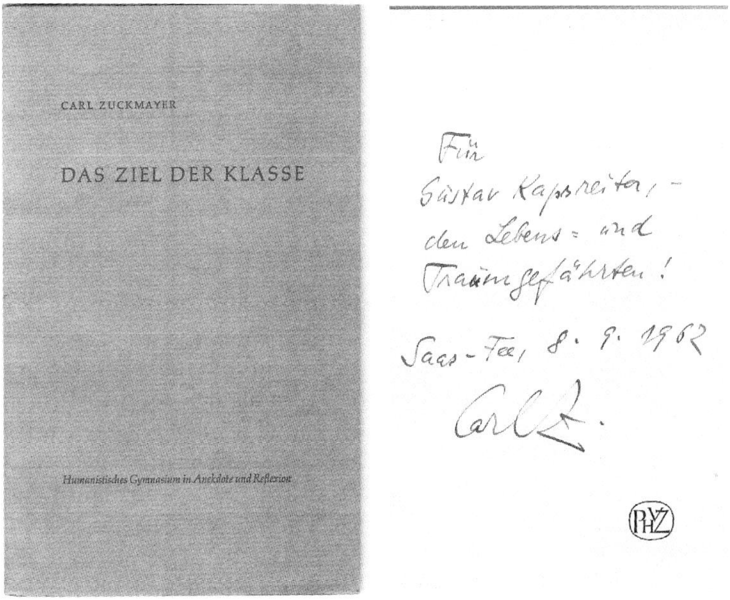

Zuckmayers „Ziel der Klasse" war auch unseres.

rer Hans Mayer, „Kunstmayer", sonst durchaus mit Humor begabt, fand unser Verhalten durchtrieben. Meine Schwester, als Stütze der Frauenrollen im Schultheater unverzichtbar, konnte die Vorwürfe allerdings gut aushalten. Ich hatte mich der Schulordnung ja schon längst entzogen. Später als Abgeordneter im Deutschen Bundestag habe ich dadurch späte Wiedergutmachung geleistet, dass ich häufig Klassen aus „meinem" Gymnasium (neben vielen anderen Schulen) nach Bonn bzw. nach Berlin zum Besuch des Bundestags eingeladen habe. Auch mein Einsatz für die Ehrung Zuckmayers durch eine Briefmarke mag in diesen Zusammenhang gehören. Da waren die damals Beteiligten schon längst im außerschulischen „Olymp" (?).

Auch bei einer weiteren Premiere im Theater war ich zugegen. Es war die Uraufführung des „Mainzer Umzugs", einem Gemeinschaftswerk von Paul Hindemith und Carl Zuckmayer zur 2000-Jahrfeier. Die Affinität zum Theater leitet ohne Weiteres zum nächsten Abschnitt über.

Meine frühe Bühnenkarriere als Sänger

Ich muss allerdings darauf hinweisen, dass ich eine zumindest in den Anfangsjahren erfolgreiche musikalische Karriere hinter mir habe. Sie begann zu Hause mit Klavierstunden bei Hildegard Schunk, der Tochter eines Gemeindemitglieds. Diese umrahmte auch die Feierstunden der Gemeinde mit dem Spiel auf dem Harmonium. Später oft zusammen mit meinem Bruder, der wesentlich begabter war als ich. Meine Fortschritte auf dem Klavier hielten sich in Grenzen. Später übernahm Frau Anni Gerhard-Binger diese Aufgabe zunächst in ihrer Wohnung in der Kaiserstraße. Sie ermahnte mich zwar immer: „Eckhart, du musst mehr üben", trotzdem ging ich gerne in die Klavierstunde, da dort für Anregung gesorgt war. Ihr Mann, der bekannte Maler Adolf Gerhard, hatte nämlich sein Atelier Tür an Tür mit dem Wohnzimmer, das als Übungsraum diente. Wenn Frau Gerhard einmal unterbrechen musste, war ihr Mann immer bereit, einem seine Bilder zu erklären, insbesondere das, an dem er arbeitete. Er war nicht besonders geschäftstüchtig -dafür sprang seine Frau ein- und eine Seele von Mensch. War dann die Stunde schon fortgeschritten, konnte ich den Pflichten am Klavier entgehen, indem ich auf zeitliche Verpflichtungen hinwies. Frau Gerhard leitete auch einen Kinderchor, der öffentlich bei

Veranstaltungen in Altersheimen und Schulen, auch mit dramatischen Stücken auftrat. Da ich schon immer gern und laut sang, war ich auch dabei. Meine Schwester zog mich immer damit auf, als ich einen Riesen (mit Sopranstimme) zu spielen hatte. Aber Anni Gerhard-Binger vermittelte mich und meinen Bruder ans Mainzer Theater. Ihr Bruder, Martin Julius Binger, war dort als Chorleiter tätig. Zu seiner Zeit war er auch bekannt als Komponist fastnachtlicher Musik. Im Theater gab es noch in den 19sechziger/-siebziger Jahren die Gutenbergfestspiele. Unter dem Generalmusikdirektor Karl Maria Zwissler , einem Schüler Hans Pfitzners, gastierten in Opernaufführungen internationale Stars.

„Wo ist denn unser Liebeslager?" fragt Inge Borgh (Tosca) den Mainzer Tenor Josef Traxel (Cavaradossi)

In einer Aufführung der Oper „Tosca“ von Puccini durften mein Bruder und ich im Knabenchor auf der Bühne mitwirken. Wir spielten dort die Chorbuben, die in der Kirche eine Siegesmesse feiern und im Überschwang die männlichen Chormitglieder herausfordern, mitzumachen beim Herumtollen. Die ganze Aufregung erstirbt dann mit einem unvollendeten „Victo“ von „Victoria“, auf den Lippen, weil die Staatsmacht in Person des Geheimdienstchefs Scarpia erscheint. Heute erinnert er mich an Putin. In dieser mir unvergesslichen Aufführung sangen Inge Borgh die Tosca, Josef Traxel den Maler Cavaradossi und Hermann Uhde den Fiesling Scarpia. Ich war ganz nahe am Geschehen, nachdem wir unsere tragende Rolle beendet hatten. Denn ich durfte neben der Feuerwache hinter dem Vorhang den Betrieb beobachten. Da stand z. B. Josef Traxel, der berühmte Mainzer lyrische Tenor, lange Jahre auf allen Bühnen zu Hause, an einem Pult, noch einmal in die Partitur vertieft oder Inge Borgh, die als dramatischer Sopran an allen bedeutenden Häusern sang, auch in Bayreuth, und die vom Regisseur in der Pause wissen wollte: „Wo ist denn nun unser Liebeslager?“. Damals wurde ich Fan von Sängerinnen und Sängern. Meinen Part sang ich gern und laut, wo sich Gelegenheit bot, vor allem im Treppenhaus des Hauses in der Gartenfeldstraße Nummer 3, in das wir 1953 gezogen waren. Ich konnte allerdings nur beim Hinaufsteigen singen, da das Tempo beim Herunterrutschen auf dem Holzgeländer alle Konzentration erforderte, besonders auch bei der Landung auf dem Steinboden im Parterre.

Unser gefährlicher Spielplatz: Die Ruinen

Damals war die Gegend um Kaiserstraße und das Gartenfeld eine Trümmerlandschaft, gleichzeitig aber ein, wenn auch nicht ungefährliches, Spielfeld. In dieser Zeit zog eine gewisse Familie Lorenz in das Haus im vierten Stock unter dem Dach ein. Der Vater war Doktor der Medizin und kam als Oberarzt an das Institut für Röntgen und Strahlenkunde des Universitätsklinikums. Beim Einzug fiel mir ein kleines Mädchen mit blonden Zöpfen auf und ich dachte: „Hoffentlich haben die auch einen Jungen". Dem war so und Uwe, der etwas jüngere Spielkamerad, kündigte an, wir wollten die größten Lausbuben von Mainz werden. Daran fehlte es zweifellos etwas, was aber nicht hinderte, dass wir neben dem Toben in den Ruinen dank reichhaltiger Funde von Altmaterial einen gewissen Anteil an der aufwärts gehenden Konjunktur nahmen. Beim Verkauf von Flaschen aus dem Keller unseres Hauses, einer ehemaligen jüdischen Weinhandlung mit einem Inhaber namens Bär, konnten wir das bescheidene Taschengeld aufbessern. Noch erfolgreicher waren wir, wenn wir so genanntes Buntmetall, Kupfer, Messing oder Zink, an den Mann, nämlich die zahlreichen Händler von Altmaterialien in der Neustadt brachten. Allerdings musste dann immer ein Erwachsener mitkommen, so zu sagen als Garant für unseren legalen Besitz. Das erledigte immer Frau Groß aus dem Parterre, was den Nachteil hatte, dass wir einen weiteren Nutznießer, nämlich deren Sohn Walter, mit an Bord nehmen mussten, was den Anteil verringerte. So lernte man bei diesem Recycling, damals noch nicht im aktuellen Wortschatz, die Regeln des Handel(n)s am eigenen Leib kennen. Das damals eher am Rande registrierte, eher in Kauf genommene Mädchen, Antje, sollte später meine Frau werden. Sie bestätigte mir später, wir hätten sie zwar nicht immer gerne auf unsere Erkundungen mitgenommen, ich hätte aber immer darauf geachtet, sie vom Springen in den Ruinen von Balkon zu Balkon zu unterstützen und hätte sie nie getadelt.

Es klingelt bei mir

Als die kleine Antje größer wurde, hatte sie den Fußball entdeckt. Auslöser war ihr Vater, der die Heimspiele von Mainz 05 regelmäßig auf dem Bruchweg sonntags verfolgte. Da Antje einmal, als ihr Vater verhindert war, einen Begleiter suchte, klingelte sie an einem Sonntag an der Hoftür der Gartenfeldstraße 1, um mich abzuholen. Da ich erst spät von einem Turnier ins Bett gekommen war, weckte mich meine Mutter.

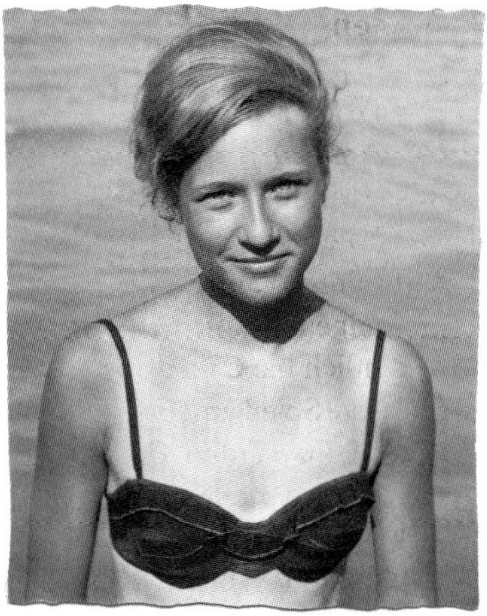

Es klingelt bei mir.

Schlaftrunken murrte ich und sagte, Antje solle doch mit einem Anderen zum Fußball gehen. Da sagte meine Mutter mahnend: „Du kannst das Kind doch nicht enttäuschen“, worauf ich dann aufstand. Als die Kleine immer anziehender wurde, brauchte mich meine Mutter später nicht mehr aufzufordern. Das tat ich nur zu gerne und ganz freiwillig. Ich hätte es auch nicht für gut gefunden, wenn sie einen Konkurrenten als Begleiter engagiert hätte. Ich hatte meine Liebe zu ihr entdeckt.

Ich gab ihr übrigens Nachhilfe in Latein und gelegentlich auch in Deutsch. Auch als sie mit ihrer Familie 1964 zunächst nach Frankfurt-Schwanheim zog, verlor ich sie nicht mehr aus den Augen.

Autogrammjäger haben es nicht leicht

In des Ferien 1955 traf ich einen Jungen aus Stuttgart, der mich fragte, ob ich ihm einige Autogramme der Brüder Fritz und Ottmar Walter besorgen könnte. Als Gegenleistung wollte er mir Sportlerautogramme aus der Stuttgarter Sportwelt besorgen, die einen guten Ruf dank der bekannten Sporthalle am Killesberg und der Fußballer des VFB Stuttgart hatte. Seit diesem Moment an suchte ich Veranstaltungen im Mainz-Wiesbadener Raum auf, um Autogramme zu ergattern. An eine Begebenheit erinnere ich mich besonders gut. Die Mainz 05er spielten damals in der Oberliga Südwest, unter anderem mit dem 1. FC Kaiserslautern und dessen Stars, den Weltmeistern Fritz und Ottmar Walter, Werner Liebrich und Werner Kohlmeier. Mit Uwe passten wir nach einem Spiel auf dem Bruchweg gegen Kaiserslautern deren Spieler ab. Ottmar Walter rief die Menge der Autogrammjäger zur Ordnung auf Pfälzer Art: „Wann der drängelt krieht er kons“ („Wenn ihr drängelt kriegt ihr keins“: Ergänze „Autogramm“). Wir bekamen eins. Sein Bruder Fritz Walter war zugänglich und ein feiner, bescheidener Mensch. Als ich ihm sein Buch schickte mit dem Titel „3 : 2“, worin er seine Version

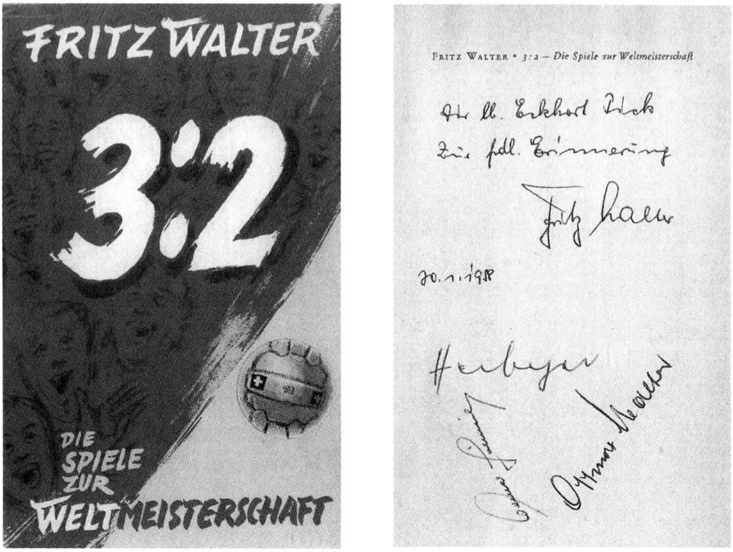

„Fritz Walter, der sogar das Rückporto übernahm“.

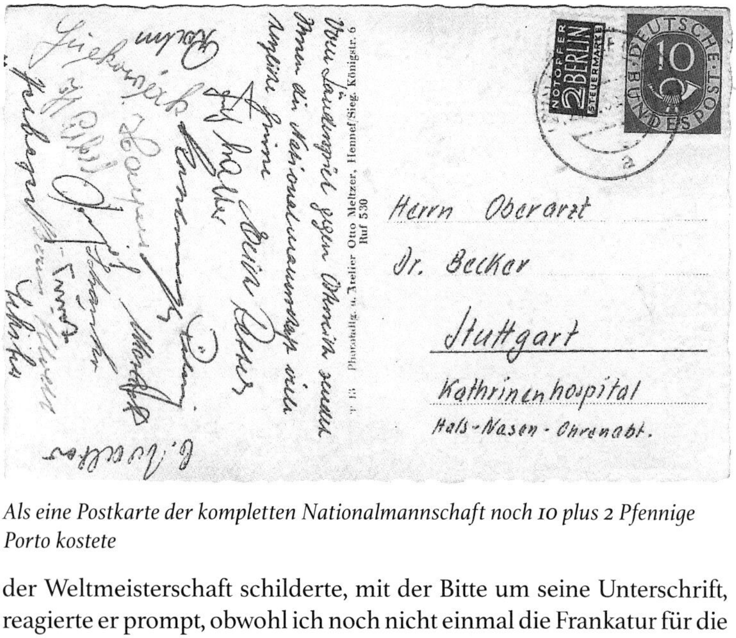

Als eine Postkarte der kompletten Nationalmannschaft noch 10 plus 2 Pfennige Porto kostete

der Weltmeisterschaft schilderte, mit der Bitte um seine Unterschrift, reagierte er prompt, obwohl ich noch nicht einmal die Frankatur für die Rücksendung dazugelegt hatte. Dieses Endspiel hatte ich übrigens mit meinem Bruder im Fernsehen verfolgt. Nicht zu Hause - wir konnten uns keinen Fernseher leisten – sondern vor dem Schaufenster der Firma „Radio-Göttnauer“ in der Neubrunnenstraße neben einer Vielzahl von Zuschauern. Natürlich im Stehen. Wir mussten rund zwei Stunden aushalten, denn sonst wären die schönen Fensterplätze weg gewesen.

Mit dem Mann meiner Cousine Herta, Günter Schulze, der eine Reihe von Boxgrößen und Wrestling-Kämpfern (von ihrer damaligen Hochburg Karlsruhe her) kannte, war ich gelegentlich in der Rhein-Main-Halle in Wiesbaden, wenn Gustav „Bubi“ Scholz oder Peter Müller, „de Aap“ oder dessen Bruder Ady dort auftraten. Das galt übrigens auch für die Crème de la Crème der Berufsringer (den Wrestling-Kämpfern), die damals regelmäßig dort ihre Schaukämpfe absolvierten; im Übrigen waren sie im privaten Umgang ganz nette Kerle. Ein besonders netter war Fritz Thiedemann, den ich anlässlich des Pfingstturniers in Wiesbaden-Biebrich kennenlernte. Ich durfte sogar mit ihm in seinen Pferdestall, wo der berühmte „Dicke“, sein Pferd Meteor, genüsslich sein Futter zu sich nahm. Auch eine solche Nähe ist heute ebenfalls kaum noch möglich.

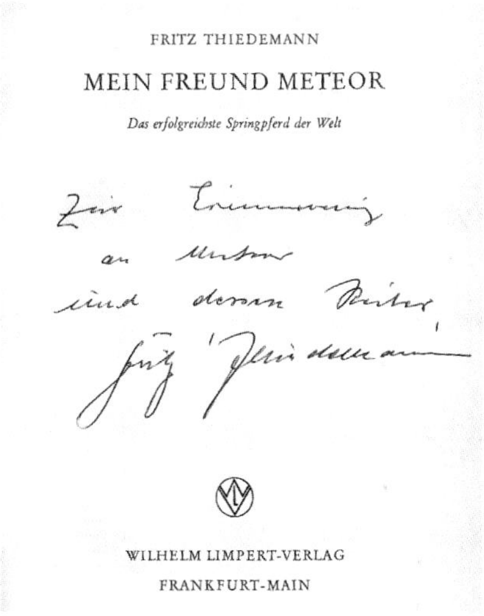
FRITZ THIEDEMANN

MEIN FREUND METEOR

Das erfolgreichste Springpferd der Welt

Zur Erinnerung an Meteor und dessen Reiter Fritz Thiedemann

WILHELM LIMPERT-VERLAG

FRANKFURT-MAIN

Auch Meteor gehörte dazu.

Eine „multifunktionale“ Wohnung in der Gartenfeldstraße 3

In unserer Wohnung in der Gartenfeldstraße 3 fanden zunächst bis zum Erwerb der Häuser bzw. Grundstücke „Gartenfeldstraße 1/Kaiserstraße 19“ die sonntäglichen Feiern, die Weihestunden der Freireligiösen Gemeinde statt. Unser Wohnzimmer war gleichzeitig Besuchszimmer, Besprechungsraum, Arbeits- und Musikzimmer sowie nachmittäglicher Aufgabenbereich. Um den herrschaftlichen Kamin des ehemaligen Weinhändlerdomizils versammelten sich viele Gäste und wir Kinder hörten den Gesprächen zwischen meinen Eltern mit Gästen aus allen

Schichten der Bevölkerung zu. Dazu gehörten Abende, an denen auswendig vorgetragene stundenlange Zitate aus Goethes „Faust“ wie auch Lebenserinnerungen der Besucherinnen und Besucher vorgetragen wurden. Manchmal verhielt ich mich ganz still im Hintergrund, um nicht mit dem Hinweis auf den nächsten Schultag oder auf den nur Erwachsenen vorbehaltenen Gesprächsinhalt des Feldes verwiesen zu werden. Vieles habe ich sicher noch nicht verstanden, wenn es z. B. um philosophische Fragen ging. Aber ich glaube, dass in mir die Berichte, etwa überlebender Juden oder politischer Flüchtlinge, das Interesse an menschlichen Schicksalen geweckt haben. Manchmal veranlasste mich mein Vater, auch etwas zu singen. In den Weihestunden hielt ich mich aber zurück. Da sprang mein Bruder Siegfried in die Bresche, der jahrelang mit unserer ersten Klavierlehrerin Hildegard Schunk die musikalische Umrahmung verantwortete. Anfangs der 1950er Jahre erhielt die Gemeinde ihr Grundstück in Gonsenheim „An der Krimm“ wieder zurück, das die Nazis requiriert hatten und das nach dem Krieg von den Besatzungsmächten als militärisches Übungsgelände und Teil des „Mainzer Sandes“ weiter verwendet wurde. In ehrenamtlicher Arbeit wurde damals das Haus von Gemeindemitgliedern als Ferienheim gestaltet und eine Waldbühne zwischen den Erdwällen errichtet. Häufig quartierten sich Jugendliche ein oder es wurden Theateraufführungen veranstaltet oder sportliche Wettkämpfe z. B. im Tischtennis ausgetragen.

Kein „Spätzlein“ spricht und eigene literarische Versuche

Im Sommer fanden dann dort unter freiem Himmel die Feiern statt. Mein Vater inszenierte dort auf der Bühne Theaterstücke meist klassischen Inhalts. Z. B. „Prometheus“. Ich erinnere mich, dass einer der „Schauspieler“ statt Prometheus immer „Prome-the-us zur großen Verzweiflung meine Vaters sagte. Das vermied er auch in der Premiere nicht. Einmal, ich war etwa 10/11 Jahre alt, war auch mir bei einer Feier eine tragende Rolle zugedacht. Ich sollte nämlich ein Gedicht mit dem Titel „Ein Spätzlein spricht“ vortragen. Ich weiß nicht mehr, woher es stammt und wer es gedichtet hat. Als ich drankommen und auf die Bühne steigen sollte, blieb ich sitzen. Mit großer Geduld versuchte mich mein Vater zu überzeugen, doch zu beginnen. “Eckhartchen“, so nannte man mich in Familie und Schule (dort gelegentlich auch „Kattchen“), du kannst es doch so schön aufsagen“, versuchte mein Vater mich zu ermuntern. Doch der Angesprochene schüttelte nur den Kopf. Schließlich gab mein Vater auf und setzte seine Predigt ohne meinen Beitrag fort. Als er mich dann hinterher fragte, was mir in den Sinn gekommen sei, meine Mitwirkung abzusagen, meinte ich, dass das Gedicht blöd, weil zu kindisch sei, um von mir vorgetragen zu werden. Ich sei doch schon älter. Um das nachvollziehen zu können, folgt hier der Text:

„Ein Spätzlein spricht:
Ich bin doch ein gemeiner Wicht.
Das Singen zwar versteh` ich nicht.
Es sieht mich auch kein Mensch je an
Nur böse Buben dann und wann.
Sie werfen mich mit Steinen
Und dennoch will mir scheinen,
als sei so schön die ganze Welt,
so blau die Luft, so grün das Feld:
Piep, piep, ich habe die Welt so lieb“.

Nach der Episode „Kein Spätzlein spricht“ begann ich mit der eigenen Produktion von Gedichten Die Nummern eins und zwei beinhalten diese fruchtbare Schaffensperiode, die meine Schwester, wenn ich wieder einmal frech zu ihr war, immer genüsslich zitierte. Es waren jedenfalls romantische Themen mit Jägern, Hunden und Rhein usw. Ich übergehe sie hiermit, auch wenn der Nachwelt sicher ein wesentlicher Teil der Nachkriegslyrik damit entgeht. Später im Mainzer Stadtrat habe ich in einer Sitzung in Versform zu einem Thema gesprochen, das sich mit dem missglückten Versuch eines privaten Theaters in der Emmerich-Joseph-Straße unter dem Namen „Kammerspiele“ beschäftigte.

Als Kind war ich zweifellos jähzornig. Ich konnte nicht verlieren, weder beim Sport noch beim Spielen. Einmal nahm mich mein Vater ins Gebet. „Eckhart, du wirst scheitern, wenn du dich nicht zu beherrschen lernst“, waren seine mahnenden Worte. Sie haben erst später Wirkung gezeigt, obwohl sie mir schon immer gegenwärtig waren. So hieb ich einmal meinem Bruder bei einem handfesten Streit die Lippe blutig und ermahnte ihn, unserer Mutter nichts zu sagen. Das brauchte er auch gar nicht, denn der geschwollene Mund war unübersehbar. Meine Mutter verfolgte mich dann auch mit dem Kochlöffel durchs Haus (es war noch in Mombach in der Turmstraße), ohne mich gleich zu erwischen. Es ging dann mit einer Ohrfeige ab. Die mir später nachgesagte Gelassenheit im politischen Geschäft war vielleicht eine spätere Frucht der damaligen väterlichen Ermahnung oder der mütterlichen Ahndung.

Die mütterliche Seite: Eine Menge Geschwister

Meine Mutter hatte sechs Geschwister und war die jüngste. Der älteste Bruder war Ferdinand. Dann folgten Nanny, Otto, Karl, Wally und Gisela. Insgesamt 20 Jahre lagen zwischen dem Ältesten und der Jüngsten, meiner 1913 geborenen Mutter, die mit fast 100 Jahren 2012 starb. Der älteste Sohn ihrer Schwester Nanny, Ferdinand der jüngere, war im Zweiten Weltkrieg ganz jung als Abiturient gefallen. Sie war mit einem Bäckermeister, Joseph, „Seppl" Köhrer, verheiratet, der ein guter Bäcker, aber wohl weniger begabter Kaufmann war. Ihre Bäckerei hatten sie später in Heidesheim, wo ich sie per Fahrrad gelegentlich besuchte. Einer der schönsten Gerüche, die ich kenne, kam aus der Backstube während die Brote im Ofen bräunten. Die dunklen Brote kühlten dann im Freien, im Hof auf Holzgestellen, und glänzten, wenn sie mit Wasser bestrichen wurden. Ihre Brezel verkauften die Beiden bis nach Mainz. Nanny brachte die schweren Körbe, bis oben mit handgearbeiteten Brezeln gefüllt, noch warm mit der Bahn nach Mainz, wo sie mein Bruder und ich gelegentlich am Bahnhof in Empfang nahmen und an die Verkäufer verteilten, die sie dann auf den Straßen verkauften. An einen erinnere ich mich gut. Er war ein Sonderling, der unter dem Dach in einem Altbau der Kaiserstraße wohnte und die Brezel am Neubrunnenplatz verkaufte. Dabei hatte er den Korb vor sich auf einem Hocker stehen. Auf dem anderen saß er und las stets in einem Buch, wobei seine Holzzange als Buchzeichen diente, mit der er die Brezel packte, wenn er sie einem Kunden reichte. Ich hatte aber Zweifel, ob diese Form der Hygiene von ihm durchgängig beachtet wurde. Unsere Belohnung bestand übrigens im frischen Bruch von Brezeln, die uns unsere Tante, eine unglaublich fleißige Frau, mitbrachte.

Nos oncles à Sanary sur mer et à Strasbourg

Mein Vater stammte, wie schon gesagt, aus Straßburg, wo seine Familie in der Straße „Fischerstaden", später „Quai des pécheurs", wohnte.

Sein Vater, der seine Geburt, unter der Hausnummer 15 beim Standesamt zum 8. Juli 1892 anmeldete, war Bankangestellter und verachtete die „Prussiens“, die nach dem Krieg 1870/1871 sich das Elsass wieder einverleibt hatten, als ungehobelte Invasoren. Seine Vorfahren betätigten sich in seriösen Berufen wie in den Branchen Bierbrauer und Schiffsbauer. Unsre erste Auslandsreise nach dem Krieg führte unseren Vater, Siegfried und mich 1951 nach Frankreich. Sie ging per Bahn nach Sanary sur mer an die Côte d´azur. Dort hatte sich einer der zwei Brüder unseres Vaters, Louis, ein kleines Weingut gekauft, wo er seinen Ruhestand verbrachte. Er schickte gelegentlich Pakete ins hungernde Deutschland, die, wenn sie nach wochenlangem Transport in Mainz ankamen, soweit sie Essbares enthielten, nicht mehr genießbar waren. Louis, der älteste Bruder, war während seiner aktiven Zeit Zahnarzt und ein Weltenbummler. Er praktizierte zunächst in Wien und dann in Konstantinopel. Dort behandelte er unter anderem Kemal Atatürk, der nach seiner Erzählung furchtbar schlechte Zähne hatte. Als er nach dem Ersten Weltkrieg als Franzose die Türkei verlassen musste, legte er seinen Gewinn aus seiner Tätigkeit in Gold und Münzen an, die er u. a. in Basaren erworben hatte. Er lagerte sie „zwischen“ auf einem Feld, um sie vor seiner Ausweisung in Sicherheit zu deponieren und sie vor möglichen Zugriffen der Behörden zu schützen. In der freien Landschaft, wo er geschützt durch ein Zelt „arbeiten“ konnte, hob er eine Grube aus, in der er seine Schätze versteckte. Das wiederholte er an verschiedenen Stellen. Es muss ihn jemand einmal dabei beobachtet haben, denn ein Versteck wurde nach seiner Ansicht entdeckt und sein Inhalt gestohlen. Später grub er die verbliebenen wieder aus, um sie mit seinem Haushalt mit nach Frankreich zu nehmen. Auf der Passage per Schiff nach Frankreich hatte er seine Schätze in doppelwandigen Kisten versteckt, immer in der Angst, ein misstrauischer Inspizient könnte sie entdecken. Es ging alles gut und er konnte sich dann in Frankreich eine Praxis in der Nähe der „Cannebière“, der Hauptstraße vom alten Hafen kommend und in die Höhe führend, kaufen und sich den Landsitz zulegen. Auf der Fahrt nach Sanary erlebten wir das damals als typisch angesehene Frankreich. Der Zug blieb in der Ortschaft Ambérieu, schon im tiefen Süden, einfach auf den Schienen stehen und die Leute sagten es sei „grève“, also Streik. Kein Mensch wusste, wann es weiterging, und die Hitze war fast unerträglich. Unser Vater schickte mich in den Ort, um Trauben zu kaufen. „Un kilo de raisins, s`il vous plait“ war mir schon geläufig, da wir im Selbstunterricht des Vaters französisch mit Hilfe von Wandzetteln gelernt hatten. Ich war damals schon beeindruckt von der Gelassenheit der Mitreisenden, die uns auch an ihrer Wegzehr teilhaben ließen, gebratenen Hühnern. Stunden später, tief in der Nacht, ging es dann ohne Ankündigung weiter, so dass wir am nächsten Tag unser Ziel erreichten. Ich weiß bis heute nicht, ob alle Mitfahrenden noch rechtzeitig die langsam anfahrende Bahn erreicht haben. In Sanary wurden wir von Onkel Louis und seiner Frau Lucette aufgepäppelt. Von ihm habe ich auch die Anfänge der Numismatik erfahren, denn er schenkte uns römische und griechische Münzen aus seinem Fundus. Später, als ich öfter am Degenturnier in Marseille teilnahm, konnte ich mich immer bei ihm erholen. Er war ein Verfechter der Wärland-Kost, die auf wenig Fleisch und einer Körnermischung, Kruska genannt, basierte. Wenn ich da war, hatte er eine Begründung, ausnahmsweise Fleisch zu essen. Einmal gingen wir mit seinem Wagen, den wir abwechselnd zogen, auf den Markt nach Sanary zum Hafen, der einige Kilometer entfernt war und wo die Stände aufgebaut waren. Dort befand sich ein Stand, der unter anderem Fleischpasteten verkaufte. Onkel Louis meinte, wir könnten uns eine gönnen. Nicht lange nach dem Verzehr wurde uns beiden schlecht, was mein Onkel als Strafe für seinen Fehltritt wertete. Ich sollte seiner Frau aber nichts davon erzählen. Onkel Louis besaß noch einen Rest von Weinberg, an dessen Muskadet - Trauben wir uns labten.

Zur Ernte ließ er seine Schwiegermutter, eine Elsässerin und ehemalige Köchin, aus St. Raphael kommen. Er konnte sie zwar nicht leiden, weil sie aus seiner Sicht schmuddelig war. Sie übernahm aber die weiteren Arbeiten im Keller wie das Keltern und den Ausbau des Weins, der etwas säuerlich schmeckte. Wahrscheinlich deshalb, weil mein Onkel ungeduldig ihre Abreise nach der Weinlese erwartete. Sie konnte wirklich gut kochen. Dabei sang sie mir dann etwas vor. „Ein schön´s Lied“, wobei mein Onkel die Augen verdrehte, wenn sie elsässische Lieder vortrug. Später schrieb er in einem Brief an die Familie, seine Schwiegermutter mache immer noch keine Anstalten „gen Himmel zu fliegen“. Sie erreichte tatsächlich trotz ihrer aus seiner Sicht ungesunden Lebensweise ein beachtliches Alter von fast 90 Jahren. Im Gegensatz zu Vater war er schon in seiner Jugend ein Abenteurer und Filou, der die Pflege ihrer Mutter lieber seinem jüngeren Bruder Georg überließ, wofür er aber Zeit seines Lebens dankbar war. Auf der Plattform des Straßburger Münsters hat sich Louis mit einer soliden Steinmetzarbeit namentlich verewigt, eine logistische Meisterleistung, denn er konnte nur bei Abwesenheit der

Kontrolleure und Wächter daran „arbeiten". Wir haben sie viele Jahre später noch bewundert. Vielleicht existiert sie noch. Louis testete bis ins hohe Alter seine Fitness mit einem Marsch über die Küstenberge mit etwa 60 Kilometern Länge. Einmal waren wir bei einer kleineren Wanderung dabei, bei sengender Hitze. Ich maulte über den Durst und weigerte mich, staubige Brombeeren und später Melonen am Strand zu essen. Später meinte Louis, der mich in dieser Situation mit meinem Bruder verwechselte, dass dieser nicht so gut wie ich die Strapazen gemeistert hätte. Ich vergaß immer, diesen Irrtum zu korrigieren. Aber unser Bruder hatte wegen seiner Geigenkünste ja so wie so einen Stein bei ihm im Brett. Sein eigenes Geigenspiel ließ aber technisch etwas zu wünschen übrig, was meine Schwester und mich zu großer Heiterkeit veranlasste, wenn wir im Wohnzimmer zuhörten. Besonders gut in Erinnerung sind mir die Boule – Wettbewerbe auf der obersten Stelle seines Grundstücks auf der „Plaine du roi", wo man einen wunderbaren Blick auf die „Gorguette" und die damals noch nicht so verbaute Bucht von Bandol hatte.

Ein Umweg über Paris dank des Streiks der Eisenbahner

Übrigens riskierte unser Vater, als der Streik andauerte, die Rückreise von Südfrankreich über Paris. Jeder hatte nur den Wunsch, irgendwie zu seinem Ziel zu gelangen, und es gab keine Kontrollen in den Zügen. Dabei kamen wir an Chateau Tierry vorbei, wo eine der großen Feldschlachten des Ersten Weltkriegs stattgefunden hat. Dabei war unser Vater verwundet worden und überlebte nur weil er seine tiefe Wunde am Oberschenkel notdürftig verbinden und das Bein senkrecht an einen Baum stellen konnte. Er erzählte uns nur, dass eine Granate in die Gruppe von Offizieren bei einer Besprechung eingeschlagen war, die die übrigen tötete, auch sein Pferd, das ihm möglicherweise das Leben rettete. Wenn ich mich richtig erinnere, hieß es „Hans". Er renommierte übrigens nie mit irgendwelchen Taten, obwohl er das Eiserne Kreuz erhalten hatte. In Paris blieben wir einige Tage und erlebten diese Großstadt mit ihren Highlights. Wir wohnten in einer bescheidenen Unterkunft in der Nähe der „Gare de l`est" und aßen „aus der Faust", weil unser Vater das restliche Geld als Notgroschen erachtete, falls der Streik endete und die Kontrollmechanismen in der Bahn wieder griffen. Gott sei Dank hielten die Mitarbeiter des „Chemin de fer" durch. Immerhin ließ sich Vater zu einer verwegenen Ausgabe hinreißen, als er meinem Drängen nachgab und mir einen Uller mit Eifelturm und Stadtwappen kaufte. Er kostete vier Francs.

Der andere Bruder meines Vaters, Lucien, wohnte Zeit seines Lebens in Straßburg. Er war als Kind das Sorgenkind der Familie. Er wurde Nachtwächter und war eine Seele von Mensch. Er führte ein Einsiedlerleben und wohnte in einem Hinterhaus, angefüllt mit Zeitungen, Büchern und Schuhen.

Heute würde man ihm eine Form von „Messisucht" unterstellen. Mein Vater kümmerte sich immer um ihn, brachte ihm neue Kleidung mit und ging mit ihm in das Volksbad zum Waschen und Haareschneiden. Er trug einen wallenden Bart, der ihm ein philosophisches Aussehen verlieh, und war trotz Allem immer zufrieden. Als wir ihn einmal in seinem Domizil besuchten, trank eine Maus aus einer mit Wasser gefüllten Pfanne. Er führte eine weltweite Korrespondenz in Esperanto und wenn wir ihm schrieben, heftete er immer bei seiner Antwort einen Schein über zehn Francs dazu. Er las sehr viel und hielt Abstand zu den Mitbewohnern, als er später in einem Altersheim wohnte. Im hohen Alter haben wir ihn in Straßburg beerdigt.

Das erste Auto der Familie: Ein rostroter Opel Olympia 1952

Mittlerweile wuchsen wir in der Gartenfeldstraße heran. Für uns Kinder und natürlich für unsere Eltern war das erste Auto ein ganz besonderes Ereignis. Nicht wie heute, wo das eigene Auto eine Selbstverständlichkeit ist. Das besagte Auto war ein rostroter Opel Baujahr 1948. Er trug noch eine Nummer, die mit FR begann, also französische Zone Rheinland – Pfalz. Unser Vater hatte ihn gebraucht von Dr. Sprenger, einem Hautarzt und Vorsitzenden der Freireligiösen Gemeinde, gekauft. Der Wagen besaß noch ein- und ausklappbare Blinker und eine Gangschaltung mit einem langen Schalthebel. Als mein Vater daraufhin den Führerschein machte, saß er immer zur Übung auf einem Stuhl und machte die Bewegungen zum Schalten und Steuern, was uns Kinder amüsierte. Natürlich mit Zwischengas beim Schalten. Er machte dann mit 56 Jahren den Führerschein. Der Wagen begleitete uns dann in die Ferien, nach Frankreich, die Schweiz und nach Oberitalien. Wir zelteten ziemlich einfach mit einem Zelt für die Kinder und einem zum „Schlafwagen" umzubauenden Auto mit Vorzelt für die Eltern. Heute würden sich die Kinder wahrscheinlich weigern, mit einem solchen Equipment Campingurlaub zu machen. Für uns waren es die ersten Schritte in die Ferne und wir waren glücklich darüber. Gelegentlich gerieten die Fahrten zu einem richtigen Abenteuer. Das hing damit zusammen, dass mein Vater ziemlich technikgläubig war. Es kam vor, dass wir, wenn der Kühler beim Aufstieg auf einen Berg vor Anstrengung dampfte, und wir dann aussteigen mussten, während unser Vater allein die Steigung nahm, wie z. B. auf den Heyen über dem Bodensee auf der Schweizer Seite. Einmal brachte er es auch fertig, nur mit der Handbremse bremsend und dadurch die Geschwindigkeit ein wenig drosselnd einen Pass herunter zu fahren. Als wir unten vor einer Werkstatt in Domodossola landeten, gestand er der erschrockenen Familie, dass die Fußbremse nicht mehr funktioniert hatte. Das Leben des ersten Autos überstanden wir aber heil. Auch das Auto wurde von einem sichtlich genervten Mechaniker unter ständigen Flüchen mit „Santa Maria" wieder in Schuss gebracht. Das nächste Fahrzeug war ein Opel Baujahr 1953, den wir ebenfalls gebraucht erwarben, diesmal von unseren Paten Oskar und Klara Ruth aus Idar – Oberstein. Die Motorisierung und Ausstattung machten insofern Fortschritte, als der neue Wagen schon eine Lenkradschaltung besaß. Eines Tages verschwand er von der Bildfläche, und wir Kinder vermuteten, dass er in einen Unfall verwickelt war. Die Eltern schwiegen eisern. Jedenfalls blieb unser Vater immer der Marke Opel treu bis zu seinem letzten Auto, das er im Opel-Haus Kastel erwarb. Dieses, ein roter Wagen mit weißem Dach, wurde eines Nachts vor unserer Wohnung in der Wallstraße 10 gestohlen und am nächsten Tag auf dem Dach liegend im Wispertal entdeckt, als Wrack. Die Diebe, eine Jugendgang aus Rheinhessen, wurden erwischt und verurteilt, nicht nur wegen unseres Schadens.

Wanderungen im Taunus

Der Taunus war unsere häufige Ausflugsgegend. An manchen Sonntagen fuhren wir mit der Bahn auf die „Eiserne Hand" oder wanderten auf die „Hohe Wurzel" oder die „Leichtweißhöhle", wo der gleichnamige Räuber sich vor seinen Jägern versteckt hatte. Im Taunus wohnten unsere zweiten Paten, Georgie und Karl Daimler, den sie aber Heinz nannte, weil ihr Karl nicht gefiel. „Heinz", aus der Erfinderfamilie der Daimler stammend, war Chemiker in Höchst und ebenfalls Inhaber vieler Patente. In Ehlhalten, im Taunus, wo sie ein Ferienhaus besaßen, wohnten sie nach der Zerstörung ihrer Wohnung im Zweiten Weltktieg. Skuril war, dass Heinz sein Territorium vor unbefugtem Betreten, auch der amerikanischen Besatzer, mit Schildern „Vorsicht Selbstschüsse“ zu schützen wusste. Es funktionierte offenbar. Tante Georgie, eine selbstbewusste Wienerin, hatte eine besondere Erziehungsmethode. Ihre Kinder mussten eine gerade Haltung bei Tisch mit Büchern unter den Armen trainieren. Sie tolerierte allerdings die Erfindungen ihres Mannes. Eines Tages führte er uns seine neuste Erfindung vor, Hosenhalter, die an Stelle eines Gürtels innen auf beiden Seiten der Hose mit einem Gummiüberzug – wie ich mich erinnere - das Rutschen der Hosen verhindern sollten. Mein Vater war etwas skeptisch und meinte, bis zur Marktreife seien noch Verbesserungen notwendig. Vielleicht sind die modernen Innenseiten der Hosen, mit Kunststoff versehen, die Weiterentwicklung der Erfindung.

Auf der Ebernburg mit der kompletten Familie 1951: Vater als fünfter oben von rechts, Mutter, die Übernächste.

Die sportliche Seite

Die Berührung mit Sport begann, wie gesagt, auf dem Bruchweg in Mainz mit Fußballspielen von Mainz 05 in der Oberliga Südwest. Besonders sind mir die Spiele gegen den 1. FC Kaiserslautern in Erinnerung. Dabei nahm Dr. Lorenz seine Kinder und mich oft mit. Wir nutzten die Gelegenheit, um Autogramme der Weltmeister zu erhaschen. Das Stadion am „Bruchweg" besaß damals nur eine kleine Tribüne. Ansonsten bestand der Zuschauerraum aus „Stehtribünen", die allerdings nur einfache Stufen waren. Wenn es regnete, standen die Zuschauer in aufgeweichtem Untergrund. Die Absperrung, nur ein Geländer, war eine einfache Konstruktion aus Holz. Sie diente uns Kindern zu turnerischen Übungen, wenn es uns langweilig wurde. Es kamen ja nicht nur Mannschaften wie die „roten Teufel" aus Kaiserslautern, Wormatia Worms oder der FK Pirmasens, sondern auch unbekanntere.

Das Fechten – auch eine Art Schule fürs Leben

Überhaupt der Sport. Er wurde in dieser Zeit und später als Student ein wichtiger Teil meiner Jugend. Mein Mitschüler Heino Krebs, ein Hüne von 1,92 Metern Länge, nahm mich eines Tages mit zum Fechttraining in der Frauenlobschule. Das machte mir sofort Spaß und ich wurde relativ spät mit 16 Jahren Mitglied im traditionsreichen Fechtclub von 1876 unter seinem agilen Vorsitzenden, dem Zahnarzt Dr. Hans Günter Kohl. Er entstammte einer bekannten Mainzer Brauereidynastie, der Sonnenbrauerei Gebrüder Kohl, die schon damals eine Familien-Kommanditgesellschaft war. Als die Geschäftsführung den Anschluss an die Moderne verpasste, wurde der Betrieb an der Fritz-Kohl-Straße eingestellt. Mit Heino Krebs verbinde ich lustige und tragische Erinnerungen. Ich kannte ihn schon von Ingelheim her, wo sein Vater am Amtsgericht tätig war. Wir jüngeren Fechter mussten immer Spalier bei Hochzeiten und Beerdigungen mit den Fechtgeräten und der Vereinsfahne stehen. Bei einer Beerdigung musste die Fahne am Grab gehalten und im richtigen Moment gesenkt werden. Als Fahnenträger war Heino schon wegen seiner Größe prädestiniert. Dabei verlor er einmal das Gleichgewicht und kam dem Sarg gefährlich nahe. Dass die Andacht darunter litt, war klar.

Danach hörte dieser Brauch auf. Als Heino später in Mainz mein Mitschüler war, der neben mir saß (und in Griechisch und Latein bei mir abschrieb), beging er Selbstmord im Zusammenhang mit einer Auseinandersetzung mit der Polizei im angeheiterten Zustand nach einem Abend mit dem jungen Wein, dem Federweißen. So wird man schon früh mit den traurigen Ereignissen im Leben aus nächster Nähe konfrontiert.

Nach einiger Zeit kamen die ersten Erfolge im rheinhessischen und nationalen Juniorenbereich. Wir fuhren daneben häufig auf internationale Turniere in Deutschland und im Ausland, vor allem in Frankreich. Mein erstes Turnier war dort in Vittel, an das ich mich deshalb so gut erinnere, weil wir in einer Fernfahrerherberge etwas außerhalb von Vittel übernachteten. Gasthöfe der „Routiers" boten die Gewähr für preiswerte Unterkunft und reichhaltiges Essen. Dass das gut schmeckende Fleisch vom Pferd kam, erklärte mir Dr. Kohl erst am nächsten Morgen. Der damals noch selbstständige Fechtclub besaß eine familiäre Atmosphäre. Nach dem Training traf man sich mit den „alten Herren", die dann ihren Skatabend beendeten im „Brauhaus zur Sonne", dem Traditionslokal der gleichnamigen Brauerei in der Betzelsgasse. Für uns war immer das Handwerkerstübchen reserviert. Wie viele Familienbrauereien verschliefen die Verantwortlichen die Entwicklung zu einer modernen Braustätte so dass sie heute Geschichte ist. Die Runde bestand, soweit ich mich an die Namen erinnere, vorwiegend aus Geschäftsleuten. Franz Henrich, genannt „die Tante", betrieb einen Handel mit Motorölen und Autoersatzteilen. „Die Mutter noch gekuppelt hat, die Tochter fährt schon Saxomat", war einer seiner Sprüche. Ein anderer war der Inhaber der Kohlenhandlung „Schwalbach" aus der Altstadt. Lange hielt er an der Tradition fest, die Kohlen in Säcken mit einem Pferdefuhrwerk an die Keller der Kunden zu liefern. Die Männer mit den schweren Kohlensäcken über den Schultern und einem leeren über dem Kopf als einer Art Kapuze, sind mir noch vor Augen. Auch die Herren Felchner von der „Tapesa" und Bernie Mörschel von der Firma „Glas-Müller", Inhaber alt eingesessener, heute leider verschwundener Firmen, gehörten zu der Runde, die uns oft mit ihren Pkws zu Turnieren fuhr und sponserte. Als Degenfechter habe ich viele auch ausländische Fechterinnen und Fechter kennen gelernt. Daraus sind z. T. langjährige Freundschaften entstanden. So in Ungarn, Rumänien und natürlich Frankreich. Besonders erfolgreich war ich im Bereich des Hochschulsports. In Mainz fand

Pick ‚entzauberte' Exweltmeister Losert

Mainzer Studenten zum drittenmal Hochschulmeister im Degenfechten

In Frankfurt sind die deutschen Hochschulmeisterschaften im Mannschaftsfechten entschieden worden. Dabei hatte die Universität Mainz ihren 1964 und 1965 errungenen Degen-Titel zu verteidigen. Obwohl die Mainzer mit einer geschwächten Vertretung an den Start gingen — mit Uwe Eichhoff befindet sich eine der Stützen als Austauschassistent in Moskau — gelang ihnen — wie bereits berichtet — der außergewöhnliche Erfolg, zum drittenmal in ununterbrochener Reihenfolge Meister zu werden.

In zwei vorhergegangenen Ausscheidungsturnieren hatten sich zwölf Hochschulen für das Endturnier qualifiziert. Die Uni Mainz wurde als Titelverteidiger unter die gesetzten Mannschaften eingereiht und erhielt in der Vorrunde die TH Karlsruhe zum Gegner. Die Mainzer gewannen gegen den Vorjahresdritten glatt mit 8:4. Bis zum Abbruch des Kampfes hatten G. Schwieger (3), L. Rohe (2), J. Metschke (1) und E. Pick (2) die Siege erzielt.

Acht Teams waren aus den Vorrunden aufgestiegen und ermittelten nun im K.-o.-System die Finalisten. Die vier gesetzten Mannschaften von Freiburg, Darmstadt, Köln und Mainz gewannen ihre Begegnungen und erreichten das Halbfinale. Mainz hatte es mit der Mannschaft der Uni Münster recht schwer, denn J. Metschke war außer Tritt und konnte kein Gefecht gewinnen. Doch Schwieger, Rohe und Pick errangen die notwendigen Erfolge bei einer Doppelniederlage, so daß es am Ende 8:7 für Mainz hieß. Im Halbfinale trafen die Mainzer auf den Favoriten, die Uni Freiburg. Die Freiburger gingen schnell in Führung, die sie auf 7:3 Punkte ausbauen konnten. Dann aber holten die Studenten aus Mainz auf. Beim Stande von 7:6 gelang es Pick, dem für Freiburg startenden Exweltmeister im Degenfechten, Roland Losert (Österreich), mit 0:5 (!) die erste Niederlage des Tages beizubringen. Schwieger stellte dann mit einem Sieg über Thade das Ergebnis auf 8:8. Mit 61:64 erhaltenen Treffern gewann damit die Uni Mainz denkbar knapp. Schwieger und Pick (je drei), Rohe (zwei) ud Stock steuerten die Siege bei.

Aus der zweiten Vorschlußrunde hatte sich Köln durch einen Sieg mit 8:6 über die TH Darmstadt in das Finale gekämpft. Nach erbitterten Gefechten, in dem die Führung ständig wechselte, blieb die Mainzer Mannschaft schließlich mit 8:7 bei einer Doppelniederlage Sieger. Bester Einzelfechter war G. Schwieger mit drei Siegen. Eine ausgeglichene Mannschaftsleistung und die kluge taktische Beratung von dem ungarischen Fechtmeister Irany waren die Voraussetzungen für den Mainzer Erfolg. Die Mannschaft des alten und neuen Hochschulmeisters: Gunnar Schwieger, Lothar Rohe, Jörg Metschke, Toni Stock und Eckhart Pick.

Placierungen für Undine 08 und Ei

Prächtige E

Eine sportliche Schlagzeile in der AZ.

sich eine Reihe von Fechtern zusammen, die auch persönlich gut harmonisierten. Knut Berger, Uwe Eichhoff, Lothar Rohe, Gunnar Schwieger und vor allem mein Freund Jörg Metschke bildeten eine Mannschaft im Degenfechten, die mehrere Jahre den Universitätssport in Deutschland dominierte. Es waren übrigens fast alle Studenten der Naturwissenschaften, ich der einzige so genannte Geisteswissenschaftler. 1963 bis 1965 waren wir Deutscher Hochschulmeister, angefangen in Freiburg über Köln und Frankfurt. Auch der Olympiadritte in Mannschaftsflorett 1960, Toni Stock, gehörte dazu, der manchmal mit dem Degen aushelfen musste. Als dieser eines Tages bei uns anrief und ich nicht zu Hause war, sagte mein Vater, der den Hörer abgenommen hatte: „Ein Herr Rosenstock hat angerufen". Ich wusste aber, wer angerufen hatte. Ich hatte die Ehre, immer das letzte Gefecht absolvieren zu dürfen, falls es darauf ankam. Ich besaß offenbar ausgesprochen gute Nerven und konnte mich auch sehr konzentrieren. Z. B. trafen wir 1965 im Finale der deutschen Hochschulmeisterschaften in Frankfurt auf die Universität Freiburg. Dabei musste ich im Finale gegen den amtierenden Weltmeister Roland Losert aus Österreich in der Freiburger Mannschaft antreten, den ich 5:0 besiegte. Gegen die Niederlage half auch die Assistenz seines Vaters, der Fechtmeister war, nichts. Dagegen hatte unser Fechtmeister, der Ungar Pal Iranyi, uns erfolgreich eingestellt. Die Mainzer Allgemeine Zeitung titelte damals: „Eckhart Pick entzauberte Weltmeister Losert". Es gab eben Tage, da klappte Alles und der Gegner fand einfach keine Einstellung, was mir natürlich auch passierte. In den folgenden Jahren nach 1965 waren wir dann noch Zweiter und Dritter im Mannschaftsfechten.

Trainieren für Brasilien: Ein Hundeleben?

Nach den Hochschulmeisterschaften im Degen-Einzel 1963 in Aachen wurde ich für die Studentenweltmeisterschaften nominiert. Im Hinblick auf die bevorstehenden Wettkämpfe verschärfte ich mein Training. Ich lief fast täglich am frühen Abend die Strecke von der Wohnung in der Gartenfeldstraße bis zum Winterhafen und zurück. Dabei war mein (nicht immer williger) Begleiter unser heiß geliebter Hund Phylax (griechisch der Wächter), wie ihn unser Vater taufte, obwohl er nach seinem Stammbaum als „Deutsch Langhaar" - Jagdhund eigentlich „Ajax vom Soonwald" hieß. Nach dem ersten Lauf mit mir kroch er in der Folgezeit immer unter das Bett, wenn er mich mit der Leine kommen hörte. Allerdings genoss er dann nach der halben Strecke ein kühles Bad auf einer der von den Wellen überspülten Treppen am Fischtor, auf die er sich legte. Wenn er sich dann

Phylax, der Leidensgenosse.

schüttelte, war auch ich erfrischt. 1963 war mein erfolgreichstes sportliches Jahr. Ich wurde bei den Hochschulmeisterschaften in Aachen Zweiter im Einzel und durfte mit zur Universiade nach Porto Alegre in Brasilien. Die Vizemeisterschaft gewann ich übrigens an meinem 22. Geburtstag, dem 8. Februar 1963. Zur Vorbereitung auf die Wettkämpfe nahm ich Privatstunden bei dem Fechtmeister Heim in Offenbach, der Heidi Schmid zur Olympiasiegerin in Rom gemacht hatte. Ich fuhr wöchentlich mit unserem Citroen „Deux chevaux" in die Trainingshalle des FC Offenbach. In der Frankfurter „Deutschen Turnschule" wurden

die nominierten Fechterinnen und Fechter dann anschließend noch einmal versammelt und trainiert. Dort trafen wir auf die Turner, an der Spitze der vielfache Meister Philipp Fürst, der sich aus Jux eine Fechtmontur anzog. Er sagte uns danach, er habe jetzt Respekt vor dem Fechten, das er vorher so nicht als Leistungssport wahrgenommen habe. Es wurde damals kolportiert, dass sich beim Trainingslager vor der Olympiade 1960 der mehrfache Deutsche Meister im Degenfechten Paul Gnaier, beim Wettlauf, wer als erster in das hauseigene Schwimmbad gelänge, in das leere Becken gestürzt habe. Aber vielleicht gehört dieser Vorfall doch ins Reich der Fabel.

Im Anschluss an die Wettkämpfe in Brasilien spendierte der Allgemeine Deutsche Hochschulsportverband (ADH) uns noch einige Tage

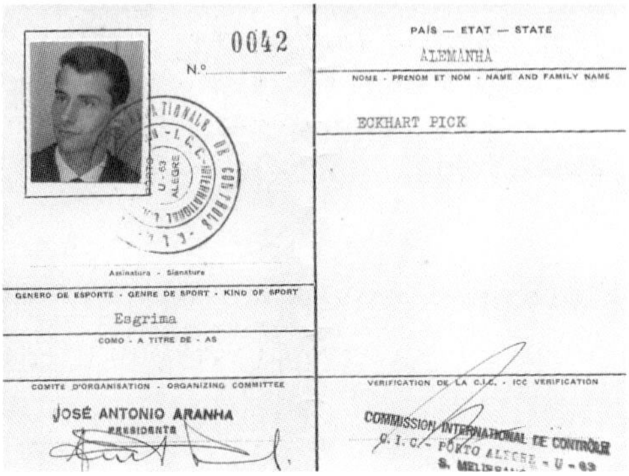

mit Wettkämpfen in Sao Paulo und in Rio de Janeiro. Auch dort fand ich Bekanntschaften, die lange Zeit brieflich Bestand hatten. Besonders eindrucksvoll war bei der Universiade das Zusammentreffen mit den Athleten und Athletinnen der anderen Sportarten und aus Ländern der ganzen Welt. Schon damals fiel mir auf, dass manche Sportler ungeniert Mittel untereinander handelten, die später auf der Dopingliste versammelt waren. Besonders die Vertreter aus dem so genannten Ostblock taten sich hervor. Für uns Fechter war das Neuland, wir fühlten uns dabei als tumbe Toren. Wir kauften höchstens günstige Teile der Fechtausrüstung wie hirschlederne Handschuhe oder Degen von unseren Kollegen aus Polen, Ungarn oder Russland, die wir schon lange kannten.

Ein Gruß an die zu Hause Gebliebenen.

Eine Szene, die ich nicht vergessen kann, spielt auch in Porto Alegre. Wir waren in einem streng von Polizei und berittenem Militär bewachten Bereich untergebracht. Wahrscheinlich sollten die

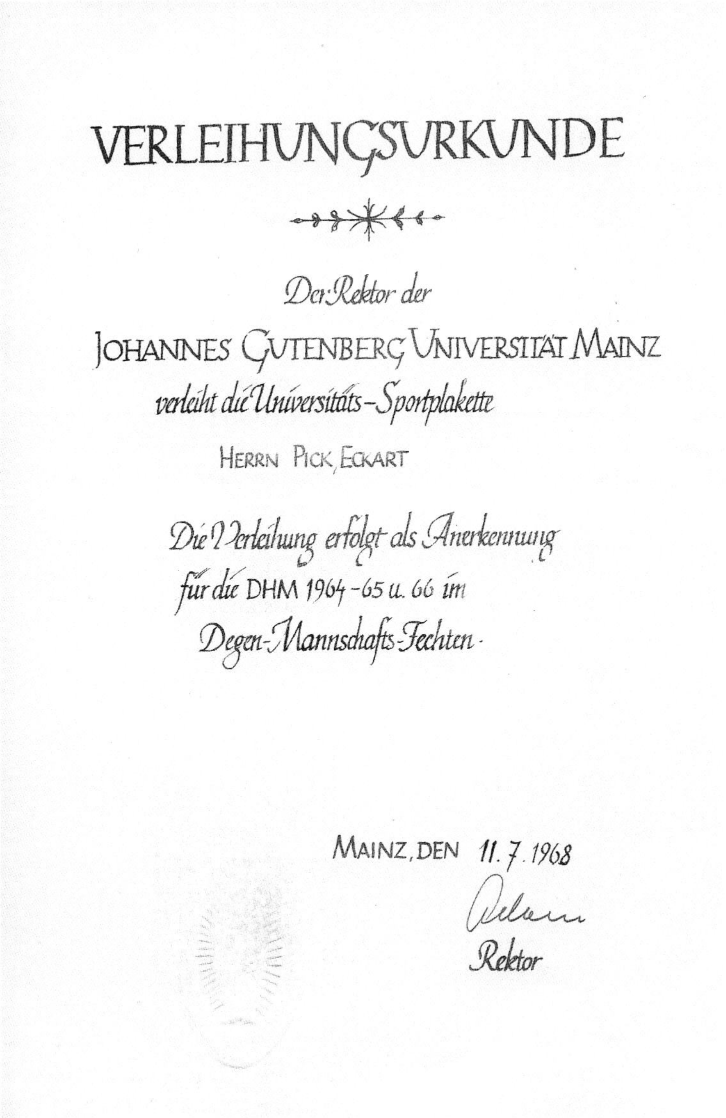
VERLEIHUNGSURKUNDE

Der Rektor der

JOHANNES GUTENBERG UNIVERSITÄT MAINZ

verleiht die Universitäts-Sportplakette

HERRN PICK, ECKART

Die Verleihung erfolgt als Anerkennung für die DHM 1964-65 u. 66 im Degen-Mannschafts-Fechten.

MAINZ, DEN 11. 7. 1968

Rektor

Eine ausgesprochen seltene Urkunde der Universität.

Neubauten später entsprechenden Wohnzwecken dienen. Rundherum befand sich eine Art Favella, also eine Arme-Leute-Siedlung. Wir konnten uns natürlich frei bewegen, wurden aber davor gewarnt, uns dort hin zu begeben. Was wir trotzdem taten. Es gab dort eine Hütte, in der sich die Einheimischen abends unter dem Licht nackter Glühbirnen trafen, also eine Art Dorfkneipe. Als ich mit zwei Sportkameraden einmal hinging aus Neugier und um ein Bier zu trinken, wurden wir genau taxiert. Da es mit unserem Portugiesisch nicht weit her war, behalfen wir uns mit englisch. Ein Mann, der einige Brocken verstand, fragte nach unserer Herkunft, die er dann an die Umstehenden lautstark weitergab. Er sagte uns, sie wohnten in selbst gebauten Behausungen und verwalteten das Lager selbst, weil sie fast alle arbeitslos seien und sonst keine Unterkunft hätten. Wir hatten nach diesen Informationen überhaupt keine mulmigen Gefühle mehr. Als wir zahlen wollten, sagte der „Chef" des Dorfs, wir seien doch „amigos allemanos" und selbstverständlich ihre Gäste. Beim nächsten Mal schenkte man uns eine selbst gefertigte Kalebasse, aus der man Matetee trinken konnte. So sind die angeblich „Asozialen" oft die wahren Mitfühlenden, die an ihrem begrenzten Budget Andere noch teilhaben lassen.

Universiade in Budapest

Zwei Jahre später wurde ich erneut in die Mannschaft des ADH für Ungarn berufen. Hier muss ich hinzufügen, dass ich besonders enge Beziehungen zu den ungarischen Fechtern hatte, für die ich mich einsetzte, soweit es während des Kalten Kriegs möglich war. Dazu ist zu bemerken, dass Ungarn ein relativ entspanntes Verhältnis zum Westen, ein eher pragmatisches, pflegte, insbesondere, was Reisen ins Ausland betraf. So besorgte ich einem Fechterkollegen eine Arbeit in den Ferienmonaten in Mainz. Der damit verbundene Verdienst führte zum Kauf eines lange ersehnten „kleines Fiat 500". Mein Part bestand darin, ihn mit einer Schenkungsurkunde für den ungarischen Zoll auszustatten. Gelegentlich traf bei uns zu Hause ein Geldbetrag ohne Absender ein, der von mir treuhänderisch verwaltet wurde. Ich war sicher, dass es sich um einen ungarischen Freund oder Bekannten handelte. Einmal brachte ich eine Urkunde in der Glocke eines Degens über die ungarisch-österreichische Grenze, als ich mit meinem VW Käfer von einem Turnier in Siofok am Plattensee heimfuhr.

Vor der Abreise zur Universiade nach Budapest kam bei uns zu Hause ein ziemlich schweres Paket an und ich wurde telefonisch gebeten, es mit zu bringen. Vorsichtshalber öffnete ich das Paket nicht. Als das Flugzeug in Budapest landete, kam schon unten auf dem Flugfeld ein Bekannter, ein Offizieller des ungarischen Sportverbands, auf mich zu und fragte: „Hast du die Transistoren?“. Ich war zunächst perplex und sah ihn sprachlos an, bis mir dämmerte, dass er den Inhalt des Pakets meinte. Es wurde mir klar, dass ich eine Menge von Transistoren/-geräten mitgeschleppt hatte. Dann wurde mir bewusst, auf was ich mich eingelassen hatte. Ich sagte dann „Klar, das Paket ist in meinem Koffer“. Er war erleichtert. Dann ging es unmittelbar im wartenden Pkw am Zoll vorbei aus dem Flughafen ins Zentrum, wo wir untergebracht waren. Der Empfänger drückte mir dankbar ein Bündel Forintscheine in die Hand, die ich annehmen musste, um ihn nicht zu beleidigen. Andererseits empfand ich es dann als Äquivalent für das Risiko, das ich unwissentlich auf mich genommen hatte. Im ungünstigsten Fall, so erzählte ich dann später, wäre ich erst mit eisgrauem Bart aus der ungarischen Haft entlassen worden, wenn auch vielleicht unter erleichterten Bedingungen, falls ich zum Wohle des Staats gehandelt haben sollte. Man lebte also nicht ungefährlich. Zur deutschen Delegation gehörte damals Heidi Schmid aus Augsburg, die Olympiasiegerin im Florett von Rom 1960. Sie war eine sehr sympathische, bescheidene Sportlerin. Ich kannte sie von einem Lehrgang in Freiburg, wo die deutschen Fechter vor den Olympischen Spielen trainierten. Allerdings völlig unergiebig, weil der berüchtigte Leichtathletiktrainer Woldemar Gerschler glaubte, uns mit Bleimanschetten am Fechtarm und schiefen Ebenen Kondition vermitteln zu müssen. Das Ergebnis war Erschöpfung und Verlust an Schnellkraft. In Offenbach traf ich sie gelegentlich, wo ich bei Ihrem Fechtmeister Heim vor der Universiade wie gesagt Übungslektionen absolvierte; ebenso bei einem Dreiländerkampf zwischen den Nationalmannschaften aus Polen, Deutschland und Frankreich in Paris 1965.

Zuletzt in Tokio

Meine sportliche Laufbahn endete dann mit der Anwesenheit bei der Universiade in Tokio 1967. Auf der Rückfahrt machten wir Station in Hongkong und Delhi. In Hongkong waren damals Aufstände

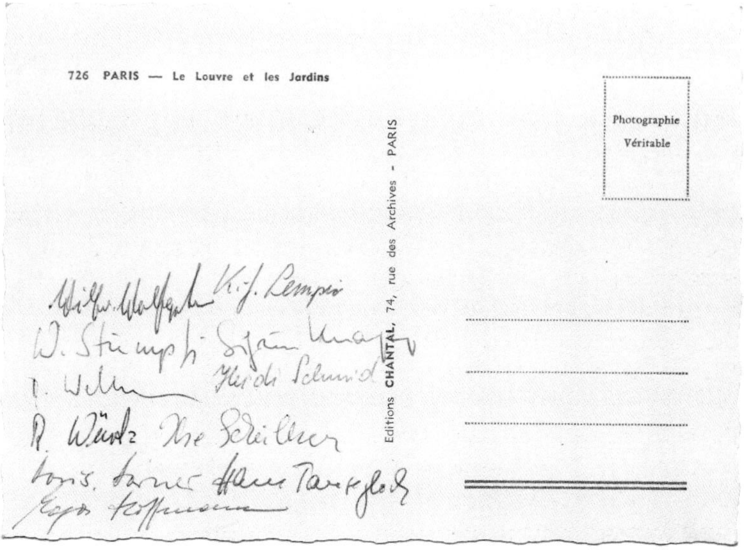

In Paris des Fechtens wegen.

gegen die englische Kolonialverwaltung an der Tagesordnung. Als wir abends unterwegs waren, hörten wir Gewehrfeuer. Blitzschnell ließen die chinesischen Geschäftsleute die eisernen Rollläden herunter und wir standen in einem Eingang. Ein vorüberfahrender englischer Offizier rief uns zu: „Better you go home“, was wir schleunigst beherzigten. Mit mir war damals Heiner Liewald unterwegs, ein baumlanger Hammerwerfer aus Mainz, mit dem ich das Zimmer teilte. In unserem Hotel waren in jedem Stockwerk Bedienstete, die nicht nur die Zimmer bewachten, sondern auch für Getränke und morgendliche Zeitungen zuständig waren. Als das auf unserer Etage nicht funktionierte, hob Liewald den zappelnden Inder in die Höhe und machte ihm sein Missfallen deutlich. Dann überbot dieser sich an Hilfsbereitschaft.

Einige Jahre später war ich in einer ganz anderen Sportart engagiert, allerdings nicht als Sportler.

Die eigene Familie

Während meiner Jugend hatte ich viele Bekannt- und Freundschaften, wie sie sich durch Schule, Sport und später Politik ergaben. Immer war aber Antje präsent, zumindest in Gedanken, auch in den Zeiten, als wir, wie es normal ist, verschiedene Wege gingen. Solange sie noch in Mainz wohnte, nach der Gartenfeldstraße 3 in der Kaiserstraße 34, sahen wir uns schon deswegen immer wieder, weil ich ihr in Latein auf die Sprünge helfen musste. Dafür durfte ich sie in die Konzerte des Chores in der Christuskirche begleiten, wenn unter Diethard Hellmann die Werke von Johann Sebastian Bach aufgeführt wurden. Während sie sang, saß ich dann, wie ich immer betonte, um ihr Mitleid zu erregen, auf den harten Stroh bezogenen Stühlen, die ja eigentlich nur für die kürzeren Predigten gedacht waren und nicht für mehrstündige Aufführungen. Neben der nie geheuchelten Vorliebe für Bachsche Oratorien ging es mir in erster Linie darum, aufzupassen, dass sie nicht von einem Konkurrenten nach Haus gebracht wurde. Falls es doch noch eine Nachfeier des Chores – natürlich ohne mich - gab, setzte ich auf Uwe, der ja auch bei Zeit nach Hause musste und seine Schwester zu betreuen hatte. Es wurden dann, als ihr Vater nach Frankfurt zum Direktor der Klinik für Röntgen- und Nuklearmedizin berufen wurde, die Treffen etwas sporadischer. Die Familie wohnte ab 1964 in Frankfurt – Schwanheim und Antje wechselte vom Mainzer Frauenlob – Gymnasium an die Schillerschule in Frankfurt. Dann musste ich ihr nur noch gelegentlich schulisch unter die Arme greifen. Weil es ihr dort trotzdem nicht so gut gefiel, fasste sie den Entschluss, bei der Fluggesellschaft Pan American World Airways Erfahrungen in der Arbeitswelt zu machen. Sie fühlte sich in der Reservierungsabteilung gegenüber dem Frankfurter Hauptbahnhof sehr wohl und hatte auch später noch viele Kontakte zu ihren Kolleginnen und Kollegen. Vorher hatte sie den Mut, in London als Au pair – Mädchen ihr Englisch so auf Vordermann zu bringen, dass sie mir immer überlegen blieb. 1968 haben wir uns verlobt. Das kam für mich durchaus überraschend, denn wir hatten uns mit dieser Entscheidung nie ausdrücklich befasst. Dabei hatte ich sie schon seit Kindestagen gern! Dass ich mich um sie bemühen würde, stand für mich allerdings schon lange fest.

Schon als ich sie zum ersten Mal sah. Bei ihrem Einzug in die Gartenfeldstraße 3, 1953, erblickte ich ein kleines blondes Mädchen mit

Eheringe (es waren die Kosten für die Gravur) erscheinen preiswert , die tatsächlichen Kosten ergeben sich erst später.

kurzen Zöpfchen, das ich nicht mehr vergessen konnte. Es gab in der Folgezeit zwar immer wieder Phasen der räumlichen oder auch persönlichen Trennung, die uns danach aber immer wieder begegnen ließen. Eifersucht war bei mir ein permanentes Gefühl. Es war am Anfang Dezember 1968. Ich saß abends in meinem Büro des Instituts für Rechts- und Verfassungsgeschichte im Parterre des Hauses in der Ernst – Ludwig- Straße. Da klopfte es an das im Parterre gelegene Fenster. Im Dunkeln erkannte ich den blonden Kopf, es war Antje. Ohne sich lang mit der Begrüßung aufzuhalten, sagte sie: „Ich will mit Dir Ringe kaufen". Ich war perplex, aber sehr glücklich. Am 14. Dezember feierten wir Verlobung im Weinhaus „Wilhelmi" mit Freunden. Als wir beim Feiern waren, gesellten sich per Zufall die Fastnachtsgrößen „Die Bänkelsänger" zu uns und brachten uns ein Ständchen. So ist das in Mainz!

Als wir den künftigen Schwiegereltern die frohe Botschaft verkünden wollten, war die Reaktion von Werner Lorenz etwas verhalten. Nicht, dass er etwas gegen mich in Person hatte, er meinte nur, dass ich ihn hätte vorher fragen sollen; jedenfalls kam uns das klassische „Um die Hand Anhalten" doch antiquiert vor. Er hatte so seine Eigenarten, die vielleicht damit zusammen hingen, dass er auf seine Karriere als Klinikdirektor sehr stolz war und es gern sah, wenn andere zu ihm aufschauten. Trotz seines Einwandes wegen der Form hat er die Verbindung doch begrüßt. Am 13. Juni 1969, einem Freitag, heirateten wir dann in Frankfurt im Gebäude der dortigen Unitarischen Gemeinde, wobei uns mein Vater traute und mein Bruder zusammen mit einer Organistin die Feier musikalisch umrahmte. Dass sie nicht den Brautchor aus Richard Wagners „Lohengrin" spielten, wird mir von Antje noch heute vorgehalten, wenn

Endlich zu zweit.

wir ihn hören. Dabei hat sie doch sonst mit Richard Wagner nicht so viel am Hut, viel mehr mit Bach. Das fehlende Musikstück scheint sich aber sonst nicht negativ ausgewirkt zu haben in Anbetracht der jetzt über 55jährigen Ehe.

Einmal Camping...

Unser erster Urlaub sollte uns 1970 mit Zelt und dem entsprechenden Zubehör an den Lago Maggiore führen. Da wir damals knapp bei Kasse waren, schlugen die Schwiegereltern vor, wir könnten sie an ihrem Urlaubsort Brissago besuchen. Sie stellten uns das familieneigene Zelt zur Verfügung. Als ich das riesige Paket mit dem zusammengefalteten Zelt und weitere Säcke mit einer Menge an Gestänge sah, meinte ich, dass es gut wäre, eine Aufstellprobe zu machen, um uns an den Aufbau der Konstruktion zu gewöhnen. Die Reaktion war allgemeines Unverständnis: das wäre doch ganz einfach, man bräuchte dazu kein Training. Im Übrigen gäbe es eine Solidarität unter den Campingfreaks, die gerade Anfängern in jeder Hinsicht unter die Arme griffen. Gesagt getan fuhren wir mit unserem Auto, einem Peugeot 404, über die Schweiz an den Lago Maggiore. Am Campingplatz

„Europa“ angekommen, wurde uns ein Platz mit Seeblick zugewiesen. Meine Ahnung hatte mich nicht getäuscht. Aus dem Sack entwickelte sich ein Monstrum von Zelt mit Vor- und Überzelt und einem Gewirr von Schnüren, Stangen und Heringen. Die Hilfe der neuen Nachbarn lief derart zögernd an, dass der Aufbau stundenlang bis zum Abend dauerte. Als ich stolz auf das Werk deutete, erntete ich erstmals in unserer Ehe einen vernichtenden Blick. Denn die Sicht auf den See war versperrt, weil der Eingang des Zeltes nach der anderen vom See abgewandten Seite zu liegen kam. Ich hatte aber keine Lust mehr, das Ganze ein zweites Mal ab- und aufzubauen. Als dann ein hilfsbereiter Nachbar die Kartusche unserer Gaslampe so montierte, dass sie wie eine Rakete davonschoss, meinte meine Frau zu ihm: „Wenn man davon nichts versteht, sollte man die Finger davon lassen“. Ich sagte zu ihr, dass man Hilfsbereitschaft nicht so honorieren könne. Heute behauptet sie, ich habe ihr dabei einen „Schubser“ gegeben. Das kann ich mir nicht vorstellen. Wie auch immer, ihre Miene hellte sich erst wieder auf, als der Unglücksrabe eine neue Kartusche anschleppte. In den folgenden Tagen hätten wir den entgangenen Seeblick so wie so nicht genießen können. Es regnete Bindfäden, alles – auch die Kleidung- wurde feucht und klamm. Die Platzanlage wurde überschwemmt und daraufhin mit Holzstegen versehen, um überhaupt zu den zentralen Gebäuden zu gelangen. „Wenn es hier einmal regnet, dann dauert das länger“, war die tröstliche Auskunft erfahrener Mitcamper. Das Zelt selbst war aber dicht und wasserfest, das gestehe ich. Die Schwiegereltern hatten dann ein Einsehen und besorgten uns ein Hotelzimmer direkt unter dem Dach einer Herberge. Nach dieser Erfahrung haben wir niemals mehr ein Zelt genutzt, auch nicht, als wir die Kinder hätten mit auf ein solches Abenteuer nehmen können. Sie zeigten auch kein Interesse an solchen Freiluftunternehmungen.

Der Weg in die Politik

Die Anfänge

Nachdem ich damals mit 21 Jahren volljährig geworden war, nahm ich mir vor, mich nach der Sportlerkarriere politisch zu betätigen. Mein Vater, den ich dazu um Rat fragte, sagte: „Die einzige Partei, in die du gehen kannst, ist die SPD". Da spielte seine Erfahrung mit dieser politischen Bewegung und ihren vielen politischen Repräsentanten, die er erlebt hatte, eine Rolle. Ich selbst hatte damals keine Kontakte mit diesen gehabt. Abgesehen von Franz Stein, dem Mainzer Oberbürgermeister. Als er eine Mainzer Delegation 1960 mit meinem Vater nach den USA auf dem Mainzer Bahnhof zur Fahrt zum Flughafen Frankfurt verabschiedete, fragte er mich, was ich so mache. Auf meine Antwort, ich studierte Jura, meinte er: „Ich habe immer gedacht, deine Eltern wären anständige Menschen". Jedenfalls nahm ich den Kontakt zur SPD anfangs 1963 auf. In der Hindenburgstraße, der damaligen Geschäftsstelle, empfing mich Fritz Müller, dem ich in der Festschrift „150 Jahre SPD Mainz", 2013, ein kleines Denkmal setzen konnte. Als ich ihm meine Beweggründe und meine Situation schilderte, sagte er: „Du kannst mit deiner Ausbildung einmal Minister werden". Dazu langte es zwar nicht, aber immerhin zum Vertreter der Bundesjustizministerin. Fast wäre also seine Prognose Realität geworden. Damals waren Akademiker in der SPD dünner gesät als heute. Ich musste den üblichen Weg durch die Ebenen der Partei und ihre Organisationsgliederungen absolvieren: Juso-Vorstand, Ortsvereinsvorstand, Vorsitzender in Mainz-Lerchenberg, Mitglied im Unterbezirksvorstand, stellvertretender Vorsitzender und schließlich dessen Vorsitzender, auch stellvertretender Bezirksvorsitzender in Rheinhessen. 1969 kam ich in den Mainzer Stadtrat, dem ich 29 Jahre lang angehörte. Bei dieser Wahl erhielt die SPD heute unvorstellbare 29 Sitze von 57, also die absolute Mehrheit. Ich stand auf Platz 27. Mein ehemaliger Schulkamerad Hans Peter Scheerer war etwas weiter vorne platziert, eine Chance, die er aus persönlichen Gründen nicht nutzen konnte. Auch in der Fraktion arbeitete ich mich langsam voran. Ich wurde Mitglied des Vorstands, dann im Februar 1977 stellvertretender Vorsitzender unter Herman Hartmut Weyel und dann Fraktionsvorsitzender. Als ich am Freitag, den 13. Juni 1969 geheiratet hatte, meine

Jugendliebe Antje, musste sie gleich die Leiden eines (Lokal)politikers erfahren, denn ich bat sie, die Hochzeitsreise in Wien zu unterbrechen, da ich bei der Vergabe der Ausschüsse dabei sein wollte. „Ich habe keine Lust, in den Friedhofsausschuss zu kommen“, war meine Begründung. Nach der Wahl in den Kultur- und Schulausschuss sowie den Theaterausschuss unternahmen wir dann den zweiten Teil unserer Hochzeitsreise, diesmal an den Bodensee. Ich bin heute noch stolz darauf, dass es mir im Verein mit dem späteren Kulturdezernenten gelang, das Proviantamt vor dem Abriss zu retten. Der damalige Fraktionsvorsitzende, Paul Distelhut, ein gestandener Gewerkschafter und aufrichtiger Mensch, stand unserem Anliegen zunächst verständnislos gegenüber: „Was wollt ihr denn mit dem alten Kasten“, waren seine Worte. Aber wir Jungen konnten uns dann durchsetzen. Im Theaterausschuss konnte ich meine Vorliebe für Musik und Schauspiel realisieren. Wenn man in die Hintergründe des Theaterlebens schaut, erfährt man erst von den unterschiedlichen sozialen Bedingungen der Akteure. Während die Sparten Orchester und Chor beamtenmäßig abgesichert waren, lebten die eigentlichen Protagonisten auf der Bühne in Schauspiel und Oper mit Verträgen über nur eine oder zwei Spielzeiten auf gepackten Koffern. Ein Wechsel beim Intendanten oder Generalmusikdirektor bedeutete oft das Aus für die Karriere in Mainz. In der Theaterkantine bei Lilo Hach und ihrem Mann, erfuhr ich mehr als üblich von den Nöten der Solisten. Wie nahe Freude und Tragik sein können, erlebte ich am 23. September 1973. Jahre später fühlte ich mich besonders deutlich an dieses Ereignis erinnert, als ich die Eröffnung der Bayreuther Festspiele mit den „Meistersingern von Nürnberg“ von Richard Wagner im Fernsehen am 28. 7. 2017 sah. Mit dem Namen Wagner verbinde ich bis heute das Ereignis vom 23.9.1973. Auf die Premiere der Oper „Lohengrin“ von Richard Wagner wartend saß ich im damals noch städtischen Mainzer Theater. Die Aufführung verzögerte sich immer mehr und das Publikum wurde unruhig. Irgendwas war passiert, mutmaßten wir. Da öffnete sich der Vorhang und der damalige Intendant (von 1973 – 1978) Wolf Dieter Ludwig trat auf die Bühne. In die eintretende Stille sagte er Sätze, die mir noch heute wie gemeißelt im Gedächtnis sind, obwohl er mir sonst nicht so imponiert hat. „Vor einigen Minuten wurde unser Ensemblemitglied Bert Bijnen von der Bühne abberufen. Es war in seinem Sinne, die Vorstellung nicht abzusagen. Wir haben Ersatz für seine Rolle gefunden, die noch etwas Vorbereitung braucht. Deshalb bitte ich um etwas Geduld". Als Mitglied des Theaterausschusses war es für mich einfach, hinterher in der Kantine des Theaters die näheren Umstände zu erfahren. Der renommierte Bariton aus den Niederlanden, der den Telramund hätte singen sollen, hatte in seiner Garderobe einen Herzinfarkt erlitten und war kurz darauf verstorben. Er wurde 51 Jahre alt. Die Kollegen am Theater waren zwar alle sehr betroffen, doch hörte ich oft die Worte „was für ein schöner Tod für ihn" und man trank auf sein Leben. Ich war beeindruckt, dass es gelungen war, die Oper überhaupt unter diesen Voraussetzungen „über die Bühne" zu bringen. Künstler sind doch ein besonderes Völkchen. Erst später ging mir die doppelsinnige Bedeutung der Worte des Intendanten auf: „Von der Bühne abberufen" als Metapher für Ort und Zeit. Ich musste ihm gratulieren.

Als erster Stadtrat verfasste ich um die Fastnachtszeit einige Verse auf das misslungene Experiment eines privaten Theaters, der „Kammerspiele" in der Emmerich-Josef-Straße in Mainz. Helmuth Wirth meinte in der AZ, ich habe den Pegasus geritten (s. Protokoll im Stadtrat). Im Laufe der Zeit durfte ich wichtigere Funktionen übernehmen, etwa die Mitgliedschaft im Finanzausschuss. Als ich dann in den Verwaltungsrat der Sparkasse Mainz aufrückte, war die Fusion der ehemaligen Stadtsparkasse mit der Kreissparkasse zur Sparkasse Mainz vollzogen. Als ich als Mitglied des Prüfungsausschusses Einblick in die Zahlen, Risiken und Ergebnisse werfen konnte, - ich sah mir die Unterlagen akribisch stundenlang mit meinem Kollegen Michael Redeke von der FDP an- , rief ich den damaligen Oberbürgermeister Jockel Fuchs an und sagte ihm, dass die Sparkasse dank einseitiger Kredite an diverse Bauträger in einer ziemlichen Schieflage sei. Er reagierte sofort und beorderte den Direktor Karl Frank in sein Büro. Tatsächlich schaltete sich auch das Bundesaufsichtsamt für das Kreditwesen ein, das dann mit dem rheinland-pfälzischen Sparkassen- und Giroverband Anstrengungen zur Stabilisierung anordnete. Über Jahre war die Sparkasse im Hinblick auf den Ertrag das Schlusslicht unter den Sparkassen in Rheinland-Pfalz. „Allein der Umfang dieses Engagements, bietet Anlass zur Rückstellung", war die permanente Bemerkung des Prüfungsbeamten des Verbandes. Unter den Nachfolgern konnte dann die Ertragslage an den Durchschnittssatz der Sparkassen im Lande herangeführt werden. Als Fraktionsvorsitzender war man dann über den Ältestenrat in wichtige Entscheidungen eingebunden. Fuchs war bestrebt, im Vorfeld der parlamentarischen Behandlung schon die Fraktionsspitzen auf eine Entscheidung zu fixieren. Diese „Mainzer Modell“ funktionierte bis die Grünen in den Stadtrat kamen und es in Frage stellten. Die besondere Art der Zusammenarbeit mit der FDP beruhte seit der zweiten Wahlperiode von Jockel Fuchs auf der Vereinbarung mit der FDP vom 14. 7. 1976 als „Gemeinsames kommunalpolitisches Programm der SPD und FDP für Mainz“ formuliert, also auf der Vereinbarung gültig bis zum Ende seiner Amtszeit 1987. Die Wiederwahl erfolgte am 14. September 1976 mit Wirkung vom 3. Mai 1977 auf 10 Jahre. In der Rückschau kann ich aber bestätigen, dass ich immer mit den Vorsitzenden von FDP, Dr. Günter Storch, und denen der CDU, Heinz Georg Diehl und Herbert Heidel, ein gutes Verhältnis hatte. Sie waren zuverlässige Partner. Als ich als frisch gebackener Fraktionsvorsitzender Günter Storch meinen Antrittsbesuch machte, überreichte er mir mit feiner Ironie die damals gerade erschiene Münze zu fünf DM „Karl Marx“, zu dem ich doch sicher eine besondere Affinität hätte. Als die Grünen lernten, dass sie nur in Korporation mit der SPD Einfluss auf die Politik und Besetzung von Dezernentenstellen nehmen konnten, folgte dann auch eine rot-grüne Zusammenarbeit, die in der Mainzer SPD nicht unumstritten war. 1984 konnte ich als Fraktionsvorsitzender der SPD für den Stadtrat die Laudatio auf Prof. Dr. Erich Schott als Ehrenbürger der Stadt Mainz halten. Dieser hatte die Jenaer Glaswerke unter dem Dach der Carl-Zeiss-Stiftung nach Mainz gebracht, nach dem „Marsch der Jenaer“ nach Westen und letztlich nach Mainz. Franz Stein war der damalige sozialdemokratische Oberbürgermeister, dem damit ein großer Coup für die Ansiedlung industrieller Arbeitsplätze gelungen war.

Ein Geheimnis wird gelüftet

In diesem Zusammenhang ist es auch am Platz, etwas näher auf dessen Wirken einzugehen. In der Festschrift „Fortschrift als Programm – 150 Jahre SPD in Mainz“, habe ich die äußeren Umstände geschildert, die letztlich in die Nichtverlängerung der Amtszeit von Franz Stein mündeten. Fünf Mitglieder der SPD-Stadtratsfraktion versagten in der geheimen Abstimmung des Stadtrats am 21. Januar 1965 die Zustimmung zur Verlängerung um knapp zwei Jahre. Trotz der Verurteilung des Verhaltens der Abweichler durch die Mitgliedschaft – man hatte ja mit dem populären Franz Stein und vor allem mit dem auf ihn gemünzten Motto „Ein Leben für Mainz“ die Kommunalwahl gewonnen und sogar die absolute Mehrheit erreicht –

blieb es bei dem Ergebnis. Es wurde jahrzehntelang gerätselt, wie es zu dem Abstimmungsverhalten gekommen war. Hätte Fuchs nicht noch zwei Jahre als designierter Anwärter auf das Amt des Oberbürgermeisters warten können? Oder hätte man die Abstimmung im Stadtrat wiederholen können? Vor allem hätte man doch gerne gewusst, wer die Abweichler waren. Allerdings war keiner der Beteiligten bereit, Ross und Reiter zu nennen. Klar war dabei, weder der Fraktionsvorsitzende Artur Scheerer, Paul Distelhut noch Karl Delorme als sein Konkurrent bei der Nachfolge um das Amt in den Coup eingeweiht waren. Dies gilt auch für die Fraktionsmehrheit. Als ich meinen Teil der Festschrift vorbereitete, habe ich bei meinen Recherchen Zeitzeugen zur Entwicklung der SPD nach dem Weltkrieg befragt. Darunter waren auch einige der an dem Manöver von 1965 Beteiligten bzw. darüber Informierten. Nach den damaligen Hintergründen befragt, gestand mir einer der Befragten die Namen der Beteiligten. Ich musste ihm versprechen, ihn nicht namentlich als Kronzeugen zu benennen. Fuchs selber stimmte für die Fraktionsspitze sichtbar für Stein. Die Abweichler waren in alphabetischer Reihenfolge Hans Häfner, Rudi Schmitt, Karl Thorwirth und Heinrich Zinnkann. Hervorstechendes Merkmal: Alle vier brachten sie es zu etwas im Rahmen des städtischen Einflussbereichs. Der fünfte Abweichler war der Rechtsanwalt und an einer Immobilienfirma Beteiligte Dr. Berthold Brüning, ein Freund von Fuchs.

Meine Idee: Mainzer Stadtdrucker/Stadtdruckerin

Zurückschauend auf meine Tätigkeit in der Stadtratsfraktion sind noch einige Details erwähnenswert. 1987 begründete ich im Stadtrat den von mir der SPD-Fraktion vorgeschlagenen Antrag, die Ehrung für einen Mainzer Stadtdrucker aus der Taufe zu heben. Meine Überlegung war, nach Vorbild der Installierung von Stadtschreibern in vielen Städten als Anerkennung für Schriftsteller eine für Mainz typische und insofern einzigartige Ehrung für bildende Künstler zu schaffen. Es sollten damit Bemühungen um neue Ausdrucksformen in der Nachfolge Gutenbergs anerkannt werden. Heute wird diese Ehrung im zweijährigen Rhythmus vergeben. Der Wahrheit gemäß muss ich aber einräumen, dass ich damals nur den männlichen Namen verwendete; heute beziehen die Richtlinien auch weibliche Künstlerinnen ausdrücklich ein.

Ein begehrter „Merry Wanderer“

In seiner Zeit als Fernsehratsvorsitzender des ZDF hatte Fuchs den „Ball des Sports“ nach Mainz geholt. Es war ein Auftrieb von politischer, sportlicher und medialer Prominenz. Bei einer der dort zu Gunsten der Sporthilfe üblichen Tombola gewann ich eine große Hummelfigur, den „Merry Wanderer“. Da meine Frau und ich ihn als nicht so recht in unserem Haushalt passend dort präsentieren wollten, nahm sie Antje auf ihren Arm, so dass es aussah, als wollte sie den Erwerb gar nicht mehr hergeben. Als sich außer einer Menge feixender Bekannter niemand als Liebhaber outete, stellte ich die vielleicht 30 cm hohe Figur des mit einer Tasche und mit Hut versehen Jungen „Merry Wanderer“ im Foyer der Rheingoldhalle für Interessenten sichtbar vor meine Füße. Viele zeigten sich zwar neugierig, waren aber eher belustigt, statt uns von ihm befreien zu wollen. Der damalige Persönliche Referent von Fuchs, Klaus Benzel, bemerkte das Geschehen und meinte, er könnte sich einen Interessenten vorstellen. Tatsächlich kam er in Begleitung von Herrn Schütter, der in der Flachsmarktstraße/Große Bleiche einen Handel mit Möbeln und Interieurs betrieb, wenig später zu uns. Statt das gute Stück in Kommission zu nehmen, kaufte er es uns ab, was uns auch lieber war. Er stellte die durchaus repräsentative Figur dann in die Auslage, aus der sie einige Tage später verschwand. Der „fröhliche Wanderer“ hatte also doch einen Liebhaber gefunden, wenn auch ohne Bezahlung, der jedoch offensichtlich den wahren Wert im Gegensatz zu uns wohl richtig einschätzte. Es soll ein amerikanischer Tourist gewesen sein. Wenn das stimmt, dann viele dankbare Grüße von Old Germany in die New World.

Selbst der Scheich von Akaba…

Als Fraktionsvorsitzender bekam man zwei Karten für die Fernsehsendung der Karnevalisten „Mainz, wie es singt und lacht“. Eigentlich interessierten mich mehr die Sitzungen der kleinen oder mittelgroßen Karnevalvereine. Dazu gehörten die „Bohnebeitel, der Lerchenberger Carneval Club und der Kasteler Carneval Klub“. Ich finde, dass dort mehr Originalität vorhanden ist und die Zahl der immer wieder auftauchenden „Wanderprediger“ überschaubar ist. Da die Fernsehsitzung zeitlich auf vier Stunden limitiert war, gingen Antje und ich doch gerne hin. Einmal, es war in der Zeit der Debatten, ob die alten Mainzer Vororte Amöneburg, Kastel und Kostheim (AKK) wieder nach Mainz zurückkehren könnten, hatte ich ein Leintuch an zwei Stangen befestigt mit der Aufschrift dabei:

„Selbst der Scheich von Akaba
ist für Mainz und AKK".

Leider saß der in dieser Beziehung ziemlich humorlose Wiesbadener Oberbürgermeister Achim Exner, neben uns, der dauernd versuchte, das Transparent zu verdecken und sich vor uns zur Kamera in Positur zu setzen, bis es Antje zu bunt wurde und sie ihn aufforderte, auf seinem Stuhl endlich sitzen zu bleiben. Dieser brachte es auch fertig, als der bisher einzige Oberbürgermeister einer Großstadt, in Elternzeit zu gehen, war also ein ziemlicher Ex- und Egozentriker.

Our home is our castle

Unser erstes Haus verdankten wir Heinrich Zinnkann, dem stellvertretenden Fraktionsvorsitzenden in den siebziger Jahren. Er war gleichzeitig Geschäftsführer der Wohnbau Mainz GmbH, die als städtische Gesellschaft für den sozialen Wohnungsbau zuständig war. Ich erinnere mich noch gut an eine Fraktionssitzung in Mombach, im „Franz Winckeler-Heim", das der Jugendorganisation der SPD „Die Falken" gehörte. Bei der „Nachsitzung", - wesentliche Entscheidungen fallen im Allgemeinen nach dem offiziellen Teil - saß ich zufällig neben ihm. Er fragte mich: „Eckhart willst Du nicht einmal bauen?". Als ich ihn etwas ungläubig ansah, meinte er, dass eine auf dem Lerchenberg geplante Doppelhaushälfte gerade frei geworden wäre, weil der Vorstand der Stadtwerke, Rudolf Michels sich anders entschieden hätte. Dessen Frau kannte ich übrigens auch vom Fechten während ihrer Bonner Zeit als deutsche Meisterin. Das Objekt sollte 173 Tsd. DM kosten, eine damals für uns sehr hohe Summe. Als wir meinem Schwiegervater von der Chance berichteten, meinte er verständnislos, wir sollten doch kein Risiko eingehen, ich sei doch erst Assistent an der Uni ohne eine Dauerstelle. Trotzdem setzten sich Antje und ich eines Abends, bewaffnet mit Block und Bleistift in den „Winzerkeller", ein Lokal in der Emmerich-Josef-Straße, gleich um die Ecke unserer Wohnung in der Walpodenstraße. Auf einem Bierdeckel rechneten wir unsere Sparkonten zusammen und durch den Verkauf meiner Briefmarkensammlung kamen die als Eigenkapital notwendigen 38 Tausend DM (einschließlich Sonderwünschen) zusammen. Wir haben das Abenteuer nie bereut und waren stolz, es ohne Hilfe Dritter geschafft zu haben. Im Dezember 1973 kurz vor Weihnachten konnten wir einziehen dank einer hochschwangeren Antje, die mit ihrem Bäuchlein mithalf, den Teppichboden zu verlegen. Der Tizianweg 46 wurde für fast 40 Jahre Heimstatt für die Familie, die im Januar 1974 durch Matthias als zweites Kind ergänzt wurde.

Ein Haus, gesichert wie Fort Knox

Während meiner ersten Legislaturperiode des Bundestags von 1987 bis 1990 war ich Mitglied im Rechtsauschuss und Stellvertreter im Innenausschuss. Letzterer wirkte sich auch auf unser Haus aus und das kam so. In den späten 80er Jahren existierten noch terroristische Zellen im Nachgang zur „Rote Armee Fraktion", der RAF. Eines Tages rief bei mir im Büro in Bonn ein Mitglied der Sicherungsgruppe Bonn an, die für die Sicherheitsbelange von Bundestag und Bundesregierung zuständig war. Der Anlass war ein Sprengstoffattentat auf einen Bundestagskollegen aus Nordrhein-Westfalen, das glimpflich ohne Personenschaden ausgegangen war. Im Zusammenhang mit den Ermittlungen wurde auch Material gefunden, u. a. eine Karte von Mainz, auf der mein Name und die Wohnung markiert waren. Der Mitarbeiter der Sicherungsgruppe schlug mir vor, sich unter den Gesichtspunkten einer möglichst unauffälligen Sicherung das Haus unter die Lupe zu nehmen. Da dies nichts schaden konnte, willigte ich ein. Eines Tages erschien ein Trupp von Spezialisten und untersuchten unser Anwesen nach Schwachstellen. Sie fanden zahlreiche. Am meisten machte ihnen die freie Zugänglichkeit des Anwesens und die nicht einsehbare Situation der Treppe vom Garten aus zum Keller Sorge. Sie schlugen vor, die Fenster mit einer durchschlagsicheren Folie zu versehen, um Parterre und ersten Stock gegen Wurf (Geschosse) zu schützen. Die Tür vom Keller in den Garten sollte mit einer zusätzlichen Stahltür versehen werden, um das Eindrücken z. B. mit Winden zu verhindern. Eindringlinge könnten sonst mit hydraulichen Werkzeugen, die zwischen Tür und Betonwand eingeklemmt werden könnten, die derzeitige Tür ohne beobachtet zu werden, eindrücken. Wir akzeptierten die Maßnahmen bis auf den

Vorschlag, eine neue schwere Eingangstür zur Straße zu installieren. „Ich lebe doch nicht in Fort Knox“, sagte meine Frau. Wir mussten aber versprechen, einen zweiten Riegel immer einrasten zu lassen, wenn wir nachts die Haustür öffneten. Es ging bei uns also einfacher als bei dem Kollegen Gerster, dessen Vermieter am Fischtorplatz kein Verständnis für die Maßnahmen zeigte, wie er mir klagte.

Die kleine Kneipe auf dem Lerchenberg

Lange Zeit hatte ich Probleme, mich auf dem Lerchenberg, dem Mainzer Stadtteil aus der Retorte, zurecht zu finden. Schuld daran waren die gleichförmige Straßenführung und Bebauung, die jede Individualität vermissen ließen. Auch das schluchtartige Einkaufszentrum war nicht gerade einladend. Die Geschäftsinhaber hatten damals mangels Konkurrenz kein Interesse, die Situation aufzuwerten. Das sollte noch Jahrzehnte dauern, bis offenbar die Monopolsituation aufgehoben war. Ein Leuchtturm war allerdings der „Schinderhannes“, die kleine Kneipe am oberen Zugang zu den Geschäften. Als wir Ende des Jahres 1973 die Doppelhaushälfte im Tizianweg bezogen, bedeutete das eine radikale Veränderung des Wohnumfelds. Aus der Walpodenstraße gegenüber dem damaligen Eingang zum „Unterhaus“, der Kleinkunstbühne, mitten in der Stadt mit Betrieb, Geschäften und auch Gaststätten ging es hinaus vorbei an dem noch landwirtschaftlich geprägten Drais sozusagen in die freie Landschaft. Aber wenn man möglichst schnell heimisch werden will, kann man das am besten, wenn man abends unter die Leute geht, meinten meine Frau und ich. Es lag nahe, es im Bürgerhaus zu tun, das damals von der Familie Franz Wollner geführt wurde. Aus den abendlichen Besuchen entstand bald ein montäglicher Stammtisch, dem u. a. Ortsvorsteher Theo Riedel und sein Nachfolger Christian Haas angehörten. Auch Jürgen Kremer, der Präsident des vor kurzem gegründeten Lerchenberger Carneval Clubs (LCC) und das Ehepaar Hilde und Horst Dornbusch gesellten sich neben anderen dazu. Als Franz Wollner dann die Ausflugsgaststätte „Schläferskopf“ in Wiesbaden erwarb, stellte sich die Frage nach einer Alternative, weil die neue Leitung und der Umbau nicht ganz nach unserem Geschmack waren. Es gab seit dem Anfang der Bebauung des „Demonstrativbauvorhabens“ Lerchenberg die Gaststätte „Schinderhannes“, die, wie wir dann erfuhren, in der Aufbauphase abends so frequentiert war, dass die Bauleute in Reihen dicht hinter einander vor der Theke standen. Da für die Bedienung kein Durchkommen war, reichte der damalige Wirt, Günter Jordan, die vollen Gläser über die Köpfe mit Hilfe der Gäste zum Besteller. Ich weiß bis heute noch nicht, wer auf die Idee mit dem Namen „Schinderhannes" gekommen ist, vielleicht ein literarisch bewanderter Mitarbeiter der Firma Binding. Uns erschien das Lokal zunächst etwas rustikal. Aber wir probierten es, zumal es zu Fuß über die Draiser Senke zu erreichen war. Der Wirt war damals Seppel Wohn, der die Gaststätte mit seiner Frau Käthe als Köchin leitete. Es störte niemanden, dass die Kleidung der Gäste von der Garderobe in den Toiletteneingang ragte und dass man sich dünn machen musste, wenn sich Mann und Frau davor begegneten. Die Toilette war mit dem Begriff „einfach" treffend umschrieben, aber stets sauber. Obwohl die Küche neben der Köchin gerade noch Platz für eine schmal gebaute Hilfe hatte, war das Angebot zwar überschaubar, aber schmackhaft. Dass Wohn eine imponierende Gestalt war, war ihm bewusst. Seine närrischen Vorträge beim LCC beendete er immer mit dem Zweiteiler:

„Das Urbild eines Mannes,
der Wirt vom Schinderhannes".

Das besondere Wasser für Aquarien

Der Wirt hatte noch eine besondere Bedeutung für unsere Familie. Er war ein ausgewiesener Kenner in Aquarienkunde und Fischzucht. Als unser Sohn Alexander sich dafür zu interessieren begann, beriet er ihn fachkundig. Er empfahl ihm sogar, nicht das gechlorte Leitungswasser für die Fische zu verwenden, sondern das (weiche) Wasser aus dem „Faserbrünnchen" zu nehmen, das aus dem Mainzer Sand kommend prima geeignet sei. Nachdem ich mich über dessen Standort genauer informiert hatte, an der Straße von Mombach zum Waldfriedhof, hatte ich das Vergnügen, für kontinuierlichen Nachschub aus dem gepriesenen Brünnchen zu sorgen. Angesichts des manchmal arg dünnen Wasserstrahls eine zeitaufwendige Prozedur, die gelegentlich verlängert werden musste, wenn andere Liebhaber des Nasses vor mir schon eine Schlange bildeten. Die fischfreundliche Güte des Wassers war kein Geheimtipp mehr. Ich war dann froh, als die Vorgabe nach dem besonderen Wasser nachließ und der Kofferraum des Autos endlich wieder trocken wurde. Die Fische waren auch mit Leitungswasser zufrieden. Als die Familie Wohn den „Schinderhannes“ aus Altersgründen aufgab, wurde Jürgen Kremer 1990 Nachfolger zusammen mit seiner Frau Gudrun. Auch sie legten Wert auf eine gutbürgerliche Küche und ein gepflegtes Bier. Wenn ich später ab 1987 nach einer Sitzungswoche des Bundestags aus Bonn kam, freute ich mich schon auf ein gut gezapftes Pils oder eine Mahlzeit, wenn die Wirtin mir eine Portion Rouladen oder Gans aufgehoben hatte. Als ich dann Abgeordneter und Parlamentarischer Staatssekretär in Berlin wurde, wurden die Besuche unregelmäßiger, aber trotzdem nicht aufgegeben. Jürgen Kremer fand genau die richtige Balance zwischen Kneipe und Lokal. Dafür standen auch die diversen Stammtische, die das Lokal frequentierten, beginnend die einen schon mittags zum Essen und die anderen sich bis in den späten Abend hinziehend. Für mich waren die Diskussionen über die Politik immer ein guter Grund, die Ergebnisse zu hinterfragen und zu begründen. „Du, Eckhart, wie ist das zu verstehen“ oder „was habt Ihr da gemacht“ waren meist der Einstieg in Fragen oder Kommentare. Ein lebensnahes Feedback würde man heute sagen. Übrigens kann ich nur empfehlen, sich auch als so genannte Experten, in einer solchen Szene einmal umzuhören. So konnte der Chef der „Schlitzeschieber“, das waren die, die in die an der Wand hängenden Sparvorrichtung nach jedem Besuch Geld in ihr Fach einzahlten, mir sagen: „Ich kann am Jahresende, wenn ich für jeden zusammenzähle, genau erkennen, wie sie die wirtschaftliche Situation einschätzen. Das Geld, das die Leute sparen, ist die beste und sicherste Prognose für die Konjunktur“. Sicher zuverlässiger als die des Rats der „fünf Weisen“, der häufig daneben lag und liegt. Manchmal schloss der Wirt nach der Polizeistunde ab, um noch „e Schäumsche“ in die Gläser nachzuschenken. War er besonders entspannt, durfte ich hinter der Theke den Zapfhahn bedienen, ein Vertrauensbeweis, denn ich musste mich strikt an die Weisung halten, dass ein gutes Pils sieben Minuten „wachsen“ müsse. Im „Schinderhannes“ waren nicht nur Stammgäste zu Hause, sondern auch Oberbürgermeister, Sportler und Mitarbeiter aus den Verwaltungen, zumal aus dem ZDF. Dessen Korrespondenten und Studiogäste trafen sich dort nach Feierabend und man konnte mit ihnen ins Gespräch kommen. Es war ein Ort der Kommunikation und vor allem eine Nachrichtenbörse, die einen auf den neusten Stand von Gerüchten und Fakten brachte. Legendär waren auch die Kneipenfastnachten. Dann wurde der runde Stammtisch mit dem schweren Holzschild und der Aufschrift „Dohockediedieimmer dohocke“ abgehängt, um Platz für die Musik und den Pult für die Rednerinnen und Redner zu machen. Die Kapelle wurde meist von Harry Hach repräsentiert, der ansonsten mit dem „Harry – Hach – Sextett“ eine bekannte Größe in der Mainzer Musikszene war. In der proppenvollen Gaststätte traten bekannte Fastnachter, wie seine Freunde Horst „Buddy“ Becker, Horst Reinhard, Konny Bech von den „Lerchinos“ und Käthi Veith, die „Amanda“ aus Hechtsheim, auf, aber auch er selbst im Zwiegespräch der „Zwei Dolle“ mit Karl Heinz Stengel, seinem Nachfolger als Präsident des LCC. Als Kremer die Gaststätte zum Jahresende 1999 im Rentenalter aufgab, war die Erfolgsgeschichte des „Schinderhannes“ zu Ende. Die Nachfolger scheiterten allesamt mit den Versuchen, der Gaststätte ein anderes Gesicht und ein neues Angebot zu verordnen. Die Folge war, dass sich die Stammgäste verliefen und sich eine neue Bleibe suchten, z. B. bei „Willi“ Holevas im Vereinsheim des Sportclubs Lerchenberg. Als wir dann 2013 den Lerchenberg verließen, um für uns ein auch im Alter nutzbares Anwesen zu erwerben, war die Verbindung mit dem Ober Olmer Wald, dem „schönsten Teil des Lerchenbergs“, insoweit erhalten, als ich lange Jahre regelmäßig mit Karl Ortseifen dort lief, mit dem ich über die Welt, vor allem Nordamerika, denn er war Amerikanist an der Mainzer Universität, und natürlich unser gemeinsames Steckenpferd, die Numismatik, unterwegs diskutieren konnte.

Die Familie wächst

Während der ersten Lebensjahre von Alexander, der 1971 geboren wurde, konnte Antje noch in Frankfurt ihrer Beschäftigung bei der Fluggesellschaft Pan American World Airways nachgehen. Meine Mutter kümmerte sich derweilen um Alexander, bis meine Schwester aus Indonesien zurückkam und an der Universitätsklinik Mainz als Kinderärztin arbeitete. Die Erziehung der beiden Kinder – mittlerweile war unser zweiter Sohn Matthias 1974 geboren worden - war, als ich in die Politik ging, meist Sache meiner Frau. Ich bin ihr sehr dankbar, dass sie das klaglos übernommen hat. Oft konnte ich mich nur telefonisch über die Freuden und Erziehungsprobleme informieren, wenn sich z. B. die Kinder beschwerten, dass es Fernsehverbot von Antje gegeben hätte, was ich doch aufheben sollte. Nachdem das einmal geglückt war, weil sie angeblich gesagt hätte, „Fragt euern Vater“, was nicht stimmte, ließen wir uns nicht mehr gegen einander ausspielen. Übrigens hatte und hat es der Ältere immer schwer, wenn es darum ging bzw. geht, den eigentlich Schuldigen an Zwistigkeiten zu ermitteln. Der Hinweis „Du bist der Ältere“, musste sich Alexander oft anhören, was wohl auch bedeutete, dass er auch der Vernünftigere sein sollte, wies die Verantwortung meist Alexander zu. Bis es Alexander, als er dreizehn Jahre alt war, dann langte. Schriftlich stellte er gegenüber meiner Frau fest, dass nicht der Bruder, „wenn er flennt“, immer Recht hätte, sondern meistens er. Im Übrigen – es war kurz vor Weihnachten – hätte er immer noch die Quittungen seiner Weihnachtseinkäufe zur Hand! Damit war wohl der Hinweis auf einen möglichen Verzicht auf Geschen-

Das Quartett.

ke für Antje und mich verbunden. Aber sonst verstanden sie sich doch gut. Besonders erlebnisreich waren die Urlaubsreisen, die wir gemeinsam unternahmen. Ich erinnere mich besonders an die beiden Fahrten nach den USA in den Sommerferien 1987 und 1988. Schon die Flüge waren mit Spannung versehen, da wir als „Supplos" von Pan American darauf angewiesen waren, dass freie Plätze vorhanden waren. Das hatte einerseits den Vorteil eines finanziell vorteilhaften Flugs. Andererseits bedeutete es, dass wir mit dem Gepäck vor dem Gate warten mussten bis sich die Lage klärte, zumal auch noch Andere ähnlich wie wir warteten. Bei der ersten dieser Reisen mussten wir statt nach New York erst nach Washington fliegen, aber upgegradet in die Business – Class, und weiter nach New York. Von dort aus flogen wir nach Los Angeles, diesmal wurden wir sogar in die First – Class gesetzt. Antje sagte den Kindern dann, das sei nicht selbstverständlich, da sie die Befürchtung hatte, die Kinder würden diesen Komfort für normal halten. Nach einer Übernachtung in Los Angeles landeten wir dann in San Francisco. In New York fuhren wir auf die Spitze des Empire State Building, „The most famous Building in the world" stand auf den Tickets - wo wir trotz der etwas dunstigen Witterung den Ausblick auf die Stadt genossen. Morgens beim Frühstück in einem der Coffee-shops in Manhattan begegneten wir den geschäftigen Angestellten der Banken und Geschäfte, die schnell noch einen Kaffee und ein Frühstück zu sich nahmen, bevor sie ihre Taschen griffen und in die Büros eilten. Bemerkenswert war unsere Tour auch deshalb, weil sie uns durch einige Nationalparks führten. Da es in San Francisco überraschend kühl war, kauften wir uns Sweater, für die Buben mit der Aufschrift „Property of Alcatraz", dem berüchtigten Inselgefängnis, das allerdings nur noch Besuchermagnet war. Von dort aus ging es mit dem Mietwagen aus der Geary - Street sofort ins Getümmel über die Golden Gate Bridge, was ganz schön mutig war, zum Yosemite – Park, wo wir in einer rustikalen Holzhütte direkt vor dem Eingang zum Park übernachteten. Nachts hörten wir das Plätschern des kleinen Bachs neben der Hütte. Frühstück gab es bei der netten Wirtin in einem dazu umgebauten Wohnwagen.

Man kann sich auch selbst in Gefahr bringen

Im Nationalpark angekommen, wäre die Familie beinahe fast komplett ausgelöscht worden, wie Antje später meinte. Zuerst hatte ich beim Besteigen des Weges hoch zum Beginn des großen Wasserfalls eine Kreislaufschwäche, da ich möglichst mit den Kindern mithalten wollte, die schnell das Plateau erreichen wollten. Ich hatte vergessen, dass wir schon an die 2000 Meter hoch waren und dass das Springen hinauf von Stein zu Stein nach oben nicht empfehlenswert war. Als es mir flau wurde, musste ich mich setzen und lernte die Hilfsbereitschaft der Amerikaner kennen. Von überall wurden mir Wasserflaschen entgegengestreckt. Das zweite Abenteuer mussten wir dann auf der Höhe bestehen, wo der Zufluss zum Wasserfall einen kleinen See mit Felsen geschaffen hatte. Als Alexander barfuß den oberen flachen Bach überqueren wollte, rutschte er aus und sauste nach unten Richtung See. Uns blieb das Herz stehen, wir sahen ihn schon gegen die Felsen geschleudert verletzt oder noch schlimmer malträtiert zwischen den Steinen liegen, da er zunächst im Wasser verschwand. Als er wieder auftauchte, klatschnass aber unbeschadet, waren wir sehr erleichtert. Der dritte Schreck stand uns beim Abstieg bevor, als Antje ausrutschte und nur durch den Zaun am Weg vom Absturz aufgehalten wurde. Der Einzige, der ohne Probleme die Wanderung beendete, war Matthias. Nach diesem Abenteuer ging es in den Sequoia Kings Nationalpark mit den Mammutbäumen nach Fresno.

Nach 34 Jahren Ehe.

Die Fata Morgana im Death Valley

Über Bakersfield erreichten wir das Death Valley. Als wir in der einzigen Tankstelle auftankten meinte die Inhaberin, die Sommer seien auch nicht mehr so wie früher, es seien nur 52 Grad warm. Uns war es allerdings heiß genug. Es herrschte so wenig Verkehr auf den markierten Nebenstraßen, so dass wir in Ruhe auf der Straße anhalten konnten und die aufgegebenen gelben Abbauräume und Höhlen von Bauxit auf den umliegenden Hügeln beobachten konnten. Auf den Straßen waren weiße Markierungen angebracht, die Rettungswagen oder –hubschraubern die Orientierung erleichtern sollten. Als wir dann ebenfalls mutterseelenallein auf der Hauptdurchquerung fuhren, kam uns plötzlich hinter einer Bodenwelle ein in weiße Tücher gehüllter Mensch, ein Läufer entgegen, hinter ihm eine Wagenkolonne mit Kameras und der Aufschrift, dass es sich um einen Rekordversuch handele, das Death Valley auf der gesamten Länge zu durchqueren. Die Begegnung kam uns wie eine Fata Morgana vor. Über einen recht hohen Pass, den Balherpass, fuhren wir dann weiter Richtung Las Vegas. Unser Leihwagen wurde dabei bis zur Grenze seiner Fahrfähigkeit in Anspruch genommen. Öfter mussten wir anhalten, um die Motortemperatur wieder etwas herunter zu fahren. Wir konnten dann in Las Vegas nur einmal in einem der wegen eines Boxkampfes ausgebuchten Motels übernachten, was unserer Reisekasse zugutekam. Trotzdem wagten wir uns in einen der Glücksspieltempel, wobei wir die Kinder im Eingangsbereich bei etwas harmloseren Glücksspielen zurücklassen mussten. Wir verloren unseren bescheidenen Einsatz sofort, während später Alexander einen Silberdollar auf der Straße fand. Von Las Vegas fuhren wir am Hooverdamm vorbei über den Lake Mead nach Williams. Es begleitete uns schon das eindrucksvolle Tal des Colorado, der zwar noch recht flach, aber schon in diesem Bereich seines Laufs mit Felsblöcken übersäht war, was auf die Wucht des Flusses bei Hochwasser hinwies. Trotz des im Sommer niedrigen Wasserstands warnten permanent Schilder vor den Gefahren durch Untiefen und Kälte des Wassers, unterstrichen durch viele Kreuze am Ufer für die Opfer ihres Leichtsinns. Dann erreichten wir den Grand Canyon, den Höhepunkt der Reise. Wenn man an seinen Rand trat und ins Tal des Colorado – River sah, konnte es einem schwindelig werden. Nach Flagstaff und Blyth (wo Antje einen Dollarschein fand) ging es zum Moonkrater, einer wirklichen Mondlandschaft, gebildet aus Lavagestein, dann weiter zu den urzeitlichen Indianerhöhlen im Navajopark.

Nach dieser sehr spannenden Reise flogen wir im folgenden Sommer erneut in die USA. Über Los Angeles ging es gleich weiter nach San Francisco. Diesmal nahmen wir uns mehr Zeit, um die Stadt mit Stadtrundfahrt, Cable car, Twin Peak, Japanese Tea Garden, Chinatown, Tresure Island und Kloster zu besichtigen. Mit dem wieder gemieteten Auto in der Geary Street fuhren wir über die San Francisco – Oakland – Bay - Bridge dem nächsten Abenteuer entgegen. Plötzlich lag auf meiner Fahrspur der mächtige Reifen eines Trucks. Ich konnte gerade noch auf die nächste Spur ausweichen. Unser Glück war, dass sie in diesem Moment frei war. Danach ging es zum Lake Tahoe an der Grenze von Kalifornien und Nevada mit den vielen „Wedding Chapels“. In Nevada begann mit dem „Caesars“ die Vergnügungszone. Nicht weit davon liegt die Ponderosa Ranch aus „Bonanza TV Fame“, wo wir uns neben der Besichtigung der Filmkulisse und des Tierzoos einen „Hossburger“ genehmigten. Wir bekamen auch Einblick in die Mittel der Filmszenerie, die uns zeigte, mit wie wenig Kulissen die Filmemacher auskommen. Z. B. war der in den Aufnahmen beherrschende Kamin des Wohnzimmers in der Realität bescheiden, wie auch der gesamte Wohnraum. Über Reno gelangten wir in die heutige Hauptstadt des „Silverstates“ Nevada, Carson City, bekannt durch die Ritte der Cartwrights dorthin, in der es bei unserem Besuch regnete und absolut ruhig ohne Schießereien zuging. Zwischenstation war Virginia City, das alten Westernstädtchen, auch durch die Cartwrights bekannt. Berüchtigt vor allem auch durch den „Suicide – Table“ in einer der mit überdachten Eingängen versehenen Bars mit seinen Geschichten vom Sterben der Goldsucher. Wir verließen dann wieder Nevada, um nach Sacramento, der bescheidenen Hauptstadt des Golden State mit „Sutters Fort“ zurückzukehren. Von dort aus befuhren wir den berühmten Highway 101 direkt an der wilden Küste entlang vorbei an Hearst Castle, dem Prachtbau des Zeitungskönigs mit seinen Sammlungen Richtung Santa Barbara, wo wir erstmals bei unseren Reisen keine spontane Unterkunft fanden. Es blieb uns der breite Strand zum Sonnen und eine Bleibe in King City und später in Long Beach. In Los Angeles teilten sich die Wege der Familie. Während es die Buben nach Disney Land zog, schauten sich wir Eltern die Universal Studios an mit den Kulissen der Filmgeschichte einschließlich „Bates Motel“. Von dort aus fuhren wir dann zurück auf dem Highway 101 Richtung San Francisco. Wir nahmen uns Zeit, über Atascadero nach Carmel, der alten Mission und Basilika zu fahren. Point Lobos war eine wild – romantische zerklüftete Küste mit vielen grandiosen Ausblicken auf Felsen und Pazifik. Nach der Übernachtung in Salinas wollte Antje (auch wir) dann wieder nach Hause und gaben den Pkw bei „Alamo“ in San Francisco ab, um wieder First class über London nach Frankfurt zu fliegen. Wir haben auf diesen Reisen ohne Vorbuchung wie es gerade nach Fahrt und Erlebnissen passte, die Tage jeweils ohne Zeitdruck verbracht und uns in die bequemen und sauberen Motels einquartiert. Eine sehr angenehme Art des Reisens und immer mit einem Coffeeshop für das Frühstück in der Nähe. Manche guten Ratschläge oder

Warnungen erfahrener Reisender haben wir nicht bestätigen können. So zum Beispiel, dass man ohne Kreditkarte kein Mensch in den USA sei. Im Gegenteil, lasen wir doch oft an Geschäften oder Tankstellen „No Creditcards“ oder bekamen bei Barzahlung Ermäßigung. Auch die Reservierung von Hotels war fast immer nicht notwendig. Es genügte oft ein Anruf vom „Motel 6“ des Vortags, um die Unterkunft zu klären oder wir fuhren ein paar Meilen weiter. Überall waren die Menschen zuvorkommend und unsere Kinder waren immer die Türöffner bei touristischen Highlights oder wenn es um Einkäufe oder Übernachtungen ging. Ob wir aber wieder eine Reise dorthin machen, ist wegen der heute so rigiden „Diskriminierung“ von RaucherInnen zweifelhaft. Ich hätte nichts dagegen, aber meine liebe Frau.

Alexander hat uns nach seiner Heirat mit Tanja zwei Enkel, Nikolai und Anna, geschenkt, Matthias ebenfalls zwei, Hannes und Julius aus der Verbindung mit Daniela.

Familie Pick.

Zurück zum Sport oder: Statt feiner Klinge nun bei den starken Männern

Einer meiner Fraktionskollegen, als ich 1969 in den Stadtrat kam, war Hans Peter Häfner, ein guter Freund von Oberbürgermeister Jockel Fuchs. Er war wegen seiner jovialen Art auch bei uns Jüngeren geschätzt. Er war damals ehrenamtlicher Sportreferent der Stadt und später Hoteldirektor bei der Mainzer Aufbaugesellschaft. Eines Tages, es war im Jahre 1972, kam er zu mir und fragte mich, ob ich ihn in einer Sache vor dem Sportgericht beraten könne, ich sei doch Jurist. Wenn jemand so etwas zu mir sagte, schwante mir schon Schlimmes. Häfner war zu dieser Zeit schon jahrelang Vorsitzender des Athletik-Sportvereins (ASV) Mainz 1888, eines Vereins, der aus der Arbeiterbewegung entstanden war und eine große Tradition in der Schwerathletik, vor allem im Ringsport verkörperte. Auch Ernst Neger, der Barde der Mainzer Fastnacht, war einmal sein Vorsitzender. Es war übrigens nicht die erste Begegnung mit den „88ern". Der Verein hatte nach dem Krieg unterhalb des ersten Rathauses „Am Pulverturm" sein erstes Domizil. In der Senke, durch die Wallanlagen der ehemaligen Bundesfestung geformt, befanden sich die „Jakob – Steffan – Kampfbahn" und ebenfalls daneben befand sich das „Loch", die Vereinsgaststätte. Diese, von Vereinsmitgliedern betrieben, war allerdings nur an bestimmten Tagen geöffnet. Die Soleier auf der Theke sind mir noch gut in Erinnerung und die frisch gebratenen schmackhaften Frikadellen ebenfalls. Unmittelbar daneben hatte die vor allem als Bildhauerin berühmte Künstlerin Emy Röder ihr erstes Atelier nach dem Kriege, eine frühe Kulturförderung der Stadt unmittelbar nach der Zerstörung und dies trotz der Wohnungsnot! Durch die meist blinden Scheiben hindurch sah man -oder besser ahnte man- ihre Plastiken. Später unterhielt dann die SPD Mainz dort in unmittelbarer Nähe ihr Wahlkampflager. Es war also eine glückliche Symbiose von Kunst, Politik und Sport in den Kasematten der ehemaligen Wallanlagen. Da sich unsere erste Wohnung nach unserer Hochzeit seit 1969 in der Walpodenstraße befand, hatten Antje und ich es nicht weit zu abendlichen Treffen, insbesondere mit Hilde und Horst Dornbusch, dessen Vater Peter, auch ein begeisterter Fan des Ringsports, nach dem Krieg eine Karriere als Bassist am Mainzer Theater begonnen hatte. Später betrieb er einen gut gehenden Kiosk vor dem Eingang des Klinikums in der Langenbeckstraße. Mit von der Partie waren die Ur-88er- Familien Kurt Steinmetz und Albert Pfeifer, der mit seiner Frau Helga in der Gaustraße eine Schuhmacherwerkstatt betrieb. Er nahm mich auch zum ersten Mal zu einem Ringkampf in der Sporthalle Weisenau, dem Kulturheim mit. Ich erinnere mich daran, dass ich in der Zuschauermenge auf Zehenspitzen stehend gelegentlich einen Blick auf das Geschehen auf der Matte erhaschte.

Als Antje unser erstes Kind erwartete, waren wir am Vorabend im „Loch". Die geburtserfahrenen Frauen im Verein empfahlen ihr, Rotwein zu trinken, was ein probates Mittel zur Vorbereitung der Geburt sei. Ob es tatsächlich dazu geeignet war, wissen wir nicht. Geholfen hat es vermutlich durch seine positiv stimmende zuversichtliche Wirkung. Jedenfalls führte es zu der glücklichen Geburt unseres ersten Sohnes Alexander, am 27. März 1971.

Ein Verein mit großer Tradition – sportlich - auch finanziell ?

Zurück zum Anliegen Hans Häfners. Als ich ihn fragte, um was es denn ginge, erzählte er, der Verein sei vor einem Sportgericht des Ringerverbands wegen Unsportlichkeit eines Ringers angeklagt. Sein Name sei Emil Müller. Er habe sich mit dem Ringrichter angelegt. Ich ließ mir die Unterlagen geben und meinte, als ich mir die Sache angeschaut hatte, man müsste aber Mitglied sein, um den Verein vertreten zu können. Daraufhin zog er etwas aus der Tasche und überreichte mir den Mitgliedsausweis, den er schon vorbereitet hatte, und sagte: „Jetzt bist du Mitglied". In der Folgezeit musste ich öfter den Verein und seine temperamentvollen Ringer vertreten. Ganz besonders entscheidend war der Ausgang eines Verfahrens im Jahre 1977. Entscheidend deswegen, weil der Verein im Endkampf um die Deutsche Mannschaftsmeisterschaft gegen den Erzrivalen VFK Schifferstadt stand. Im Vorkampf war ein Mainzer Ringer wegen angeblicher Unsportlichkeit disqualifiziert worden. Er hatte seinen Gegner, der ihm um den Hals gefasst hatte, gebissen. Am Vortag vor dem Kampf in der Walter-Köbel-Halle in Rüsselsheim fand in einem Hotel dort die Verhandlung statt, die tief in die Nacht dauerte. Ich plädierte auf Notwehr, der Ringer hätte sich nicht anders zu helfen gewusst, sich aus dem unfairen Griff des notorisch unsportlichen Gegners zu befreien. Unser Athlet Hadji Ahmad, ein Weltklasseringer, im Iran geboren, hätte geführt und es nicht nötig gehabt, zu unfairen Methoden zu greifen. Nach stundenlangem Warten kam einer der Beisitzer bei mir, dem auf dem Gang Wartenden, vorbei und blinzelte mir zu. In der dann gegen Mitternacht verkündeten Entscheidung wurde unser Ringer nicht gesperrt, sondern (nur) zu einer Geldstrafe verurteilt. Während der damalige Vorsitzende aus Schifferstadt grußlos an mir vorbeiging, teilte ich den Verantwortlichen unseren Erfolg telefonisch mit. Am nächsten Tag gewann der ASV 88 auch mit Hilfe des aus Schifferstadt nach Mainz gewechselten Ringeridols Wilfried Dietrich den Rückkampf klar und wurde nach 1973 zum zweiten Mal Deutscher Meister. Ich hatte also einen kleinen, wenn auch nicht körperlichen Beitrag zum Erfolg geleistet. Übrigens war es gelungen, Dietrich mit einem Handgeld von 10.000 DM nach Mainz zu lotsen.

Die „88er" in Nöten

Die nächsten Jahre gingen unter wechselnder Führung nicht erfolgreich weiter. Wegen wirtschaftlicher Fehlentscheidungen stand der Verein in den 90er Jahren zwei Mal vor dem Aus. In beiden Fällen kam das Amtsgericht Mainz auf mich zu, um nach der Flucht der Verantwortlichen einen Notvorstand zur Vermeidung des Konkurses, wie er damals noch hieß, zu führen. 1992 trat der Fall zum ersten Mal ein, dass der Verein vor dem sportlichen und finanziellen Aus stand. Darauf fragte das Amtsgericht bei mir an, ob ich bereit sei, den Vorsitz in einem Notvorstand des ASV Mainz 1888 e. V. zu übernehmen. Mit mir wurden Günther Bauer, Berthold Hering und Gregor Zaffke in den Notvorstand berufen. Es waren harte Einschnitte notwendig, um einen neuen Start in einer der unteren Ligen zu ermöglichen. Das vereinseigene Grundstück mit Geschäftsstelle, Athletikraum und Gaststätte musste wieder an die Stadt zurückgegeben werden. Auch sonstige Schulden, darunter dem Finanzamt gegenüber, mussten beglichen bzw. in einer tragbaren Form geregelt werden. Darüber hinaus lud ich alle Freunde, Förderer und Sponsoren zu einem Treffen in das Nebenzimmer des Gasthauses „Specht" zu einem Treffen am 19. 12. 1992 ein. Die mit Antje und mir befreundeten Eigentümer Uschi und Klaus Rupp hatten den Raum zur Verfügung gestellt und dadurch die Einladung ermöglicht. Vielleicht lag es an der vorweihnachtlichen Stimmung, dass das Treffen zu einem Erfolg wurde. Es war mir vorher gelungen, die Gemeinnützigkeit des Vereins bis zum Jahresende zu erhalten, so dass Spenden für die Zuwender interessant blieben. Daraufhin fand sich auch ein neuer Vorstand, der die Arbeit unter neuen Vorzeichen beginnen konnte. In der von mir zum 26. 2. 1993 einberufenen Generalversammlung stellte sich Dietmar Steinmetz zur Verfügung. Allerdings trat er bald zurück, da sich die Mitglieder des Vorstandes nicht auf eine konstruktive Zusammenarbeit verständigen konnten. Meine Hoffnung, dass die Vereinsführung mit vernünftiger Wirtschaftsführung die Chance eines Neubeginns ergreifen würde, erfüllte sich nur für kurze Zeit. Zum Jahresende 1997 trat der damalige Vorstand, der am 24. 2. 1996 gewählt worden war, geschlossen zurück, so dass der Verein wieder ohne Führung war. Die Suche nach einem erneuten Notvorstand war die Folge. Das ehemalige Mitglied des Vorstands und stellvertretende Vorsitzende Gregor Zaffke hatte einen entsprechenden Antrag beim Amtsgericht gestellt, nachdem der Vorsitzende und die Stellvertreterin beide namens Reinecker, das Handtuch geworfen hatten. Vermutlich war die desolate finanzielle Lage des Vereins der Grund. Das Amtsgericht fragte daraufhin erneut bei mir an, ob ich wieder für den Vorsitz im Notvorstand zur Verfügung stünde. Es hätten Interessenten gesagt, dass sie nur mit mir bereit seien, Verantwortung mit zu übernehmen. Mit mir wurden daraufhin am 28. 1. 1998 Wolfgang Ries und der Leiter der Abteilung Gewichtheben, Hans Daschmann, vom Amtsgericht Mainz zum Notvorstand bestellt. Die Mainzer Allgemeine Zeitung schrieb am 3. 2. 1998 treffend: „Damit war der Mainzer Traditionsverein wieder einmal am Tiefpunkt angelangt“. Nach unseren Ermittlungen war der Verein bei rund 70000 DM Schulden und angesichts der Pfändungsmaßnahmen der Gläubiger zahlungsunfähig und wir hätten Insolvenz anmelden müssen. Im Gegensatz zu anderen Vereinen des Ringersports, die von der Landkarte verschwanden oder sich durch Neugründung (Schifferstadt) wieder aufstellten, ist es mir gelungen, den Verein zu retten. Dazu waren viele Gespräche und auch Konzessionen der Gläubiger notwendig. Auch die Stadt und Sponsoren waren behilflich, eine neue Grundlage zu finden. Häufig wurde ich dabei gefragt, „Warum tun Sie sich das an“ ?, worauf ich erwiderte, dass es doch schade sei, wenn ein so traditionsreicher Verein aus Mainz von der sportlichen Bildfläche verschwinden würde. Die mit dem Verein verbundenen Namen wie Jakob Steffan, Ernst Neger und Hans Häfner, waren mir Ansporn und Verpflichtung. Vor allem aber hatte ich die Anhängerschaft im Auge, die dem ehemaligen Altstadtverein stets die Treue gehalten hatte. Viele halfen bei der Sanierung mit, z. T. auf Grund meines persönlichen Einsatzes und im Vertrauen auf meinen guten Namen; in beiden Krisenfällen gelang es mir, nach der Sanierung einen arbeitsfähigen regulären Vorstand zu gewinnen. Die neue Spitze mit Wolfgang Ries, Hans Daschmann und Francesco Porcu wurde am 25. April 1998 gewählt, so dass ich mich wieder zurückziehen konnte. Ich hatte ja gleichzeitig einen Kampf um das Bundestagsmandat zu führen! Erst aus diesen Erfahrungen hatte der Verein gelernt, Einnahmen und Ausgaben in Einklang zu bringen. Diese Vorgabe galt und gilt auch heute noch: Vor allem bei dem Engagement von Athleten auf die finanziellen Möglichkeiten zu achten.

Nun ein reguläres Engagement

Ein drittes Mal übernahm ich 2010, gewählt am 26. 2. 2010, den Vorsitz, diesmal wie ich glaubte, unter „normalen" Umständen. Dass dem nicht so war, erfuhr ich später, als klar wurde, dass neben dem eigentlichen Verein ein weiterer so genannter „Förderverein" existierte, der angeblich den Profibereich ausschließlich, vor allem finanziell verantworten sollte. Als ich mich näher mit der undurchsichtigen, verwickelten Geschichte befasste, erkannte ich, dass die Verantwortlichen des ASV 88 den Überblick verloren hatten. Es bestand keine Transparenz in vertraglicher und wirtschaftlicher Hinsicht zwischen den beiden Vereinen. „Mach mal", das war offenbar die Devise. Dass sich die Heilsbringer dann verflüchtigten und ich keine Alternative sah, als die Verbindlichkeiten zu übernehmen, war sehr ärgerlich. Ich konnte aber jahrelange Prozesse nicht riskieren, da mir niemand auf Seiten des bisherigen Vorstands genau sagen konnte, was eigentlich vereinbart war. Angesichts solcher Hypotheken stand der Verein ein drittes Mal auf der Kippe. Ich hatte den Vorsitz eigentlich nur deswegen übernommen, weil der Verein aus seinem angestammten Domizil in der Neutorschule zum 1. 10. 2010 weichen musste. Grund dafür war, dass die Stadt das Terrain für ein archäologisches Zentrum, das heutige Leibniz-Zentrum, an Stelle des von Lindenschmit gegründeten „Römisch-Germanischen Zentralmuseums", an das Land veräußert hatte. Daraufhin wurde uns die Bleibe in der Neutorschule zum 30. 9. 2010 gekündigt. Eine Alternative für Training und Geschäftsstelle war nicht in Sicht. Ohne ein neues Domizil war der Verein jedoch nicht lebensfähig. Auch die Stadt war nicht in der Lage, in Anbetracht der von ihr geschaffenen Situation mit angemessenen Räumlichkeiten zu helfen. Zum Beispiel erwies sich ein Standort in der Rheinstraße zusammen mit weiteren Vereinen und Initiativen als ungeeignet. Der Zufall kam mir bei der Suche nach einer Alternative zu Hilfe. Der bekannte Mainzer Ringer Emil Müller, der eigentlich die Ursache für meinen ersten Kontakt zu Mainz 88 war, sagte mir, dass der Eigentümer des Kegelzentrums in Weisenau, beabsichtige, seinen Betrieb, das Kegelzentrum, aus wirtschaftlichen Gründen zu schließen. Der Inhaber suchte nach einem Käufer. Es kam uns entgegen, dass der Kreis von Interessenten überschaubar war, da der Bebauungsplan rechtlich eine sportliche Nutzung vorschrieb. Allerdings hatte ich die Befürchtung, dass der Eigentümer der Tennishalle nebenan, aus der Dynastie Kümmerling, mir mit einem höheren Angebot in die Quere kommen könnte. Später lernte ich ihn als zwar konsequenten Kaufmann, aber verständnisvollen Nachbarn kennen. Ich einigte mich mit ihm über die gemeinsame Zufahrt zu unseren Grundstücken. Ich musste nämlich feststellen, dass entgegen den Festlegungen im Bebauungsplan der eigentliche Zugang durch das nebenan liegende Hotel verbaut war. Das entsprach wohl dem „Mainzer Landrecht". Ein neuer Zugang hätte die Stadt viel Geld gekostet. Der Verkäufer, Bäckermeister Reck, kam uns beim Kaufpreis entgegen und wir konnten das Grundstück mit Halle, Wohnung und Gaststätte günstig erwerben. Der Kaufpreis von 360.000 Euro war zwar immer noch viel Geld für den Verein, doch schließlich erklärte auch die ADD in Trier ihr Einverständnis mit der Finanzierung. Die Zustimmung durch die „Allgemeine-Dienstleistungs-Direktion" bezeichnete ich später als den „Ritterschlag" für den, der diese Behörde für sich gewann. Dazu waren viele Gespräche mit Stadt, Land und der finanzierenden Sparkasse Mainz notwendig, um eine tragbare Lösung zu finden. Um den Verkäufer bis zum Kauf „bei der Stange zu halten" und ihn von der Ernsthaftigkeit des Kaufs zu überzeugen, schloss ich mit ihm einen Pachtvertrag über das Anwesen ab, den ich privat erfüllte. Bis die Voraussetzungen für den Kauf gegeben waren, dauerte es einige Monate. Anschließend waren Entkernung und Umbau in ein Trainingszentrum zu bewerkstelligen. Die von den Zuschussgebern von uns geforderte Eigenhilfe betrug am Ende mehr als die angesetzte Summe, sondern ergab mehr als 100000 Euro. Dank eines sehr kooperationswilligen Vorstands, insbesondere mit Hilfe meiner Stellvertreter Andreas Schmitt für den Baubereich, Heinz Meyer für den Sport sowie Wolfgang Ries als Geschäftsführer; aber auch dank der weiteren Mitglieder, des Ehepaares Petra und Thomas Kropp, Baris Baglan, Bernd Krieger, Gerhard Bauer, Michael Meffert,

Der ASV Mainz 88, deutscher Meister 1977.

Tina Kudell, Gregor und Etienne Zaffke, gelang das Abenteuer. Wir rutschten noch in die eigentlich schon für 2010 in den Etats abgeschlossene Förderung durch Innenministerium und Stadt hinein. Dies gelang durch das Entgegenkommen der Stadtspitze, OB Jens Beutel und Bürgermeister und Sportdezernent Günter Beck, obwohl die betreffenden Mittel von Land und Stadt bereits verplant waren. Dies war auf Seiten des Innenministeriums den Herren Gunter Fischer und dem zuständigen Referenten Harry Hermann zu verdanken, die die ADD zur Kooperation anhielten. Auch deren Vertreterin, Frau Eva Schmitt, zeigte sich sehr hilfsbereit. Schließlich konnten wir eine Fotovoltaik-Anlage auf dem Dach zeitlich mit Hilfe der Mainzer Stadtwerke AG und ihres Vorstandsvorsitzenden Detlev Höhne so rechtzeitig installieren, dass wir noch die Höchstförderung erreichten. Am 22. Oktober 2010 durften wir die Einweihung feiern. Der Verein hatte endlich wieder eine gesicherte Heimstatt und war Besitzer eines Anwesens, wie es nur wenige Ringervereine in Deutschland haben. Die Liste der Anwesenden bei der Einweihung lässt die Bedeutung des Vereins für das Land, die Stadt und die sportbegeisterte Mainzer Bevölkerung erahnen. Finanzministerin Doris Ahnen in Vertretung des Ministerpräsidenten Kurt Beck, der damalige Staatssekretär, nachmalige Mainzer OB und heutige Innenminister, auch für Sport zuständig, Michael Ebling, die Bau- und Kulturdezernentin

Marianne Grosse, Michael Hartmann, MdB, Ulla Brede-Hoffmann MdL und ständige Begleiterin in der Neutorschule, Klaus Hammer ehemaliges MdL und SPD-Vorsitzender, viele Mitglieder des Stadtrats und natürlich vonseiten der Sponsoren Thomas Will (Wohnbau), den Mainzer Stadtwerken, Detlev Höhne, Dr. Lothar Becker (Hotel Atrium) und Herr Vay (Sparkasse Mainz). Auch viele ehemalige Ringer wie Bernd Bluhm und seine Frau Lotti, die hoch motiviert geholfen haben, waren anwesend. Natürlich waren auch der Weisenauer Ortvorsteher Ralf Kehrein und die Vertreter der Sportorganisationen Klaus Kuhn und Magnus Schneider zugegen. Schließlich ist auch Jürgen Hefner von Lotto Rheinland-Pfalz dankbar zu erwähnen, nicht nur als Sponsor, sondern auch willkommener Besucher der Heimkämpfe. Mein Stolz auf das gelungene Projekt wird allerdings übertroffen von der Tatsache, dass es mir gelang, immer wieder neue Persönlichkeiten sei es als Sponsoren oder Sympathisanten zu gewinnen. In Anbetracht der Knappheit der Mittel trotz vieler Helferinnen und Helfer kam es mir darauf an, weitere Mitarbeiter und Mitarbeiterinnen zu motivieren ohne Vergütung mitzumachen. Ich bemühte mich auch, Sportler dadurch zu gewinnen und an uns zu binden, indem ich versuchte, Lehrstellen, vor allem auch berufliche Perspektiven zu vermitteln. Damit konnte ich Davyd Bichinashvili als Aktiven und später sportlichen Leiter 2011 nach Mainz locken und zum Bleiben ermutigen. Eine glückliche Hand hatte ich auch bei der „Rückholaktion“ von Baris Baglan als Trainer für die Saison 2011/2012. Dass dieses Engagement eigentlich ein Fulltime-Job für mich war, bei dem alle Gespräche und Entscheidungen zusammenfielen, war mir klar. Ich entschied mich dann nach zwei Jahren, als ich fähige Nachfolger zunächst in Person des Arztes Tolga Sancaktaroglu (bis 2018) und dann des Leiters einer Realschule Plus, Baris Baglan (seit 2018 bis heute) gefunden hatte, nach einem sportlich erfolgreichen Jahr (Halbfinale der Deutschen Meisterschaft), das Amt in jüngere Hände abzugeben. Das war schon im Nachhinein dadurch gerechtfertigt, dass beide während ihrer Amtszeit zwei weitere Deutsche Mannschaftsmeisterschaften im Ringen 2013 und 2023 nach Mainz holten. Die Internationalität findet sich z. B. in den Namen der heute in den unterschiedlichsten Bereichen Verantwortlichen wieder: Dr. Michel Abdollahnia, Dogan Cakir, Dario Damjanovic, Jasmin Derscheidt, Torben Fasel, Prof. Dr. jur. Knud Hein, Dietmar Friedrich, Kakhi Gegushadze, Marcel Geiß, Mehdi Jafari Gorzini, der persisch-deutsche Hans-Dampf in allen Gassen, Armin Hill, Abdallah Karem, Tom Kliebhan, Amin

Kondakji, Dr. med. Jan Korner, Steven Krumbholz, Karani Kutlu, Stefan Löhner, Gianluca Natale, Norbert Schano, Andreas Schmitt, Ernest Tamrazov, Khalid Toki, Ilias Yilmaz und Harun Yildiz (Meistertrainer zusammen mit Davyd Bichinashvili). Das bedeutet gelebte Vielfalt und Integrationsvermögen. Zum 125-jährigen Bestehen des Vereins am 25. 5. 2013 wurde ich zum Ehrenpräsidenten des Vereins ernannt und vom Rheinhessischen Sportverband mit der Goldenen Ehrennadel ausgezeichnet. Soweit meine Karriere als Sportfunktionär. Dass meine Nachfolger so erfolgreich waren, nämlich durch den Gewinn der 3. und 4. deutschen Mannschaftsmeisterschaft, empfinde ich als Bestätigung meiner Arbeit.

Studium und erste Schritte in der Wissenschaft

Johannes Bärmann, Mentor und Förderer

Nun zur wissenschaftlichen Seite in meinem Leben. Im Sommersemester 1960 begann ich mein Studium in Mainz. Anfangs hörte ich auch Philosophie, wie ich es meinem Vater versprochen hatte. Bei den juristischen Vorlesungen interessierten mich vor allem die rechtshistorischen. Deutsche Rechtsgeschichte hörte ich bei Prof. Johannes Bärmann. Er erschien gerne mit einer Nelke im Knopfloch und trug ohne Manuskript in freier Rede vor. Seine joviale Art animierte mich zum Besuch eines Seminars bei ihm unter dem Titel „Die verfassungsrechtliche Stellung des Mainzer Kurfürsten". Ich kam damals zum ersten Mal mit der alten verfassungsrechtlichen Literatur von Johann Jakob Moser oder Stephan Pütter in Berührung, die in der Stadtbibliothek zur Verfügung standen. Damals hörte ich von seiner Idee eines „Mainzer Urkundenprogramms", das mir noch fremd war. Dazu hatte er den Direktor des Stadtarchivs, Ludwig Falk, begeistert. Es ging dabei um die Sichtung und Zusammenführung der Urkunden des ehemaligen Erzkanzlerarchivs, des eigentlichen Reichsarchivs, das nach der Aufhebung des Mainzer Kurstaats in alle Winde verstreut worden war. Helmut Mathy, damals ebenfalls am Institut für Rechts- und Verfassungsgeschichte angestellt, hat dessen Geschichte später dargestellt. Offenbar fand mein Referat die Zustimmung Bärmanns, denn er konnte es in seiner Rektoratsrede 1964 verwenden. Nach meinem Ersten Staatsexamen 1964 fragte er mich, ob ich mir die Verwaltung einer Wissenschaftlichen Assistentenstelle bei ihm vorstellen könnte. Ohne langes Nachdenken sagte ich ja, denn mein ehemaliger Klassenkamerad Hans Peter Scheerer fing gleichzeitig bei ihm an, zunächst eher auf dem historischen Sektor, später im geltenden und internationalen Bereich des Rechts. Als ehemaliger Notar in Ludwigshafen und Justizrat hatte Bärmann natürlich auch besondere Erfahrungen im Immobilienrecht. So kam es, dass ich bald für seine Kommentare im Wohnungseigentumsrecht „zuständig" wurde. Ich erinnere mich an meine erste Ausarbeitung, die gleich einen Überblick auf die internationale Entwicklung bot, die ihn besonders interessierte. Da der „Kleine" Kommentar zum Wohnungseigentumsgesetz (WEG) in kurzen Abständen im Verlag C. H. Beck neu aufgelegt wurde, hatte ich permanent die Aufgabe, ihn á jour zu bringen. Es sind dann bisher 19 Auflagen unter meiner Verantwortung entstanden und zu meiner Überraschung wollte der Verlag eine zwanzigste Auflage 2018/2019 herausbringen. Als es mir zu lange dauerte, auf mehrere Coautoren mit unterschiedlichen Zeitvorstellungen Rücksicht nehmen zu müssen, habe ich den Verlag gebeten, auf mich als Autor zu verzichten. Allerdings war ich einverstanden, meinen Namen auch noch für die nächsten Auflagen zur Verfügung zu stellen. Mit einem gewissen Stolz kann ich feststellen, dass er der erfolgreichste Kommentar auf diesem Gebiet geworden ist. Der „Große Bärmann", dessen 12. Auflage 2014 erschienen ist, wird derzeit von mehreren Kommentatoren betreut. Er firmierte bis zur neunten Auflage als „Bärmann, Pick, Merle". Es kostete damals eine gewisse Überredung, auch von Verlagsseite, bis Werner Merle und ich in die Autorschaft eintreten konnten. Bärmann meinte, wir müssten seiner Frau, der „Mama" auch etwas zukommen lassen. Er war sonst mir gegenüber durchaus zuvorkommend. Er lud häufig auf sein Gut, die Pfortmühle in Albisheim an der Pfrimm ein und man konnte dort interessante, auch ausländische Gäste kennen lernen. Er war zudem universell interessiert und hoch gebildet. Scheerer und mir fiel bei diesen Gelegenheiten die Aufgabe zu, den selbstgebrannten Zwetschenschnaps im Keller aus dem Fass in Flaschen abzufüllen, auf deren Etikette er dann handschriftlich den Inhalt mit „Quetsch, zweifach gebrannt, 68 %" bezeichnete. Da wir den Inhalt erst mit einem Schlauch in die Flaschen abfüllen mussten, bekamen wir natürlich Einiges vom Inhalt ab, so dass wir gut gelaunt mit den meist in Wasserflaschen abgefüllten Inhalt den Keller verließen. Mein Bruder Siegfried kam eines Tags nach Hause und trank aus der Wasserflasche, die im Wohnzimmerschrank bei anderen Alkoholitäten stand. Nach einem vollen Zug bekam er kaum noch Luft. Ich sagte etwas schadenfroh, er habe sich doch denken können, dass an diesem Ort kein ordinäres Wasser verwahrt würde.

Was der Volksmund auf dem Campus der Universität meint

Andererseits war Bärmann, wenn es sich um unsere finanzielle Beteiligung handelte, etwas schwerhörig. Einmal lud er uns zum Mittagessen in die „Taberna Academica" auf dem Campus der Universität ein. Er sah sich die Speisekarte an und bestellte dann für uns gleich eine Speise mit unter dem Hinweis, dass uns das günstige Tagesangebot doch auch zusagen müsste. Die damalige Bedienung, Frau Becker, eine resolute Dame, universtitätsweit bekannt für ihre Schlagfertigkeit und Respektlosigkeit vor dem wissenschaftlichen Spitzenpersonal, das sie insgesamt kannte, sah unsere Zurückhaltung bei der Bestellung. Darauf sagte sie: „Ei Herr Professor, Ihr Dodehemd hat auch emol kä Dasche". Übersetzt für die Nichtmainzer: „Ihr Totenhemd hat auch einmal keine Taschen". Dieser lächelte, verstand den Hinweis und gab die Bestellung frei, was wir aber nicht ausnutzten. Sekretärin am Institut für Rechts- und Verfassungsgeschichte war Frau Gisela Hesse. Sie hatte eine angenehme Stimme am Telefon, so dass die Männer meist enttäuscht waren, wenn sie sie in Natura erblickten. Sie erschien dann recht unscheinbar. Sie wohnte im Haus des Universitätsfonds in der Ernst – Ludwig- Straße, in dem sich auch das Institut für Rechts- und Verfassungsgeschichte im Parterre befand. Sie hatte eine Leidenschaft für ausgesuchte Kleidung, was immer ein erhebliches Loch in ihre Finanzen riss. Sie kaufte bei der Firma Kleebach ein, damals die angesagteste Adresse für Mode in Mainz, mit Sitz in der Großen Bleiche. Stolz führte sie uns dann ihren Neuerwerb z. B. einen Kamelhaarmantel vor, der dann zum zeitweiligen, wahrscheinlich längeren, Minus auf ihrem Konto führte, wie sie bekannte. Da Scheerer und ich gern bis in die Nacht arbeiteten, waren wir Anlaufstelle für ehemalige Kommilitonen und Referendare, wenn sie sich auf ihre abendliche Tour durch die Mainzer Lokalitäten begaben und Begleitung suchten. Sie brauchten nur an die Fenster zu klopfen, um uns zu animieren, mitzumachen. Harmlos wie wir waren, war das damals beliebte „Flippern" an den Automaten der Höhepunkt des Abends. Unsere abendlichen Besucher spielten uns auch manche Streiche, z. B. indem sie auf den Namen von Scheerer einen Bienenstich im „Allianzcafé" bestellten, obwohl der eine tiefe Abneigung gegen diese Art Torte hatte. Wir nahmen dem Boten dann doch die Torte ab, um sie im Institut zu verteilen. Oder es erschien eines Tages ein betont munterer Herr mit der Mitteilung: „Draußen steht ihr neuer Porsche zur Probefahrt, Herr Scheerer", was dieser ziemlich überrascht als Irrtum erklärte und zur großen Enttäuschung des Anbieters das Angebot ausschlug. Er tat dies sicher auch zu seinem eigenen Bedauern, da er gerne sportliche Autos wie einen motorisch abgespeckten, aber nicht so teuren Porsche 911 fuhr, später einen VW.

Promotion über ein verfassungsgeschichtliches Thema

Ich promovierte dann über das Thema „Die Bemühungen um eine beständige Wahlkapitulation und ihr Ergebnis 1711“, also ein verfassungsgeschichtliches Thema. Die Note war „Summa cum laude“, betreut auch von seinem Assistenten Dr. Dr. Winfried Trusen, der später Rechtshistoriker an der Universität Würzburg wurde. Zweitkorrektor war der Adlatus Bärmanns am Institut für Rechts- und Verfassungsgeschichte, Prof. Dr. Dr. Hans Werle, der so schön pfälzisch reden konnte. Er war eigentlich eher Historiker und Mediävist als Rechtswissenschaftler. Auf dem Rechtshistorikertag in Wien meinte er nach der ersten Nacht im Hotel: „Mir habe schun widder sechzig Mark verschlofe“. Ihm, dem sparsamen Pfälzer, kam die Übernachtung ausgesprochen teuer vor. Er traute sich aber nicht, in eine günstigere Herberge auszuweichen. Die Promotion an unserer Fakultät war damals neben der Doktorarbeit verbunden mit einer Exegese mit rechtshistorischem Bezug und einer mündlichen Prüfung in den Fächern Zivilrecht, Öffentliches Recht und Strafrecht. Damit hatte sie den Charakter einer zweiten Staatsprüfung. Als ich mich bei dem Prüfer im Strafrecht vorstellte, in der meist auch erfüllten Erwartung, etwas über den thematischen Rahmen zu erfahren, wurde ich enttäuscht. Prof. Lang-Hinrichsen wandte sich zu mir, um in seiner oft karikierten sehr leisen Stimme und mit Verschwörermiene ins hoffnungsvoll geöffnete Ohr mir mitzuteilen:: „Ich werde Sie prüfen in Strafrecht und Strafprozessrecht“. Das war`s also mit der Eingrenzung. Im Mündlichen lief es bei ihm aber ganz entspannt, so dass das Ergebnis mit Summa cum laude nicht in Frage stand.

In Wien fast zu Hause

Damals lernte ich das Haus-, Hof- und Staatsarchiv in Wien kennen, das ich mit Bärmann besuchte. Dabei ging es um sein Lieblingsprojekt, das er bereits in Mainz initiiert hatte, um eine Gesamtdarstellung der Bestände des ehemaligen Erzkanzlerarchivs, das an unterschiedlichen Orten aufbewahrt wird. Dabei handelt es sich um nichts anderes als das zentrale Reichsarchiv des Mainzer Erzbischofs und Kurerzkanzlers des Heiligen Römischen Reiches Deutscher Nation. Nach dessen Ende war es in alle Winde verstreut worden. Sein Hauptbestand kam nach Wien. Dort ist er unter dem Namen „Mainzer Erzkanzlerarchiv“ (MEA) heute im Haus, Hof- und Staatsarchiv am Minoritenplatz, unmittelbar hinter dem Bundeskanzleramt aufbewahrt. Unser Besuch hatte die Kooperation mit dem Archiv zum Ziel, das damals unter der Leitung von Frau Coreth stand, die von ihren Mitarbeiterinnen und Mitarbeitern stets mit „Frau Gräfin“ angesprochen wurde, obwohl Österreich die Führung adeliger Namen aufgehoben hatte. So ging und geht man also im traditionsbewussten Österreich mit dieser offiziell abgeschafften Tradition ganz pragmatisch um. Bei meinen Recherchen war manchmal H. P. Scheerer dabei, der über die Reichsreform unter Berthold von Henneberg promovierte. Gelegentlich, wenn wir genug vom Aktenstaub hatten, erlaubten wir uns noch einen Besuch in einer Bar namens „Chez nous“, in der wir den Satiriker Georg Kreisler trafen. Wir waren also in bester Gesellschaft, wobei wir uns angesichts unserer finanziellen Möglichkeiten nur einer Cola widmeten. Als ich wochenlang dort recherchierte, suchte ich eine Wohnung. In einer kleinen Wohnungsagentur traf ich auf eine nette Inhaberin, die gleich mit mir zu einer Familie an der Alten Donau fuhr, um mir ein Zimmer zu vermitteln. Der Mann war ein Eisenbahner und züchtete Stallhasen. Seine Ehefrau stellte mir freitags immer einen Topf mit Hasenfleisch an die Treppe zu meinem Zimmer. Ich litt also keine Not, trotz eines schmalen Etats.

Nach der Promotion bot mir Bärmann an, sich bei ihm zu habilitieren. Das war dann doch eine Entscheidung für das weitere Leben und ich sah mich um. Der Vater einer ehemaligen Klassenkameradin Angela, Dr. Gassner aus einer alten Mainzer Familie von Honoratioren darunter einem Oberbürgermeister stammend, bot mir an, in seine Anwaltskanzlei einzusteigen. Ich wurde auch vom damaligen Schriftleiter der Neuen Juristischen Wochenschrift gefragt, ob ich an einer Stelle in der Redaktion in Frankfurt interessiert sei. Auch die Landesverwaltung konnte mir eine Stelle beim Landratsamt in Ludwigshafen andienen, ebenfalls die Justiz des Landes eine Stelle als Assessor am Amtsgericht in Oppenheim. Diese Angebote konnten mich aber nicht von der wissenschaftlichen Perspektive abbringen, auch wenn sie schon damals keine sichere Zukunft eröffnete.

Ein ausgesprochen guter Tipp der Justizverwaltung von Rheinland-Pfalz

Mit der Justizverwaltung von Rheinland-Pfalz hatten Hans Peter Scheerer und ich schon unsere Erfahrung gemacht. Als wir Referendare waren, hatten wir gleichzeitig eine Stelle als Verwalter einer Assistentenstelle an der Universität inne. Eines Tages erreichte uns eine Nachforderung nach der Nebentätigkeitsverordnung in Höhe einiger Tausend Mark (in meinem Fall fast 10Tausend DM) für die Tätigkeit an der Universität. Auslöser war dem Vernehmen nach, als der zuständige Referent Scheerer mit dessen Porsche vor den Justizgebäuden anfahren sah. Bei einem Termin bei dem zuständigen Minister, das ergebnislos endete, meinte der zuständige Beamte hinterher süffisant: „Frisch geklagt ist halb gewonnen". Das taten wir dann auch, indem wir gegen den Bescheid klagten. Vor dem ersten mündlichen Termin am Verwaltungsgericht Mainz nahm das Land die Bescheide zurück, da das Bundesverwaltungsgericht in einem Parallelverfahren festgestellt hatte, dass die Nebentätigkeitsverordnungen der Länder unseren Fall nicht geregelt hatten. Dass wir uns diebisch freuten, liegt auf der Hand. Wir hatten natürlich Glück. Das Land änderte daraufhin die gesetzliche Regelung wie die anderen Länder auch. Rückwirkung war natürlich ausgeschlossen.

Erst einmal Wissenschaft als erste Wahl

Dann entschied ich mich doch für die Wissenschaft. Sehr früh stellte ich fest, dass mir Vorlesungen Spaß machten, im Gegensatz zu manchen Kollegen, die immer sehr nervös dabei waren, sich sogar Mut antrinken mussten. Hierbei kam mir zu Gute, dass ich in der Politik vor vielen Leuten zu sprechen hatte und auch in freier Rede vorzutragen gelernt hatte. Bärmann gab mir auch gleich eine allgemeine Richtung für ein Habilitationsthema mit auf den Weg, als er meinte, man sollte sich das an der alten Mainzer Universität gelehrte Recht einmal genauer anschauen. Daraus entwickelte sich die Idee, das Staatsrecht in der Endphase des Mainzer Kurstaats zu analysieren. Letztlich entstand meine Habilitationsschrift „Mainzer Reichsstaatsrecht – Inhalt und Methode". Es traf sich gut, dass die Fertigstellung mit dem 500sten Gründungstag der Universität (1477) im Jahre 1977 zusammenfiel. Die Universität hatte Interesse, dass einige Arbeiten zu diesem Termin erschienen. Die Arbeit wurde zusätzlich von der Deutschen Forschungsgemeinschaft und der Stadt Mainz unter Kulturdezernent Anton Maria Keim gefördert.

Ein Glücksfall: Peter Schneider – Rektor und erster Präsident der Universität

Da ich der Kommission zur Vorbereitung der Festtage 1977 auf die Gründung der Universität vor 500 Jahren angehörte, lernte ich den damaligen Mainzer Rektor Peter Schneider näher kennen und schätzen. Er war nicht nur ein universell gebildeter Mensch mit vielen internationalen Kontakten, sondern auch ein hervorragender Wissenschaftler, im Staats- und Völkerrecht, ein Glücksfall für die Universität, die er durch

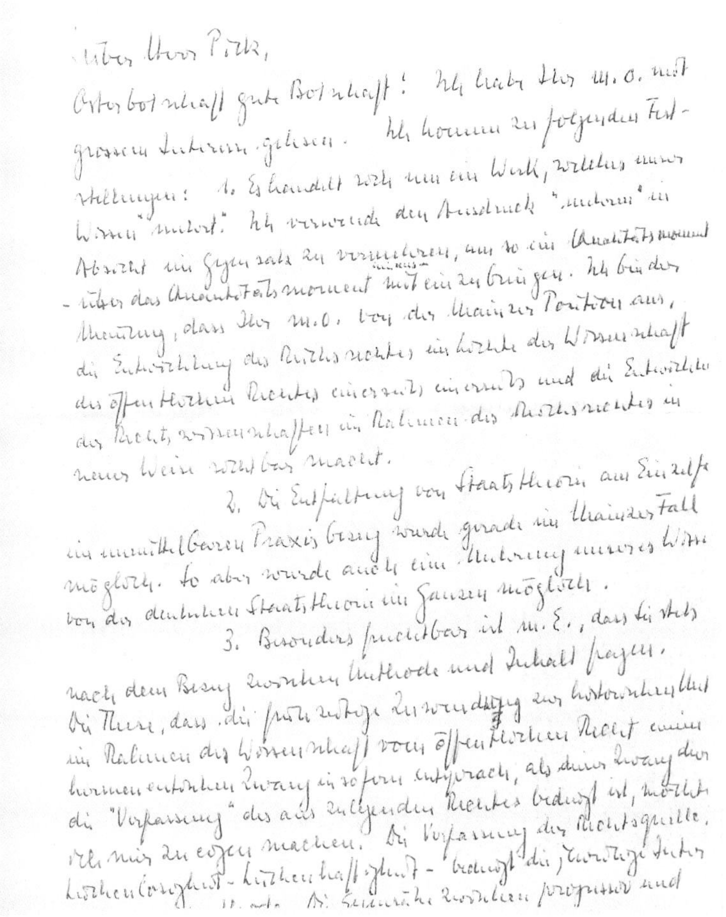

Osterbotschaft gute Botschaft.

alle Fährnisse auch der Zeit nach 1968 mit aufmüpfigen Studenten im Senat (dem ich auch eine Zeitlang als Vertreter der Assistenzprofessoren angehörte) mit Umsicht und Gespür geführt hatte. Mit den Dramatikern Frisch und Dürrenmatt z. B. war er, der weltoffene Schweizer, gut bekannt. Er fragte mich immer wieder mit seinem schweizer-deutschen Idiom, wie weit ich mit der Arbeit sei. Als wir eines Tages über den Campus der Universität gingen, hielt ein LKW der Brauerei Binding neben uns, der die Taberna mit Bier zu beliefern hatte, und aus dem Fahrerhaus tönte es laut: „Eckhart, wie?", was in Mainz das Kürzel für „wie geht es Dir?", heißt. Es waren zwei voll im Saft stehende Ringer der „88er", Emil Müller und Wolfgang Ries mit ihrer Fracht von Bierfässern. Schneider meinte dann anerkennend und lächelnd: „Sie haben ja bemerkenswerte Bekannte. Da brauchen Sie als Politiker keine Angst zu haben". Besonders erfreut war ich, als ich im Frühjahr 1976 von ihm, nachdem er als Zweitgutachter nach Bärmann die Arbeit in seiner Heimat Zürich gelesen hatte, einen Brief erhielt: „Osterbotschaft, frohe Botschaft", lautete die Überschrift. Selten hatte mir jemand in so kurzen Worten Zustimmung, literarischen Hintergrund und Wortkunst beweisen können. Er gründete die Stiftung „Lesen" und war deren erster Präsident. Er wurde mir später ein guter Freund. Wir haben auch gemeinsame Seminare gehalten. Seinen Brief halte ich noch heute in Ehren. Als er 2002 in Zürich beerdigt wurde, schrieb die „Neue Zürcher Zeitung": „Zur Freiheit gehört der Zweifel am Festgelegten, die unablässige Prüfung des Geltenden. Peter Schneider war ein großartiger Gesprächspartner, urban, ohne Small Talk, dafür gerne mit Schalk. Die offene Auseinandersetzung erheischt Redlichkeit gegenüber den Spielregeln und saubere Argumentation. Der Rektor und Präsident Schneider hat sie an der Universität nicht nur in Lehrveranstaltungen gepflegt, sondern auch in den schwierigen Phasen der Universitäts- und Studentenpolitik durchgehalten".

Leonard Bernstein feiert mit.

Das Jubiläum der Universität wurde übrigens glanzvoll gefeiert, mit den Staatsoberhäuptern von Frankreich und Deutschland und einem Konzert unter der Leitung von Leonard Bernstein, „Lennie" von den Mainzern genannt, was ihm sichtlich zusagte. Als ich in der schönen Wohnung der Familie Schneider in der Altstadt zu Gast war, konnte ich Bernstein nur schwer erkennen, da er sich hinter einer dichten Rauchwolke verbarg. Dies tat aber seiner angenehmen Art keinen Abbruch.

Habilitation

Habilitiert wurde ich für die Fächer Bürgerliches Recht, Handels- und Gesellschaftsrecht, Deutsche Rechtsgeschichte und Verfassungsgeschichte. 1972 war ich zum Assistenzprofessor ernannt worden, eine Universitätsposition, die kurz darauf wieder verschwand, um dann in heutiger Zeit als so genannter Juniorprofessor wieder fröhliche Auferstehung zu feiern. Ein Beweis für die kurzatmige Hochschulpolitik auch in Rheinland-Pfalz! Bärmann bot mir damals die Stelle als Akademischer Rat an seinem Institut an, eine Lebenszeitstelle, während die Assistenzprofessur auf sechs Jahre mit zweijähriger Verlängerungsmöglichkeit begrenzt war. Ich entschied mich für die riskantere Position. Als Assistenzprofessor hatte man neben der Qualifizierung als Professor/Privatdozent, ein Deputat von vier Semesterwochenstunden zu übernehmen. Das bestand immer aus einer Hauptvorlesung oder einer von den Kollegen nicht geschätzten Vorlesung mit Übung, etwa „Bürgerliches Recht“ bzw. „Handelsrecht für Wirtschaftswissenschaftler“, ein Service ohne besondere Anerkennung, auch nicht seitens der Studenten. Die Mainzer Fakultät (heute humorlos „Fachbereich“ betitelt) hat die Besonderheit, dass Juristen und Wirtschaftswissenschaftler in einer Fakultät, später Fachbereich, zusammengefasst waren. Wissenschaftliche Kooperationen waren allerdings nicht en vogue.

Vorlesungen, gelegentlich mit Spezialitäten gewürzt

Drei Erlebnisse während meiner Vorlesungszeit sind mir besonders im Gedächtnis geblieben. Während des Wintersemesters 1991 hielt ich in einem der klassischen Hörsäle, dem Hörsaal „Acht“ die Vorlesung „Einführung in die Grundlagen des geltenden Rechts“, verbunden mit der Möglichkeit, einen so genannten Grundlagenschein zu erwerben. Klassisch deswegen, weil er steil nach unten verlief mit Holzbänken, die von Generationen Studierender blank polierte Sitze hinter durchgängigen Schreibplatten hatten. Da ich damals schon als Abgeordneter in Bonn wirkte, hielt ich die Vorlesung montags von acht Uhr s.t., mit einer Zigarettenpause (für die darauf Angewiesenen) bis kurz nach 1/2 10, um dann nach Bonn zu fahren. Ich habe übrigens dabei auf einen beachtlichen Anteil am Professorengehalt (der Rest des so genannten Professorenprivilegs) verzichtet. Ein Dankeschön erhielt ich von niemandem. Als ich an diesem Wintermorgen in den Hörsaal kam, zuerst durch einen kleinen Vorraum, dann steil die Treppen hinunter bis zum Niveau mit Tafeln, Pult und Tisch mit dem bereit liegenden transportablen Mikrofon, bemerkte ich vor meinem Pult einen großen schwarzen Hund, aufrecht auf einer sorgfältig ausgebreiteten Decke sitzend. Nachdem wir uns intensiv beäugt hatten, begann ich ohne Zögern mit der Vorlesung wie immer umhergehend, und nur von Zeit zu Zeit einen Blick auf ein Stichwort meines Manuskripts werfend. Dabei wurde ich aufmerksam verfolgt, weniger von der Zuhörerschaft als von dem Hund. Nach der Vorlesung kam eine Studentin zu mir und sagte, sie sei dankbar, dass ich den Hund nicht des Saales verwiesen hätte. Sie hätte ihn mitbringen müssen, weil sie so früh keine Aufsicht für ihn gefunden hätte. Ich meinte, dass er jedenfalls sehr viel aufmerksamer gewesen wäre als die Zuhörerschaft im Allgemeinen.

Ein anderes Mal schlängelte ich mich morgens durch die wartenden Hörerinnen und Hörer, die sich wie immer im Vorraum versammelt hatten, als mich ein Student anfauchte, ich solle mich nicht vordrängeln. Ziemlich verblüfft war er, als ich ihm sagte, ich sei eigentlich der Dozent, ohne den die Vorlesung so wie so nicht beginnen könnte.

Das dritte Ereignis war etwas dramatischer. Es war während des Sommersemesters im Audimax (Auditorium Maximum), dem damals größten Hörsaal der Universität mit mehreren Hundert Plätzen, ebenfalls auf dem Campus der Universität. Ich hielt die Vorlesung „Sachenrecht", die ich wegen meiner Affinität zum Wohnungseigentum ganz gerne hielt. Der Nachteil war die große Zuhörerschaft von einigen Hundert Hörern, die es mir schwer machten, wie ich sonst gewohnt war, die Reihen entlang zu gehen und die Studenten mit Fragen etwas aufmerksamer zu machen. Die Vorlesung war von 11 bis 13 Uhr angesetzt und es war an diesem Tag bereits sehr warm. Außer der Möglichkeit, die Fenster zu öffnen, gab es keine Klimaanlage. Als ich hereinkam, schien noch alles normal. Nachdem ich begonnen hatte, fiel mir auf, dass die übliche anfängliche Unruhe nicht aufhörte. Ich hörte Geklirr und Unterhaltungsfetzen. Da ich wusste, dass von der Hörerschaft nichts freudiger aufgenommen wird als ein hilfloser gestörter und vielleicht verstörter Dozent, versuchte ich, beim Herumgehen die Ursache der Unruhe zu lokalisieren. Dann sah ich, dass zwei Arbeiter im blauen Dress offenbar die Mittagspause oder schon den Feierabend in der anfänglichen Kühle des Hörsaals genossen. Sie tranken Bier und prosteten sich dabei zu. Plötzlich wurde es totenstill. Wenn alle Blicke auf einen gerichtet sind, weiß man, jetzt kannst du Alles falsch und dich zum Gespött machen. Ich überlegte, während ich meine Vorlesung fortsetzte, was ich machen sollte. Wenn ich auf mein Hausrecht pochen würde und mit dem Pedell drohen würde, könnte die Sache aus dem Ruder laufen mit der Folge, dass ich abbrechen müsste. Eine Blamage in meinen Augen. Ich entschied mich für die Flucht nach vorn, stellte mich vor die zwei , die in der dritten Reihe feierten und sagte: „Leute, bei dem schönen Wetter könnt Ihr doch gemütlicher draußen auf der Wiese sitzen. Dann braucht Ihr Euch auch nicht diese so langweilige Vorlesung anzuhören". In die Stille kam nach einer Weile die Antwort: „Du bist klor, Du host Recht, mir geh`n jetzt" (wieder für die Nichtmainzer: „Klor" heißt so viel wie „Du bist in Ordnung"). Ich begleitete sie zur Tür, da blieben sie noch einmal stehen und ich dachte, sie würden es sich noch einmal anders überlegen. Aber sie prosteten mir noch einmal zu und dann waren sie draußen. Als ich sehr erleichtert den Studenten sagte, „Das „Sachenrecht" kann doch richtig spannend sein und ich hoffe, Sie haben, das was heute geboten war, auch genossen", prasselte der Beifall auf mich wie auf einen siegreichen Gladiator. So viel Applaus hatte ich nach keiner Vorlesung mehr.

Ich habe während meiner gesamten Vorlesungszeit bis Ende der neunziger Jahre übrigens nur einmal die Vorlesung ausfallen lassen müssen. Das war in Hamburg, als ich nach einer abendlichen Fischmahlzeit mit einer Vergiftung den Fakultätsassistenten bat, die Vorlesung abzusagen. Dort war ich von 1978 bis 1982 als Wissenschaftlicher Rat und Professor für Bürgerliches Recht tätig. Während der studentischen Proteste musste ich einmal unter einer Eingangssperre hindurch in den zentralen Hörsaal kriechen, sonst war die Zeit dort sehr angenehm und ich fand mich dort gut aufgehoben. Anfangs wohnte ich dort im Gästehaus der Universität in der Rothenbaum - Chaussee. Als meine Frau mich einmal dort besuchte, bemerkte sie eine Sektflasche unter dem Bett. Da sie sie ordnungsliebend entsorgen wollte, neigte sich jedoch das Bett. Als sie mich später fragte, was das solle, sagte ich ihr, dass dies nichts mit Orgien meinerseits zu tun habe, sondern der Ersatz für den fehlenden Bettpfosten sei, den ich so von meinem Vorgänger geerbt habe. Meine Frau meint übrigens heute, die leere Sektflasche habe nicht das Bett, sondern das Nachtschränkchen stabilisiert. Wahrscheinlich hat sie Recht und ich hatte mich im Pfosten geirrt. Ich war dann ganz froh, dass ich dem weiblichen Zerberus, der Leiterin des Hauses, entrinnen konnte und mietete mich für die Tage meiner Anwesenheit in eine nahe gelegene Pension „Adina" ein. Die Inhaberin begrüßte mich mit dem Hinweis in hamburgischem Idiom: „Bei mir bekommen Sie das beste Frühstück von ganz Hamburg". Dem war zwar so, aber morgens ragten die vielen Kakteensorten und pflegeleichten Pflanzen, doch etwas störend auf den Teller. Die Dame des Hauses hatte so viel Vertrauen, dass sie mir, wenn ich am Donnerstag spät abends anreiste, den Eingangsschlüssel unter die Matte legte.

Mainz – Hamburg und zurück

Nachdem ich nach Mainz auf eine Professur für Bürgerliches Recht, Handelsrecht und Rechtsgeschichte berufen war, kehrte ich an die Universität Mainz zurück. 1994 verzichtete ich im Vorfeld der Bundestagswahl auf den Ruf auf die C 4-Professur als Nachfolger von Gunter Gudian, der unter tragischen Umständen verstarb, um erneut für den Bundestag zu kandidieren. Dabei rieten mir meine Frau und Peter Schneider, doch an der Universität zu bleiben. Ich entschied mich nach langer Überlegung doch für die Politik, zumal die rheinland-pfälzische Liste der SPD erneut auf einem Sonderparteitag hätte ergänzt werden müssen, falls ich verzichtet hätte. Übrigens stand ich traditionsgemäß auf Platz 11 der SPD – Landesliste. Ich habe diese Entscheidung auch nicht bereut. In Hamburg und Mainz habe ich zahlreiche Promotionen als Erstberichterstatter, im Volksmund „Doktorvater" betreut. An mündlichen Doktorprüfungen nahm ich teil, solange es von Bonn aus ging, also bis ins Jahr 1999.

Eine bescheidene Form der Wiedergutmachung

Der bemerkenswerteste Doktorand, der auch mit der Bestnote „Summa cum laude" ausgezeichnet wurde, war gleichzeitig der älteste. Anfangs der 1980er Jahre, im Juni 1981, als ich wieder in Mainz

HAMBURGER, WEINSCHENK, MOLNAR AND BUSCH
(KATZ AND SOMMERICH)
ATTORNEYS AT LAW
THE BAR BUILDING
36 WEST 44TH STREET
NEW YORK, N. Y. 10036

(212) 719-5930/1
(212) 719-5488

ADOLPH HAMBURGER (1952)
FRITZ WEINSCHENK
LAWRENCE MOLNAR
MARCIE WATERMAN

BENJAMIN BUSCH
COUNSEL

CABLE: HAWEMOL NEW YORK
TELEX: 177466 HWMB UT

1. Dezember 1986

Prof. Dr. Eckhart Pick
Tizianweg 46
D-6500 Mainz-Lerchenberg
West Germany

Lieber Herr Professor,

nach wohlbehaltener Rueckkehr ist es mir ein Beduerfnis, Ihnen nochmals von Herzen fuer alles zu danken. Ohne Ihre Geduld und Hilfe (fuenf Jahre lang!!) und - vor allem - Ihr Interesse haette ich das nie schaffen koennen.

Wie ich auch Herrn Prof. Harder schrieb, war der 17. November fuer mich eine Art "homecoming" - ein Abschnitt in meinem Leben, den ich mir nie haette traeumen lassen.

Riesig gern haette ich mit Ihnen laenger ueber Politik und "world events" unterhalten, leider war die Zeit so kurz. Wie Sie lesen, ist momentan bei uns allerhand los.

Ich wiederhole mein mehrmaliges Angebot: wenn Sie von hier irgend etwas brauchen, oder getan haben wollen, ein Wort genuegt!

Ihnen, Ihrer Familie, und Ihren Mitarbeitern alles Gute zu Weihnachten und zu Neujahr! Besonders viel Erfolg bei der Wahl!

Mit herzlichen Gruessen,

Fritz Weinschenk

FW/ms

Einlasskarte

zur Eröffnung
der neuen Synagoge in Mainz

am Freitag,
3. September 2010, 10 Uhr

Bitte halten Sie diese Karte zusammen mit Ihrem Personalausweis am Eingang bereit.

an der Universität war, kam mein Fraktionskollege im Stadtrat, Günter Haug, übrigens auch ein guter Fechter, zu mir und sagte, er hätte einen ehemaligen jüdischen Mitbürger getroffen, einen amerikanischen Rechtsanwalt, der gerne in deutschem Recht promovieren würde. Ob ich helfen könnte. Ich war bereit, mich mit ihm zu treffen, um ihn mir anzusehen. Dann rief eines Tages ein Mann bei mir an und sagte im breitesten Mainzer Dialekt: „Ich bin Fritz Weinschenk aus New York, ein alter Meenzer Bub, und würde mich gerne mit ihnen wegen einer Doktorarbeit unterhalten". Gesagt, getan und ich lernte einen lebendigen, schon über 70jährigen kennen, der regelmäßig in Deutschland in Wiedergutmachungssachen tätig war. Er hatte auch schon ein Thema parat, das sich mit der Vollstreckung deutscher Urteile in den USA befasste. Regelmäßig erstattete er Bericht über den Fortgang, so dass ich mir keine Sorgen zu machen brauchte, dass, wie in manchen anderen Fällen erlebt, die Doktorarbeit wegen anderweitiger beruflicher Belastung nicht fertig werden würde. Nach Erledigung der Formalitäten, Einschreibung, Exegese usw. wurde er im Spätjahr 1986 erfolgreich mit „Summa cum laude" promoviert, wobei der ehemalige Präsident der Universität, Manfred Harder, der Koreferent war. Ich habe Fritz Weinschenk danach immer wieder getroffen, zuletzt bei der Einweihung der neuen Jüdischen Synagoge im Jahre 2012. Dort hielt er im hohen Alter von über 90 Jahren eine bemerkenswerte Rede, die viel Anklang fand. Im Jahre 2013 ist er dann verstorben, ich glaube noch immer stolz auf seinen späten Doktortitel aus Mainz.

Wie man den Neubau der Synagoge in Mainz vorbereitet

Ich hatte übrigens die Weichen für den Erwerb des bundeseigenen Grundstücks „Zollamt" durch die jüdische Gemeinde dadurch gestellt, dass ich am 14. 12. 1998 ein Gespräch mit OB Beutel in Bonn bei meinem Kollegen im Finanzministerium, Karl Diller, arrangieren konnte. Das Problem bestand darin, dass das Mainzer Zollamt auf dem von der Jüdischen Gemeinde zur Bebauung vorgesehenen Areal stand und einer sinnvollen Bebauung des Geländes mit Gemeindezentrum und Kindergarten neben der Synagoge im Wege stand. Er erklärte seine Bereitschaft, sich für eine Lösung mit der Verlegung des Zollamts einzusetzen, die ja dann auch gefunden wurde. Dies ist ein Beispiel dafür, dass man mit Initiative als Abgeordneter und gutem Willen aller Beteiligten ohne große öffentliche Ankündigung etwas für die Allgemeinheit erreichen kann. Eine solche Initiative, vorbereitet durch unspektakuläre Fühlungnahme, hätte ich mir für die nachfolgenden Abgeordneten z. B. in Sachen Gutenbergmuseum gewünscht. Um den Bund für die Förderung des Umbaus zu gewinnen, braucht es Überzeugung und ein konzeptionelles Mindestmaß an Vorbereitung.

Mein Schreiben vom 15. 8. 2024 an Claudia Roth, die Staatsministerin für Kultur und Medien, mit der Bitte um Unterstützung beim Innenausbau hatte Erfolg. Der Haushaltsausschuss des Bundestags bewilligte einen Zuschuss von über 7 Millionen Euro.

Weichen in der Kommunalpolitik

Zurück zur Kommunalpolitik in Mainz. Langsam stieg ich in der kommunalen Politik auf, ohne die Absicht zu haben, hauptamtlicher Politiker zu werden. Am 6. Juni 1983 wurde ich einstimmig zum Vorsitzenden der Fraktion als Nachfolger von Herman – Hartmut Weyel gewählt. Wir hatten damals 29 Sitze! Klaus Hammer wurde mein Stellvertreter. In der Sitzung des Stadtrats vom 8. Juni wurde ich als neuer Fraktionsvorsitzender begrüßt. Als Mitglied des Ältestenrats nahm ich fortan an den Sitzungen der Fraktionsvorsitzenden bzw. –sprechern teil. Hier wurden die Tagesordnungen der Stadtratssitzungen besprochen und auch andere wichtige Themen oft vertraulich diskutiert. Mein Verhältnis zu dem Oberbürgermeister Jockel Fuchs war meist sachlich. Wir waren sicher keine Freunde im tieferen Sinn, gingen aber freundschaftlich und vor allem vertrauensvoll miteinander um. Unser Verhältnis war geprägt vom Respekt vor den unterschiedlichen Ämtern, die von unterschiedlichen Warten aus zu agieren hatten. Manchmal hatten wir Auseinandersetzungen über Sach- und Personalfragen, die aber meist im Dialog ohne Öffentlichkeit bereinigt werden konnten. Ich übernahm die Mitgliedschaften in den wichtigen Ausschüssen wie Finanz- und Personalausschuss. Geschäftsführer blieb bis zum 31. 12.1983 Klaus Rein, der dann zur Allgemeinen Zeitung wechselte. Als Nachfolger schlug ich dann Wolfram Schumacher vor. Das Hauptthema der nächsten Stadtratssitzung war unser Antrag, in Mainz eine Integrierte Gesamtschule zu errichten (s. u). Auch unser Antrag „Atomwaffenfreies Mainz“ erhitzte immer wieder die Gemüter, vor allem als der Regierungspräsident von Rheinhessen-Pfalz den Beschluss des Stadtrats beanstandete. Daraufhin sagte ich auch meine Teilnahme an dessen Antrittsbesuch in Mainz ab. Den örtlichen Bezug zu unserem Antrag sahen wir natürlich in der Raketenabschussanlage der Amerikaner im Ober-Olmer Wald. Gisela Thews wurde als Nachfolgerin von Willi Abts am 8. Juli 1983 Ortsvorsteherin in der Innenstadt. Auch über eine langfristige Entscheidung zum öffentlichen Personennahverkehr wurde 1983 die Weiche im wörtlichen Sinn gestellt, als wir auf der Grundlage der „Integrierten Gesamtplanung“ für Mainz von 1973 den Planungsfall IV, einen „schienenbetonten Ausbau des ÖPNV“ auf den Weg brachten. Erst 2017 erfolgte der weitere Ausbau des Straßenbahnnetzes, den die SPD schon damals gefordert hatte! Manchmal wird ein langer Atem auch in der Politik belohnt. Auch wenn dies weder der Presse noch der Öffentlichkeit gegenwärtig war.

Wie schwer solche einschneidenden Maßnahmen sind, wird heute in der Diskussion um eine Straßenbahnverbindung zwischen Mainz und Wiesbaden oder ins südliche Umland deutlich.

Die Erhaltung und anschließende Sanierung des Frankfurter Hofs, des mit der Arbeiter- und Fastnachtsbewegung so eng verbundenen Gebäudes in der Altstadt, wurden trotz Bedenken der FDP, die für einen Abriss und Wiederaufbau war, mit der CDU und Herbert Heidel als deren Vorsitzenden, durchgesetzt. Übrigens war auch der Stadtvorstand der Meinung, das traditionsreiche Gebäude abzureißen.

Auch die Sicherstellung der eigenständigen kommunalen Energieversorgung durch die Kraftwerke Mainz – Wiesbaden (KMW) auf der Ingelheimer Aue wurde heiß diskutiert. Es gab eine Reihe von Befürwortern, den Mainzer Anteil an den Energieriesen RWE zu veräußern. Die SPD hielt erfolgreich an der Energieerzeugung in der Hand der beiden Städte fest. Dem entsprechend wurde der älteste Block zurückgefahren und die Umrüstung der Blöcke 2 und 3, des Kombiblocks auf der Grundlage von Kohle/Gas, beschlossen. Es war eine damals durchaus zukunftsgerichtete und klimafreundliche Entscheidung, in erster Linie auf die gasgestützte Energieerzeugung zu setzen.

Eine neue politische Konstellation 1984

Bei der Kommunalwahl im Juni 1984 wurde ich erneut in den Stadtrat gewählt. Danach bestand die Fraktion aus 27 Mitgliedern, die Fraktionen der CDU aus 25, der Grünen aus 5 und der FDP aus 4 Mitgliedern. Die Grünen waren damit zum ersten Mal im Mainzer Stadtrat vertreten, was die Konstellation gründlich veränderte. Ich sah voraus, dass „die damit möglichen neuen Mehrheiten....zu stärkeren inhaltlichen Diskussionen, Ausarbeitung von Alternativen usw. führen werden“, wie ich gegenüber der Presse betonte. Am 21. Juni 1984 wurde ich erneut zum Fraktionsvorsitzenden gewählt mit 25 Jastimmen und (m)einer Enthaltung. Man wirft der Politik oft vor, sich nur an Legislaturperioden zu orientieren. In Mainz können wir auf ein Projekt verweisen, das einen langen Atem verrät. Schon in der Integrierten Gesamtplanung von 1973 hatte der Stadtrat im Generalverkehrsplan, wie schon gesagt, die Erweiterung des Straßenbahnnetzes planerisch festgelegt. 1986 forderte die Fraktion im Stadtrat die Realisierung von Planung und Ausführung bis zum Lerchenberg. Der Bau ab 2015 ist eine Genugtuung für das jahrzehntelange Beharrungsvermögen von Nahverkehrskommission, Fraktion und SPD!

Mit dem Einzug der „Grünen“ mit fünf Mitgliedern im Stadtrat eine neue Situation. Die alten Absprachen mit CDU und FDP kamen auf den Prüfstand. In der Fraktionssitzung am 28. 6. 1984 kam es zu einer heftigen Diskussion, ob die getroffenen Personalabsprachen mit CDU und FDP noch Bestand hätten. Unausgesprochen stand schon das künftige Verhältnis zu den „Grünen“ auf der Tagesordnung. Auf dem Parteitag der SPD am 23. 4. 1983 hatte die SPD ihre Personalentscheidungen für den Stadtvorstand festgelegt. Danach sollten Weyel zum Grün- und Umweltdezernenten, Willi Abts zum Sozial- und Anton Maria Keim zum ehrenamtlichen Kulturdezernenten gewählt werden. In Gegenzug verzichtete Keim auf die hauptamtliche Bestellung, während der CDU ein weiterer ehrenamtlicher Dezernent zugesagt wurde. Im Grunde hatte sich die Partei, damit auch die Fraktion, in der Abstimmung gespalten. 15 Mitglieder, darunter auch ich, sahen sich an die Absprachen gebunden, zehn wollten schon die Abkehr von alten politischen Konstellationen. Die Grünen zeigten sich bis zu diesem Termin nicht in der Lage, sich zu den Personalentscheidungen zu positionieren. Danach wurde Keim am 4. 7. 1984 zum ehrenamtlichen Kultur- und Schuldezernenten gewählt. Eine schwere Belastung für Partei und Fraktion entzündete sich an der Frage, ob Dr. Hofmann von der CDU zum ehrenamtlichen Dezernenten gewählt werden sollte. In Partei- und Fraktion ergaben sich jeweils Mehrheiten für die Wahl am 26. 2. 1985. Ich kritisierte die in der Sitzung von Klaus Hammer abgegebene, von der Mehrheit der Fraktion abweichende Stellungnahme zum Abstimmungsverhalten. Der nachfolgende Unterbezirksparteitag am 27. 4. 1985 stellte die Partei insofern vor eine Zerreißprobe, als ein Misstrauensantrag gegen den Vorstand nur mit einer Stimme Mehrheit abgelehnt werden konnte. Ich hätte es auch sehr bedauert, wenn ausgerechnet der geschätzte und integre Vorsitzende Anton Diehl auf diese Weise abgewählt worden wäre. Hinterher waren auch die Initiatoren froh, so mein Eindruck, über den knappen Ausgang.

Die erste integrierte Gesamtschule

Während der Zeit als Fraktionsvorsitzender war die Errichtung einer Integrierten Gesamtschule eines unserer vordringlichsten Projekte. Neben Keim als zuständigem Dezernenten hatte die entsprechende

Bürgerinitiative mit Hans Peter Bennwitz und Dorothee Giani einen großen Anteil an ihrer Verwirklichung. Im September 1985 wurden die organisatorischen Vorbereitungen durch das Land endlich auch mit der Werbung unter den Pädagogen und Lehrkräften für die neue Schulform intensiviert.

Die unendliche Geschichte: AKK

Anfang 1984 meldete sich die Aktionsgemeinschaft „Bürger für AKK" (Amöneburg, Kastel und Kostheim, die alten Mainzer Vororte) beim Fraktionsvorstand an, um unsere Unterstützung zu gewinnen. Dabei ging es um eine Volksabstimmung über die Zukunft der abgetrennten Mainzer Vororte. Die Vertreter der „Bürger für AKK", die Herren Grebner, Michel und Weser-Krell, forderten ein größeres Engagement von der SPD. Wir widersprachen Gerüchten, dass es zwischen der SPD Wiesbaden und der Mainzer SPD Absprachen gebe, das Thema auf die lange Bank zu verschieben. Es wurde eine verbesserte Dokumentation in Form einer ansprechenden Broschüre durch die Verwaltung mit H. H. Weyel vereinbart, die an die Bevölkerung verteilt werden sollte, um den Mainzer Standpunkt zu verdeutlichen. Die dann folgenden Gespräche von Fuchs in Bonn wegen der notwendigen Änderung des Grundgesetzes führten immerhin zu dem Ergebnis, eine formelle Abstimmung durchzuführen, um den Bürgerwillen zu ermitteln. Die Wiesbadener Seite wehrte sich allerdings mit Händen und Füßen dagegen. Im Sommer 1986 erfolgte dann doch die Bürgerbefragung in AKK, die zwar ein klares Votum von Kastel und Kostheim für Mainz ergab, von der Wiesbadener Politik allerdings mit fadenscheinigen Gründen nicht anerkannt wurde. Im Bundestag scheiterte dann am 13. 11. 1986 der Versuch, den Art. 29 Abs. 7 des GG dahingehend zu ändern, an der SPD. Der Antrag sah vor, dass die Einwohnergrenze zur Änderung der Landeszugehörigkeit von zehn- auf 30tausend angehoben wurde.

Wahlen von Dezernenten und weitere Themen

Der Doppelhaushalt 1986/1987 wurde letztmalig mit der CDU am 29. 1. 1986 verabschiedet. Entsprechend dem Beschluss des Unterbezirksparteitags vom 24. 10. 1984 wurden zwei hauptamtliche Beigeordnete der CDU, Herbert Heidel als Bau- und Kurt Dörr zum Finanzdezernenten auch von der SPD gewählt. Die Differenzen mit der Fraktion der Grünen konnten damals nicht überwunden werden. Ihre vehemente Forderung nach einer Städtepartnerschaft mit Diriamba in Nicaragua war eines ihrer Steckenpferde, das dann beschlossen, aber nie recht ins Laufen kam. Heute kommt mir dieser Vorgang schon fast wie eine Mär aus vergangener Zeit vor. Hauptgrund für unsere abwartende Haltung war die sich abzeichnende kritische finanzielle Situation der Stadt, die Minderausgaben auch im Personalbereich erforderte. Unabhängig davon bestand schon Einigkeit, den riesigen Ortsteil Innenstadt in vier neue, die Ortsbezirke Altstadt, Neustadt und Hartenberg-Münchfeld aufzuteilen. Ein Thema war auch die Einrichtung einer Spielbank in Mainz. Das Land sagte der Stadt eine 15prozentige Gewinnbeteiligung plus einer weiteren Einnahme von 5% für einen „Kulturfonds Landeshauptstadt" zu. Als damaliges Mitglied des Aufsichtsrates der Mainzer Aufbaugesellschaft war ich insofern involviert, als die MAG den Anteil einer 20%igen Beteiligung an der Konzession für die Stadt halten sollte. Später setzte der Landtag auf Betreiben der CDU einen Untersuchungsausschuss ein, der die Vorgänge der Konzessionsvergabe beleuchten sollte. Ich konnte allerdings als Zeuge, von der CDU-Landtagsfraktion benannt, über die weiteren Einzelheiten der Konzessionsvergabe dort nichts beisteuern, da ich an den entsprechenden Verhandlungen nicht beteiligt war.

Der bei einer Demonstration von Gegnern der Tagung der Atlantischen Gesellschaft am 16. 9. 1986 von der Mainzer Polizei gebildete „Mainzer Kessel", in dem die friedlichen Demonstranten stundenlang ohne ersichtlichen Grund gefangen worden waren, empörte die Öffentlichkeit. Als der Polizeipräsident Käsehagen seine Zusage, davon im Hauptausschuss zu berichten, zurückzog, herrschte allgemeines Unverständnis bei SPD, FDP und Grünen.

Die Kultur profitiert

Eine erste kleine Würdigung des Schicksals der Jüdischen Gemeinde Mainz war der Erwerb der ehemaligen Synagoge 1986 in Weisenau, die die sog. Kristallnacht im Verborgenen überstanden hatte. Der damalige Liegenschaftsdezernent Rainer Brüderle konnte dies Ende

1986 bewerkstelligen. Die Stadt hatte damals noch die finanziellen Mittel, um im kulturellen Bereich durch den Erwerb des Blockbuchs von 1463 nach dem Erwerb der Gutenbergbibel eine wertvolle Neuerwerbung für das Gutenbergmuseum zu erreichen. Der historische Frankfurter Hof wurde endlich als Heimstätte demokratischer Bewegung und der Fastnacht gerettet. Anfang 1987 wurde mit den Sanierungsarbeiten begonnen.

Wahl des neuen Oberbürgermeisters

Am 14. 10. 1986 wurde Herman Hartmut Weyel auf Vorschlag der SPD-Fraktion zum Nachfolger von Jockel Fuchs gewählt. In einem Gespräch mit der CDU-Spitze Johannes Gerster und Heinz-Georg Diehl hatte ich die Weichen dafür gestellt. Auf der sachlichen Ebene erfolgte lediglich eine Absichtserklärung mit dem Inhalt, dass sich die beiden großen Fraktionen angesichts ihrer Verantwortung für Mainz bemühten, wichtige kommunalpolitische Entscheidungen möglichst gemeinsam zu treffen. Ich habe der CDU versichert, dass weder mit der Fraktion „Die Grünen“ noch mit einer anderen Fraktion eine Koalition oder ein Sachprogramm verabredet würde. Änderungen des Doppelhaushalts 1986/1987 sollten im Einvernehmen getroffen werden. Das wurde brieflich fixiert. Bevor ich 1987 in den Bundestag gewählt wurde, gab ich das Amt des Fraktionsvorsitzenden auf. Nachfolger wurde am 8. 12. 1986 Hans Spehs. Zum Abschied schenkte mir die Fraktion zwei Bilder, die ich mir aussuchen sollte. Ich entschied mich für die weit über die Grenzen von Mainz bekannte Grafikerin Gertrude Degenhart. Ich besuchte dann ihr Atelier in der Altstadt von Gonsenheim und sichtete die Vorschläge ihres Mannes, Martin, mit dem ich zur Entspannung Rotwein trank. Überwältigt war ich von der Fülle der Grafiken, die er mir zeigte. Die Auswahl wurde später allseits gelobt.

Ich blieb allerdings nach meinem Ausscheiden als Fraktionsvorsitzender Mitglied im Stadtrat, übrigens bis 1998, als ich das Mandat zugunsten von Michael Ebling niederlegte. Es war sein Start in das Stadtregiment und hohe politische Ämter. Das Mandat ließ sich schon wegen des Umzugs des Bundestags nach Berlin nicht mehr verantwortungsvoll ausüben.

Eine Würdigung: Oberbürgermeister Franz Stein

Als der damalige SPD-Vorsitzende und Mainzer Oberbürgermeister Michael Ebling, Hedwig Brüchert und mir 2013 den Auftrag erteilte, die 150jährige Geschichte der SPD in Mainz aufzuschreiben, wurde ich mit einer Frage konfrontiert, die die Mainzer und auch die Partei lange beschäftigt hatte. Dazu musste ich die Zeit näher beleuchten, als Jockel Fuchs die Nachfolge von Franz Stein als Oberbürgermeister im Jahre 1965 antrat. Dazu führte ich in der Festschrift 2013 „Fortschritt als Programm – 150 Jahre SPD in Mainz" aus: „Franz Stein war in Mainz anerkannt und wurde im Lauf der Zeit durchaus populär. Bekannt wurden seine Bonmots. Als er einmal Eckhart Pick traf, fragte er ihn, was er denn mache. Auf dessen Antwort, er studiere Jura, meinte Franz Stein: „Aber du hast doch anständige Eltern". Zu dem Sprecher der Deutschen Bank, dem legendären Hermann Josef Abs, den er früh morgens auf der Fahrt nach Bonn traf, sagte er: „Dass Sie so früh aufstehen, verstehe ich nicht. Das brauchen Sie doch nicht. Sie sind doch Banker". Ob sein Ausruf „Was Bischer, was Bischer" („Bücher" für die nicht des Mainzischen Mächtigen) tatsächlich zutrifft, als er die Eröffnung der Universitätsbibliothek kommentierte, ist nicht sicher, wird aber von Anwesenden beschworen". Soweit das Zitat aus der Festschrift.

Hans Geier, der damalige Juso-Vorsitzende, war dabei, als Stein im Bundestagswahlkampf 1965 beim Besuch des Umlandes fragte, ob die Frauen schon den Zwetschenkuchen „für die Meenzer" gebacken hätten. Die Kandidatur für den Bundestag war eine Art Kompensation für die Enttäuschung, dass ihm fünf Stadtratsmitglieder aus der eigenen Partei am 21. Januar 1965 in geheimer Abstimmung die Verlängerung seiner Amtszeit bis Ende 1966 versagt hatten (zu den Einzelheiten s. oben S. 65)

Die Sparkasse Mainz in Schieflage oder: Was heißt „Malade" ?

1979 kam ich in den Verwaltungsrat der Sparkasse Mainz, offenbar war ich als stellvertretender Fraktionsvorsitzender „reif" für Mitgliedschaften in stadtnahen Unternehmen. Gleichzeitig wurde ich auch Mitglied der Verbandsversammlung, dem eigentlichen Gewährträger, gebildet aus Vertretern von Stadt und Landkreis Mainz – Bingen. Dort kam ich gleich in den Prüfungsausschuss. Die Sparkasse Mainz stand damals hinsichtlich Ertragskraft am Ende der Sparkassen in Rheinland – Pfalz. Das wurde mir klar, als wir über den Abschluss 1980 zu befinden hatten. Mickrige 372 Tausend DM wies sie als Jahresgewinn aus! Grund waren mehrere Kreditengagements in Millionenhöhe, die nachlässig gehandhabt worden waren und die zu Rückstellungen und Kreditausfällen (sogenannte Wertberichtigungen) geführt hatten. Die Verbandsprüfung beanstandete im Prüfungsbericht 1980 und noch lange Zeit später die Höhe von Krediten an Firmen, auch außerhalb von ihrem eigentlichen Bereich, darunter die Eisenwerke Kaiserslautern (das Unternehmen ist längst liquidiert!). Auch das Bundesaufsichtsamt für das Kreditwesen hatte sich eingeschaltet. Ich glaube, dass mein Kollege Claus Michael Redeke (FDP) und ich durch unser hartnäckiges Insistieren im Prüfungsausschuss und auch im Gespräch mit den Verbandsprüfern eine realistische Einschätzung der Lage gewannen. Es gelang uns insbesondere, den beiden alternierenden Verwaltungsratsvorsitzenden, den Landrat und OB Jockel Fuchs, die schwierige Situation der Sparkasse ins Bewusstsein zu rufen. Das geschäftsführende Vorstandmitglied Karl Frank übernahm die Verantwortung und trat zum Ende 1981 in den vorzeitigen Ruhestand. Im Geschäftsjahr 1981 erholte sich die Sparkasse und steigerte den Gewinn auf bescheidene 1,8 Millionen DM, 1983 auf dann 2,4 Millionen DM. Meine Unterstützung hatte die Sparkasse auch im sportlichen Bereich. Als Mitglied der Fußballmannschaft kämpfte ich, wie man sieht, in vorbildlicher Einstellung und Haltung auf vielen Sportplätzen. Wir

Man beachte die vorbildliche Haltung.

Im Höchster Schlosspark Trost?

spielten gelegentlich auch als städtische Repräsentanten des Stadtrats gegen bedeutende Gegner wie z. B. die Fußballmannschaft des ZDF. Ich erzielte zwar die 1:0-Führung, wir verloren aber danach hoch. Immerhin konnten wir dabei auf den schnellsten Spieler auf dem Platz zählen, denn wir hatten uns Manfred Steinbach, den Olympiavierten von Rom im Weitsprung (mit 8 Metern) und erfolgreichen Sprinter als Verstärkung geholt. Wir spielten auch einmal in Mainz-Kastel gegen die Traditionsmannschaft des 1. FC Kaiserslautern, u. a. mit Horst Eckel, den ich später in Berlin 2002 wiedertraf. Das war in der Jugendvollzugsanstalt, die von der Fritz-Walter-Stiftung betreut wurde. Ich habe noch heute ein Geschenk der Jugendlichen. Es ist eine sehr treffende, symbolträchtige Darstellung eines vergitterten Fensters, das von einem Fußball durchschlagen wird. Auf dem Sockel steht dann geschrieben: „Anstoß für ein neues Leben“, eine wie ich finde sehr bewegende, hoffnungsvolle Anspielung.

Die positive Entwicklung der Sparkasse war dann den nachfolgenden Vorstandsvorsitzenden Raskin und Günter Mann zu verdanken. Sie wurde auch nicht durch zwei Sonderprüfungen des Sparkassen- und Giroverbands Rheinland-Pfalz für die Jahre 1995/1996 in Frage gestellt, in der Vorwürfe gegen den damaligen bzw. ehemaligen Vorstandsvorsitzenden Book untersucht wurden, der eine Beteiligung an einem Unternehmen nicht offengelegt und weitere Ungereimtheiten bei (Reise)abrechnungen zu rechtfertigen hatte. Die vorgesehene Wiederwahl von Book entfiel dann, auch wenn er die Sparkasse durchaus erfolgreich geführt hatte. Schon damals gab es Bestrebungen, das Institut mit der an Ertragskraft stärkeren Sparkasse Bad Kreuznach zu fusionieren. Das wurde besonders auch von der Seite des Landkreises Mainz-Bingen als dem zweiten Gewährträger der Mainzer Sparkasse forciert. Als ich in einem Gespräch in Bad Kreuznach von den Verantwortlichen erfuhr, welche Vorstellungen man dort hatte, war mir klar, dass es politischer Selbstmord wäre, eine Degradierung des Mainzer Instituts zu einer Art Zweigstelle zu unterstützen. Auch die SPD im Landkreis Mainz war für die Fusion. Obwohl ich mit Michael Reitzel, dem einflussreichen Vorsitzenden der Kreistagsfraktion hier unterschiedlicher Meinung war, respektierten wir diesen Dissens. Die Mainzer Seite ist meiner Einschätzung dann auch gefolgt.

Die spätere Diskussion um eine Fusion der Sparkassen Koblenz und Bad Kreuznach zwang auch die Mainzer Seite zu neuen Überlegungen, um künftig überleben zu können. Die 2023 Wirklichkeit gewordene Fusion mit der benachbarten Sparkasse im südlichen Rheinhessen zur heutigen „Rheinhessen-Sparkasse" war dann der richtige Weg. Das war für die Sparkassen eine zutreffende Entscheidung, nicht nur um sich vor Dominanzbestrebungen eines Instituts zu schützen. Es war eine Fusion unter Gleichberechtigten und gleichzeitig eine ökonomisch begründete Identifikation mit der Region Rheinhessen. Zu kritisieren ist allerdings die zu beobachtende Ausdünnung des Filialnetzes durch die Aufgabe von Filialen. Die damit einhergehende Entfernung von den Kunden ist keine gute Entwicklung und widerspricht dem Auftrag der Sparkassen zur Versorgung der lokalen Wirtschaft und zum Dienst an der Privatkundschaft.

Ich weiß bis heute nicht, welcher Intelligenzbolzen der ehemaligen Sparkasse Mainz die damalige BIC-Bezeichnung für Kreditinstitute in Form von „MALADE" usw. erteilt hat. Entweder war er ein witziger Mensch oder hat keine Ahnung vom Französischen. Sonst hätte er gewusst, dass „malade" krank heißt. Aber die Sparkasse Mainz ist, wie ich schon gesagt habe, unter anderem dank intensiver Tätigkeit in ihren Gremien, überhaupt nicht (mehr) malade, sondern kerngesund. Ich dachte dabei immer, die Bezeichnung hätte doch auch einer anderen Sparkasse, z.B. Mansfeld, Marburg oder Mannheim verliehen werden können. Immerhin fragt man sich doch, ob dieser Missgriff den Verantwortlichen in der Sparkasse oder den Gewährträgern im Landkreis Mainz-Bingen bzw. in der Stadt Mainz nicht rechtzeitig aufgefallen ist?

Ein Blick zurück:
In den Semesterferien bei der Sparkasse

Übrigens hatte meine Tätigkeit für die Sparkasse schon 1960 begonnen, als ich in den Semesterferien dort jobbte. Sie hieß damals noch Stadtsparkasse vor der Fusion mit der ehemaligen Kreissparkasse. Zunächst war ich in der Belegabteilung. Da ich mich offenbar ganz gut anstellte, durfte ich schon als Vertretung in den Zweigstellen mitmachen. Besonders abwechslungsreich war es in der Zweigstelle Ginsheim, einer mit nur zwei Mitarbeitern besetzten Filiale, zu der ich jeden Morgen mit dem Bus fuhr. Der Zweigstellenleiter, Herr Rauch, zeigte mir am ersten Tag die Örtlichkeit, die neben dem vorderen Eingang von der Straße noch einen zweiten hinteren über den Hof besaß. Ich meinte, das sei aber nicht gerade sicher gegenüber Räubern. Als ich ihn fragte, wie ich mich denn in einem solchen Fall verhalten sollte, war seine Antwort: „Nehmen Sie die Hände so hoch wie`s geht. Sie werden nicht für Heldenmut bezahlt". Ansonsten hatten wir angesichts der überschaubaren Kundschaft eine angenehme Zeit. Es war 1960 die Zeit der olympischen Spiele in Rom. Da mein Kollege auch sehr sportbegeistert war - er war aktiver Torwart in einem Fußballverein – besorgte er einen Fernseher, der unter der Thekenfläche so installiert war, dass nur wir von unseren Schreibtischen aus die Wettkämpfe verfolgen konnten, nicht aber die Kundschaft. Im Lauf der Zeit erwarb ich mir eine Vertrauensstellung in der Sparkasse, so dass ich mit dem zuständigen Mitarbeiter Dieter Wenzel, später Leiter der Verwaltung, Bargeld bei der Landeszentralbank, die damals in der Kaiserstraße/ Ecke Kaiser-Friedrich-Straße ansässig war, abholen durfte. Als wir beim ersten Mal 700.000 DM in einem großen Koffer in den Wagen schleppten, fragte ich naiv, denn ich hätte es eigentlich besser wissen müssen: „Sind Sie bewaffnet?". Darauf meinte er milde grinsend: „Du glaubst doch nicht, dass ich bei einem Überfall schieße, das wäre die Sache nicht wert". Siehe die „Verteidigung" der Zweigstelle Ginsheim in einem solchen Fall. Es ist übrigens beim Transport in einem unauffälligen Kleinwagen ohne Emblem der Sparkasse nie etwas passiert. Was die Versicherung dazu gemeint hätte, wollte ich dann doch nicht wissen.

Öffentlichkeitsarbeit der Fraktion mit Format

Schon am Beginn meiner Arbeit an der Spitze der Fraktion stand der Wille, die Fraktionsarbeit in der Öffentlichkeit präsenter zu machen. Dafür entwickelten wir in Zusammenarbeit mit Hartmut Fischer, dem Geschäftsführer der Fraktion, und dem Grafiker Horst Möbes den „MainzReport" als grafisch anspruchsvolles Organ, das in Abständen, aber doch kontinuierlich, das „Gesicht“ der Fraktion darstellte. Viele Mainzer haben die Ausgaben gesammelt, die inhaltlich nicht nur isoliert kommunale Themen behandelten, sondern diese in die gesellschaftlichen Zusammenhänge stellten.

MainzReport

MainzReport
Informationen der SPD-Stadtratsfraktion

Nr. 3
April 1984

Eine einzigartige Flüssigkeit ist zum Wegwerfartikel geworden. Das Wasser. Es wird vergeudet, verschmutzt, vergiftet. Nicht besser ergeht es der Luft, die wir zum Atmen brauchen. Kraftwerke, Fabriken und Autos machen aus der Luft ein gefährliches Gasgemisch. Gefährlich für Menschen. Gefährlich für Tiere und Pflanzen. Und für Bauwerke. Die Abfälle der Industriegesellschaft werden wir immer schwerer los. Wir drohen in wachsenden Müllbergen langsam zu ersticken.
Die Lage ist ernst. Hoffnungslos ist sie nicht. Wo wir stehen und warum es gerade in Mainz vielversprechende Ansätze für Problemlösungen gibt, das erfahren Sie in dieser Ausgabe des MainzReport.

SPD

Schon ein Klassiker,der „Mainz Report“.

Kommunale Erfolge: Erhaltung des Proviantamts und Einrichtung des Stadtdruckers

Wenn ich an einige bemerkenswerte Erfolge zurückdenke, fällt mir in erster Linie die Initiative zur Erhaltung des Proviantamts ein, dem Antje und ich später eine Gedenktafel spendiert haben. Diese befindet sich an der Außenwand des Gebäudes in Richtung zum Biergarten, Park und Schönborner Hof (alle Lokalitäten in der Reihenfolge entsprechend ihrer Bedeutung!). Es gelang, die Abrisspläne der Stadt zu verhindern und eine sinnvolle Verbindung mit Wohnen und Tiefgarage, anfangs noch kombiniert mit einem Schutzraum im Kalten Krieg zu schaffen. In meiner frühen kommunalpolitischen Zeit habe ich auch den Antrag begründet, die Preisverleihung eines „Stadtdruckers“ einzurichten, eine Ehrung für Künstlerinnen und Künstler, die bis heute Bestand hat und auf die ich stolz bin. Es kommt ja nicht häufig vor, dass man die Realisierung und vor allem deren Fortbestand seiner Idee erlebt. Auch die Grundordnung für das Gutenberg-Stipendium habe ich mit konzipiert und die Beteiligung des Landes am Peter-Cornelius-Konservatorium in die Wege geleitet.

Als Vorsitzender der Mainzer SPD

1963 entschloss ich mich wie gesagt, der SPD beizutreten. Der damalige Geschäftsführer im Bezirk Rheinhessen, Fritz Müller, begrüßte mich mit der Bemerkung: „Bei uns sagen alle „Du" zueinander. Du kannst es in der SPD bis zum Minister bringen". Ganz so weit kam ich bekanntlich nicht, aber damals waren Jurastudenten nicht zahlreich in der SPD. Die meisten sahen ihre Karriere in der CDU. Nach meinem Eintritt in die SPD erklomm ich kontinuierlich die Hierarchie der Partei, was man bekanntlich die „Ochsentour" nennt. Allerdings hatte ich keinen besonderen Ehrgeiz, aber es ergab sich manchmal eben so. Zunächst Vorstandsmitglied und Unterbezirksdelegierter im Ortsverein Mainz-Mitte, dann Vorsitzender des Ortsvereins Lerchenberg und Beisitzer im Unterbezirksvorstand der Mainzer SPD seit dem 16. 11. 1985. Vorsitzender war damals Anton Diehl, der als Betriebsratsvorsitzender der Zementwerke Weisenau mit ausgleichendem Wesen die oftmals heftigen Auseinandersetzungen in der SPD moderierte. Auf dem Unterbezirksparteitag am 12. März 1988 wurde ich dann zum Vorsitzenden der Mainzer SPD gewählt. Mein Stellvertreter wurde Klaus Hammer. Organisatorisch war wegen der Aufteilung des Ortsbezirks Neustadt in Mainz die Neugliederung dieses Bereichs auf Parteiebene notwendig. Dies gelang nach einiger Überzeugungsarbeit, indem der Ortsverein Mitte aufgelöst und die drei verbleibenden Gartenfeld, Neustadt und Altstadt zum 1. 10. 1989 neu geschnitten wurden. Bei der Stadtratswahl am 18. 6. 1989 wurde die SPD erneut stärkste Partei mit 40,6% der Stimmen vor der CDU mit 33,5%. Ich hatte mich für einen Anteil von 50% Männer und Frauen auf den ersten 20 Plätzen als Quotierung eingesetzt. Ich selbst erhielt als Spitzenkandidat die meisten Stimmen im Wege des erstmaligen Kumulierens und Panaschierens. Wir verloren einen Sitz, waren aber mit 26 Sitzen die größte Fraktion. Bei der gleichzeitigen Europawahl erzielte die SPD übrigens nur 33,3%. Die Wählerschaft differenzierte also durchaus. Am 17. 3. 1990 wurde ich als Vorsitzender bestätigt. Stellvertreter wurden Ursel Distelhut und Hartmut Fischer. Erneut wurde ich dann am 25. 2. 1992 wiedergewählt. Auf diesem Parteitag wurden Christine Morgenstern und Jens Beutel meine Stellvertreter. Meine letzte Wiederwahl erfolgte am 26. 2.1994. Jens Beutel und Christine Morgenstern blieben Stellvertreter. Zum 26. Februar 1995 legte ich mein Amt als Parteivorsitzender nach fast neun Jahren nieder. Ich wollte mich auf die Aufgabe als Bundestagsabgeordneter konzentrieren, wie ich der Presse gegenüber erklärte. Grund war aber auch die verlorene Kommunalwahl im gleichen Jahr, für die ich die Verantwortung übernahm. Nachfolger wurde Klaus Hammer, nachdem Willi Abts zurückgezogen hatte. Ich erhielt zum Abschied zwei Bilder des Mainzer Malers Guido Ludes.

Man verliert nicht gerne

Auf Grund meiner Tätigkeit als Fraktionsvorsitzender ergab sich dann die Chance, Oberbürgermeister in Mainz zu werden. Als die Nachfolge von Jockel Fuchs 1987 anstand, wurde ich als damaliger Fraktionsvorsitzender aufgefordert zu kandidieren. Auch der Gründezernent Herman Hartmut Weyel hatte sich als Kandidat positioniert. Um eine Gegenkandidatur zu vermeiden, gab es eine Absprache, dass versucht werden sollte, eine einvernehmliche Lösung zu finden. Dazu sollte eine kleine Kommission bestehend aus Fuchs, Paul Distelhut, dem Mainzer Ehrenbürger und ehemaligen Fraktionsvorsitzenden, Karl Thorwirth als Bezirksvorsitzenden und Karl Delorme gemeinsam mit den Kandidaten einen Konsens finden. Als ich erfuhr, dass man sich nicht an das Verfahren gehalten und sich intern auf Weyel verständigt hätte, erklärte ich, dass ich mich angesichts des Vertrauensbruchs nicht mehr an das Verfahren gebunden fühlte und kandidieren würde. Fuchs, wie immer der Erste, der sich mit der neuen Situation abgefunden hatte, fragte mich: „Eckhart, du stehst?“. Damit war für ihn die Lage geklärt. Zur damaligen Zeit gab es in der Mainzer SPD zwei Richtungen, eine eher dem alten Establishment verhaftete, nach dem Treffen im MAG-Hotel „MAG-Kreis“ genannte und eine eher linke, nach ihren Zusammenkünften als „Gonsenheimer Kreis“ bezeichnete. Ich fühlte mich eigentlich keiner der beiden Gruppierungen verbunden. Ich wurde aber von dem zuletzt genannten Teil der Mainzer SPD unterstützt, vermutlich, weil ich ihnen aufgeschlossener erschien als der „rechte“ Weyel. Während ich von Klaus Hammer und dem Parteivorsitzenden Toni Diehl unterstützt wurde, organisierte Helmut Kuhn perfekt, wie ich heute neidlos anerkennen muss, die Kandidatur Weyels. Im Ergebnis unterlag ich nach einem doch fair geführten Wahlkampf auf der Mitgliederversammlung am 16.11.1985 im Großen Saal des Mainzer Kürfürstlichen Schlosses mit 98 gegen 92 Stimmen. Damals wurde der Oberbürgermeister nicht

Mit Jockel Fuchs auf dem Wochenmarkt.

von der Bevölkerung direkt, sondern von der Mehrheit des Stadtrats gewählt. Ich habe dann für eine Mehrheit im Stadtrat gesorgt und Weyel hatte auch alle Stimmen der Koalition erhalten. Natürlich war ich sehr enttäuscht über meinen Misserfolg bei der Wahl, zumal ich mich, wie jeder, der sich einer Wahl stellt, für den besseren Kandidaten hielt, mit Mainz und seinen Bürgern seit Geburt verbunden. Ich hätte zudem ein zweites Mal nach Ablauf der ersten Amtszeit kandidieren können. Hier bewies sich Jockel Fuchs als der weithin gerühmte politische Lenker und Zusammenführer. Unmittelbar nach Bekanntgabe der Entscheidung sagte er mir: „Eckhart, man muss mit Niederlagen leben können. Der Bundestag ist auch eine schöne Aufgabe". Er hatte schon weiter – auch als ich – gedacht, nämlich wer Mainzer Kandidat für die SPD als Nachfolger von Karl Delorme als Bundestagsabgeordneter werden sollte. Dieser war nach seinem Ausscheiden aus dem Mainzer Stadtvorstand absprachegemäß nach dem Wechsel von Hugo Brandt in den Rheinland-pfälzischen Landtag für eine Legislaturperiode von 1983 bis 1987 in den Bundestag gewählt worden. Vor Beendigung der Amtszeit von Weyel 1997 fand dann ein Gespräch in der Staatskanzlei bei Ministerpräsident Beck statt, in dem es um die Nachfolge ging. An diesem Gespräch nahmen neben den Genannten Klaus Hammer als SPD-Vorsitzender, Jens Beutel als Fraktionsvorsitzender und ich teil. Auf die Frage, ob ich als Kandidat zu Verfügung stünde, antwortete ich mit „Nein". Ich begründete meine Entscheidung mit dem Wunsch, weiter im Bundestag tätig sein zu wollen. Ich ließ mich auch nicht umstimmen. Als ich meine Mutter mit dieser Frage konfrontiert hatte, antwortete die kluge Frau: „Eckhart, man steigt nie in das gleiche Wasser", was sagte, dass sich die persönliche Lage seit 10 Jahren entscheidend geändert hatte. Ich habe dann noch einige Male mit Beutel gesprochen und ihn gebeten, zu kandidieren, weil ich nicht wollte, dass wir auf einen auswärtigen Kandidaten angewiesen sein würden. Er hat dann die erfolgreiche Kandidatur übernommen.

Ein Zwischenspiel: Im Landtag von Rheinland-Pfalz

Auch als Nebenkandidat von Hugo Brandt, dem Spitzenkandidaten bei der Landtagswahl 1982, der 1985 schon den Fraktionsvorsitz an Rudolf Scharping abgegeben hatte, hatte ich eigentlich keine Aussicht auf ein Landtagsmandat. Bei dem damaligen Wahlrecht hatte der Bezirk Rheinhessen eine eigene Liste, bei der die Hauptkandidaten von Nebenkandidaten flankiert waren. Auch als Brandt 1985 aus Gesundheitsgründen seine Ämter niederlegte und ich als Nachrücker mich entscheiden musste, ob ich das Mandat annähme, war ich mir nicht im Klaren, ob ich hauptamtlich in die Politik wechseln sollte. Am Ende reizte mich die Aussicht, Abgeordneter zu werden doch und ich trat zum 1. 10. 1985 in den Landtag ein. Ich machte dann dieselbe Erfahrung wie im Stadtrat, dass die Platzhirsche eifersüchtig über ihre Funktionen wachten und die eigentlichen Interessen und Fähigkeiten nicht im Vordergrund bei der Vergabe der Plätze in den Ausschüssen standen. Ich wurde nicht mit Jubel empfangen. Außer Anton Diehl und Fritz Rudolf Körper und den rheinhessischen MdLs, die mich in ihre Mitte nahmen, war allenfalls zurückhaltendes Interesse spürbar. Es war natürlich auch ein Nachteil, mitten in der Legislaturperiode in das Parlament, also auch die Fraktion mit ihren gefestigten Strukturen, einzutreten. Selbstverständlich waren die Plätze in den Gremien, die Hugo Brandt innegehabt hatte, schon längst verteilt. Mir wurde auch gleich bedeutet, dass ich meine Hälfte eines Abgeordnetenzimmers im „Sautanz“ an einen auswärtigen Kollegen abzutreten habe, denn ich wäre ja vor Ort schon entsprechend ausgestattet. Ich wurde Mitglied im Umweltausschuss und Vertreter im Kulturpolitischen Ausschuss. Da die lokalen Abgeordneten, Anton Diehl und ich, aber häufig als Vertreter in den anderen Ausschüssen aushelfen mussten, bekam ich doch einen ganz ordentlichen Eindruck von den Politikbereichen im Land. Man lernte aber auch das Flächenland Rheinland – Pfalz recht gut kennen. Als später der **Untersuchungsausschuss** zur Vergabe der Spielbanklizenzen eingesetzt wurde, wurde ich als Zeuge von der CDU als Retourkutsche zur Vernehmung von Kohl und Co. „nominiert“. Sie wunderten sich, dass ich als ehemaliger Fraktionsvorsitzender im Mainzer Stadtrat mit der Vergabe nach Mainz nichts zu tun gehabt hätte, auch die Akteure (die Bewerber) gar nicht persönlich kannte. Dem war aber so, da ich mir bei diesem Thema größte Zurückhaltung auferlegt hatte. Nach der Wahl in den 11. Bundestag 1987 legte ich mein Landtagsmandat im Februar 1987 nieder. Zum Abschied schenkte mir der Landtagspräsident Rheinland – Pfalz eine Landesfahne bzw. (-wimpel) für meinen Schreibtisch, damit ich immer „die Interessen des Landes im Auge" hätte. Dem bin ich, wie die Bonn-Berlin-Debatte bewies, auch gefolgt.

Das Denkmalschutz- und -pflegegesetz

Als wichtigsten parlamentarischen Beitrag im Landtag empfinde ich die Berichterstattung für das Rheinland – pfälzische Denkmalschutz- und -pflegegesetz, das ich für die Fraktion begleitete. Es ging mir vor allem darum, den so genannten Raubgräbern einen Riegel vorzuschieben. Heute würde ich allerdings mehr auf die Kooperation mit den berüchtigten „Sondengängern" setzen und sie zu frühzeitiger Kontaktaufnahme mit den Behörden animieren. Die Engländer haben mit ihrer liberalen Haltung und ggfs. angemessener Entschädigung einen praktikablen Weg gefunden, wie das auch in Bayern funktioniert hat.

Auf dem Weg nach Bonn

Wie Jockel Fuchs geweissagt hatte, stellte mich die Mainzer SPD als Kandidaten für den Bundestag 1987 auf. Der Unterbezirk Mainz nominierte mich, nachdem ich mich gegen Peter Bennwitz durchgesetzt hatte. Auf Wahlkreisebene musste ich mich allerdings auch erst gegen den Kandidaten aus dem Landkreis Mainz-Bingen durchsetzen. Es war der spätere Staatssekretär im rheinland-pfälzischen Sozialministerium Richard Auernheimer. Dabei hatte ich diesmal die Unterstützung von Helmut Kuhn, dem Geschäftsführer des Unterbezirks Mainz-Bingen, der für mich eine Reihe von Delegierten aus dem Bereich des Landkreises überzeugte. Ich gewann dann auch recht klar auf der Wahlkreiskonferenz am 19. 4. 1986 in Mainz-Weisenau. Von den 197 Delegierten erhielt ich 127 Stimmen. Über die Landesliste der SPD auf dem traditionellen Platz 11 für die Landeshauptstadt errang ich dann ein Mandat im Bundestag. Ich erreichte bei der Bundestagswahl in der Stadt Mainz 38,6% der Erststimmen und die Partei 34,8%. Auf der Ebene des Wahlkreises 154 waren es 38,1% gegenüber 35,1%. Das Direktmandat ging mit 45,1% an die CDU.

Meine neue Arbeitsstätte

Nach der Wahl und vor Konstituierung des 11. Deutschen Bundestags besuchte ich mit Karl Delorme meinen neuen Wirkungskreis. Karl Delorme hatte im „Langen Eugen" ein Abgeordnetenzimmer am Übergang zum Aufzugsgebäude, in dem sein Mitarbeiter saß, ziemlich dunkel, und ein weiteres kleines Räumchen am anderen Ende der dritten Etage ohne Fenster, eher eine Abstellkammer. So nutzte er diese auch, da er täglich, auch in den Sitzungswochen abends nach Mainz zurückfuhr. Böse Zungen behaupteten, dass er dort von seiner Frau abgeholt würde, um

Im Bundestag (das offizielle Foto).

das Sitzungsgeld abzuliefern, was natürlich nicht stimmte. Jedenfalls hatte ich nicht vor, seinem eigenwilligen Arbeitsstil zu folgen. Ich musste auch nicht wie sonst üblich seinen Assistenten im Bundestag übernehmen, da dieser sich schon anderweitig umgesehen hatte. Da kam mir der Zufall zu Hilfe, ein adäquateres Büro zu finden. Es meldete sich die Mitarbeiterin eines Abgeordneten, Hanne Dickmann, bei mir, deren Chef nach der Legislaturperiode zu einer Versicherung gewechselt war. Dieser hatte seine ihm zustehenden 1 1/2 Räume auf der zwölften Etage im Langen Eugen bei den „Finanzern". Ich belegte also, ohne sonst jemanden zu fragen, die Räume unter Umgehung der fraktionsinternen „Vergaberichtlinien", quasi als „Mitgift" meiner neuen Mitarbeiterin. Das gemeinsame Zimmer der Mitarbeiterinnen teilte ich mit Arne Börnsen, einem sehr angenehmen norddeutschen Kollegen, der später dem Postausschuss vorstand. Nach einiger Zeit fragte mich Peter Struck, der wohl neben Ingrid Matthäus-Mayer in der Arbeitsgruppe „Finanzen" das Sagen hatte, wie ich denn als Jurist auf ihre Etage verschlagen worden wäre. Als ich ihm erwiderte, es sei doch ganz gut, auch einen seriösen Juristen auf der Etage zu haben grinste er und seitdem nannte er mich „Ecki". Die Folge der Akzeptanz von den „Finanzern" war, dass ich dauernd hinter meinen Gesetzessammlungen „Schönfelder" und „Sartorius" und dem „Palandt", dem Kommentar zum BGB, hinterher laufen musste, die sich die Mitarbeiter permanent „ausliehen". Die Türen der Zimmer standen nämlich immer offen. Das war wohl Tradition. Im Übrigen musste ich laufend schriftliche Fragen in Finanz- und Steuersachen an die Bundesregierung richten, die ich nicht verstand, die aber offenbar für die Oppositionsarbeit von besonderer Wichtigkeit waren. Diese Symbiose war sozusagen der Preis für die Duldung eines „Messfremden". Immerhin bekam ich dadurch eine Ahnung von der Vielfalt an Steuern, die das Leben der Menschen so schwer machen können.

Erste, von mir verantwortete Projekte

Leiter der Arbeitsgruppe „Recht" war damals Hans de With, ein feiner, korrekter Mensch, der noch unter Hans Jochen Vogel Parlamentarischer Staatssekretär im Bundesministerium der Justiz war, also noch Regierungspraxis hatte. Ich wurde Mitglied im Rechtsausschuss und Stellvertreter im Innenausschuss, den ich aber nur selten besuchen musste. Für den Bereich Innen und Recht war Herta Däubler-

Gmelin als stellvertretende Vorsitzende der Fraktion zuständig. Sie fragte bei der konstituierenden Sitzung der Fraktion, wer denn „der junge Professor“ sei, den sie für den Rechtsausschuss vorgesehen hatte. Ich war übrigens gar nicht so versessen auf diesen Ausschuss, denn ich hätte mir auch einen anderen vorstellen können. Auf meiner Wunschliste stand der Auswärtige Ausschuss ganz oben, eine naive Vorstellung, denn wegen seiner häufigen Reisen galt er als Wunschausschuss der Etablierten. Trotzdem machte mir die Ausschussarbeit auch als Vertreter der Opposition Freude. 1990 wurde ich stellvertretender Sprecher der **Arbeitsgruppe Recht** und erneut nach der Wahl 1994. Ich bekam viele Berichterstattungen, was dazu führte, dass ich mit vielen Kolleginnen und Kollegen der Regierungsparteien in näheren Kontakt kam und kollegial behandelt wurde. Ich glaube, dass ich durchaus geschätzt wurde, was sich auch auf manche Gesetzgebung auswirkte. Der damalige Fraktionsvorsitzende Hans Jochen Vogel, der durchaus nicht nur wegen seiner Klarsichtfolien berühmt war, sondern auch wegen seiner Geradlinigkeit geschätzt war, und ein gutes Gedächtnis hatte, erfuhr, dass ich eine Große Anfrage zum **Schiedswesen** vorbereitete. Von Stund´ an informierte er sich immer nach dem Stand der Dinge, so oft er mich traf. Als ich ihn in Bingen abholte, um mit ihm zum Stand der Binger SPD auf dem Marktplatz zu gehen, war die Anfrage sofort sein Thema. Sie wurde schon am 28. 4. 1988 eingebracht (Drucksache 11/2213). Nach der Beantwortung einer Großen Anfrage durch die Bundesregierung bedeutete das eine anschließende Debatte im Plenum, bei der man dann für die Fraktion redete. Später hatte ich durch diese prozessuale Thematik bei der von uns durchgesetzten späteren Reform der Zivilprozessordnung bereits einen gewissen Hintergrund, übrigens auch durch das Verfahrensrecht im Wohnungseigentumsrecht, das damals in der Freiwilligen Gerichtsbarkeit verankert war. Als stellvertretender Vorsitzender der Arbeitsgruppe „Verbraucher“ interessierte mich vor allem der Schutz der Verbraucher. Leiterin diese Arbeitsgruppe war Anke Martini, die frühere Ehefrau von Peter Glotz, die ich für ziemlich arrogant in Erinnerung habe. Ich entwickelte mit dem damaligen Referenten der Arbeitsgruppe, Gerd Hofe, später Staatssekretär im rheinland-pfälzischen Justizministerium, eine Große Anfrage zur Situation der Überschuldung der Verbraucher, in der wir Grundzüge eines **Entschuldungsverfahrens** ansprachen, ja schon formulierten. Mit einer Kleinen Anfrage (Drucksache 12/5271) vom 24. 6. 1993 wollte ich die Frage der Überschuldung privater Haushalte erneut öffentlich machen. Es ging mir darum, den in hoffnungsloser Überschuldung verstrickten Menschen wieder eine Lebensperspektive zu eröffnen. Gegenstand meiner Überlegungen war auch, die Mithaftung vermögensloser Ehegatten für Schulden des selbstständigen Ehegatten zu vermeiden. Ein Thema, das damals die Gerichte in sehr kontroversen Entscheidungen beschäftigte. Ebenfalls in der 12. Legislaturperiode brachte ich einen Gesetzentwurf ein (Drs. 12/1856), der den Mieterschutz vor **Umwandlungen** von Miet- in Eigentumswohnungen zum Gegenstand hatte. Ein von mir initiierter Gesetzentwurf (Drs. 11/5483) mit dem Titel „Entwurf eines Gesetzes zur Änderung der Konkursordnung" hatte zum Ziel, die **Arbeitnehmerrechte** zu stärken durch Vorrechte gegenüber anderen Gläubigern. Ein weiteres Projekt war der Gesetzentwurf zur „Änderung der ZPO und des Gesetzes über die Angelegenheiten der Freiwilligen Gerichtsbarkeit" (Drucksache 11/1704). Er nahm ebenfalls das später von uns verwirklichte Vorhaben zur Stärkung der **außergerichtlichen** Streitbeilegung vorweg. Dasselbe gilt für den zusammen mit der Kollegin Margit Conrad aus dem Saarland initiierten Gesetzentwurf „Zur Reform des **Namensrechts** von Ehe, Familie und Kindern" („Namensrechtsreformgesetz", Drucksache 12/617). Darin forderten wir u. a. die Beibehaltung des Geburtsnamens von Mann und Frau als Regel, außerdem die Möglichkeit, einen aus den Namen der Ehepartner zusammengesetzten Doppelnamen als Ehenamen zu führen. Wie man sieht, waren wir auch hier unserer Zeit voraus. Heute ist das selbstverständlich. Viele meiner Vorschläge wurden dann in der Reform des Namensrechts übernommen, das die damalige Koalition verabschiedete und am 11. 4. 1994 in Kraft trat. Ein weiteres Beispiel dafür, dass sich erstens eine Bundestagsmehrheit letztlich gesellschaftlichen Entwicklungen nicht vollständig entziehen kann und zweitens, dass sich konstruktive Arbeit auch aus der Opposition heraus durchaus auch einmal lohnen kann. Darauf bin ich, wie in dem Fall der Insolvenzrechtsreform, auf die ich noch zurückkomme, besonders stolz.

Fortbildung für Abgeordnete

In Bonn tat ich übrigens etwas für mein rudimentäres Englisch. Jeden Donnerstag von 7 Uhr 45 bis 8 Uhr 45 lernte ich auch mit anderen Kollegen der übrigen Fraktionen an Hand aktueller Zeitungen Nachrichten auf englisch zu lesen. Diesen Service stellte die Bundestagsverwaltung mit engagierten Lehrerinnen zur Verfügung. Das diente übrigens nicht nur der Bildung, sondern ich kam auch mit Kollegen und Kolleginnen aus anderen Ausschüssen in Kontakt, die man sonst nur vom Rednerpult her kannte. Sie standen wie ich z. B. vor derselben Problematik, nämlich statt der Weltsprache „nur“ Französisch, Latein und Griechisch in der Schule gelernt zu haben. Es ging zwar immer ernsthaft zu, weil man sich nicht blamieren wollte. Trotzdem war auch eine Lockerheit sozusagen immanent, sonst wäre man wohl nicht gerne in den Kurs gegangen. Ich habe nur einmal später auf einem Kongress in Helsinki meinen Redebeitrag auf Französisch gehalten, mit dem Ergebnis, dass mich nur der französische Botschafter verstand, der sich danach allerdings überschwänglich dafür bedankte.

Weitere Themen und Schwerpunkte

Natürlich hatte ich auch immer die Entwicklung des Wohnungseigentumsgesetzes im Blick. Mit der von mir initiierten und formulierten dritten Großen Anfrage, (Drs. 13/2653) wollte ich einmal zusammengefasst und grundsätzlich die Erfahrungen mit dem Institut **Wohnungseigentum** erfragen und öffentlich machen. Die Antwort der Bundesregierung fasste die Erfahrungen und Entwicklung ausführlich zusammen. Sie bestätigte auch, dass sich das Wohnungseigentum in hohem Maße bewährt und allein die Zahl der Wohnungen für seine Akzeptanz sprach. Für grundsätzliche Korrekturen bestand aus damaliger Sicht kein Anlass. Schon damals stellte sich heraus, dass ein Trend vom selbst genutzten Eigentum zur Vermietung als Kapitalanlage ging, der schon eine Quote von 60% erreicht hatte. Auch hatte sich als Vorurteil herausgestellt, dass das Wohnungseigentum eine Quelle von Zwistigkeiten zwischen den Eigentümern sei. Auch waren diese mit der Verwaltung im Allgemeinen zufrieden. Dafür war die zunehmende Professionalisierung verantwortlich. Zur Zeit der Großen Anfrage gab es schon ca. 2,5 Millionen Eigentumswohnungen.

Als Berichterstatter zur Umsetzung der Europäischen Richtlinie zum Schutz der **Pauschalreisenden**, die wegen der Verschleppung durch die damalige Bundesregierung mit einem Vertragsverletzungsverfahren der Europäischen Kommission begleitet wurde, erlebte ich hautnah die Kämpfe der Lobbyistenverbände. Da diese damals im Glauben waren, der Ausschuss für Tourismus sei zuständig, hatten sie den Anschluss an die Debatte anfangs verpasst, denn der ihnen vertraute Ausschuss hatte sie in den Glauben gewiegt, dass die Richtlinie nicht umgesetzt werden würde. Erst als dies als frommer Wunsch erkannt worden war, kamen die Verbände um so intensiver, ja aggressiver, auch auf mich als Berichterstatter der Opposition zu. Vom Verband der Omnibusunternehmen , den Reiseunternehmen bis zum Reisebüroverband (DRV) war wenig Verständnis zu erfahren, wobei der DRV als erster begriff, dass die Sache nicht aufzuhalten war und es besser wäre, statt auf Konfrontation auf Kooperation zu setzen. Auch die unwillige Mehrheit des Ausschusses für Tourismus, offenbar sehr interessengeprägt, konnte die Umsetzung nicht mehr verhindern. Das Bedauern, dass die „Reise" nicht mehr aufzuhalten war, war aus den Beiträgen im Plenum herauszuhören. Ein Kommentar zum Reiserecht, den ich dann aus Zeitgründen nicht mehr fortführen konnte, war 1994 das Produkt aus der Beschäftigung mit dem Reisevertragsrecht.

Bundestagswahl 1990

Für die Bundestagswahl 1990 wurde ich wieder als Kandidat für den Wahlkreis 154 aufgestellt. Die Nominierung in Mainz erfolgte ohne Gegenkandidaten am 17. 3. 1990, die Wahlkreiskonferenz folgte ebenso einhellig am 28. 4. 1990. Auf dem Landesparteitag wurde ich wieder auf Platz 11 der Landesliste abgesichert. Ein nettes Aperçu will ich in diesem Zusammenhang erwähnen. Man sucht immer im Wahlkampf nach Werbemitteln, die einen aus der üblichen und meist gleichförmigen Art der Werbung herausheben. Schon Hugo Brandt hatte ein Wortspiel in den Wahlkämpfen mit Willy Brandt benutzt: „Doppelt genäht", mit einem kleinen Reisenähzeug verbunden. Meine Schwägerin Hanna entwickelte die Idee, ein Skatspiel mit „**Pick ist Trumpf**" zu machen. Gesagt, getan, es war ein Renner. In meiner Bilanz für die 11. Wahlperiode konnte ich neben den Initiativen im Bundestag auf 140 Sprechstunden im Wahlkreis verweisen, auch auf meine Veranstaltungsreihe mit prominenten und sachkundigen Referenten, die ich „Forum 154“ getauft hatte. Bei der Wahl mit dem Spitzenkandidaten Oskar Lafontaine konnte ich mein Erststimmenergebnis bei der Wahl am 2. 12. 1990 um 0,7% verbessern, übrigens der höchste Zuwachs im Vergleich mit allen deutschen Großstädten, während die SPD bundesweit 3,5% verlor. In Mainz selbst erreichte ich ein deutliches Plus bei den Erststimmen gegenüber den Zweitstimmen. Dabei erhielt die SPD 35,5%, genauso viele wie später 1994. Der Bundestagswahlkampf 1990 stand im Zeichen der Wiedervereinigungsdebatte, bei der die realistische Einschätzung Lafontaines über Zeit und Umfang der Vereinigung der „Wahllüge“ Kohls von den „blühenden Landschaften“ unterlegen war. Bei der Veranstaltung mit Lafontaine am 20. 11. in der vollbesetzten Rheingoldhalle war vor allem neben seiner Rede aus dem Stegreif die Anwesenheit so vieler junger Besucher beeindruckend.

Die Bundestagswahl 1994

Die Mainzer SPD nominierte mich erneut ohne Gegenkandidaten am 18. 9. 1993, ebenso die Wahlkreiskonferenz am 11. 12. 1993 für die Wahl zum 13. Deutschen Bundestag. Die Bundestagswahl am 12. Oktober 1994 mit dem Spitzenkandidaten Rudolf Scharping erbrachte noch nicht den politischen Wechsel in der Bundesrepublik. Die SPD erreichte immerhin schon 36,4% der Zweitstimmen auf Bundesebene. Die Koalition blieb trotz der Verluste der CDU/CSU von 2,3% an der Macht. Ein Novum in der SPD war davor am 13. 6. 1993 die direkte Wahl des Parteivorsitzenden durch die Mitglieder, die Scharping vor Gerhard Schröder und Heidemarie Wieczorek-Zeul gewann. Er lag auch in der Mainzer SPD bei seinem „Heimspiel“ deutlich an der Spitze.

Die Entscheidung für Berlin

Am 20. 6. 1991 stimmte der Bundestag über den künftigen Sitz von Bundestag und Bundesregierung – Bonn oder Berlin – ab. Ich stimmte wie die meisten rheinland-pfälzischen Abgeordneten für Bonn. Für mich war nicht die Nähe zu Mainz entscheidend, sondern ich empfand die unprätentiöse Atmosphäre und Überschaubarkeit in der mittelgroßen Stadt als wohltuend und deshalb für mich entscheidend. Wie viele meiner Kolleginnen und Kollegen gab ich meine vorgesehene Rede zu Protokoll. Dies taten wir auf die Bitte der Fraktionsführungen, die ausufernde Debatte nicht ad calendas Graecas zu verlängern. Meine Ausführungen sind u. a. in dem Band „Berlin / Bonn, Die Debatte“ (Berlin 1991) wie natürlich auch im Protokoll des Bundestags nachzulesen. Man sagt, dass die Rede Schäubles viele Abgeordnete beeindruckt habe, für Berlin zu stimmen. Ich hatte den Eindruck, dass eher **Willy Brandt** viele Unentschiedene für Berlin überzeugt hat. Er erinnerte an das „Versprechen“ für Berlin, das nun einzulösen sei. Es war eine knappe Entscheidung mit 338 gegen 320 Stimmen für Berlin. Heute halte ich die im damaligen Bonn-Berlin-Vertrag enthaltene Regelung mit der Aufteilung der Ministerien auf Berlin und Bonn mit z. T. zwei Sitzen oder einem Teil der Abteilungen für überholt. Die Mehrkosten und organisatorischen Probleme sollten jetzt für eine Verlagerung auch der letzten in Bonn verbliebenen Ministerien bzw. Doppelspitzen nach Berlin sprechen. Die Übergangslösung hat ihren Sinn längst erfüllt. Es sollte z. B. noch 8 Jahre dauern, bis das Justizministerium den Umzug nach Berlin endlich vollkommen bewerkstelligte, als auch die letzte Abteilung mit nach Berlin wechselte.

In der 12. Legislaturperiode brachte ich den „Entwurf eines Gesetzes zur Regelung der Arbeitnehmerhaftung“ (Drucksache 12/5551) am 11. 8. 1993 in den Bundestag ein. Alle Arbeitnehmer sollten wie schon Beamte nur bei Vorsatz und grober Fahrlässigkeit schadensersatzpflichtig im Rahmen ihrer Tätigkeit sein. Ich wollte damit die Haftung des Arbeitnehmers nicht nur für die leichteste, sondern auch für normale Fahrlässigkeit voll ausschließen. Immerhin hat der Gemeinsame Senat der Obersten Gerichtshöfe des Bundes am 16. 12. 1993 dann schon auf diesem Weg „nachgearbeitet“, indem er das Merkmal der „gefahrgeneigten Arbeit“ als Voraussetzung für eine Beschränkung der Arbeitnehmerhaftung aufgab. Vielleicht gab unsere Initiative den Anstoß!

Selbst die Opposition hat ihre Möglichkeiten

Man sagt immer, dass die Perspektive aus der Opposition mehr von Frust über nicht umsetzbare Vorstellungen als durch Erfolgserlebnisse geprägt sei. Dass dem nicht immer so ist, habe ich erfahren dürfen.

Wobei es wohl auch darauf ankommt, wie man von der Mehrheit des Bundestags, aber vor allem im Ausschuss, eingeschätzt und akzeptiert wird.

Ich habe häufig „Persönliche schriftliche Fragen“ an die Bundesregierung gestellt oder einfach Initiativen ergriffen und damit auch Einiges erreicht. Es begann schon mit einem Schreiben 1992 mit dem Vorschlag, zum 100. Geburtstag 1996 von **Carl Zuckmayer** am 27. 12. eine Briefmarke herauszugeben; wie man erkennt, eine Anregung weit im Vorfeld des Anlasses. Denn angesichts zahlreicher Vorschläge, die damit konkurrieren, ist ein langer Vorlauf notwendig. Der Vorschlag stieß auf Zustimmung von Bundeskanzleramt und Postminister Schwarz-Schilling.

Im August 1995 regte ich in der Fragestunde dann die Herausgabe eines Sonderpostwertzeichens bzw. einer Münze **„100 Jahre BGB“** an. Der Vorschlag wurde im Jahre 2000 mit einer Briefmarke verwirklicht. 1996 schlug ich eine Briefmarke zum 600. Geburtstag **Gutenbergs** im Jahre 2000 vor. Man sieht, dass solche Dinge schon deswegen einige Jahre vor dem Jahrestag initiiert werden müssen, damit sich die Gremien, die über die Auswahl von Sonderbriefmarken oder -münzen entscheiden, rechtzeitig damit befassen können. Die Zahl meiner mündlichen oder schriftlichen Anfragen an die Bundesregierung geht sicherlich an die Hundert (einschließlich der schon oben genannten Beteiligung an den steuerlich bestimmten Fragen, wie

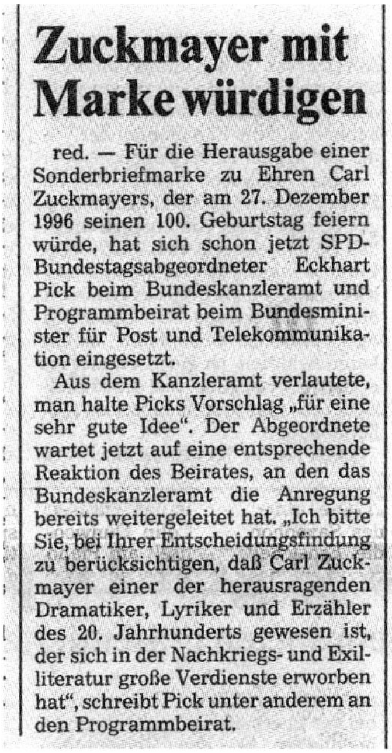

Zuckmayer mit Marke würdigen

red. — Für die Herausgabe einer Sonderbriefmarke zu Ehren Carl Zuckmayers, der am 27. Dezember 1996 seinen 100. Geburtstag feiern würde, hat sich schon jetzt SPD-Bundestagsabgeordneter Eckhart Pick beim Bundeskanzleramt und Programmbeirat beim Bundesminister für Post und Telekommunikation eingesetzt.

Aus dem Kanzleramt verlautete, man halte Picks Vorschlag „für eine sehr gute Idee“. Der Abgeordnete wartet jetzt auf eine entsprechende Reaktion des Beirates, an den das Bundeskanzleramt die Anregung bereits weitergeleitet hat. „Ich bitte Sie, bei Ihrer Entscheidungsfindung zu berücksichtigen, daß Carl Zuckmayer einer der herausragenden Dramatiker, Lyriker und Erzähler des 20. Jahrhunderts gewesen ist, der sich in der Nachkriegs- und Exilliteratur große Verdienste erworben hat“, schreibt Pick unter anderem an den Programmbeirat.

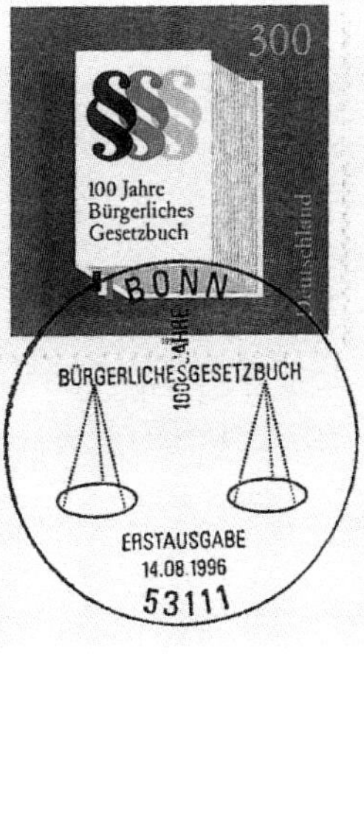

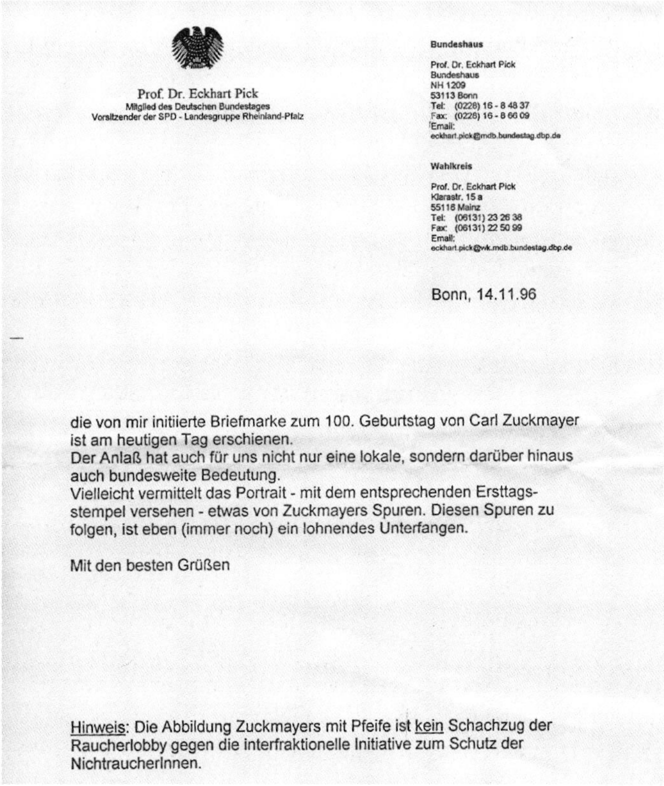

Prof. Dr. Eckhart Pick
Mitglied des Deutschen Bundestages
Vorsitzender der SPD - Landesgruppe Rheinland-Pfalz

Bundeshaus

Prof. Dr. Eckhart Pick
Bundeshaus
NH 1209
53113 Bonn
Tel: (0228) 16 - 8 48 37
Fax: (0228) 16 - 8 66 09
Email:
eckhart.pick@mdb.bundestag.dbp.de

Wahlkreis

Prof. Dr. Eckhart Pick
Klarastr. 15 a
55116 Mainz
Tel: (06131) 23 26 38
Fax: (06131) 22 50 99
Email:
eckhart.pick@wk.mdb.bundestag.dbp.de

Bonn, 14.11.96

die von mir initiierte Briefmarke zum 100. Geburtstag von Carl Zuckmayer ist am heutigen Tag erschienen.
Der Anlaß hat auch für uns nicht nur eine lokale, sondern darüber hinaus auch bundesweite Bedeutung.
Vielleicht vermittelt das Portrait - mit dem entsprechenden Ersttags-stempel versehen - etwas von Zuckmayers Spuren. Diesen Spuren zu folgen, ist eben (immer noch) ein lohnendes Unterfangen.

Mit den besten Grüßen

Hinweis: Die Abbildung Zuckmayers mit Pfeife ist kein Schachzug der Raucherlobby gegen die interfraktionelle Initiative zum Schutz der NichtraucherInnen.

Ein notwendiger Hinweis.

Zuckmayer darf rauchen.

schon oben beschrieben). Die Themen reichten von der AKK – Problematik, der Erhaltung des Telegraphenamts in Mainz, dem Erhalt des Bundesamts für Telekommunikation ebenfalls in Mainz, der Benennung des Bahnhofs Bingerbrück in „Hauptbahnhof“ Bingen bis zu dem Versuch, die rund viertausend Arbeitsplätze bei den „MIP-Instandsetzungsbetriebe GmbH (Mainz Industries)“, dem „**Panzerwerk**“, zu retten. Das Problem dieses Unternehmens war, dass es zu 100% von Aufträgen der US-Streitkräfte abhängig war und nur über Ausschreibungen für vier Jahre (und das nur bei Zuschlag) Planungssicherheit hatte. Der rührige Betriebsratsvorsitzende Bernhard Breit, ein Fraktionskollege der SPD im Stadtrat, versorgte mich immer mit neuen Fakten und Argumenten, um an die Verantwortung auch der Bundesregierung zu appellieren. Jahrelang war das Unternehmen sogar der größte Arbeitgeber in Mainz.

Dazu gehörten auch meine Anfragen wegen der militärischen Belastung des **Ober-Olmer Walds** durch Raketenstation und Munitionsbunker der amerikanischen Streitkräfte. Im Kalten Krieg schon eine erhebliche Gefahr wären die Einrichtungen im Ernstfall sicher ein wichtiges Ziel für militärische Angriffe gewesen. Später, als die **Konversion**, die Umwandlung militärisch genutzter Grundstücke in zivile Nutzung, begann, setzte ich mich im August 1998 für die Sanierung der durch bestimmte Kohlenwasserstoffe verseuchten Wohnungen in der „Dr. Martin-Luther-King-Siedlung“ ein, eine meiner letzten schriftlichen Fragen bezog sich darauf. Das Anliegen hatte letztlich Erfolg. Auch das **französische Konsulat** in Mainz konnte wenigstens noch für eine Übergangszeit hier gehalten werden, wie mir der französische Botschafter 1996 versicherte. Das repräsentative Gebäude an der Kaiserstraße, Ecke Hindenburgstraße, habe ich immer noch mit der gehissten Trikolore vor Augen. Im August 1997 fragte ich die Bundesregierung nach der Rückgabe des Grundstücks in der Hindenburgstraße an die jüdische Gemeinde, nachdem das Hauptzollamt aus der Liegenschaft ausgezogen war. Später war ich mit OB Jens Beutel im Finanzministerium bei meinem Kollegen Karl Diller. Heute steht die **Neue Synagoge** auf dem Grundstück mit der markanten neuen Synagoge.

Eine Beschwerde an den Bundeskanzler wegen der schleppenden Beantwortung von meinen Anfragen und der Zuleitung der Antwort zuerst an Abgeordnete der Koalition beantwortete Wolfgang Schäuble als Kanzleramtsminister und versprach Besserung.

Auch die Vernehmung von Zeugen in Strafprozessen durch **Video**-Übertragung der Hauptverhandlung in einem separaten Raum, um insbesondere jugendliche und weibliche Opfer vor der Anwesenheit des Angeklagten zu schützen, war mir im März 1995 ein besonderes Anliegen. Dies wurde immerhin vom Parlamentarischen Staatssekretär im Justizministerium, meinem Vorgänger, Rainer Funke, positiv aufgenommen.

Auch für die Numismatik gibt es Raum im Bundestag

Als Numismatiker interessierte ich mich natürlich auch für Fragen, die mit dem Geld- und Münzverkehr zusammenhängen. So thematisierte ich im November 1991, was mit den Restbeständen an **Gedenkprägungen** der ehemaligen **DDR** geschehe. Die Anregung in meiner schriftlichen Anfrage, die Veräußerung über die Bundesschuldenverwaltung sammlerfreundlich vorzunehmen, wurde abgelehnt. Man hielt sich die geeignete Vertriebsform offen.

Auch die weitere schriftliche Frage, warum sich die Bundesregierung bei der Auswahl der Sonderprägung „**Brandenburger Tor**" nicht an das Votum des Preisgerichts gehalten habe, wurde dahin gehend beantwortet, dass sich das Bundeskabinett nicht an die Reihenfolge der zur Realisierung vorgeschlagenen Medailleure zu halten brauche. Der Entwurf des Siegers wäre „der symbolischen Bedeutung des Bauwerks nicht gerecht geworden". Was das auch immer hieß? Eine meiner Mündlichen Fragen im November 1994 betraf die **zollrechtliche** Belastung von österreichischen Sondermünzen, die von den Zollämtern z. T. mit Einfuhrzoll belegt wurden. Diese unterschiedliche Praxis lehnte die Bundesregierung dann in ihrer Antwort auch ab und stimmte mir inhaltlich damit zu.

Eine große Bedeutung kam der geplanten Einführung einer gemeinschaftlichen europäischen Währung zu. Leider fiel mein Vorschlag im Februar 1995, die neue europäische Gemeinschaftswährung „**Denar**" zu nennen, bei Finanzminister Theo Weigel nicht auf fruchtbaren Boden. Aber vielleicht heißt der Nachfolger des „Euro" einmal so. Meine Begründung, dass es bereits z. Zt. Karls des Großen eine gemeinsame Währung in Form des Pfennigs oder Denars (Denarius) gegeben habe und dass sich mit dieser Bezeichnung keines der beiden wichtigsten Gründungsmitglieder der Währungsunion Deutschland und Frankreich benachteiligt fühlen müsste, fand ich damals wie heute noch überzeugend. Dies hätte übrigens für eine weitere Gruppe von Staaten, von Italien und Spanien bis zu weiteren osteuropäischen Beitrittsstaaten, eine gewisse Kontinuität beginnend mit ihrer ehemaligen Geldwirtschaft zu einer modernen Währungsunion bedeutet! Besser als diese nicht besonders originelle Kunstform „Euro“ wäre damit außerdem ein deutlicher Bezug auf die gemeinsame pekuniäre Vergangenheit verbunden gewesen. Eine weitere Schriftliche Frage vom Oktober 1996 hatte den **Schutz des Euro** vor privaten Bezeichnungen auf „Münzen“ (Medaillen) zum Gegenstand.

Im April 1997 fragte ich die Bundesregierung danach, warum bei der Sonderprägung auf den 500. Geburtstag **Melanchthons** in der Bekanntmachung keine Aussagen wie üblich zur Anzahl der auf die einzelnen fünf Prägestätten entfallende Auflagenhöhe gemacht worden seien. Dies wäre nicht gesetzlich vorgesehen, so der Bundesfinanzminister.

Bei der Antwort auf meine Frage im März 1998 wand sich die Parlamentarische Staatssekretärin Irmgard Karwatzki ganz beträchtlich. Hintergrund war die Ausgabe der Sonderprägung „**50 Jahre Deutsche Mark**“ ohne Ausschreibung, verfertigt durch einen Mitarbeiter im Bauministerium und die Verwendung von Abbildungen der Zwei-Mark-Münzen darauf mit den Konterfeien von Ludwig Erhard und Konrad Adenauer, ausschließlich CDU-Politiker. Ganz klar handelte es sich hierbei für mich um eine Propaganda für die CDU. Es wurde in der Antwort die zeitliche Dringlichkeit für die Prägung ins Feld geführt und behauptet, mit beiden Personen wäre der Erfolg der DM besonders verbunden. Wer`s glaubt. Meine Frage verdankte ich dem Hinweis des Schriftleiters des Numismatischen Nachrichten -Blatts, „NNB“, Herrn Dr. Albert, wie auch im August 1998 die Frage nach dem **Rücklauf** der silbernen 5 DM-Kurs- und Sondermünzen.

Schon im Oktober 1996 sprach ich die Problematik der illegalen **Raubgrabung** durch Metallsondengänger an, die die Bundesregierung bestätigte, aber in ihrer Antwort auf die Zuständigkeit der Länder verwies. Nicht zuletzt durch den spektakulären Fund der Scheibe von Nebra ist klar geworden, wie schädlich diese illegale Praxis ist. Vor allem deshalb, weil die fachgerechte Ermittlung der Fundumstände häufig wichtiger und wertvoller für die Archäologie als der Wert des Fundes selbst ist. Hilfreich sind allerdings diese technischen Hilfsmittel, sofern sie durch die archäologischen Behörden oder zumindest von diesen ermächtigte private Helfer verwendet werden. Ganz stolz war ich auf meine Frage im Juni 1995, als ich nach der Zusammensetzung des so genannten „**Reichsbankschatzes**“ fragte, der in der DDR in den Tresoren der ehemaligen Reichsbank verwahrt worden war und nun in die Obhut des Bundesamts zur Regelung offener Vermögensfragen gelangt war. Es handelte sich dabei um Wertpapiere (Aktien und Anleihen), die vor allem historischen Wert besaßen. Unter dem 12. 6. antwortete Frau Karwatzki, die Parlamentarische Staatssekretärin im Finanzministerium, dass es sich um rund 26 Millionen Stück deutsche Wertpapiere aus der Zeit vor 1945 und ca. 2,5 Millionen auf ausländische Währung lautende Wertpapiere handele. Diese wurden später durch die „Münzhandlung und Auktionshaus Dr. Busso Peus Nachf.", Frankfurt a. Main, in mehreren Auktionen in Berlin versteigert.

Erstmals gelang es mir dann ebenfalls durch entsprechende Fragen etwas Licht in die bis dahin undurchsichtige, ja als Staatsgeheimnis behandelte Auflagenpolitik der ehemaligen **DDR – Münzverwaltung** zu bringen. Es ging dabei um die Problematik der Höhe der Auflagen von **Sonderprägungen** zu bestimmten Anlässen. Die Höhe der Stückzahl (Auflage) von diesen Emissionen war vorher nie bekannt gegeben worden. Die Geheimhaltung diente dazu, die Münzen vorwiegend für die ausländischen Interessenten, vor allem die Sammlerschaft in der Bundesrepublik, attraktiv zu machen. Die Interessenten in der DDR besaßen kaum Chancen zum Erwerb, es sei denn es handelte sich um privilegierte Personen. In der „Münzenrevue" wurden meine Anfragen jeweils von Chefredakteur A.-M. Beck veröffentlicht, so dass die Sammler sich entsprechend darauf einstellen konnten und sich eine realistische Preisgestaltung entwickeln konnte.

Humor im Bundestag ?

Auch der Humor kam im parlamentarischen Raum nicht vollkommen zu kurz. Wenn man sich als Mainzer outet, steht man häufig im Verdacht, ein "verkappter" und allzeit zu Spässen aufgelegter Fastnachter zu sein. Als sich der Todestag des berüchtigten Freischützen und Wilderers **Georg Jennerwein** zum 110. Mal (zugestanden kein so wirklich markantes Datum, aber ich wollte nicht bis zum 111. Todestag warten) jährte, fragte ich die Bundesregierung in einer „Schriftlichen Frage" am 6. 11. 1987 vor der beginnenden Fastnachtszeit, warum sie des wichtigen Datums nicht mit einer besonderen Würdigung gedacht hätte. Der Text lautete:

„Warum hat der Bundesjustizminister nicht in vielfach erwarteter angemessener Weise – z.B. durch eine Würdigung in der höchst vielseitig-anschaulichen Informationsreihe *„recht“* (ergänze: des Justizministeriums) des 110-jährigen Todestages am 6. November 1987 des so genannten „Wildschützen“ **Georg Jennerwein** gedacht, dessen von ernst zu nehmenden Historikern als sozialrevolutionär beurteiltes Leben am 6. November 1877 jäh endete“ ? („recht“ hieß übrigens nicht sehr originell der damalige Pressedienst des Justizministeriums). Sein Grab im bayerischen Schliersee, dort auf dem Westenhofener Friedhof, ist auch heute noch gerne besucht. Geradezu klassisch trotz der Holperigkeit mutet der Spruch auf dem Grabkreuz an:

Sein Grab.

„Ein stolzer Schütz in seinen besten Jahren,
Er wurde weggeputzt von dieser Erd.
Man fand ihn erst am neunten Tage
auf hohen Peißenberg bei Tegernsee“.

Ähnlich wie der rheinland-pfälzische Räuber **Schinderhannes** war Jennerwein gelegentlich zum Volkshelden hochstilisiert worden, obwohl die Beiden doch eher Halunken und Plagegeister statt Wohltäter des gemeinen Volkes waren. Darauf antwortete der damalige Justizminister Hans A. Engelhard, der den Scherz erkannt hatte, am 26. 11. in Versform. Die nebenstehende Antwort von Minister Engelhard verdient es, wegen ihres Inhalts in die Annalen der Rechtsgeschichte einzugehen! Es gibt also immer wieder Momente, in denen der sonst waltende Ernst in der Politik einmal vom Humor abgelöst wird. Böse Zungen behaupten, der größte Verdienst von Engelhard um den Rechtsfortschritt bestünde in der Klarstellung im BGB, dass Tiere keine Sachen seien. Sein Dackel hätte jedenfalls beifällig geknurrt.

Auch mit meinem Mainzer Kollegen im Bundestag, Johannes Gerster, CDU, den ich seit Schulzeiten im Rabanus-Maurus-Gymnasium kannte, hatte ich ein Erlebnis, mit allerdings recht einseitig-humoristischem Einschlag, während wir sonst politisch ein eher distanziertes Verhältnis hatten.

Prof. Dr. Eckhart Pick
Mitglied des Deutschen Bundestages

5300 Bonn 1, 26. Nov. 1987
Bundeshaus
Fernruf (0228) 16 48 37

Die Wahl dieser Rufnummer vermittelt den gewünschten Hausanschluß.
Kommt ein Anschluß nicht zustande, bitte Nr. 161 (Bundeshaus-Vermittlung) anrufen.

privat:
Tizianweg 46
6500 Mainz 31
Fernruf (06131) 7 27 48

Sehr geehrte Damen und Herren,

eine Kostprobe spritzigen Humors gab der sonst eher betuliche Bundesjustizminister Hans A. Engelhard, als er meine nicht ganz erst gemeinte Frage, warum er nicht des Todestages des sog. Wildschützen Georg Jennerwein gedacht habe, mit einem Gedicht voller Selbstkritik und Selbstironie beantwortete.
Wie sagte doch schon weiland Justizminister Dr. Hans-Jochen Vogel: der Posten des Justizministers ist ein Halbtagsjob.
Wenn also ein solches Amt noch Raum läßt für Humor und Kreativität, so ist dies nur zu begrüßen.
Ich übersende Ihnen die Frage und die Antwort im Wortlaut zur Erbauung und zur Veröffentlichung.

Mit freundlichen Grüßen

Eckhart Pick

recht

Eine Information des Bundesministers der Justiz

Nr. 68/87 Bonn, den 25. November 1987

"Dringliche" Frage des Bundestagsabgeordneten Prof. Dr. Eckart Pick, SPD:

"Warum hat der Bundesjustizminister nicht in vielfach erwarteter angemessener Weise - z.B. durch eine Würdigung in der höchst vielseitiganschaulichen Informationsreihe "recht" - des 110-jährigen Todestages am 6. November 1987 des sogenannten Wildschützen Georg Jennerwein gedacht, dessen von ernst zu nehmenden Historikern als sozialrevolutionär beurteiltes Leben am 6. November 1877 jäh endete?"

Antwort von Bundesjustizminister Hans A. Engelhard:

"Verehrter Herr Professor Pick!
Ich übe hiermit Selbstkritik,
Weil ich vergessen habe heuer
Die Hundertzehn-Jahr-Wildschützfeier.

Durch Ihre scharf gestellte Frage
Liegt klar mein Mißgeschick zutage.
Doch wär ich freilich kein Jurist,
Wenn I net a paar Ausred'n wüßt.

Erstens: Es sind in meinem Haus
Zu viele Preißen, 's is a Graus!
Denn die vergessen halt, den Bayern
Was aufzuschreibm für ihre Feiern.

Zwoatens: I moan, der Wildschütz wär
A Art Sozialrevluzzionär
Und drum ständ's besser Sozis o,
Zu denken an an so an Mo.

Und dann die Ausred Nummero drei:
Der Mann beging "Jagdwilderei"!
Und wo I no scho sitz hier ob'n,
Konn I ihn dafür net nur lob'n.

Herausgegeben vom Referat für Presse- und Öffentlichkeitsarbeit des Bundesministeriums der Justiz
Heinemannstraße 6 · 5300 Bonn 2 — — Telefon (0228) 58(1) — 4030 · Telex Nr. 8869679

- 2 -

- 2 -

Sie sehn, die Sach' is kompliziert;
Ma hot's no lang net ausdischkriert.
Ich hoff' darum sehr auf Ihr Verständnis
Für obiges Schuldanerkenntnis.

Herzlichst Ihr
Hans A. Engelhard"

Zu meinem Geburtstag am 8. Februar 1994, dem 53., erhielt ich ein Schreiben, von Johannes Gerster persönlich unterschrieben, mit dem Wortlaut:

„Lieber Eckhart, zu Deinem 53. Geburtstag übermittle ich Dir die herzlichen Glück- und Segenswünsche des CDU-Landesverbandes Rheinland-Pfalz. Auch ganz persönlich wünsche ich Dir Gesundheit, Lebensfreude und Erfolg für die kommenden Jahre“. Da freut man sich ob solcher anerkennender Worte -vor allem, wenn sie vom politischen Gegner kommen- und liest gespannt den nächsten Absatz: „Wir bedanken uns bei dieser Gelegenheit für Deine Treue zur CDU und bitten Dich auch weiterhin um Deine Unterstützung in schwieriger Zeit“. Da hatte doch der Verfasser einen schönen Bock geschossen, auf den ich mit einigen Versen („anlegte“) reagierte:

„Es freut sich das Geburtstagskind,
wenn es gute Wünsche find.
Und wenn sie stammen von dem Gerster,
der Rheinland-Pfalz-Union ihr erster,
denkt doch, es tut schon gut,
wenn die Konkurrenz das tut.
Beim ersten Absatz schwillt das Hirn,
beim zweiten runzel ich die Stirn:
Der CDU nicht treu sein kann,
wer diese schon nicht wählen kann.
Ach Gott, was ist die CDU so arm,
ich fühle mit, es wird mir warm:
Die suchen Leute so wie Dich,
in Politik erfahren täglich,
als Entwicklungshelfer rot,
zu unterstützen in der Not,
die schwarzen Brüder, so der Ton,
erwarten unsern Anteil schon.
Doch offen sag´ ich in der Welt,
mein Mitleid sich in Grenzen hält.
So bleibt mir nur zum guten Schluss:
Ein jeder durch das Tal geh´n muss.
Selbst ist der Mann und selbst die Frau,
in diesem Sinn dreimal „Helau“.

Die Antwort des Angesprochenen fiel dagegen etwas sauertöpfig aus. Ich hatte meinen Dank schon der AZ übermittelt, die das Ganze auch am 12.2. glossiert hatte. Das passte ihm gar nicht.

Vorsitzender der SPD-Landesgruppe

Von 1994 bis 1998 war ich Vorsitzender der Landesgruppe Rheinland-Pfalz der SPD in der Bundestagsfraktion, zuvor seit 1994 stellvertretender Vorsitzender. Wir trafen uns immer in der schönen Bonner Landesvertretung von Rheinland - Pfalz, die zu CDU-Zeiten von Johannes Neukirchen, einem ehemaligen Klassenkameraden aus Mainz geleitet wurde. Später begegnete ich ihm in Berlin wieder, wo er die Kontaktstelle der Wirtschaft leitete, genauer den „Adlerkreis“ der Berliner Wirtschafts- und Verbandsrepräsentanten, und wo ich einmal zum Thema „Justizreform“ referierte.

Christo bei mir zum Kaffee

Eine schöne Unterbrechung des politischen Alltags war auch der Plan des Verpackungskünstlers Christo und seiner Frau Jeanne-Clau-

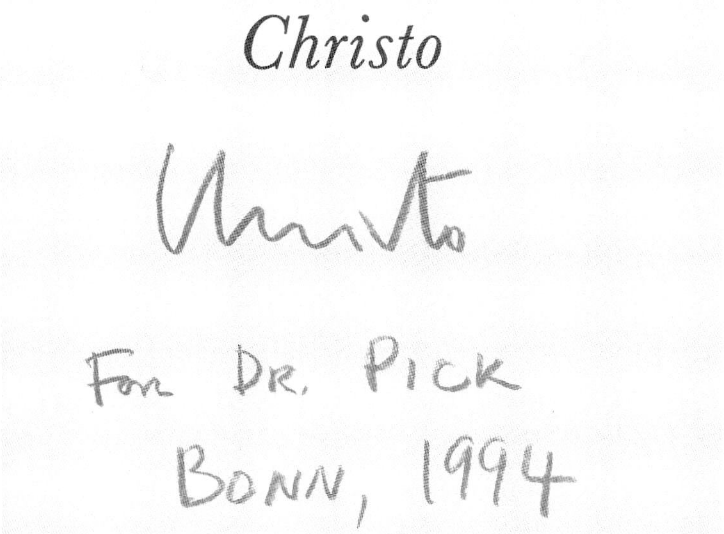

Seine Widmung.

de, den Reichstag vor der Renovierung zu verhüllen. Während die konservative Seite der Abgeordneten dies als Sakrileg auffasste, plädierte doch eine Mehrheit in einer Abstimmung im Bundestag ohne Fraktionszwang für das Werk. Im Vorfeld der Abstimmung besuchte Christo mit seinem Arbeitsstab, darunter seinem Fotografen, Herrn Volz, alle Abgeordneten, die dies wünschten. So meldete er sich auch bei mir und wir vereinbarten einen Termin in meinem Büro. Ich versicherte ihm, sein Vorhaben unterstützen zu wollen. In meinem Büro signierte er Zeichnungen und Bücher und meinte bei einem Buch, dass er das in dieser Aufmachung ja gar nicht kenne. Ich schenkte es ihm dann für sein Archiv. Übrigens führte seine künstlerische Initiative dazu, dass ich zum ersten und einzigen Mal einen interfraktionel-

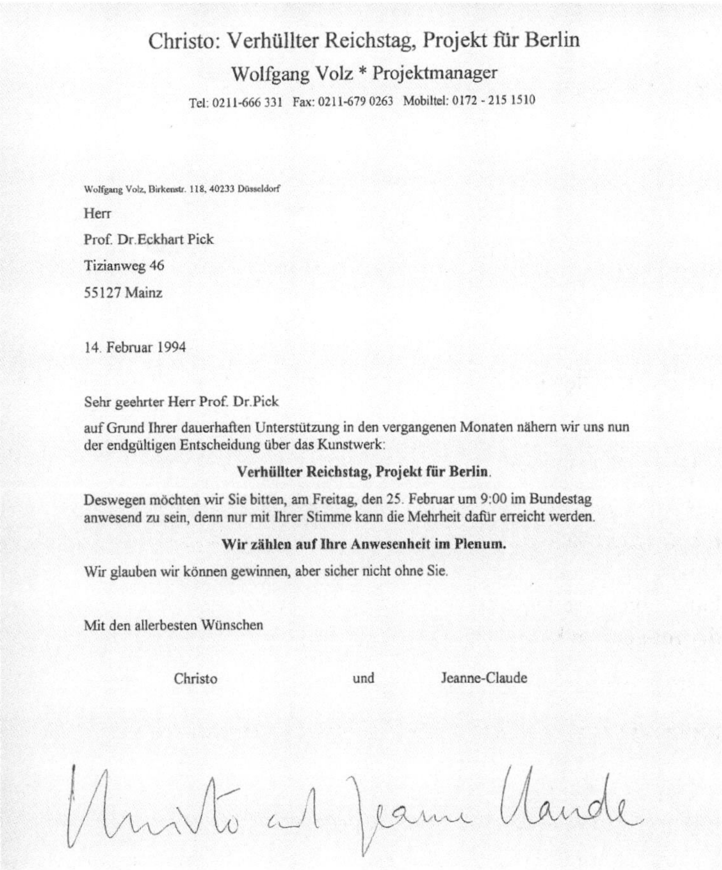

Christo: Verhüllter Reichstag, Projekt für Berlin

Wolfgang Volz * Projektmanager

Tel: 0211-666 331 Fax: 0211-679 0263 Mobiltel: 0172 - 215 1510

Wolfgang Volz, Birkenstr. 118, 40233 Düsseldorf

Herr
Prof. Dr.Eckhart Pick
Tizianweg 46
55127 Mainz

14. Februar 1994

Sehr geehrter Herr Prof. Dr.Pick

auf Grund Ihrer dauerhaften Unterstützung in den vergangenen Monaten nähern wir uns nun der endgültigen Entscheidung über das Kunstwerk:

Verhüllter Reichstag, Projekt für Berlin.

Deswegen möchten wir Sie bitten, am Freitag, den 25. Februar um 9:00 im Bundestag anwesend zu sein, denn nur mit Ihrer Stimme kann die Mehrheit dafür erreicht werden.

Wir zählen auf Ihre Anwesenheit im Plenum.

Wir glauben wir können gewinnen, aber sicher nicht ohne Sie.

Mit den allerbesten Wünschen

Christo und Jeanne-Claude

Christo and Jeanne Claude

len Gruppenantrag zusammen mit CDU- und FDP-Kolleginnen und -Kollegen, auch mit Gerster, zur Realisierung einbrachte. 1995 konnte Christo dann, nachdem alle baurechtlichen, sicherheitsrelevanten und konservatorischen Bedenken ausgeräumt waren, die Verhüllung mit großem Erfolg ins Werk setzen. Es hat der Würde des Gebäudes keinen Abbruch getan, vielmehr in den Mittelpunkt des Interesses gerückt. Auch sein Architekt, Paul Wallot aus Oppenheim, hätte seine Freude daran gehabt.

Parlamentarische Initiativen

Ein anderes Erlebnis hatte ich bei der Abstimmung über die Reform des Rechts der **Unterbrechung** der **Schwangerschaft**. Als ich von meinem Büro ins Plenum ging, damals noch im „Wasserwerk" über einen Seiteneingang gegenüber dem „Langen Eugen", sprach mich eine ältere Dame an und fragte, ob ich einen Moment Zeit hätte. Als ich bejahte, drückte sie mir eine Medaille des damaligen Papstes in die Hand und sagte: „Die hat der Heilige Vater selbst gesegnet, und ich wünsche Ihnen eine gute Entscheidung". Die Medaille habe ich später weitergegeben an eine Familie, für die es eine wertvolle christliche Reminiszenz bedeutete. Sie konnte damit mehr anfangen als ich. Ein weiteres Thema, dem ich mich damals widmete, war, wie schon erwähnt, das **Namensrecht**. Ich war der Auffassung, dass es liberalisiert werden müsse, und der bisherige vom Ehemann dominierte Familienname auch der Frau ermöglicht werden sollte. In der Arbeitsgruppe Recht, die sich dazu mit der Arbeitsgruppe „Frauen" zusammentat, entwickelte ich zusammen mit der Kollegin Margit Conrad aus dem Saarland, ein Konzept, das Ehenamen und Wahlmöglichkeiten der Ehegatten möglichst großzügig regeln sollte. Zwar wurde, wie erwartet das Vorhaben im Plenum von der Regierungsmehrheit abgelehnt, trotzdem hatten wir eine Debatte angestoßen, die später zu großen Teilen von der rot-grünen Koalition umgesetzt wurde.

Mein wichtigstes Werk: Die Verbraucherinsolvenz

Als meinen größten Erfolg als Abgeordneter der Opposition werte ich meine Initiative im Rahmen der Reform der Konkurs- und Vergleichsordnung. Wie schon gesagt, war die Reform, vor allem mit dem Ziel einer Verbraucherentschuldung, schon lange ein Vorhaben, das ich mit Herzblut verfolgte. Die damalige, von CDU/CSU und FDP geführte Regierung beabsichtigte, die Konkurs- und Vergleichsordnungen in einer **Insolvenzordnung** zusammen zu führen, was auch sinnvoll war. Bereits 1978 hatte der damalige Justizminister Hans-Jochen Vogel den Auftrag erteilt, ein modernes, sanierungsfreundliches Insolvenzrecht zu entwickeln, das den Erhalt von Arbeitsplätzen an Stelle von Zerschlagung von Unternehmen in den Vordergrund rücken sollte. Die dazu einberufene Insolvenzrechtskommission entwickelte dazu bereits in den Jahren 1984 und 1985 Grundsätze einer Reform. Der in den Bundestag von der Koalition eingebrachte Gesetzentwurf basierte auf diesen Vorschlägen und den in den achtziger Jahren bis 1988 diskutierten Vorstellungen. Es entstand die vom Bundesministerium der Justiz erarbeitete Grundlage in Form eines „Diskussionsentwurfs eines Gesetzes zur Reform des Insolvenzrechts“ nach dem Stand vom 15. August 1988. Der Entwurf enthielt auch die Beiträge einer Vielzahl von Insolvenzrechtsexperten. Sie wurden unter der Überschrift „Neuordnung des Insolvenzrechts“ 1989 zusammengefasst. Am 3. 6. 1992 wurde der Regierungsentwurf in den Bundestag eingebracht und in erster Lesung behandelt. Er wurde dem Rechtsausschuss federführend überwiesen. Ich erinnerte in der Debatte an unseren Antrag zur Einführung eines „Kleininsolvenzverfahrens für Verbraucher mit Restschuldbefreiung“ vom 3. 10. 1988 und forderte erneut ein eigenständiges Verfahren für diese Fälle ohne die Kompliziertheit der sonstigen Insolvenzabwicklung. So hatten es auch die Sozialverbände gefordert. In der endgültigen Form des Gesetzes wurde dem insoweit entsprochen, als dort ein vereinfachtes Verfahren eingebaut wurde. Bis zur Verabschiedung der Insolvenzordnung am 21. 4. 1994 sollte es fast zwei Jahre dauern. Ich wurde zum Berichterstatter der Fraktion zusammen mit meinem Kollegen Hermann Bachmaier bestimmt, der sich aber nur temporär damit befassen konnte. So hatte ich die Hauptlast zu tragen. In zahlreichen Gesprächen und Verhandlungen der Berichterstatter, die auf Seiten des Justizministeriums von dem Parlamentarischen Staatssekretär Rainer Funke moderiert wurden und fast wöchentlich in der Sitzungszeit stattfanden, konnten wir den Regierungsentwurf inhaltlich stark ändern. Der zuständige Kollege aus der CDU-Fraktion, Joachim Gres, war ausgesprochen kompetent und im Konkurs- und Vergleichsrecht anwaltlich sehr bewandert. Ich habe in den Diskussionen, auch mit ihm, viel gelernt. Dass in diesem Fall die Berichterstatter etwas Besonderes geleistet haben, wurde von der Bearbeiterin der offiziellen Veröffentlichung der Insolvenzordnung, Frau Ruth Schmidt-Räntsch, erschienen im Verlag des Bundesanzeigers 1995, mit den folgenden Worten gewürdigt: „Aus diesem Grund ist es auch angezeigt, die Berichterstatter des Bundestags-Rechtsausschusses hier namentlich zu erwähnen“ (S.58).

Das damals aus zwei unterschiedlichen Gesetzen bestehende Recht der Konkurs- und Vergleichsordnung aus den Jahren 1877 bzw. 1935 genügte den Anforderungen an ein zeitgemäßes Insolvenzrecht schon lange nicht mehr. Das ergab sich schon daraus, dass zwei Drittel aller Konkursverfahren mangels Masse eingestellt wurden. Zudem konnten Gläubiger in den restlichen durchgeführten Verfahren im Durchschnitt nur mit einer lächerlich geringen Quote von 4 bis 6% zur Erfüllung ihrer Forderungen rechnen. Auch die bevorrechtigten Gläubiger mussten mit einer durchschnittlichen Quote von lediglich 18% zufrieden sein. Schließlich hatte auch das Verhältnis von ca. 15.000 Konkursverfahren gegenüber 6,5 Millionen Einzelzwangsvollstreckungen bewiesen, dass der Konkurs damals (1993) zu einer Restgröße verkommen war. Ganz zu vernachlässigen war die Anzahl an Vergleichsverfahren mit weniger als 40 pro Jahr. Auch das Ziel der Sanierung von Unternehmen, um Vermögenswerte und Arbeitsplätze zu erhalten, war nur ausnahmsweise zu erreichen, abgesehen von spektakulären Fällen wie „AEG“ und „Metallgesellschaft“. Dies waren Sonderfälle, in denen die Politik unterstützend eingegriffen hatte. Die Anforderungen an ein modernes Insolvenzrecht machten das Vorhaben zu einer komplizierten, wenn auch dankbaren Aufgabe. Als meinen besonderen Auftrag in der Beratung sah ich damals vor allem, die unter meiner Federführung erarbeiteten Vorstellungen der SPD zur **Verbraucherentschuldung** einzubringen. Die Erfahrung hatte gelehrt: Weder die früheren Entwürfe noch der Regierungsentwurf hatten die Situation der Verbraucher ausreichend berücksichtigt! Zwar war die Thematik in den ursprünglichen Berichten der „Kommission für Insolvenzrecht“ angesprochen und die Regelung eines vereinfachten Verfahrens für Verbraucher grundsätzlich akzeptiert worden. Aber im Zweiten Bericht kam die Kommission zum Ergebnis, dass „eine Restschuldbefreiung (discharge) nach angloamerikanischem Vorbild nicht in Betracht“ komme. Ersatz sollten ein „erleichterter liquidationsbeendender Zwangsvergleich bzw. eine vereinfachte Schuldenregulierung“ sein. Man sah das damit schließlich vorgeschlagene Verfahren als weniger missbrauchsanfällig an.

Zudem glaubten die Verfasser, dass ihr Entwurf mit einer geringeren Belastung der Gerichte verbunden sei im Vergleich zum englischen System. Diesem Ansatz entsprach dann auch der Regierungsentwurf. Ich habe schon zu Beginn der Beratungen betont, dass ohne eine entsprechende Regelung des Zugangs zu einer Verbraucherentschuldung die SPD dem Unternehmen nicht zustimmen werde. Es kam mir dabei der Umstand zu Hilfe, dass der Bundesrat von einer SPD-Mehrheit dominiert wurde. Hätte der Bundesrat nicht zugestimmt, hätte der Bundestag nur mit einer qualifizierten Mehrheit das Votum des Bundesrats überstimmen können. Mit diesem Hebel habe ich mir wie auch die anderen Berichterstatter, dann die Erfahrungen in den USA mit deren „**Bancrupty-Code**" uns an Ort und Stelle erläutern lassen. Der Besuch von uns als Berichterstatter mit Begleitung durch das Ministerium führte uns vom 28. 11. bis 6. 12. 1992 in die USA. Ich konnte übrigens auch einen besonderen Teil zum Programm beitragen, indem ich meinen Doktoranden Fritz Weinschenk einschaltete, der Gespräche in seiner Rechtsanwalts-Kanzlei in New York vermittelte. Die Amerikaner hatten ihr Insolvenzrecht einige Jahre vorher insofern modernisiert, als sie den in Schwierigkeiten geratenen Unternehmen mit Kapitel 11 des Codes ein Reorganisationsverfahren erlaubten. Das bedeutete, eine Zeit lang ohne Gläubigereinfluss am Markt weiter teilnehmen zu können und sich gegebenenfalls zu erholen. Im Übrigen sollten vor allem Privatunternehmer die Chance haben, nach einem Insolvenzverfahren wieder neu zu beginnen, im Wege der „Discharge", also einer Art Restschuldbefreiung. Auch interessierte uns die Stellung der gesicherten Gläubiger im Insolvenzverfahren. Die Aussicht auf einen „Fresh start" lag in der amerikanischen Mentalität, jedem eine Chance auf einen Neubeginn zu geben, selbst wenn er in seinen ersten Unternehmungen Schiffbruch erlitten hatte. In New York sprachen wir in der -mit einer Vielzahl von Anwälten ausgestatteten- Kanzlei von Weinschenk mit den in Insolvenzverfahren bewanderten Spezialisten. Außerdem diskutierten wir mit Prof. L. B. King, den Rechtsanwälten Rosen, Rosenberg und Lieb, Bankenvertretern und mit der Verbraucherorganisation. Diese wies uns auf einige Schwächen der Regelung für die Verbraucher hin, die nach ihrer Erfahrung insbesondere darin bestanden, wie sie einschätzten, dass sie eine allzu lange Wohlverhaltensperiode hinter sich zu bringen hatten, bis sie entschuldet werden konnten. Es war nach Einschätzung der Verbraucherorganisation auch ein recht kompliziertes Verfahren.

An einem Abend während unseres Aufenthalts in New York erlebten wir eine Vorstellung des Musicals „Cats" am Originalschauplatz der Uraufführung. Beeindruckend war, dass die Mitwirkenden in der Pause mit den Besuchern plauderten, also Darstellerinnen und Darsteller „zum Anfassen" waren. Das war mir neu und ich dachte, dass der bei uns übliche Abstand zwischen Ensemble und Publikum doch auch einmal in ähnlicher Form überwunden werden könnte.

Danach flogen wir nach Boston. Für mich bedeutete diese Stadt mit seiner sehenswerten „Altstadt" im Zentrum städtebaulich eine Überraschung. In der Harvard-Universität sprachen wir mit der Insolvenzexpertin Prof. Elizabeth Warren, mit Rechtsanwälten und mit Richter Hillman. Danach ging es weiter nach Washington. Wir wohnten übrigens in Washington in einer geschichtsträchtigen Stelle, im Watergate-Hotel, in dem die Administration Nixons die Demokraten ausspioniert hatte. Dies führte bekanntlich zu seinem Sturz. Wir konnten dort zunächst mit Vertretern des Justizministeriums sprechen. Am 3. 12. 1992 fuhren wir nach Alexandria, wo uns Chiefjudge Bostetter, vom U. S. Bankrupcy Court in Virginia seine Sicht zum Verfahren erläuterte. Anschließend hatten wir Gelegenheit, das Familiengut von George Washington, Mount Vernon mit Wohnhaus, Sklavenbehausungen und Ställen zu besichtigen. Die Führung wurde von ehrenamtlichen Helferinnen der betreuenden Stiftung sehr kompetent vorgenommen. Daraufhin flogen wir nach San Francisco zu Gesprächen an der States-University und im Anschluss vor allem mit den hervorragenden Wissenschaftlern an der berühmten „Stanton-University", den Professoren Riesenfeld und Crawford. Bilanzierend muss ich feststellen, dass ich selten eine so anstrengende Reise von Mitgliedern des Rechtsausschusses erlebt habe. Sie war hervorragend organisiert vom Sekretariat des Rechtsausschusses und dem Justizministerium, die derart intensive Gespräche mit wertvollen Informationen mit sich brachte. Es war also keine Luxusreise, sondern eine arbeitsintensive und vor allem ertragreiche Sondierung.

Einige Tage nach unserer Anwesenheit in Kalifornien ereignete sich ein Erdbeben und es gab dabei Opfer und massive Schäden, z. B. stürzte die Brücke zwischen San Francisco und Portland ein. Ich telefonierte dann nach der Rückkehr mit dem Generalkonsulat, das uns dort betreut hatte, und war froh, dass außer einigen Schäden an der Fassade des Gebäudes keine weiteren Verluste zu beklagen waren. Zurück in Bonn hatte ich neben Rainer Funke mit dem, wie schon gesagt, sehr sachverständigen Kollegen Joachim Gres die Hauptlast bei der Formulierung des Gesetzes zu tragen. In der Anhörung im Rechtsausschuss am 28. 4. 1993 wurde der Entwurf zwar grundsätzlich befürwortet. Allerdings wurde bemängelt, er sei äußerst bürokratisch, beinhalte zu viele Rechtsbehelfe und sei für die Praxis nur schwer handhabbar. Kritisch wurde vor allem angemerkt, dass das Problem des „modernen Schuldturms“ nicht angemessen gelöst sei: Es fehle eine Lösung mit Hilfe eines wirksamen Insolvenzverfahrens für Verbraucher. Es war nach meiner Erfahrung eine der umfangreichsten Anhörungen im Rechtsausschuss. Insgesamt kamen 34 Personen und Verbandsvertreter und -vertreterinnen zu Wort. Dazu kamen 18 z. T. sehr umfangreiche schriftliche Stellungnahmen aus den Reihen der unterschiedlichen Wirtschafts- und Sozialverbände. Die Berichterstatter hatten dazu einen umfangreichen Fragenkatalog erarbeitet. Hinsichtlich der Verbraucherinsolvenz ging es um die Frage, ob es sich empfehle, „den Verbraucherkonkurs in einem besonderen Gesetz bzw. Verfahren zu regeln“. Zum anderen ging es um die Frage im Fall der Bejahung, „welche grundsätzlichen Elemente sollte ein entsprechendes Verfahren enthalten“. Schließlich kam es mir darauf an zu erfahren, falls Bedenken gegen die Eigenverwaltung bei Kleinverfahren bestünden, welche Alternativen die Sachverständigen vorschlügen, „um Verbrauchern mit geringem Vermögen und niedrigem Einkommen eine sie möglichst wenig belastende und damit realistische Möglichkeit einzuräumen, Restschuldbefreiung im Rahmen eines Insolvenzverfahrens zu erlangen?“.

In der Folgezeit –immerhin über zwei Jahre- wurde der Regierungsentwurf durch die Berichterstatter in einer Form überarbeitet, die zunächst zu einer wesentlichen Kürzung führte. Das war aber nur die formale Seite der Überarbeitung. Wichtiger war, dass der Entwurf insgesamt durchforstet wurde, um das Wesentliche herauszuarbeiten. Der Ausschussbericht (BT-Drucksache 12/7302 zur InsO) legt davon Zeugnis ab. Insbesondere die Einfügung der Verbraucherinsolvenz war nicht einfach. Die Kreditwirtschaft prognostizierte riesige Ausfälle an Forderungen, was wir aber ihr nicht abnahmen. Die Arbeitsgemeinschaft der Verbraucherverbände unterstützte meine Bemühungen, kritisierte aber, dass die sogenannte „Wohlverhaltensperiode“ mit sieben Jahren zu lange sei. Als diese Dinge soweit im weiteren Verlauf der Diskussionen geklärt waren, ergaben sich unerwartet für mich plötzlich **Widerstände** aus den Reihen der **SPD-geführten Länder** unter Führung des damaligen Finanzministers von Nordrhein-Westfalen, Heinz Schleußer. Er stellte mir in einem

Gespräch seine Schätzung vor Augen, dass er mindestens 100 neue Stellen für Rechtspfleger in seinen Haushalt einstellen müsste, die das Verfahren zu begleiten hätten. Meine Rechnung sah bei der personellen Seite viel bescheidener aus. Denn dem gegenüber ergaben sich erhebliche Einsparpotenziale im Justizbereich durch weniger aufwändige Verfahren. Schon die Zusammenführung von Konkurs- und Vergleichsordnung würde nach meiner Prognose zu merklichen personellen und verfahrensmäßigen Einsparungen führen. Hinterher stellte sich heraus, dass es nicht zu der Vielzahl von Verfahren kam, wie befürchtet wurde, und damit auch nicht zu dem Bedarf an der entsprechenden Neuschaffung von Stellen für Rechtspfleger. Im Ergebnis wurde das neue Recht der Verbraucherinsolvenz mit wenigen Abstrichen im Grundsatz so verabschiedet wie ich es als Berichterstatter vorgeschlagen hatte. Unterstützung bekam ich aus Rheinland-Pfalz vom damaligen Justizminister Caesar, der ebenfalls einen dramatischen Bedarf an neuen Stellen nicht erwartete.

Meine Erfahrung aus dem Gang dieser Gesetzgebung war vielfältig. Erstens, man kann auch aus der Oppositionsperspektive Einiges durchsetzen. Zweitens, wenn man ein gewisses Standing oder Vertrauensverhältnis zu den Abgeordneten der Koalition und zur Regierung, vor allem gegenüber dem Justizministerium, aufgebaut hat, kann man etwas bewirken. Drittens war natürlich das damalige Mehrheitsverhältnis im Bundesrat zu Gunsten der SPD hilfreich.

Am 21. 4. 1994 wurde das neue Insolvenzrecht unter dem Titel „**Gesetz zur Insolvenzordnung**" und zum Einführungsgesetz zur Insolvenzordnung (Drucksachen 12/2443, 3803; 7302; 73039) mit großer Mehrheit, auch mit der SPD-Fraktion, verabschiedet. Ich bezeichnete sie in der Debatte zur zweiten Lesung, also vor der dritten Lesung, der Verabschiedung, als „eines der großen Reformwerke der letzten Jahre"; der Parlamentarische Staatssekretär Rainer Funke nannte sie einen „Meilenstein der Rechts-, Wirtschafts- und Sozialpolitik". Die Berichterstatter, vor allem Joachim Gres und ich, haben den Regierungsentwurf „von vorne bis hinten durchforstet". Ich sagte unwidersprochen: „Das, was heute vorliegt, ist nicht mehr der Entwurf der Bundesregierung, sondern ein **Projekt des Parlaments**". Das Protokoll verzeichnet danach „Beifall bei Abgeordneten aller Fraktionen und Gruppen". Auch im Tätigkeitsbericht des Rechtsausschusses für die 12. Legislaturperiode vom 14. 12. 1994 heißt es: „Der Rechtsausschuss hat die vorgelegten Gesetzentwürfe über einen Zeitraum von eineinhalb Jahren intensiv beraten und ganz erheblich umgestaltet".

Unsere Ziele bestanden in der Erhaltung von möglichst vielen Arbeitsplätzen unter Wahrung der Arbeitnehmerrechte mit der Einführung des Insolvenzplans, der den bisherigen unpraktikablen Vergleich ersetzte. Zum anderen galt nunmehr das Prinzip „Vorrang der Sanierung vor Zerschlagung" der betroffenen Unternehmen. Das weitere, von mir besonders präferierte Ziel, war das eigenständige Verbraucherinsolvenzverfahren, wobei der Akzent auf eine außergerichtliche Einigung zwischen Schuldner und Gläubigern gelegt wurde, um gar nicht erst in verfahrensrechtliche Probleme zu geraten. Dies entkräftete auch die Besorgnisse der Länder wegen der von einigen Justizverwaltungen prognostizierten personellen Konsequenzen. Mit dem Neunten Teil der Insolvenzordnung wurde unter dem Titel „Verbraucherinsolvenzverfahren und sonstige Kleinverfahren" (§§ 304 bis 314) den Besonderheiten der Verbraucherinteressen in der Insolvenz Rechnung getragen. Dass ich auf das Erreichte stolz war, konnte ich nicht verbergen. Eine Vertreterin der Arbeitsgemeinschaft der Verbraucherverbände, wie der Zusammenschluss damals noch hieß, nannte mich in einer Diskussion einmal den „Vater der Verbraucherinsolvenz". Das empfand ich aber als etwas übertrieben. Dass die von uns im Plenum beantragte kürzere Dauer der Wohlverhaltensperiode des Schuldners von fünf Jahren im Normalfall von der Koalitionsmehrheit abgelehnt wurde – es blieb bei damals 7 Jahren - hinderte unsere Zustimmung nicht. Meine Argumentation überzeugte auch die Fraktion, die mir in der Abwägung der Vor- und Nachteile einstimmig folgte. Dies galt auch für den arbeitsrechtlichen Teil mit dem Schutz der Arbeitnehmerrechte. Mittlerweile ist das Anliegen, die Wohlverhaltensperiode abzukürzen, ja auch mit der rot-grünen Koalition durchgesetzt worden. Das Gesetz trat dann im Interesse der Länder, um Zeit für die organisatorischen Vorbereitungen zu gewinnen, erst zum 1. 1. 1999 in Kraft. Der Bundestag ist den Ländern in ungewöhnlicher Form im Interesse der Sache entgegengekommen. ich denke, das Unternehmen hat sich trotz des zeitlichen Aufschubs gelohnt

Manchmal reist auch der Rechtsausschuss

Nicht zu unterschätzen sind auch Bekanntschaft und gegebenenfalls daraus entstehende vertrauensvolle Beziehungen zu den Kolleginnen und Kollegen im Rechtsausschuss. Eine Gelegenheit zum näheren Kennenlernen besteht in den Ausschussreisen zu bestimmten Themen. Solche gemeinsamen Fahrten können neben den sachlichen Erfahrungen zu engeren persönlichen Kontakten führen. Die dargestellte Fahrt in die USA war, wie eben betont, eine besonders ertragreiche. Der Rechtsausschuss hatte nicht den Ruf, ein „Reiseausschuss“ wie z. B. der Ausschuss für Touristik oder der Auswärtige Ausschuss zu sein. Insofern wurde von Seiten des Vorsitzenden und auch des Sekretariats darauf geachtet, dass die Reisen begründet, gut vorbereitet und nachbereitet wurden. Vorbildlich waren der damalige Vorsitzende Eylmann von der CDU und der damalige Sekretär des Ausschusses Frau von Welck, die darauf Wert legte, nicht als „Sekretärin“, sondern als Frau „Sekretär“ des Ausschusses angesprochen zu werden. Soweit zum Thema Gendern in einer Zeit, wo es noch keine Rolle spielte.

Die erste Reise mit dem Rechtsausschuss führte mich von Bonn nach Brüssel. Vom 31. 1. bis 2. 2. 1988 besuchten wir die Europäische Kommission und führten Gespräche im Hinblick auf das Verhältnis von Gemeinschaftsrecht und dem nationalen Recht. Insbesondere interessierte uns auch der Prozess der Umsetzung von europäischem Recht in das nationale mit seinen spezifischen Problematiken. Auch die Bundesländer waren schon mit eigenen Büros in Brüssel vertreten, um ihre Interessen zu wahren. Unsere Gesprächspartner waren der Juristische Dienst des Rates, Kommissar Schmidhuber und die Ständige Vertretung der Bundesrepublik, aber auch Kollegen aus dem Europäischen Parlament, u. a. Willi Rothley aus Rheinland-Pfalz. Ein Ergebnis war unter dem Eindruck der zunehmenden „Europäisierung“ des Rechts die Bildung eines **Unterausschusses** des Rechtsausschusses „**Europarecht**“, dem ich dann auch unter der alternativen Leitung von Kollegen der Koalition und Ludwig Stiegler bis 1998 angehörte.

Vom 18. bis 22. 2. 1990 nahm ich an einer Reise nach Bulgarien teil. In Sofia sprachen wir mit dem Justizminister der neu gewählten Regierung, dem Generalstaatsanwalt und dem Vorsitzenden des Gesetzgebungsausschusses. Es ging um die Anpassung rechtlicher Standards an das demokratische System zur Vorbereitung des Eintritts in die Europäische Union. Besonders hat mich der Wunsch der Kollegen der juristischen Fakultät der Universität Kliment Ochridski berührt nach Kontakten mit den deutschen Fakultäten. An einem Tag besichtigten wir die Stadt Plowdiw. Sie ist eine römische Gründung, von der noch ein Stadion und das Forum erhalten sind. Ein großer Teil der Altstadt besteht aus Häusern unter Denkmalschutz aus dem 19. Jahrhundert. Sehenswert sind die beiden Moscheen aus dem 15. Jahrhundert, die an die islamische Zeit erinnern.

Eine weitere größere Reise führte mich vom 23. Januar bis 1. Februar 1993 nach Südamerika, in die Länder Chile und Argentinien. Ich hatte die Freude, meinen Fraktionskollegen und Leiter der Arbeitsgruppe Recht der SPD-Fraktion, Hans de With dabei zu haben. Er hatte als Parlamentarischer Staatssekretär bei Hans Jochen Vogel Regierungserfahrung im Kabinett von Helmut Schmidt. In der chilenischen Hauptstadt Santiago de Chile führten wir Gespräche mit Parlamentariern, dem Justizminister und dem Innenminister über die berüchtigte „Colonia Dignidad". Es folgten Gespräche mit Vertretern der Wirtschaft. Nach dem Ende der Diktatur bemühte man sich auch hier, den Rechtsstaat wieder herzustellen. Z. T. waren die alten Richter und Justizbeamte aber noch in Amt und Würden. Über die alte Hafenstadt Valparaiso mit ihrer malerischen Altstadt, heute unter dem Schutz der UNESCO, flogen wir nach Buenos Aires. In Valparaiso befinden sich der Senat und das Abgeordnetenhaus, mit deren Präsidenten wir sprachen. Auch in Buenos Aires wollten wir den Aufbau rechtsstaatlicher Strukturen nach dem Ende der Diktatur unter der Militärjunta kennenlernen. Ich erlebte eine großzügig geplante Stadt an der Mündung des Rio de la Plata mit dem Tegre-Delta. Mir fiel eine große Aufbruchstimmung in der Bevölkerung auf. Wir hatten Diskussionen mit dem Obersten Richter, dem Generalstaatsanwalt und dem Vorsitzenden Richter des neu geschaffenen Kassationsgerichtshof in Strafsachen. Die Parlamentarier des Rechtsausschusses und die Vertreter der Regierung betonten das Vorbild der europäischen Institutionen, die Maßstab für ein modernes Justizsystem seien. Der Justizminister berichtete von der Initiative, mit Deutschland ein Vollstreckungs- und Rechtshilfeabkommen abzuschließen. Doch hatten viele Juristen schon unter der Diktatur leitende Funktionen in der Justiz, wie uns die Redakteure des „Argentinischen Tageblatts" sagten. Immerhin war die Funktion einer Menschenrechtsbeauftragten im Außenministerium eingerichtet, im Rang einer Botschafterin, die auch für Frauen zuständig war. Nach den Gesprächen hatten wir noch einige Tage Zeit, um uns umzusehen. Es kam dann eine Einladung, zu den Iguazu-Fällen zu fliegen, mit dem Thema „Rechtliche Probleme des Grenzbezirks" (Brasilien, Argentinien). Da sagte der gradlinige Hans de With zu mir: „Das machen wir nicht mit, wir sind doch nicht auf Sightseeings-Reise". Während unsere Kollegen aus dem Bundestag der Einladung folgten, blieben wir in Buenos Aires, was ich nicht bereute. Der damalige Botschafter Dr. Wiegand Ch. Pabsch bewirtete uns persönlich in seiner Residenz; er war übrigens mit Hans de With befreundet. Am nächsten Tag fuhren wir mit seinem

Boot in das Mündungsgebiet des Rio de la Plata mit vielen Inseln und Wochenendhäusern der argentinischen Oberschicht. Wir begegneten aber auch Tierzüchtern auf den Inseln, die uns zu einem Barbecue mit argentinischen Steaks einluden. Ein wunderbarer Tag. Nach unserer Rückkehr nach Deutschland fragte die Presse nach, wieso Parlamentarier auf Staatskosten Sightseeing machen könnten. Wir Beide waren fein raus, während sich ein (Grüner) Kollege, Dr. Ullmann, bei mir beschwerte, warum wir ihn nicht gewarnt hätten! Wir mussten uns doch über so viel Naivität wundern.

Gerne erinnere ich mich an eine Reise nach Indien und Vietnam vom 5. bis 14. Mai 1994. Als der damalige Vorsitzende Horst Eylmann aus Gesundheitsgründen zurückfliegen musste, teilten mein Kollege Dr. Adolf Jahn von der CDU, der ehemalige Parlamentarische Staatssekretär im Justizministerium (einer meiner Vorgänger), und ich uns die Leitung der Delegation. In Indien besuchten wir ein Gefängnis, das in den Augen der Inder als besonders fortschrittlich galt. Die ziemlich resolute und Tennis spielende Generalinspektorin führte uns durch offensichtlich ausgesuchte Unterkünfte und Beschäftigungsräume. Keiner der Insassen war bereit, uns Auskunft über die Situation zu geben. Wesentlich aufschlussreicher waren dann die Gespräche im Parlament, der Human-Rights-Commission, im Außenministerium, dem Generaldirektor des Drogenbüros und den Vertretern der deutschen Stiftungen. In Delhi besichtigten wir die berühmte Altstadt mit dem Roten Fort. Es folgte ein eintägiger Ausflug mit der Bahn in aller Frühe nach Agra mit der berühmten Begräbnisstätte aus weißem Marmor. Ein unglaubliches Erlebnis, bei mir etwas eingeschränkt durch die in Indien bei Reisenden übliche Magen-Darm-Infektion. Jedenfalls sind mir neben dem Gebäude in der schönen Anlage und den Wasserfontänen vor allem die unterirdische Begräbnisstätte, ein dunkler und feuchter Raum, und die Marmorintarsien an den gesamten Mauern und Wänden im leuchtend weißen Marmor noch lebhaft in Erinnerung.

Frühstück mit Muhammad Ali

Die weitere Reise führte mit kurzer Station in Bangkok nach Hanoi. Es war wohl der erste deutsche parlamentarische Kontakt mit dem kommunistischen System in Vietnam. Der dortige sehr engagierte Botschafter Klaus-Christian Krämer beklagte sich über das mangelnde Interesse der deutschen Wirtschaft an dem aufstreben-

MAINZER MIX

VON MICHAEL JACOBS

mjacobs@vrm.com

Frühstück mit Ali

Bis zu 15 000 Menschen haben am Freitag in einer bewegenden Trauerfeier in der Mainzer Partnestadt Louisville, Kentucky, Abschied von Boxlegende **Muhammad Ali** genommen. „Er war ein unheimlich eindrucksvoller Mensch", erinnert sich der Jurist und langjährige Mainzer SPD-Bundestagsabgeordnete **Prof. Eckhart Pick**, der den schon von Parkinson gezeichneten Meister aller Klassen 1995 bei einer Reise als Vorsitzender des Bundestags-Rechtsausschusses in Vietnam kennenlernen durfte. Ali, der sich geweigert hatte, für Amerika in Krieg zu ziehen, sei als US-Sonderbotschafter zu Gast in Nordvietnam gewesen, um als Zeichen der Versöhnung ein amerikanisches Camp für Kriegswaisen aufzubauen, erzählt Pick. Beim Frühstück im Hotel in Hanoi habe er sich mit dem damals 53-jährigen Champ ganz unkompliziert unterhalten können. „Wir haben viel über Sport gesprochen. Ich war früher ja mal ein ganz guter Degenfechter". Obwohl er die Worte sehr langsam artikulierte, sei Muhammad Ali sehr wach gewesen, intelligent, offen und interessiert – natürlich auch an an deutschen Box-Titanen. „Wie es Max Schmeling gehe, wollte er wissen, und erkundigte sich auch nach Ringer Wilfried Dietrich, dem berühmten ‚Kran von Schifferstadt'". Für ein längeres Interview habe die Zeit leider nicht gereicht, bedauert Pick. Aber eine persönliche Widmung habe ihm der große Sportler und Mensch geschenkt.

Professor Eckhart Pick kam beim Frühstück in einem Hotel in Hanoi mit Boxlegende Muhammad Ali ins Gespräch. Archivfotos: hbz/Henkel; dpa

Grüne Straßenkicker

Das Runde muss ins Eckige! Auch in diesem Jahr sind die Mainzer „Grünen" wieder beim „Streetkick unterm Regenbogen – eine Stadt viele Farben" des Fanprojekts Mainz mit einem Team am Start.

Die Alternativen-Equipe wird unter anderem vom Landtagsobgeordneten **Daniel Köbler** und Sportdezernent **Günter Beck** beim Tore schießen unterstützt. „Auch wenn wir im vorletzten Jahr kläglich versagt haben, sind wir gerne wieder mit dabei, um ein Zeichen für eine tolerante und offene Gesellschaft, gegen Homophobie und Intoleranz zu setzten", kündigte Daniel Köbler verschärften Einsatz an, setzte aber auch schon mal ein ganz realistisches Straßenturnier-Ziel: „Unsere Motivation ist der Fairness-Pokal, den wir im vorletzten Jahr erhalten haben". Der „Streetkick unterm Regenbogen" startet mit einem sportiv-unterhaltsamen Rahmenprogramm am Samstag, 11. Juni, ab 10 Uhr auf dem Gutenbergplatz.

Kameramann Thomas Vollmar setzte das renitente Personal von „Die Kirche bleibt im Dorf 2" ins Bild. Foto: Camino Filmverleih

Kamera für Komödie

Nach der schwäbischen Erfolgskomödie **„Die Kirche bleibt im Dorf"** um verfeindete Clans, shakespeare-reife „Romeo und Julia"-Verstrickungen sowie ein per Traktor transportables Gotteshaus, zeigt das Cinemayence am Samstag, 11. Juni, 20.30 Uhr, die nicht minder amüsante Fortsetzung als Erstaufführung unter dem Tusch-Titel „Täterätä! Die Kirche bleibt im Dorf 2". Zur Vorstellung schaut auch Chef-Kameramann und Grimme-Preisträger **Thomas Vollmar**, Absolvent der Hochschule Mainz und Geschäftsführer von Kontrastfilm Mainz, auf eine Gesprächsrunde vorbei. Zurzeit dreht er als führender Kameramann für den SWR die zweite Staffel der Fernsehserie, auf der der Kinofilm fußt. Auch in Teil zwei krachts gewaltig unter den Ober- und Unterrieslingern, spätestens als das Dach der Kirche über Pfarrer Schäuble zusammenbricht und sich die Dörfler mit einer fusionierten Rock-Blaskapelle zu einem Musikwettbewerb nach Hamburg aufmachen...

MZloka05

den Land, das mit Recht das „Preußen Asiens" genannt würde. Der Rechtsstaat war dort, wie wir von einheimischen Anwälten erfuhren, noch nicht etabliert, kein Wunder angesichts des nach wie vor stabilen kommunistischen Regimes. Immerhin konnten wir einem strafrechtlichen Verfahren eher zufällig beiwohnen, das während unserer Anwesenheit im Obersten Gericht von der Öffentlichkeit mit großem Interesse begleitet wurde. Vor dem Gerichtsgebäude standen Hunderte von Zuhörern, die mit großer Spannung die Verhandlung verfolgten, die wegen der Überfüllung des Saales nach außen übertragen wurde. Erstmals war ein Offizier angeklagt, einen Bürger grundlos erschossen zu haben. Wie das Verfahren endete, weiß ich nicht, es war jedenfalls ein Schritt zu mehr Rechtsstaatlichkeit in den Augen der Bevölkerung. Als Delegationsleiter durfte ich einen Kranz am Mausoleum von Ho Tsi Minh niederlegen. Auch seine bescheidene Unterkunft während seiner Präsidentschaft konnten wir besichtigen.

Das war neben dem Besuch des unterirdischen Gang- und Höhlensystems der Vietkongkämpfer im Krieg gegen die US-amerikanische Armee und einem Besuch in einer der Kliniken, in denen Verletzte, auch Kinder, versorgt wurden, eine gegenwärtige Erinnerung an den furchtbaren Krieg. Der stellvertretende Innenminister versicherte uns, dass alle so genannten Kollaborateure inzwischen frei seien und die Folter abgeschafft sei. Eine weitere Erinnerung an den Krieg, die unsere Gesprächspartner zwar ansprachen, aber durchaus auch mit der Perspektive einer Verbesserung in den amerikanisch- vietnamesischen Beziehungen verbanden. Dazu diente der Besuch einer der berühmtesten Sportpersönlichkeiten, Muhammad Ali, in Vietnam. Als ich morgens in den Frühstücksraum des Gästehauses der Regierung kam, in dem wir untergebracht waren, sah ich ihn am Nebentisch sitzen. Ein junger Amerikaner, der sich dann als Anwalt und sein Manager vorstellte, holte mich dann an seinen Tisch. Muhammad Ali erwies sich trotz seiner sichtbaren Krankheitssymptome als hellwach. Freundlich fragte er mich: „How ist Max Schmeling?“, der damals noch lebte. Er sprach ihn „Smiling“ aus. Dann gab er mir auf meine Bitte ein Autogramm, zu dem er nach mehreren Anläufen auch meinen Namen hinzufügte. Wir unterhielten uns über Sport im Allgemeinen. Als ich ihm erklärte, dass ich als Fechter auch international aufgetreten war, stellten wir fest, dass es trotz der landläufig ganz unterschiedlichen Bewertung der beiden Sportarten überraschende Parallelen gibt. Ich sagte, seine Boxweise mit dem Hin- und Herspringen um den Gegner erinnere mich sehr an die fechterische Grundtaktik mit Abstandsgefühl und Wahl des richtigen Tempos. Dazu gehört einerseits auch die Attacke in den gegnerischen Angriff hinein, auf der anderen Seite das Zurückweichen, wenn es die Situation erfordert. Er stimmte mir begeistert zu. Nach einigen Tagen brach er zu einer Good-will-Tour durch Vietnam auf, bei der er Jugendcamps mit jugendlichen Boxern besuchte. Es waren zum größten Teil Waisen, die damit eine gewisse

Parkinson schreibt immer mit, wie ich selbst erfahre.

Perspektive erhielten. Es war sicher für mich eine sehr eindrucksvolle Begegnung, die er mit Winken aus seinem Fahrzeug, das ihn zu einer Tour abholte, beendete. Ganz beeindruckend war nach einem Gespräch mit dem Justizminister ein Treffen mit dem Präsidenten der vietnamesischen Nationalversammlung, das eine hohe Ehre bedeutete, wie der Botschafter sagte. Wir waren gerührt, als einer der einflussreichsten Politiker des Landes einen selbst gedichteten Text und ein von ihm vertontes Lied auf den Rhein sang, den er bei einer Visite in Bonn erlebt hatte.

Vom 27. 2. bis 2. 3. 1995 besuchte ich mit dem Rechtsausschuss Wien. Es ging dabei um Fragen der Suchtstoffkontrolle und Strafrechtspflege, die wir vor allem mit Vertretern des Internationalen Suchtstoffkontrollamts der UN, dem Präsidenten des Nationalrats Dr. Heinz Fischer, Abgeordneten des Nationalrats, Justizminister Dr. Michalek und dem Generalsekretär des OSZE, Dr. Hoeynck, erörterten. Es ging natürlich auch um den Beitritt Österreichs zur EU, die Umsetzung von EG-Vorlagen und das so genannte Subsidiaritätsprinzip, also den Nachrang des Europäischen Rechts gegenüber nationalen Regelungen. Am Abend lud uns der damalige Botschafter Dr. Philipp Jenninger, der ehemalige Bundestagspräsident, zum Heurigen nach Neustift bei Wien ein, eine angenehme Abwechslung neben einer speziellen Führung nach Schloss Schönbrunn. Jenninger traf ich im folgenden Jahr als Botschafter beim Vatikan wieder. Die herzliche Begrüßung durch den Wirt verriet uns, dass der Botschafter dort Stammgast war. Auch in Wien gibt es zwei Botschaften, neben der für Österreich die Ständige Vertretung bei den internationalen Organisationen, die sich in einem eigenen Zentrum an dem der Altstadt gegenüber liegenden Ufer der Donau befinden. Neben den übrigen Kollegen aus dem Rechtsausschuss war auch der verstorbene Prof. Dr. Uwe-Jens Heuer von der SED-Nachfolge-Partei PDS dabei, der mich ständig davon zu überzeugen suchte, dass er eine ordentliche akademische Karriere, allerdings beim Parteianhängsel „Akademie der Wissenschaften", hinter sich gebracht hätte. Er wollte damit zum Ausdruck bringen, dass er mit mir auf dem gleichen Niveau verkehren könnte. Später gab er mir ein Exemplar seiner Doktorarbeit als Nachweis seiner wissenschaftlichen Beschäftigung.

Im selben Jahr nahm ich an der Konferenz der „World Jurist Association" (WJO), einer von der UNO anerkannten Nicht-Regierungs-Organisation (NGO), vom 13. bis 18. August in Montreal teil, nicht für den Ausschuss, aber für die SPD-Fraktion. Das Besondere war, dass Antje auf eigene Kosten mitfahren konnte, allerdings mit einer anderen Airline, der Air Canada, während ich mit der Lufthansa flog. Wir haben übrigens immer auf eine sorgfältige Trennung von Dienstlichem und Privatem geachtet. In meinem Bericht an die Fraktion habe ich darauf hingewiesen, dass vom Inhalt her das Mammuttreffen nicht besonders ertragreich war. Es war ein Sammelsurium von Themen, die doch mehr oder weniger zufällig von den Referenten und Referentinnen gewählt wurden. Sicher waren die Kontakte zu einzelnen Richtern und Anwälten nützlich, die das Gros der Teilnehmer stellten. Mein Eindruck war, dass die Bedeutung der „WJO" vor allem in der Beratung der internationalen Organisationen besteht, für die allerdings Großveranstaltungen nicht geeignet sind. Für Antje und mich ergaben sich aber Gelegenheiten, die schöne Umgebung auf dem St.-Lorenz-Strom, die „Thousend islands" zu bewundern und die Altstadt, das Naturmuseum und das ehemalige „Olympic-village", die Unterkunft der Sportler, mit seiner modernen Baukastenarchitektur zu besichtigen.

Als Beobachter in der Türkei

Für die Fraktion war ich übrigens in den Jahren 1989 bis 1991 mehrmals in der Türkei. Anlass waren die Schwierigkeiten der Istanbuler Rechtsanwaltschaft mit den türkischen Behörden. Insbesondere der Präsident der Organisation, Turgut Kazan, war der Regierung ein Dorn im Auge, weil er sich für die Unabhängigkeit der Rechtsanwaltskammer einsetzte und auch kurdische Anwälte in diese aufnahm. Auf dem Kongress der Anwaltskammer vom 3. bis 5. 4. 1989 konnte ich zu den Delegierten sprechen. Ich erkannte die Leistungen für Recht und Gerechtigkeit insbesondere auch des neu gewählten Präsidiums an und sagte, dass die Bundesrepublik die Entwicklung der Türkei in Richtung Demokratisierung sehr aufmerksam verfolge. Die Ratifizierung der Anti-Folter-Konvention durch die Türkei vom März 1989 zeigte noch keine Wirkungen in der Praxis. Ein interessantes Gespräch hatte ich auch mit dem neu gewählten sozialdemokratischen Oberbürgermeister von Istanbul, Prof. Dr. Nurettin Sözen. Er berichtete von seinem Kampf gegen die unter seinem Vorgänger übliche Korruption. Bei diesem Kongress lernte ich übrigens Gregor Gisy kennen, der als Vertreter der DDR stolz auf die Abschaffung der Todesstrafe dort verwies. Beeindruckter war ich von den selbstbewussten und modernen Anwältinnen, die ich abends mit meinen Gastgebern traf. Als später ein Verfahren gegen den Vorstand der Kammer vor dem Einzelrichter des 2. Gerichtshof eingeleitet wurde, wohnte ich der Verhandlung am 1. 10. 1990 bei. Hintergrund des Verfahrens war die Weigerung der Kammer, die (Wieder)Zulassung eines kurdischen Mitglieds zurück zu nehmen. Mit großer Beredsamkeit wies der Präsident Kazan auf die internationalen Vereinbarungen hin, die die Türkei mit der Unterschrift unter das Abkommen von Cuba zum Schutz der anwaltlichen Unabhängigkeit eingegangen sei. Danach wurde das Verfahren auf Antrag der Staatsanwaltschaft, die die Regierung vertrat, auf den 22. Februar vertagt. Offensichtlich wurde später von Maßnahmen unter dem Druck der internationalen Öffentlichkeit abgesehen. Hans Koschnick, der von der Fraktion beauftragte MdB für Türkeifragen, wurde von mir über die Vorgänge informiert. Mit ihm habe ich einen der sympathischsten Politiker kennen gelernt, interessiert, freundlich und kollegial.

Eine Plakette des Dankes erinnert mich noch heute an das Engagement für die Anwaltskammer in Istanbul.

Abenteuer Mongolei

Eine weitere Reise des Rechtsauschusses durfte ich vom 2. bis 10. Juli 1996 in die Mongolei erleben. Anlass waren die ersten demokratischen Wahlen zum Großen Staats-Uraal, dem republikanischen Parlament der Mongolei, nach dem Ende der kommunistischen Herrschaft. Schon die Anreise war ungewöhnlich. Wir flogen nach Moskau, wo wir auf dem Zentralflughafen landeten, dann zu einem regionalen Flughafen im Botschaftswagen fuhren, um rechtzeitig den Anschluss zu erreichen und nach Novosibirsk weiter zu fliegen. Von dort ging es mit einer Maschine der Mongolian Airlines nach Ulaan Baatar – nicht Ulan Bator – wie uns die Einheimischen ans Herz legten. Die Plätze in der Maschine waren eine Art Faltsitze aus Segeltuch, das Gepäck wurde im Gang und rund um die Sitze verteilt. Die Passagiere, meistens Mongolen, hatten ganze Haushalte dabei, auch Käfige mit Hühnern und anderem Getier, über die man klettern musste, wenn man sich zur Toilette bewegte. Es ging ganz ungezwungen zu. Bemerkenswert war die geringe Höhe des Flugzeugs, das nur wenige Meter über das Altaigebirge flog. Das hatte den Vorteil, dass wir die Landschaft unter uns gut beobachten konnten. In der Hauptstadt wohnten wir in dem Palast des ehemaligen kommunistischen Präsidenten in Tenger, einem Vorort, der von einem großen Park mit Wildtieren umgeben war, die man aus der Nähe beobachten konnte. Die Reise war übrigens auf besonderen Wunsch der Gastgeber zustande gekommen in Erwiderung eines Besuchs einer mongolischen Delegation. Wir referierten über unsere Verfassung und unser Rechtssystem. Wir hatten Gespräche mit dem Vizepräsidenten des Parlaments, dem Großen Staats-Uraal, dem Vorsitzenden des Verfassungsgerichts, dem Justizausschuss und dem Vorsitzenden des Obersten Gerichts. Nach den Wahlen 1990 hatte sich die Mongolei 1992 eine neue demokratische Verfassung gegeben, die sich an die Vorbilder in Frankreich und Deutschland anlehnt. An einem Tag flogen wir mit einem riesigen russischen Hubschrauber in den Süden der Wüste **Gobi**, wo wir durch den dortigen Gouverneur empfangen wurden. Unterwegs konnten wir abwechselnd im Cockpit neben dem Piloten sitzen. Dabei konnten wir die Landschaft und sogar verschiedene Tierherden sehen. In der Nähe der Provinzhauptstadt Dalanzadgad waren wir zunächst Gast einer mongolischen Familie von **Nomaden** in ihrer Jurte. Ich trank als Einziger von uns zweimal gegorene Stutenmilch, aus Höflichkeit. Mit einem Geländewagen ging es weiter, zunächst in ein Gebirge, wo noch in der Sommerzeit Eis in einem Canyon vorhanden war. Dabei konnten wir -es war ein Schutzgebiet- Adler und wohl eine Art Steinböcke beobachten. Als uns auf der Rückfahrt eine Herde der seltenen Wüstengazellen über den Weg lief, ergriff die Fahrer der Jagdinstinkt und sie überholten mehrfach die Tiere. Wir fuhren dann in eine sonst nicht betretbare Dünenlandschaft, in der die sonst nicht vorkommenden Nester/Gelege von Dinosauriern immer wieder gefunden werden. Diese kann man dann im Nationalmuseum besichtigen. Während wir uns über die Funde vor Ort informierten, sagten uns unsere Begleiter, es käme bald Besuch zu uns, nämlich eine Reiterin. Wir sahen im Gegensatz zu den unglaublich gut sehenden Mongolen überhaupt nichts. Nach einer Weile kam aber in der Tat eine junge Mongolin zu Pferde und fragte, wo wir herkämen und was wir hier täten. Als die Übersetzer ihr unsere Aufgabe erklärt hatten, nickte sie uns stolz von ihrem Pferde zu und ritt zurück, zu ihrer Herde von Kamelen, wie uns die Begleitung sagte. Es war wie eine Fata Morgana, nur lebendiger und rührender. Wir übernachteten dann in einer Jurte, an die ich mich deswegen gut erinnere, weil ich mir den Kopf an dem niedrigen Holzbalken des Eingangs stieß, und mein Nachbar Jürgen Meyer meinte, ich sollte mir doch das Blut abwischen, das ich gar nicht bemerkt hatte. Morgens wuschen wir uns in ziemlich kaltem Wasser im Freien. An diesem Tag erlebten wir eine Gerichtsverhandlung in Dalanzadgat. Der Gerichtsvorsitzende mit einem lang herunterhängendem schwarzen Schnurrbart, wie Dschingis Khan aussehend, leitete die Verhandlung. Es ging um einen Pferdediebstahl, normaler Weise ein todeswürdiges Verbrechen. Der Angeklagte verteidigte sich damit, er hätte das zugelaufene Tier nur in Obhut genommen, um es dann an den Besitzer zurückzugeben. Wegen der Verzögerung der Rückgabe machte er allerhand Gründe geltend. Der Richter wollte ihm wohl glauben, vielleicht auch wegen unserer Gegenwart, und verurteilte ihn immerhin zu einem Jahre Haft wegen der unterlassenen Rückgabe, die man auch als Unterschlagung oder eine ähnliche Straftat nach mongolischem Recht hätte ahnden können. Zum Abschied überreichte der zufriedene Richter jedem von uns das Geweih einer Antilope, die er selbst geschossen habe. Zu Haus verbot mir Antje, sie an die Wand zu hängen, trotz der schönen Befestigung auf einem schwarz lackierten Brett. Sie kann übrigens in unserem Keller besichtigt werden. Etwas außergewöhnlich war, dass zur gleichen Zeit im russischen Kultur- und Wissenschaftszentrum ein Nachkontakttreffen -so hieß es offiziell- der ehemaligen mongolischen Stipendiaten des „Deutschen Akademischen Austauschdienstes“ (DAAD) stattfand. Das machte uns klar, warum viele Akademiker so gut deutsch sprachen. Diese Tradition war übrigens durch die DDR begründet worden, die zu Zeiten des Warschauer Blocks sozusagen die Patenschaft für die Mongolei übernommen hatte. Auch die „Gesellschaft für Internationale Technische Zusammenarbeit“ (GIZ) war durch Rechtsberatung aktiv. Der deutsche Botschafter Dr. Metternich berichtete uns von den Problemen im eiskalten Winter, vor allem für die vielen Straßenkinder, die in den Heizungsgängen der Wärmeleitungen (über)lebten. Auch für die

Kliniken waren die häufigen Stromausfälle ein großes Problem. Als Andenken an diesen beeindruckenden Aufenthalt erwarb ich eine silberne Trinkschale, ähnlich der, wie sie uns die gastfreundlichen Mongolen in der Wüste gereicht hatten. Auch der Rückflug, diesmal mit einer Tupolew der russischen Fluglinie Aeroflot, begann mit einem Abenteuer. Da die Fluglinie mit den Zahlungen des Sprits im Rückstand war, verweigerte der Flughafen das Betanken. Erst als der russische Botschafter eingeschaltet wurde und für die Schulden geradestand, konnten wir nach einiger Verzögerung zu unserer Heimreise starten. Als ich einigen Kollegen später im Bundestag davon erzählte, meinten die reiseerfahrenen Mitglieder des Auswärtigen Ausschusses, nach Ulaan Baatar flöge man nicht über Moskau und Irkutsk, sondern, wenn auch etwas teurer (und bequemer), über Peking. Sie haben deswegen wahrscheinlich aber auch nicht so interessante Eindrücke von Land, Leuten und der besonderen Art von Flügen erlebt!

Israel, Arafat, Kronprinz Hassan und Petra

Eine weitere Reise führte den Rechtsausschuss vom 9. bis 17. Dezember 1995 nach Israel, Jordanien und in den Gazastreifen ins palästinensische Autonomiegebiet. In Jerusalem sprachen wir mit dem Parlamentspräsidenten über das Verhältnis zwischen Juden und Palästinensern. Es war klar, dass eine Verständigung wegen der Inanspruchnahme von Jerusalem und der Siedlungspolitik in weiter Entfernung lag. Es folgten Unterredungen mit dem stellvertretenden Direktor von Yad Vashem, der Staatskontrolleurin Miriam Ben-Porat, einem Richter am Obersten Gericht, Gabriel Bach, und mit Anwälten sowie Rechts- und Politikwissenschaftlern in Jerusalem. Wir besuchten auch das Israel-Museum, die Altstadt und das Grab von Yitzhak Rabin. Schon in Jerusalem kamen wir in Kontakt mit der Palästinensischen Unabhängigen Kommission für Bürgerrechte. Anschließend fuhren wir über den Checkpoint Erez zum Besuch in der Hauptstadt des Gazastreifens zu einem Treffen mit Präsident Yasser Arafat. Dieser begrüßte uns in seiner schwerbewachten, aber bescheidenen Residenz. Er machte auf mich einen sehr gewieften Eindruck, sicher kein Zufall, dass er sich in den zahlreichen Machtkämpfen der El Fatah durchgesetzt hatte. Zwar meinte er, der Besuch stünde unter einem guten Vorzeichen, denn es regnete seit langer Dürre während unserer Visite; doch wir wurden den Eindruck nicht los, dass es der palästinensischen Regierung in erster Linie um deutsche Hilfe zu Aufbau und Erhalt der dortigen Strukturen ging. Wir sprachen auch mit dem dortigen Justizminister und dem Generalanwalt, außerdem mit der Europäischen Wahlkommission im Deutschen Kulturzentrum von Gaza. Nach dem Tode Arafats erlebten wir allerdings, wie das damalige leidlich stabile Verhältnis zwischen Juden und Palästinensern in eine kriegerische Konfrontation umschlug. Zurück in Israel fuhren wir von Jerusalem nach Jericho. Dort besuchten wir den Hisham´s-Palast Tel al-Sultan und sprachen mit dem Minister der Lokalen Regierung über die Grenzprobleme. Nach diesen Eindrücken fuhren wir in Pkws bis zur Grenze nach Jordanien, über die berühmte Allenby-Brücke. Interessant war in Amman vor allem der Empfang durch den damaligen Kronprinzen Hassan in dessen Palast, der sehr offen über die Frage der Modernisierung des Königreichs mit uns diskutierte. Vielleicht war seine westlich orientierte Haltung auch der Grund, dass ihn die jordanische Nomenklatura nicht zum König wählte, als sein Bruder König Hussein gestorben war. Weitere Gespräche führten wir mit dem Justizminister Hisham Tell, und den Präsidenten des jordanischen Unter- und Oberhauses. Eindrucksvoll waren unsere Abstecher von Amman nach Jerash, das antike Gerasa, und in die berühmte Hauptstadt der Nabathäer, Petra. In Jerash konnten wir die komplette Anlage der Stadt mit dem säulenumgrenzten Zentralplatz und den zu ihm führenden Straßen besichtigen. Dabei wurden wir auch unmittelbar zu den aktuellen Ausgrabungen geführt; es handelte sich um ein weiteres Theater. Einer der französischen Archäologen schenkte mir einige Steine aus einem Mosaik, das sie allerdings nicht mehr rekonstruieren konnten, wie er versicherte. Natürlich war bereits die Fahrt nach **Petra** ein Erlebnis, als wir durch das Wadi Rum, der wüstenähnlichen Landschaft mit alten Befestigungen und Karawansereien fuhren. In Petra besichtigten wir nicht nur das so genannte Schatzhaus des Pharao, wohl eher ein Grabmal, das sich so wunderbar nach dem Gang durch den engen Felsenweg mit den Wasserleitungen auf beiden Seiten, plötzlich vor dem Besucher erhebt. Diejenigen von uns, die gut zu Fuß waren, wanderten über den römischen Teil mit dem Amphitheater zu den Felsengräbern am Ende des Tals. Über einen steilen Weg mit z. T. in den Fels geschlagenen Stufen erreichten wir die Höhe mit dem wunderbaren Blick über das bergige Umland. Wir begegneten Kindern, die die Ziegenherden hüteten, deren Familien rigoros aus dem Tal in neue Dörfer umgesiedelt worden waren. Die

Bei Arafat zu Tisch.

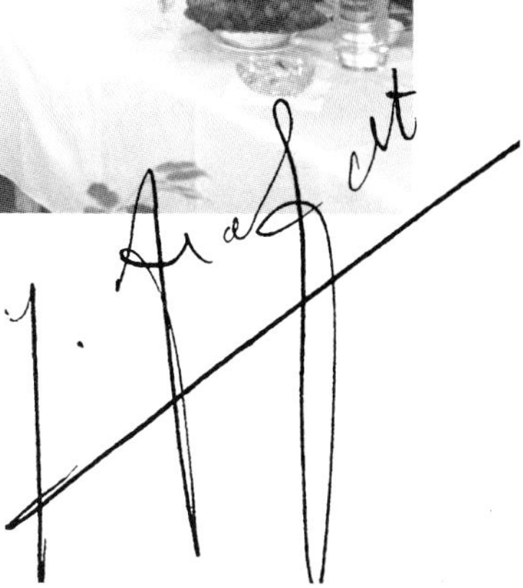

boten uns Antiquitäten an, von denen ich einige Tonscherben, sicher nicht echte, erwarb.

Unterwegs in Europa

Es folgte eine Visite in Ungarn vom 13. bis 15. Mai 1996. Wir sprachen dort über die vorgesehene Harmonisierung des ungarischen Rechts mit dem europäischen im Vorfeld des ungarischen EU-Beitritts. Gesprächspartner waren der Präsident des Verfassungsgerichts, Solyom, der Präsident der Nationalversammlung, Zoltan Gál, und der zuständige Staatssekretär für die EU Rechtsharmonisierung im Justizministerium, Dr. Károly Bárd. Thema war auch der Umgang mit den Minderheiten, vor allem den Ungarndeutschen, im Rechtsausschuss und mit Mitgliedern der so genannten „Minderheitenselbstverwaltung". Bei dieser Gelegenheit konnte ich Bekannte aus der sportlichen Zeit, vor allem Laszlo Szekeres, wieder treffen.

Danach, vom 4. bis 5. Juni 1996, machte ich eine Kurzreise nach Den Haag, u. a. mit dem nachmaligen Bundesminister und Kanzleramtsleiter, Peter Altmaier und Ronald Pofalla, seinem Vorgänger, der später in den Vorstand der Deutschen Bahn wechselte. Altmaier sprach übrigens fließend holländisch, was er, wie er mir sagte, von einem Meisje gelernt habe. Es ging uns in den Gesprächen mit dem Justizminister und den Mitgliedern des Rechtsausschusses des Niederländischen Parlaments um die von mir angestoßene Debatte um außergerichtliche Streitbeilegung und das Schiedswesen, beides in Verfahren zu Hause, die in den Niederlanden schon weiter als bei uns fortgeschritten waren.

Mit den Kollegen der CDU/CSU, Norbert Geis, Wolfgang von Stetten und Detlef Kleinert von der FDP wurde ich auch zur Reise einer Delegation nach Rom und Paris vom 16. bis 20. 12. 1996 eingeladen. Thema waren Prävention und Bekämpfung der Korruption. Wir hatten in Rom kompetente Gesprächspartner, wie den Kammerpräsidenten Violante, Mitglieder der Justizausschüsse von Parlamentskammer und Senat, des Sonderausschusses Korruptionsbekämpfung der Kammer und Staatssekretär Ayala, einem anerkannten Fachmann zu den Themen Kronzeugen, „pentiti", und Lauschangriffe. Er war übrigens ein mutiger ehemaliger Anti-Mafia-Staatsanwalt. Grundsätzlich wurde in den Gesprächen der Prävention Priorität vor Sanktionen eingeräumt.

Man erlebt dabei in der italienischen Metropole hautnah, dass wir uns dort zwei Botschaften, eine für den italienischen Staat, die andere für den Vatikan, leisten. Letztere ist das Refugium für katholische Politiker und Politikerinnen auf dem politischen Altenteil.

Damals war der ehemalige Bundestagspräsident Jenninger, den ich ja vorher in Wien als Botschafter erlebt hatte, dann in dieser Funktion beim Heiligen Stuhl. Nichts desto weniger nehmen letztere ihre Aufgabe sehr ernst und zeigen sich gastfreundlich und hilfsbereit in ihrer kleinen, aber feinen Residenz. Ihre guten Beziehungen zum Vatikan erlaubten uns, eine Privatführung durch den Eingang „Quatro Cancelli" in die gerade sanierte Sixtinische Kapelle zu genießen mit den aufgefrischten Farben Michelangelos. Unser sachkundiger geistlicher Führer, Botschaftsrat Prälat Dr. Kemper, konnte uns viele Details zeigen wie z. B. die Verankerungen der Gerüste, die kleinen Höhlen in den Wänden als Ruhezonen der Arbeiter, vielleicht aber auch Michelangelos selbst. Auf manche bildnerische, aber versteckte Zeichen in den Fresken, wie vermutlich ein Selbstbildnis und viele Anspielungen auf Politik und den päpstlichen Auftraggeber, Papst Sixtus IV., wurden wir hingewiesen. Untergebracht waren wir in dem berühmten Hotel Hassler unmittelbar über der Spanischen Treppe. Die Sängerin Madonna, die zur gleichen Zeit dort logierte, bekamen wir flüchtig zum Frühstück zu Gesicht. Ein abendliches Essen in der Altstadt in einer Trattoria, das von einem Mitarbeiter der Botschaft beim Quirinal arrangiert wurde, ist mir in besonderer Erinnerung. Der Wirt, offenbar gut bekannt mit den Botschaftsangehörigen, kümmerte sich herzlich mit der Familie um uns. Wir aßen wirklich außerordentlich schmackhaften Fisch und italienische Spezialitäten. Anderen Tags wurden wir zu dem päpstlichen Gericht, der berühmt-berüchtigten Sacra Rota Romana, gefahren, die in einem alten etwas versteckt gelegenen Palast, dem Palazzo della Cancellaria logiert, der um 1500 von dem Kardinal Riario erbaut wurde. Der Chef des Gerichts ließ es sich nicht nehmen, uns persönlich auf geheime Türen und Wege hinzuweisen, die der Ort von Morden und allerlei Kabalen in diesem ehemaligen Adelssitz waren.

Von Rom flogen wir nach Paris, wo wir zu den angesprochenen Themen mit Vertretern von Senat, Nationalversammlung, Innen- und Justizministerium und Anwaltschaft diskutierten. Es ging vor allem auch um den weit gefassten Tatbestand des „abus de bien social", der treuwidrige Verwendung von Gesellschaftsmitteln. Ironischer Weise lernte ich bei einem Abendessen dort den nach allgemeiner Auffassung ziemlich zweifelhaften Dieter Holzer kennen, der später eine sehr unschöne Rolle gerade in Bestechungsverfahren spielte. Er war in Paris Lobbyist der Deutsch-französischen Wirtschaft und zeigte mir in seinem Haus Bilder mit Willy Brandt.

Meine letzte Reise als Mitglied des Rechtsausschusses führte mich am 15. /16. 12. 1997 nach Dublin. Es ging um die steuerrechtlichen Vorteile, die das Land innerhalb der Europäischen Gemeinschaft einsetzt, um Unternehmen anzusiedeln. Dies führt immer wieder zu Kontroversen innerhalb der Europäischen Union, aber auch innerhalb der Mitgliedsstaaten, die den Iren unlautere Methoden vorwerfen. Gesprächspartner waren Spezialanwälte, der Arbeitgeberverband, das „Committee on enterprise, trade and employment" des Parlaments sowie die deutsch-irische Handelskammer. Wir waren auch Gäste der deutschen Botschaft und besuchten die Kathedralen der protestantischen (Christ Church) und der katholischen Kirche (St. Patrick) mit dem Grab Jonathan Swifts.

Am Rednerpult im Plenum

Reden im Plenum sind angesichts der beschränkten Redezeiten, die sich nach der Fraktionsstärke richten, für einen „einfachen" Abgeordneten eher die Ausnahmen. Am 18. September 1987 stand ich zum ersten Mal am Rednerpult. Ich hatte mich im Zusammenhang mit einer „**Selbstverständnisdebatte**" zu Wort gemeldet und problematisierte das Thema „Entlastung" des Parlaments und wandte mich dabei gegen die Überschwemmung mit Rechtsverordnungen durch Ermächtigung der Exekutive in gesetzlichen Regelungen. In der Fragestunde am 7. 10. 1987 fragte ich die Bundesregierung nach der **VW-Stiftung**, die die Beteiligung des Bundes an dem Konzern hält und einen wesentlichen Beitrag zur Förderung der Forschung liefert. Am 10. 11. 1988 sprach ich zum **Sozialplan** in der (damaligen) Konkursordnung, den die Koalition um ein weiteres Jahr zu verlängern vorschlug, statt nach unserer Vorstellung endlich das Insolvenzrecht von Grund auf zu reformieren. Erstmals eine längere Begründung unseres Antrags „**Schuldenberatun**g und **Schuldenbereinigung** für Verbraucher", den ich ja entwickelt hatte, konnte ich am 23. 2. 1989 vornehmen. Wir wollten schon damals die lebenslange Haftung der Schuldner insbesondere aus Kreditfinanzierungen von Banken begrenzen, was dann wie beschrieben erst einige Jahre später gelang. Am 23. 2. 1989 begründete ich unseren Gesetzesantrag zur Einführung eines **Zeugnisverweigerungsrechts** für Mitarbeiter(innen) anerkannter **Beratungsstellen** in Suchtfragen. Es ging uns darum, durch die Erweiterung der Zeugnisverweigerungsrechte in § 53 StPO das Vertrauensverhältnis der Betroffenen zu den Organen der Beratung zu stärken und damit um dessen Vorrang vor strafrechtlicher Ermittlung. Anlass für mich war der Fall einer Sucht- und Drogenberaterin aus Bingen, die schließlich beim Bundesverfassungsgericht scheiterte, als sie gegen ein Ordnungsgeld von 500 DM durch die Instanzen vorging. Auch diese Initiative wurde später gesetzgeberische Realität. In der Debatte am 29. 2. 1996 wurde das Thema Opfer- und Zeugenschutz erneut diskutiert, da ein Gesamtkonzept zum Zeugenschutz zwar von der Koalition vorgesehen, aber bisher nicht auf den Weg gebracht worden war. Es kam mir darauf an, die **Videovernehmung** insbesondere von Kindern und Frauen als Option in der Hauptverhandlung zu verankern. Auch das Problem von Mehrfachvernehmungen wurde von mir thematisiert. Hintergrund waren die Missbrauchsprozesse, die unter dem Stichwort „Worms-Prozesse" vor dem Mainzer Landgericht verhandelt worden waren. Im Opfer- und Zeugenschutz wurde dann ein gewisser Erfolg mit dem Gesetz zum Schutz von Zeugen und dem „**Opferanspruchsicherungsgesetz**" erzielt, die am 4. 3. 1998 in abschließender Lesung verabschiedet wurden. Ich war sehr zufrieden, dass eine Vielzahl unserer Überlegungen, auch mit Hilfe des Bundesrats und der Verbände, endlich umgesetzt werden konnte. Es ging zuletzt auch darum, Honorare des Delinquenten aus der Vermarktung seiner kriminellen Geschichte zu Gunsten der Opfer abschöpfen zu können. Deren Ansprüche wurden durch ein gesetzliches Pfandrecht abgesichert. Anlässlich einer Debatte eines Koalitionsentwurfs um ein Umgangsrecht des nichtehelichen Vaters forderte ich eine Neuregelung des **Nichtehelichenrechts**, eine **Namensrechtsreform** und eine grundlegende Regelung der **nichtehelichen Gemeinschaft**. Ich kündigte für das Frühjahr 1990 eine Reform des Namensrechts an (Debatte am 14. 12. 1989). In der Sitzung am 8. Februar 1990, meinem Geburtstag, erläuterte ich unsere Initiative, die sich für eine weitgehende Wahlfreiheit beim Ehe-, Familien - und Kindesnamen aussprach. Auch diese Vorstellungen wurden später Wirklichkeit. Am 16. 2. 1990 begründete ich im Plenum unseren Antrag, **die Haftun**g der Arbeitnehmer bei grobfahrlässig verursachten Schäden auf drei Monatsgehälter zu begrenzen, wobei die Haftung für leichte Fahrlässigkeit wie bei der gefahrgeneigten Arbeit generell entfallen sollte. Ich verwies dabei auf die Regelung in § 899 des Allgemeinen Landrechts für die preußischen Staaten von 1794, das eine Haftung nur für „mäßiges oder grobes“ Verschulden des Arbeitnehmers vorsah. In der 12. Wahlperiode begründete ich am 3. 3. 1994 erneut dieses Vorhaben. Ich berief mich dabei zusätzlich auf eine Empfehlung des 59. Deutschen Juristentags 1992 an die Bundesregierung, „ein **Arbeitsvertragsgesetz** vorzulegen“. Zusätzlich hatte der Gemeinsame Senat der Obersten Bundesgerichte in unserem Sinn am 16. 12. 1993 eine grundsätzliche Entscheidung zu Gunsten der Arbeitnehmer getroffen. In der 13. Wahlperiode wurde unser Antrag am 17. 10. 1996 wiederum eingebracht. Ich wies erneut auf die „Verrenkungen“ der Arbeits- und Zivilgerichte hin, um zu angemessenen Ergebnissen zu gelangen. Z. B. war der BGH der Auffassung, dass die Haftung des Arbeitnehmers nicht allgemein auf grobe Fahrlässigkeit, sondern „nach Maßgabe einer auf den Einzelfall bezogenen Abwägung des Verschuldens gegen das Betriebsrisiko beschränkt“ sei. Alles andere als eine klare Leitlinie für die Gerichte! In Artikel 30 des Einigungsvertrags war übrigens eine Selbstbindung verankert, wonach ein **Arbeitsvertragsgesetz** geschaffen werden sollte. Auch diese Initiative wurde später in die Tat umgesetzt. In der Fragestunde konnten aber auch lokale Themen angesprochen werden. So erkundigte ich mich am 30. 5. 1990 nach Möglichkeiten, die Fa. MIP (das **Mainzer „Panzerwerk**“) bei ihren Bemühungen um Kooperationspartner bei der Konversion zu unterstützen. Ein weiteres Gesetz über „**Verbraucherkredite**“ usw. wurde als Umsetzung einer entsprechenden Europäischen Richtlinie im Bundestag am 30. 10. 1990 behandelt. Ich nannte als Defizit der Regelung, dass der Gesetzentwurf nicht die Haftung mittelloser Ehegatten für Kredite des Ehepartners ausschließe und verwies auf unsere Vorschläge eines Privatkonkurses mit Restschuldbefreiung. Bei der Debatte über das „**Übereinkommen über die Rechte des Kindes**“, eine UN-Konvention, sprach ich am 21. 2. 1991 und endete mit den klassischen Worten: „Kinderpolitik ist Zukunftspolitik“. Als es am 14. 11. 1991 verabschiedet wurde, monierte ich in der Debatte, dass die Bundesregierung eine Erklärung bei der Hinterlegung der Ratifizierungsurkunde vorschlage, im Sinne eines Vorbehalts dahingehend, dass das gemeinsame Sorgerecht nicht im Zweifel beiden Eltern zustünde. Abschließend forderte ich einen Bericht zur Überprüfung unserer Rechtsordnung auf der Grundlage der Konvention.

Ein dunkles Kapitel im Unrechtsstaat DDR waren die **Zwangs-**

adoptionen. Hier offenbarte sich dieses System in besonders menschenverachtender Weise. Einer Reihe von Straffälligen, aber auch politisch missliebigen Opponenten, wurden die Kinder weggenommen und in Pflegefamilien erzogen. In anderen, noch gravierenden Fällen wurden Kinder sogar zur Adoption gegen den Willen der Eltern freigegeben. Ihre Anzahl war unbekannt. Der Einigungsvertrag hatte in Art. 234 das bundesdeutsche Adoptionsrecht eingeführt. Auch hatte man die Problematik erkannt und eine Anfechtungsfrist für die Betroffenen bis zum 1. Oktober 1991 eingeräumt. Als die Verlängerung der Frist anstand, sprach ich am 19. 6. und 25. 9. 1991 zu dieser Thematik. Ich befürwortete die Verlängerung um ein Jahr, um eine sorgfältige Recherche und Prüfung des Einzelfalls zu ermöglichen. Es waren ja vor allem die Belange der Kinder, aber auch gewachsene Eltern-Kind-Beziehungen in den Adoptionsfamilien zu berücksichtigen. Das Thema holte mich 2016 wieder ein, als ich in der Sendung „Frontal" des ZDF zu dem Thema befragt wurde. Ich sagte dazu, dass während meiner Amtszeit im Bundesministerium der Justiz keine Anregung mehr gekommen sei, dieses Thema wieder aufzugreifen. Das Problem wurde auch nicht mehr in den Diskussionen, die wir stets im Zusammenhang mit der Ausstellung „Im Namen des Volkes?" über die Justiz der SED geführt haben, angesprochen. Die Zeit war offenbar darüber hinweggegangen. Am 20. 2. 1992 sprach ich zu dem Gesetz zur Änderung der **Pfändungsfreigrenzen** der Bundesregierung und stellte es in den Zusammenhang mit der Überschuldung privater Haushalte.

Mitglied der Enquète-Kommission „Aids"

Mitglied der Enquète – Kommission des Bundestags „Aids" wurde ich erst in ihrer Spätphase, als ein Mitglied der SPD ausschied. So habe ich die Diskussionen nur teilweise mitbekommen. Ich betonte dort meinen Standpunkt, dass dabei alle Arten von Normen tangiert seien, von einfachen bis zu verfassungsrechtlichen. Ich wandte mich aber gegen weitere Strafvorschriften und erinnerte an unsere Initiative zur Erweiterung des Zeugnisverweigerungsrechts für Mitarbeiter(innen) von Aids- und Drogenberatungsstellen. Die Vorschläge wurden im Endbericht auch befürwortet.

Weitere Reden im Plenum

Am 10. 10. 1991 sprach ich zum Gutachten der so genannten „**Gewaltkommission**“, die sich zu den Erscheinungen von Gewalt gegen Frauen und Kinder sowie Pornographie auch im Hinblick auf die neuen Medien befasste. Ich sprach mich für die Einführung einer Mindeststrafe für Kinderpornographie aus und plädierte für eine Diskussion über eine Anhebung in den Verbrechensbereich. In der Fragestunde am 16. 10. 1991 erkundigte ich mich nach den Zahlen von Ermittlungsverfahren wegen Verdachts von Straftaten gegen Ausländer und Asylbewerber. Das Thema. Aufbau des Rechtsstaates in den **Neuen Bundesländern** beschäftigte den Bundestag in seiner Sitzung am 14. 11. 1991. Es war eine Initiative des Bundesrats. Ich sprach als erster Redner und warnte vor einer Belastung durch weniger Instanzen und weniger Richter und sprach mich gegen den Vorschlag aus, Justizpersonal durch Rechtsmittelverkürzung frei zu machen und in die neuen Bundesländer zu versetzen. Statt über eine Erhöhung der Streitwertgrenzen nachzudenken, empfahl ich eine Stärkung der außergerichtlichen Streitbeilegung und Stärkung der Eingangsgerichte, um den weiteren Instanzenzug zu entlasten.

Diese Forderungen wurden später durch die rot – grüne Koalition durchgesetzt. Am 20. 3. 1992 sprach ich zum Antrag der Koalition „Gesetz zur **Verkürzung der Juristenausbildung**“, ein Thema, das seit Jahrzehnten den Bundestag beschäftigt hatte. Da der Bundesrat davor einen ähnlichen Gesetzentwurf eingebracht hatte, empfand ich die Initiative der Bundesregierung als unfein. Es ging um die Verkürzung des Studiums durch den so genannten Freischuss und auch um eine generelle Verkürzung des Referendardienstes auf zwei Jahre. Ich begrüßte, dass die „studienbegleitenden Ausbildungskontrollen“, eine Art Zwischenprüfung, wieder abgeschafft werden sollten, ein verwaltungsaufwendiges Monstrum, das die Fakultäten überforderte. Zu meinem Thema „**Wohnungseigentum**“ konnte ich am 7. 5. 1992 sprechen, als wir einen Antrag einbrachten, der die Umwandlung von Mietwohnungen in Wohnungseigentum auf eine klare Rechtsgrundlage stellen sollte, da es abweichende Entscheidungen von Zivil- und Verwaltungsgerichtsbarkeit gab. Sie betrafen die Anforderungen für die Erteilung der so genannten **Abgeschlossenheitsbescheinigung**. Der Gemeinsame Senat der Obersten Bundesgerichte war deswegen angerufen worden, was ja ein seltenes Ereignis ist. Wir wollten sicherstellen, dass entsprechend der Linie der Verwaltungsgerichtsbarkeit eine Umwandlung die Anpassung der Wohnungen an moderne Standards wie Wärmedämmung und Schallschutz voraussetzte. Zum selben Thema sprach ich einige Monate später, am 10. 12. 1992. Die Zahl der Umwandlungen hatte die von uns vorausgesagte Dimension übertroffen. Die Verunsicherung von Mietern vor allem in den Ballungsgebieten hatte auch die Bundesländer unabhängig von der politischen Führung auf den Plan gerufen. Trotzdem konnte sich die Koalition nicht entschließen, korrigierend einzugreifen. Immer mehr Mieter wurden von Umwandlungen betroffen und waren in der Gefahr, aus ihren Wohnungen herausgedrängt zu werden. Zu dem vom Bundesrat eingebrachten „Gesetz zur **Entlastung der Rechtspflege**" nahm ich am 27. 11. 1992 Stellung. Der Entwurf war erheblich überarbeitet worden. Insbesondere die Einschränkung der Rechtsmittel war zum größten Teil während der Beratungen abgelehnt worden. Ich kritisierte die in dem Entwurf vorgesehene Zuständigkeit des Einzelrichters beim Landgericht in Zivilsachen bis 3.000 DM. Wir hatten dann eine flexible Handhabung durch die Kammer durchgesetzt. Das galt auch für die Berufungssumme von 1.250 DM statt 2.000 DM. Uns kam es auf eine Strukturreform mit der Stärkung der Eingangsinstanz, also des Amtsgerichts, ein Konzept, das später mit der großen Reform des Verfahrensrechts in der ZPO verwirklicht wurde. Dies galt auch für die außergerichtliche Streitbeilegung, die ich schon damals in den Vordergrund rückte. Den Schutz der Verbraucher hatte das **Verbraucherkreditgesetz** zum Gegenstand, das der Bundesrat in seiner Stellungnahme mit dem eigentlichen Gegenstand des Regierungsentwurfs, dem **Bauhandwerkersicherungsgesetz,** verbunden hatte, „hineingemogelt", wie ich am 11. 3. 1993 sagte. Wir befürworteten die Möglichkeit der Handwerker, nach § 648a BGB, eine Sicherungshypothek am Grundstück des Bestellers eintragen zu lassen, um ihre Vorausleistungen absichern zu können. Die Verbesserungen bezogen sich auf die Erweiterung des Begriffs „Bauleistungen" und die Begrenzung der Kosten der Sicherheitsleistung auf 2% der Auftragssumme. Kritisch sah ich den Inhalt im ursprünglichen Ansatz des Verbraucherkreditgesetzes, Ausgeber von grundpfandrechtlich gesicherten Krediten auszunehmen. In den Beratungen setzten wir durch, die Ausnahme auf öffentlich -rechtliche Anstalten zu begrenzen. Der Entwurf war zwar verbessert, aber enthielt doch noch Defizite. Ich monierte dabei die Regelung, auf die Ausweisung des Gesamtbetrags aller Teilzahlungen und Kosten zu verzichten. Wir lehnten diesen Teil ab, stimmten aber dem Gesamtpaket zu.

Pauschalreisegesetz und weitere Vorhaben

Ein weiteres verbraucherpolitisches Anliegen war die verspätete Umsetzung der Pauschalreiserichtlinie der EU, die bis zum 31. 12. 1992 hätte umgesetzt werden müssen. Nachdem Tausende von Urlaubern aktuell in den Feriengebieten gestrandet waren, als die Reiseveranstalter zahlungsunfähig geworden waren, kam die Bundesregierung mit einem Gesetzentwurf endlich in die Gremien, den wir am 23. 9. 1993 in erster Lesung berieten. Ich wies auf das Vertragsverletzungsverfahren hin, das die Europäische Kommission eingeleitet hatte, und sagte Entschädigungen in Millionenhöhe voraus, die auch eintraten. Bei der Verabschiedung des Pauschalreisegesetzes am 21. 4. 1994, sprach ich für die SPD. Nachdem die Sicherung der Kunden für den Reisepreis und die Rückbeförderung der Urlauber gewährleistet waren, hatte die SPD-Fraktion, meinem Vorschlag folgend, beschlossen, zuzustimmen. Im folgenden Jahr konnte ich einen Kommentar zum Reiserecht auf der Grundlage meiner Erfahrungen als Berichterstatter vorlegen.

Am selben Tag, dem 23. 9. 1993, sprach ich auch zu dem Thema „Verbesserung der Rechtsstellung **gewerblicher Mieter**“. Es ging uns um den Schutz der alteingesessenen Geschäfte in den Innenstädten, die zunehmend von Kettenläden angesichts hoher Mieten verdrängt wurden. Wir plädierten insbesondere für eine Verlängerung der Kündigungsfrist, wie sie auch vom Bundesrat vorgeschlagen worden war. Immerhin wurde wenigstens diesem Anliegen entsprochen. Ein in der „TAZ“ veröffentlichter Aufruf zur „**Demo und Schienendemontage**“ vom 12. 4. 1996 rief die FDP auf den Plan mit der Forderung, dass sich zwei MdBs als Mitunterzeichner davon distanzieren sollten. Es ging um die Transporte von hochradioaktivem Material zu und vom Atomkraftwerk Grundremmingen, dem ältesten AKW. Warum ich dazu als Debattenredner ausgesucht wurde, weiß ich heute nicht mehr. Aber ich wies auf die Zusammenhänge mit Meinungs- und Pressefreiheit hin. Auch hielt ich fest, dass eine Aufforderung zur Begehung von Straftaten für die SPD nicht in Frage komme. Am 13. 11. 1997 sprach ich zu einem Antrag von Bündnis 90/Die Grünen zum Thema „**Macht der Banken**“. Ich sprach mich für mehr Transparenz bei der Angabe ihrer Beteiligungen an Unternehmen, insbesondere an Aktiengesellschaften aus und erinnerte an unseren Entwurf vom Januar 1995 eines „**Transparenz- und Wettbewerbsgesetzes**“, der eine Abschaffung des Depotstimmrechts vorsah. Ich sprach mich auch für eine Begrenzung der Aufsichtsratsmandate auf fünf aus. Im wirtschaftsrechtlichen Bereich war auch mein Beitrag in der dritten Lesung des „**Kapitalaufnahmeerleichterungsgesetzes**", ein technokratischer Titel, bei dem es um die Einführung von Wahlmöglichkeiten bei der Aufstellung von Konzernabschluss und den Konzernlagebericht nach international anerkannten Rechnungslegungsgrundsätzen ging. Es sollte damit der Zugang zu den international bedeutenden Börsen erleichtert werden. Auch der Einführung der Stückaktie, ohne festgelegten Wert, konnten wir zustimmen. Nicht einig waren wir mit dem „**Kontroll- und Transparenzgesetz**" der Koalition. In der Debatte am 5. 3. 1998 verwies ich auf unsere Vorschläge zum Problem des Anteilsbesitzes von Kreditinstituten und ihr Depotstimmrecht, die das Gesetz nicht aufgenommen hatte. Übrigens war auch der Vorschlag des rheinland-pfälzischen Wirtschafts- und Landwirtschaftsminister Rainer Brüderle, zum Mehrfachstimmrecht, den ich zitierte, nicht einmal von der FDP übernommen worden. Meine letzte Rede als Abgeordneter hielt ich am 3. April 1998, als ich zur Verabschiedung des **Handelsrechtsreformgesetzes** Stellung nahm. Ironisch merkte ich an, dass dadurch leider viele altgewohnte Klausurprobleme bei der Kaufmannseigenschaft der Vergangenheit angehörten. Dagegen blieb die Frage nach dem „in kaufmännischer Weise eingerichteten Geschäftsbetrieb" nach wie vor der Ausfüllung vorbehalten. Einem offeneren Firmenrecht konnte ich schon mehr abgewinnen. Als ich die möglichen Abkürzungen „e. Kfm.", „e. Kfr." oder „e. K." zitierte, erntete ich allgemeine Heiterkeit, auch mit dem Vorschlag das „e." mit ehrbar zu übersetzen. Also endete meine Abgeordnetenseite doch ganz entspannt.

Zeit für die Bürger und Bürgerinnen im Wahlkreis

Von Beginn an meiner parlamentarischen Arbeit war es mir wichtig, den Kontakt zu den Menschen im Wahlkreis zu pflegen. Dazu dienten besonders meine **Sprechstunden**, die ich regelmäßig in Mainz, Bingen und Ingelheim, meist freitags am Nachmittag nach meiner Rückkehr von Bonn abhielt. Um es mit Zahlen zu verdeutlichen: Z. B. war ich vom 1. Januar bis 19. Juni 1989 mit 14 Sprechstunden vor Ort. Dabei waren meist meine Wahlkreismitarbeiter und Mitarbeiterinnen Ralf Kohl, Marianne Grosse und Gudrun Huschet zugegen. Auch die Mitglieder der Geschäftsstelle des Unterbezirks, Lieselotte Schlütter und Michael Lindner waren oft die Anlaufstelle für die Petenten, obwohl mein Büro räumlich getrennt war, wie es sich gehörte. Ich habe fast immer volle Sprechstunden gehabt, oft warteten die Besucher schon lange und zahlreich auf meine Ankunft. Das führte dazu, dass manche Sprechstunde zu einer mehrstündigen Veranstaltung geriet. Ich erhielt dadurch einen realistischen Eindruck von den Sorgen und Nöten der Besucher. Wie schon Bert Brecht meinte, dass die Wahrheit immer konkret sei, kamen die Leute meist mit speziellen sie betreffenden Anliegen, weniger, um mit mir allgemeine Themen zu erörtern. Schwerpunkte waren berufliche Probleme, Wohnungssuche und ausländerrechtliche Fragen. Viele Besucher kamen auch mit rechtlichen und gerichtlichen Sachverhalten zu mir. Ich habe dann im Rahmen meiner von mir weit ausgelegten Zuständigkeit auch in Rechtsfragen Ratschläge erteilt. Manchmal musste ich darauf hinweisen, dass meine Position mich aber nicht befähigte, Gerichtsurteile aufzuheben oder zumindest den Richtern „Bescheid zu geben", wie manche erwarteten. Ein Bericht in der AZ war übrigens betitelt mit: „**Etwa den Richter erschießen**?". Der Redakteur, Herr Langkammer, hat das sehr treffend charakterisiert. Mein Ansatz war immer, z. B. wenn es um Verwaltungssachen ging, mich an den zuständigen Bearbeiter direkt zu wenden und nicht etwa gleich den Vorgesetzten

Mit Fußball zum Erfolg. Ein Slogan, der „ankam".

einzuschalten. Es gibt allerdings Verwaltungen, die per Anweisung anordnen, dass nur die Verwaltungsspitze den Abgeordneten Rede und Antwort stehen dürfe. Mit der Stadt- und Kreisverwaltung habe ich jedoch immer vereinbaren können, dass ich mit dem jeweils zuständigen Mitarbeiter in Kontakt treten konnte, sozusagen mit dem Beamten oder Angestellten „a quo“, von dem die Entscheidung stammte oder der sie zu treffen hatte. Dieses Verfahren hat sich ausgesprochen gut bewährt, weil sich die Betroffenen nicht übergangen fühlten und ihre Entscheidung selbst überprüfen konnten. Auch war ich im Rahmen der Jugendaktionswoche, die bundesweit von der SPD-Bundestagsfraktion organisiert wurde, ganztägig am 24.5.2002 bei mehreren Organisationen in Mainz. Dazu gehörten die Handwerkskammer, Landjugend, Sportjugend und das Mädchenhaus. Am nächsten Tag nahm ich an der Festveranstaltung zum Gedenken an Sebastian Münster im Rathaus von Ingelheim teil. Dabeisein konnte ich auch bei dem Festakt am 1.6.2002 anlässlich der ersten Erwähnung Mainz-Bretzenheims vor 1250 Jahren. Dieser Abend ist mir deshalb in besonderer Erwähnung, als der Festredner Helmut Mathy angesichts der zunehmenden Unruhe der offensichtlich gelangweilten Zuhörer entnervt mehr Aufmerksamkeit forderte. Übrigens ein Beispiel dafür, dass man so nicht reagieren darf, denn er musste seine Ausführungen bald beenden. Die von mir bereits 1987 aufgegriffene Frage der **Rheinbrücke** zwischen Mainz und dem Mittelrhein ist bis heute in der Schwebe. Nachdem ich mit dem Vorschlag, die alte Hindenburgbrücke bei Bingen zu reaktivieren, schon bei den Genossen aus dem Kreis auf Widerstand gestoßen war, holte mich die Diskussion 2002 wieder ein, als wir am 6. 6. zu diesem The-

Wette verloren: Pick packte feste zu

Ungewohnte Montur, ungewohnte Arbeit: Mehrere Stunden packte gestern der SPD-Bundestagsabgeordnete Pick bei der Müllabfuhr mit an. Damit löste er eine verlorene Wette der letzten Bundestagswahlen ein. „Eine Knochenarbeit“, stöhnte der Politiker nach seinem „Ausflug“ in den harten Alltag des Entsorgungsbetriebs. Bild: Günter Floch

Tonnenweise Müll.

ma mit den MdLs Joachim Mertes und H. J. Bracht in Berlin mit den IHKs diskutierten. Manchmal gehören auch spektakuläre Aktionen zum Politikerleben. So verbrachte ich einen ganzen Tag als aktiver „**Müllmann**" im April 1992 bei der städtischen Müllabfuhr. Ich habe dabei gelernt, wie anstrengend der Handtransport voller Mülltonnen aus Hinterhöfen und über Treppen sein kann. In der Neustadt habe ich dann die Mannschaft zum Mittagessen eingeladen, das aus Fleischwurst mit Brot aus einer bekannten Metzgerei bestand. Selten schmeckte sie so gut!

Während meiner späteren Tätigkeit im Justizministerium richtete ich mit dem Leiter der Friedrich-Ebert-Stiftung in Mainz, Rolf Mantowski, eine regelmäßige **Veranstaltungsreihe** zu den aktuellen justizpolitischen Themen ein. Es waren für mich wichtige Veranstaltungen z. B. zur Insolvenzrechtsreform am 28. 5. 1999, zum Mietrecht und zur Rechtsmittelreform, sowie zur Juristenausbildung am 4.5.2001, um auch hier die Resonanz der Praxis zu erfahren. Besonders gerne denke ich an die Veranstaltung zur Schuldrechtsmodernisierung am 19.11.2001 zurück, bei der ich eine Teilnehmerzahl von mehr als 50 angemeldeten Interessierten von Koblenz bis Frankfurt a. M. begrüßen konnte.

Da jeder Abgeordnete ein Kontingent von Besuchern des Bundestags aus dem Wahlkreis hat, bestand immer eine große Nachfrage nach den Plätzen, gesteigert dann durch die Verlegung nach Berlin. Ich habe immer Wert darauf gelegt, mindestens eine Gruppe komplett an Schulen zu vergeben, weil ich es für besonders wichtig hielt, den Schülern und Schülerinnen einen Einblick in diese demokratischste Institution auf der Bundesebene zu vermitteln. Auch kulturelle Veranstaltungen im Wahlkreis waren mir, auch außerhalb von Wahlkämpfen, wichtig; so Veranstaltungen mit Herbert Bonnewitz in Gau Algesheim und Urban Priol in Mainz-Ebersheim am 21.3.2001, die auch dem Engagement der Ortsvereine zu verdanken waren.

Gewinn des Wahlkreises 154 in der Wahl 1998

1998 wurde ich zum vierten Mal (wieder ohne Gegenkandidat) als Kandidat der SPD für den Wahlkreis 154 für die Bundestagswahl am 27. September aufgestellt. Nachdem ich schon bei der Wahl 1994 40,0 % der Erststimmen im Wahlkreis erreicht hatte, nur 2300 Stimmen Abstand zu dem CDU-Kandidaten Hans Otto Wilhelm mit 41, 2 %, rechnete ich mir eine gute Chance zum Gewinn des Direktmandats aus. Übrigens hatte ich damals schon 3,5 % mehr Personenstimmen als Listenstimmen erreicht. Ich kommentierte das Ergebnis 1994 in der MRZ: „Das Votum hat uns aus dem Tief vom 12. Juni herausgehauen". Damit war die Kommunalwahl 1994 gemeint, bei der die SPD fast 7% verloren hatte. 1998 war dann eine Zeit mit großer Aufbruchsstimmung innerhalb der SPD, getragen von einer Wechselbereitschaft in der Bevölkerung. Die Regierung Kohl war verbraucht und auch dessen Koalitionspartner FDP galt nicht mehr als zukunftsfähig wegen seiner bedingungslosen Verbindung mit CDU/CSU. Stattdessen war mit den Grünen endlich ein Partner in Sicht, mit dem die Chance bestand, den Wechsel herbeizuführen. Die SPD hatte neben den inhaltlichen Zukunftsentwürfen auf vielen Gebieten in den Augen der Wähler einen Vorsprung und mit Gerhard Schröder einen attraktiven Kanzlerkandidaten. Seine Vorgänger als Kanzlerkandidaten der SPD hatten dagegen (noch) keine Chance gehabt, den Bonus der Wiedervereinigung für Kohl, vor allem in den neuen Bundesländern, zu kompensieren. Während ich im Bereich meines Wahlkreises durch die SPD uneingeschränkt unterstützt wurde, war es bei der Listenaufstellung der rheinland-pfälzischen SPD nicht der Fall. Obwohl mich der Vorstand der SPD Rheinland-Pfalz für den 11. Listenplatz vorgeschlagen hatte, verlor ich dank der Pfälzer „Koalition" mit dem Bezirk Rheinland/Hessen/Nassau den angestammten Platz 11. Ich ging nach der Nie-

Eine proppenvolle Rheingoldhalle.

derlage auf die Bühne und sagte, dass ich mit Hilfe der SPD in Stadt und Kreis das Direktmandat gewinnen würde. Ich bekam viel Beifall dafür, wohl auch wegen des schlechten Gewissens der Verantwortlichen. Die Platzierung auf dem kaum aussichtsreichen Platz 15 war im Grunde eine Unverschämtheit. Aber die Partei auf Wahlkreisebene machte mir Mut. Etwa der Verbandsbürgermeister von Nieder-Olm, Ralph Spiegler, in einem persönlichen Schreiben. Während eines Interviews mit Michael Theurer von der „Mainzer Rhein-Zeitung" am 17. 9. 1998 sagte ich auf die Fragen des Redakteurs: „Ich bin optimistisch, dass wir das Direktmandat gewinnen können". Auf die Frage, ob ich für eine rot-grüne Koalition sei, antwortete ich: „Ich bin ganz froh, dass dieser Koalitionswahlkampf nicht so im Vordergrund steht. Unser Ziel lautet: Wir müssen möglichst stark werden. Vielleicht gibt es dann auch mehrere Optionen. Wobei ich auch klar sage: „Die Inhalte, um die es geht, sehe ich in einer rot-grünen Koalition zurzeit besser aufgehoben". Der Wahlkampf wurde von der Bundes-SPD mit aller Konsequenz angesichts der guten Aussichten geführt. Für die mit guten Chancen auf einen Wechsel angesehenen Wahlkreise, 32 an der Zahl, wurden mobile „Büros" in Form von rot lackierten VW-Bussen zur Verfügung gestellt. Das hatte wohl den Grund in der guten Beziehung Schröders zu dem Unternehmen als niedersächsischer Ministerpräsident. Unser Geschäftsführer Michael Lindner holte den Wagen in Wolfsburg ab. Hier ist Gelegenheit, diesen außerordentlich engagierten Mitarbeiter zu loben, der mich schon als Geschäftsführer zu meiner Zeit als Unterbezirksvorsitzender sehr loyal unterstützt hatte. Er war aber auch kreativ, was man bei hauptamtlichen Parteimitarbeitern nicht immer erwartet. So erfand er den Slogan **„Pick kommt an"**, den wir auch auf dem Bus anbrachten und kam auch auf das **„Pick-Nick"**, unsere Veranstaltungsreihe open air samstags auf dem

Beim „Pick-Nick": Ulla Brede-Hoffmann und Rainer Christ.

Leichhof, aber auch an anderen Orten. Man sieht, wir konnten uns wegen seiner Kreativität insofern eine teure Agentur ersparen! Sobald es die Witterung 1998 zuließ, fuhr ich fast täglich mit dem Bus und meist einem Begleiter die Städte und Dörfer des Wahlkreises ab. Das geschah auch schon am Vormittag, was den Vorteil hatte, die zu Hause arbeitenden oder den Haushalt besorgenden Bürgerinnen und Bürger direkt anzusprechen. Die Reaktionen machten mich sicher, dass die Chancen gut standen. Es war auch für sie neu, dass ein Kandidat sich nicht erst in der heißen Phase des Wahlkampfs, sondern schon ab April des Wahljahres um sie bemühte. Wir verlängerten dann die Miete des Wagens über die von der Partei vorgesehene Zeit hinaus. Übrigens wurde ich häufig mit lokalen Problemen konfrontiert, die ich dann an die Mandatsträger und Verantwortlichen herantragen konnte. Ich wurde auch von namhaften Künstlern wie Herbert Bonnewitz und Christian Habekost unterstützt, die auch außerhalb von Mainz z. B. in Gau Algesheim oder Schwabenheim, aber auch in Mainz-Ebersheim, in diesem Fall schon traditionell, auftraten, von den dortigen Ortsvereinen organisiert. Ein Indiz für die weitverbreitete Stimmung für den politischen Wechsel war die hervorragend besuchte zentrale Wahlkampfveranstaltung mit dem Kanzlerkandidaten Gerhard Schröder am 19. 9. In der Rheingoldhalle in Mainz.

Während des Wahlkampfs meinte einer der bekanntesten Mainzer Fastnachter, **Rolf Braun**, in seiner wöchentlichen Glosse „Rolf Braun….geht durch die Stadt“: „Politiker hänge widder an alle Ecke“. Am Wochenende dem 22./23. 8. 1998 schrieb Braun in der Mainzer Rhein-Zeitung (MRZ), was ich als Lob auffasste: „In jeder zweit Gass lächelt mir de Professor Pick zu, wie in erer alt Meenzer Wirtschaft hockt, wo mer gelegentlich emol zusammesitze, als wenn er sage wollt: „Na, noch ään Halbe, abber dann langt´s“. Ja, wir trafen uns gelegentlich mit **Jockel Fuchs** und ihm zu Dritt im „Specht“, der ältesten Mainzer Gaststätte bei Familie Klaus und Uschi Rupp. Dabei wurde aber nicht nur über Politik diskutiert, sondern eher geflachst, denn beide hatten ja viel zu erzählen.

In Mainz hatte ich den Ehrgeiz, so viele Haushalte wie möglich persönlich aufzusuchen. Zu diesem Zweck suchten wir uns in den Ortsteilen auch außerhalb der Innenstadt z. B. in Bretzenheim bis Weisenau alle relevanten Mehrfamilienhäuser aus, in denen ich dann in Begleitung der zuständigen Ortsvorsteher und Stadträte von Haustür zu Haustür anklopfte. Ich weiß, das war und ist nicht jedermanns Sache. Umso dankbarer bin ich, dass Mitglieder wie Ulla Brede-Hofmann, diese so oft man sie ansprach, Marie Luise Bonn, Chris-

ROLF BRAUN ...

... geht durch die Stadt

Politikker hänge widder an alle Ecke

Mir lebe jetzt in der Zeit, wo aach in de Landeshauptstadt Meenz an alle Ecke widder die Politikker uffgehängt werde. Also, ich mään nidd die Politikker, sondern ihr Plakate. In jeder zweit Gass lächelt mir de Professor Pick vunn de SPD zu, wie in erer alt Meenzer Wertschaft hockt, wo mer gelegentlich emol zusammesitze, als wenn er sage wollt: „Na, noch ään Halbe, abber dann langt's." E Stückche weiter begegen ich de Konterfeis vunn Lafontaine, Hannelore Rönsch odder em Herr Schröder, die all mehr odder weniger staatsmännisch oder staatsfraulich uff mich klääne Wähler herabgucke.

Anschläg uff die Verbraucher

Plakate, hot emol en bekannte Mann gesagt, wär'n Anschläg uff die Verbraucher. Wenn ich merr so gewisse Schlagworte näher betracht, kann ich dem Mann nur recht gebbe. „Politik, die aufgeht", läßt mich e ÖDP genannt Partei wisse. Dess kenn ich noch vunn moiner Großmutt ihr'm Kreppeldeich.

Do war aach immer die Frag, geht er uff odder nidd. Der iss immer obbe uff de Kücheschrank gestellt wornn, unn dann mußte merr immer ganz vorsichtig die Dier uff- unn zumachen, weil der kääă Zugluft vertrage hot.

„Mit Bus und Bahn für Stadt und Land" iss nadierlich aach e tiefgehend Aussage vunn de Grüne. Sie sollte dann allerdings in ihr Wahlprogramm mituffnehme, daß einzelne Busfahrer e bissje flexibler mit ihre automatische Dierschließer umgehe. Wenn dir nämlich de Bus vor de Nas ewegfährt, wie mir dess letzt bassiert iss, kriegste aach de Zug nach Saulheim nidd mehr unn steigst widder um uff doi Auto. Vunn dene fünf Mark for de Liter Benzin scheine sich die Sonneblummepolitikker jo verabschied' zu habbe. Ich peif dann in so eme Fall gern uff Bus unn Bahn unn wähl de ADAC.

Moin Stammdischbruder Hans-Otto Wilhelm hat sich die Mithilfe vunn eme echte Minister gesichert, der laut Plakat hier in unser Meenz kimmt, um uns ebbes zur Lage der Nation zu erklär'n. De Herr Volker Rühe erklärt bei der Gelegenheit vielleicht aach emol, wie er dezu kimmt, zu sage, daß die Fernsehsendung „Mainz, wie es singt und lacht" „eine besonders schwere Erescheinungsform von BSE" wär. So geschehe im Februar 1997 unn bis heit nidd dementiert. Dodebei dementier'n doch grad Bundespolitikker quasi am laufende Meter.

Babier iss geduldig. „Mehr Demokratie wagen" habb ich uff so rer Anschlagsäul vunn so rer politisch Gruppierung empfohle kriegt. Do möcht ich ersatzweis emol den irische Schriftsteller George Bernard Shaw zitiern'n, der gemäänt hot: „Demokratie ist ein Verfahren, das garantiert, daß wir nicht besser regiert werden, als wir es verdienen." So habb ich zum Beispiel jetzt gelese „Gysi kommt nach Mainz – er spricht auf dem Leichhof." Do baßt er hie, dät ich sage, for mich iss dess nämlich schunn längst en dote Mann.

Limo-Slogan war der beste

Gefalle hot mir uff eme riesegroße Plakat der Satz „Wir machen Gutes besser!" Mit dene ihr'm Wahlprogramm machste dich emol vertraut, war mein Gedanke. Bis ich dann festgestellt habb, daß ess sich um Werbung vunn dem Limonadehersteller „bizzli" handelt. Dodemit füll ich moi Glas unn leer's uff ess Wohl vunn alle Parteie. Dann geh' ich wie so oft widder gern dorch die Stadt.

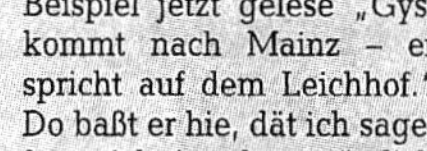

tel Ehrlich, Regina Kleinmann, Rainer Baade, Wolfgang Goethe, Wilfried Jung, Peter Schau und viele andere dabei mitwirkten. Ein besonderer Schwerpunkt war dabei der größte und am dichtesten besiedelte Stadtteil, die Neustadt. Ich bin sicher, in manchen Bereichen war ich der erste Politiker, der sich direkt und persönlich vorstellte. An den Reaktionen merkte ich, dass die Stimmung gut war. Meine

Besuche wurden zusätzlich mit Plakaten angekündigt, so dass die Bewohner sich darauf einstellen konnten. Manchmal fragten mich die Leute, ob ich denn auch bei ihnen vorbeikommen würde. Die Unterstützung bei diesen Aktionen durch die Mitglieder des Ortsvereins Neustadt/Gartenfeld wie Ursula Waloschek, Rainer Christ, Gerhard Walter-Bornmann, Roswitha Maillet und Eleonore Fahrbach, war ausgesprochen hilfreich. Sie liefen mit mir unermüdlich treppauf und treppab, ohne zu murren. Es lohnte sich. Am Wahlabend hatte ich im Wahlkreis 43,6 % der Erststimmen erzielt, gegenüber Hans-Otto Wilhelm von der CDU mit 37,8%. Die SPD kam auf 38,7% bei den Zweitstimmen. Dabei erreichte ich in der Stadt Mainz 43,8 % (SPD-Zweitstimmen 37,5%) und im Landkreis Mainz-Bingen sogar 44,4 % der Erststimmen (SPD -Zweitstimmen 40,8%). Für mich bedeutete das Ergebnis einen persönlichen Erfolg, denn ich verbesserte mich gegenüber der Wahl 1994 erheblich. Bei den Erststimmen ein Plus von 3,6%. Bei den Zweitstimmen betrug das Plus hingegen nur 2,2%. Die FAZ (in ihrer Teilausgabe, der Rhein-Main-Zeitung) schrieb am 28. 9. 1998: „Der siegreiche SPD-Kandidat Pick bezeichnete seinen Erfolg als Ergebnis beharrlicher Arbeit: „Die Wahl ist nicht in sechs Wochen zu gewinnen“. Klaus Mümpfer schrieb in der AZ: „Belohnt haben die Wähler auch den Mainzer SPD-Bundestagsabgeordneten Eckhart Pick, der Hans-Otto Wilhelm weit hinter sich ließ“.

In der Regierungsverantwortung

Justiz, verankert in der Regierungserklärung

In seiner **Regierungserklärung** vom 10. 11. 1998 widmete **Bundeskanzler Gerhard Schröder** der Rechtspolitik ein besonderes Kapitel und sicherte ihr einen bemerkenswerten Rang unter der Überschrift „Den Staat effizienter machen – die Schwächeren schützen". Ich bin sicher, dass dieser besondere Akzent auf die Vorschläge von **Herta Däubler-Gmelin**, bereits in die Koalitionsverhandlungen eingebracht, zurückzuführen war.

Es hieß dort: „Eine grundlegende Justizreform werden wir zügig in Angriff nehmen. Unsre Zivil- und Strafjustiz ist heute noch aufgebaut wie vor hundert Jahren. Sie muß entschlackt und sie muß modernisiert werden. Die Bürgerinnen und Bürger wollen und sollen schneller zu ihrem Recht kommen, und die Gerichte müssen entlastet werden. Auch um die Vereinfachung von Gesetzestexten werden wir uns zielstrebig kümmern. Die Rechte der Opfer von Verbrechen werden wir stärken. Dies gilt ganz besonders für die Schwächsten in unserer Gesellschaft, mißbrauchte und mißhandelte Kinder. Wo immer das möglich ist, werden wir den Täter-Opfer-Ausgleich stärken und die gemeinnützige Arbeit als moderne Sanktionsform ausbauen. Es ist im Interesse der Gesellschaft, daß vor allem Straftäter, die zu kurzen Freiheitsstrafen verurteilt wurden, nicht zusätzliche Kosten für den Staat verursachen, sondern gemeinnützige Arbeit leisten. Soweit die Gemeinschaft nicht vor ihnen geschützt werden muß, sollen sie sich für die Gemeinschaft nützlich machen.

Große Aufmerksamkeit richten wir auf die Förderung der Verfahren zur Schlichtung. Es muß Schluß gemacht werden mit der verhängnisvollen Entwicklung, , immer mehr zivile, soziale, wirtschaftliche oder sogar politische Streitfälle auf die Gerichte abzuwälzen. Die Möglichkeiten, Streitfälle außergerichtlich zu regeln, werden wir stärken und bürgernah auszugestalten. Wir verbinden damit den Appell an Bürgerinnen und Bürger, aber auch an Interessengruppen, diese Möglichkeiten auszuschöpfen, bevor die Justiz bemüht wird.

Ich sage es deutlich: Diese Bundesregierung will keinen Bevormundungsstaat, nein, sie will einen Staat, der die Menschen ermutigt. Aber den Staat schlanker und effizienter zu machen, das darf nicht heißen, das man ihn dort schwächt, wo vor allem die Schwächeren auf ihn angewiesen sind. Wir wollen deshalb einen Staat, der die Bürgerrechte schützt und erweitert. Wir beharren auf dem Schutz der Schwächeren durch das Recht und durch den Staat" (Bemerkung: Die damalige Schreibweise wurde beibehalten).

Soweit der Bundeskanzler. Wir wollen sehen, wieweit uns die Umsetzung gelungen ist. Jedenfalls titelte die „Welt" ein halbes Jahr später: „Justitias Rückkehr in die Politik" und im Untertitel schrieb Martin S. Lambeck am 9. März 1999: „Die Mannschaft Gerhard Schröders hat schon allerhand Prügel einstecken müssen. Das Justizministerium aber, das sagt selbst die Opposition, funktioniert: Herta Däubler-Gmelin hat schon jetzt mehr erreicht, als viele ihrer Vorgänger". Wenn dies sogar die Einschätzung der konservativen Presse war, musste schon etwas dran sein.

In der Leitung des Bundesministeriums der Justiz

Am 28. Oktober 1998 übergab mir die Justizministerin die von Gerhard Schröder unterzeichnete Ernennungsurkunde im Ministerium der Justiz. Es befand sich in einem Hochhaus in der Heinemannstraße 6 am Rande des Regierungsviertels. Es lag in der Nähe zum Rheinufer mit vielleicht 10 Minuten Fußweg zum Bundestag. Ich habe mein Amt dem Vertrauen von Herta Däubler-Gmelin zu verdanken. Das gegenseitige Vertrauen in die Verlässlichkeit des(r) Anderen war die Grundlage einer Zusammenarbeit ohne Friktionen. Natürlich wurde ich oft gefragt, wie ich mit der Ministerin auskäme. Peter Struck, der nicht nur von mir sehr geschätzte Fraktionsvorsitzende und Verteidigungsminister, meinte gelegentlich: „Ecki, wie geht das denn mit Herta?". Ich antwortete auf diese Frage, die ähnlich auch oft von anderen gestellt wurde: „Es kommt immer auf ihr Gegenüber an". Es kursier(t)en die wildesten Meinungen und Urteile über sie in Partei und Öffentlichkeit. Einig war man sich in Einem: sie galt als kompetent und intelligent. Nach meiner durch viele Beispiele begründeten Einschätzung ist sie eine der klügsten Frauen, die ich kennengelernt habe. Mit einer stupenden Auffassungsgabe war sie sicher den meisten Menschen überlegen. Das merkten diese und hielten sie für arrogant. Das war sie keinesfalls, zwar manchmal ungeduldig, wenn man ihrer Darstellung und Einschätzung nicht gleich folgen konnte, aber auch gleichzeitig voller Anerkennung für die Leistung ihrer Mitarbeiterinnen und Mitarbeiter. Die für mich überzeugendsten Wesenszüge waren ihre unbedingte Ehrlichkeit und Prinzipienfestigkeit, wie man sie nicht nur in der Politik, sondern in der gesamten Öffentlichkeit selten antrifft. Das machte den Dialog für Dritte mit ihr nicht immer leicht. Sie war sich aber auch bewusst, dass Kompromisse zwar nicht das schlechteste Ergebnis in der Politik sein müssen, versuchte aber, ihre Überzeugung durchzusetzen. Keine Kompromisse ließ sie in der Bewahrung der Rechtsstaatlichkeit zu und auch die gesellschaftliche Bedeutung des Gewerkschaftswesens wurde von ihr nie in Frage gestellt. Daran hielt sie auch in ihrer Eigenschaft als die im Parteivorstand mit der Verbindung zum DGB Betraute fest. Dass sie zum Ende der Legislaturperiode von Schröder ausgebootet wurde, wegen ihrer harschen Bewertung des US – Präsidenten Bush, für die sie allerdings viel Zustimmung erfuhr, hatte sie nicht verdient und schmälert ihre Leistung für die Justiz und die Entwicklung und Modernisierung des Rechts in der Bundesrepublik nicht. Wenn ich ihre Persönlichkeit, ihren Impetus, ihren Überblick über das Justizwesen der Republik und der Bundesländer in allen, auch personellen, Bereichen mit zwei, drei Worten charakterisieren sollte, dann müsste ich in der doppelten Bedeutung antworten: „mit Recht vernetzt".

Es bedeutete für mich eine gehörige Umstellung vom Abgeordneten zum Mitglied der Bundesregierung. Mein Dienstzimmer befand sich, wie gesagt, im Hochhaus der Post nah am Rhein und fußläufig zum Bundestag. Es erlaubte einen Rundblick über die Stadt, die Rheinebene bis zum Siebengebirge. Zur personellen Ausstattung meines Amtes gehörte ein Fahrer, Herr Wilsberg, samt einem Dienstwagen. Der war ein rotbrauner gepanzerter Mercedes, schon in die Jahre gekommen und auch vom Verbrauch her ein Monstrum. Von Herrn Wilsberg bekam ich gleich zu Anfang die Ermahnung: „Bekommen Sie nie die Hand zwischen Tür und Schloss, sie ist sonst zerquetscht". In der Tat waren die Türen mit schwerem Panzerglas und Stahlverstärkung bestückt und rasteten mit sattem Klang ins Schloss. Das war eine eindrucksvolle Erinnerung an seine Warnung. Durch sein Gewicht hatte der Wagen einen langen Bremsweg und die Fahrer solcher Wagen mussten ein spezielles Training absolvieren. Als es mir später gelang, das Fahrzeug in Berlin gegen einen Neuwagen auszutauschen, wurde mir gesagt, als ich mich nach seinem weiteren Schicksal -über die 300.000 km der bisherigen Fahrleistung hinaus-erkundigte, dass sie sehr gesucht, besonders in den Golfstaaten, seien. Da käme es ja nicht auf den Spritverbrauch an. Vielleicht fährt er dort heute noch Mitglieder einer Scheichfamilie durch die Wüstenlandschaft. Übrigens war mir Herr Wilsberg dankbar, wenn er mich zum Wochenende nach Hause fahren konnte. Als ich ihm sagte, dass ich auch gerne mit dem Zug fahren würde, meinte er, dass ich doch immer so viele Akten in den ministeriellen Aktenkoffern zu transportieren hätte, er würde mich gerne fahren. Später erkannte ich, warum er den Verlust an Freizeit so freiwillig verschmerzen konnte: Er durfte nur zwischen Bingen und Mainz das Gaspedal so richtig durchtreten, weil dort im Bereich zwischen Bingen bis Ingelheim keine Geschwindigkeitsbegrenzung existierte. Ich machte mich dann immer ganz klein und saß lieber im Fond, während wir mit 200 Stundenkilometern so lange wie irgend möglich auf der Überholspur waren und ich mir vorstellte, wie es wäre, wenn eine Notbremsung nötig würde. Ich wusste nur, dass die Fahrer im Training auch beim Bremsen das Drehen in die entgegengesetzte Richtung übten.

In meinem Bereich behielt ich den bisherigen persönlichen Referenten, Herrn Blöink, meines Vorgängers, Rainer Funke, bei. Ich ging von der Überlegung aus, dass ich damit einen Kenner der Interna des Hauses in meiner Nähe hätte, und dass er -ohne ihn nach der Parteimitgliedschaft gefragt zu haben- sicher absolute Loyalität an den Tag legen würde. Dem war auch so. Dies galt auch für seine Nachfolgerinnen, Frau Dr. Kemper und Frau Dr. Timm, alle wie er hervorragende Juristen und Juristinnen. Sehr zuverlässig war auch Frau Steinmann, die für die Organisation der aktuellen Vorgänge und die Archivierung zuständig war und mit nach Berlin wechselte. Für die Mitarbeiter und Mitarbeiterinnen des Ministeriums war der Umzug von Bundestag und Bundesregierung entsprechend dem Umzugsgesetz eine Veränderung, nicht nur im Hinblick auf die organisatorische Seite, sondern weil sie in die Lebensplanungen tief eingriff. Dies wurde auch nicht durch die verlängerten Reisekostenregeln ganz kompensiert. Immerhin verblieb nach dem Bundeshauptstadtgesetz ein Teil der Referate

des Ministeriums in Bonn. Auf Dauer war dies aber mit hohen Kosten und organisatorischen Problemen verbunden, so dass die Anzahl der Mitarbeiter in Bonn zunehmend schrumpfte. Einige Ministerien müssen unsinnigerweise bis heute mit einer Teilung des Sitzes in Berlin und Bonn leben.

Der Dritte in der Hausleitung war Dr. Jörg Geiger, der beamtete Staatssekretär, zuständig für die inneren Angelegenheiten des Hauses, Personal und Etat mit den dem Justizministerium zugeordneten Behörden wie Patent- und Markenamt in München oder dem Bundeszentralregister in Bonn. Z. T. waren diese personell wesentlich größer als das Ministerium mit seinen ca. 400 Mitarbeitern. Dr. Geiger war als ehemaliger Präsident des Bundesamts für Verfassungsschutz und des Bundesnachrichtendienstes ein mit den Schwierigkeiten der Politik und gleichzeitig mit den notwendigen Netzwerken vertrauter glänzender Organisator. Unsere gegenseitigen Kompetenzen waren von Herta sinnvoll abgesteckt, so dass es kaum Friktionen gab. Anders als in anderen Häusern, wie man hörte. Als ich einmal an Stelle des verhinderten Dr. Geiger zu den finalen Etatberatungen in den Finanzausschuss musste, wunderte ich mich, dass viele Vertreter der Ministerien mit großer Anspannung auf ihren Auftritt im Ausschuss warteten. In dieser so genannten „Bereinigungssitzung“ wurden die Weichen für den endgültigen Bundeshaushalt gestellt. Die Anhörungen waren auf die Minute begrenzt. Da ich gut vorbereitet war, konnte ich die streitigen Punkte aus dem Stand beantworten. Als ich abschließend darauf hinwies, dass der Etat des Ministeriums zwar einer der kleinsten im Bund wäre, der aber den größten Deckungsanteil einbrächte, konnte sich mein Kollege Karl Diller das Lächeln nicht verkneifen. Diese Besonderheit rührte daher, dass die Einnahmen und Gebühren der genannten dem Ministerium nachgeordneten Behörden die Ausgaben für das Personal und die Sachkosten erheblich überstiegen. Unabhängig davon war der Etat des Ministeriums gemessen am Gesamtvolumen einer der kleinsten. Die Stimmung war dementsprechend gelöst. Draußen sagte ich zu den vor dem Sitzungssaal wartenden Kollegen, es sei ganz locker hergegangen, was sie nicht glaubten.

Der neue Mittelpunkt der Politik, der Reichstag

Vor dem Umzug nach Berlin sah ich unseren neuen Dienstsitz zum ersten Mal am 13.11.1999 in Berlin beim Besuch der damaligen Dienststelle in Berlin. Schon am Modell konnte man sich dieses schöne Ensemble zwischen Mohrenstraße und Kronenstraße gut vorstellen. Es befindet sich im historischen Viertel der ehemaligen Tuchindustrie, nahe am Gendarmenplatz. Der Umzug des fast kompletten Ministeriums erfolgte am 23. Juli 1999. Zunächst war die Hausleitung in einem schon fertig gestellten Bereich mit Blick auf die Kronenstraße. Das „Einstandsfest" feierten wir am 8. 9. 1999. Der Bundestag nahm in feierlicher Sitzung am 19. 4. 1999 den Reichstag in Besitz. Am 23. 5. 1999 nahm ich an der Bundesversammlung teil. Am nächsten Tag folgte der Staatsakt aus Anlass des 50-jährigen Bestehens der Bundesrepublik. Mit dem neuen Bundespräsidenten Johannes Rau wurde am 1. Juli 1999 letztmalig ein Staatsoberhaupt in Bonn vereidigt. Mein Abgeordnetenbüro in Berlin wurde am 27. 7. 1999 wieder tätig. Meine dortige Büroleiterin Mareike Hofmann hat es mit Umsicht und Engagement betreut. Natürlich dürfen die Belange des Wahlkreises nicht zu kurz kommen. Deshalb habe ich trotz wöchentlicher Anwesenheit in Bonn bzw. Berlin meine regelmäßigen Sprechstunden im Wahlkreis beibehalten. Auch die Veranstaltungen mit der Friedrich-Ebert-Stiftung in Mainz mit deren Leiter Rolf Mantowski gingen turnusgemäß weiter. Z. B. am 5. 5. 2000 mit dem Thema „Zahlungsmoral" und am 4. 5. 2001 zur „Juristenausbildung". Sie wurden gelegentlich von Reinhard Breidenbach, dem kundigen Redakteur der AZ, moderiert

Die Arbeit im Plenum

Zu meinen Aufgaben gehörte die Präsenz im Plenum auf der Regierungsbank. Es wurde vom Bundeskanzleramt immer Wert darauf gelegt, dass die Ministerien mit einem Vertreter auf der Regierungsbank saßen. Da das Justizministerium als klassisches Resort neben Kanzler, Außenminister (Vizekanzler) und Innenminister den dann folgenden Platz in der ersten Reihe innehatte, wurde mir meist diese Rolle zugedacht. Da wir im Gegensatz zu anderen Häusern nur einen Parlamentarischen Staatssekretär hatten, saß ich immer an diesem Platz, manchmal ganz allein, wie auf manchen Pressebildern zu sehen ist. Das war besonders dann nicht ungewöhnlich, wenn unsere Themen am Schluss der Tagesordnung rangierten. Sozusagen nach dem Motto „**Eckhart allein im Hohen Haus**". Wenn Herta anwesend war, nahm ich im Plenum oder in den hinteren Reihen der Regierungsbank Platz. Mit meinen rheinland-pfälzischen Kollegen Karl Diller aus dem Finanzministerium und Fritz Rudolf Körper aus dem Innenministerium hatte ich ein gutes Verhältnis. Wir kannten uns seit der gemeinsamen Zeit im Landtag von Rheinland-Pfalz. Oft konnten wir uns auch einmal unterhalten und uns amüsieren, wenn es Anlass dazu gab. Auch die Vertiefung in die stets mitgeführten Akten war bei langweiligen Debatten ohne Aufsehen möglich.

Die Fragestunde kann wie eine Sauna sein

Im Allgemeinen beschränken sich mündliche Fragen der Abgeordneten in der so genannten „Fragestunde" entsprechend der Geschäftsordnung auf einen begrenzten Sachverhalt. Sie bieten zudem die Möglichkeit, ohne die bei Debatten eingeschränkte Möglichkeit und ohne Zustimmung der eigenen Fraktion, die natürlich informiert wird, die Öffentlichkeit des Plenums zu nutzen. Dabei ergibt sich die Möglichkeit, auch lokale Themen aus dem Wahlkreis anzusprechen, die dann zusammen mit der Antwort zu pressetauglichen Aktivitäten genutzt werden. Die „Stunde" dauerte präzise 2 Stunden. An eine Fragestunde erinnere mich bis heute sehr lebhaft. Es war am 27. 1. 1999, als mehrere Kollegen und Kolleginnen der Opposition aus dem Rechtsausschuss mündliche Anfragen zum Verhalten der Bundesregierung zur Verhaftung des Vorsitzenden der kurdischen Arbeiterpartei (PKK), Abdullah Öcalan, eingebracht hatten. Es war damals ein heiß diskutiertes politisches Thema, wie sich die Bundesrepublik mit der Kurdenfrage auseinandersetzte, die wegen der Spannungen in der Türkei zwischen Staat und dem politischen Arm der Kurden, der PKK, auch in Deutschland ausgetragen wurde. Die Bundesregierung unter Federführung des Justizministeriums hatte einen internationalen Haftbefehl beantragt. Daraufhin war Öcalan in Italien aufgespürt und in Haft genommen worden. Es ging dann um die Frage, ob wir jetzt die Auslieferung nach Deutschland beantragen sollten, die die italienischen Behörden liebend gern ausgeführt hätten. Damit hätten wir das Kurdenproblem uns noch gravierender nach Hause geholt. Wir waren uns im Ministerium einig, dies unter allen Umständen zu vermeiden. Die Italiener fühlten sich natürlich ausgetrickst, was sie lauthals beklagten. Als ich im Januar 1999 mit der Tagesordnung am Vortag die massive Phalanx der Fragenden vorgelegt bekam, darunter die gesamte Fraktionsspitze der FDP mit Guido Westerwelle, van Essen und Funke, verlangte ich von unserem beamteten Staatssekretär, der für das bisherige Prozedere zuständig war, Aufklärung bis ins kleinste Detail in den bisherigen Abläufen. Ich wurde dann von den Beamten des Hauses und der Bundesanwaltschaft stundenlang gebrieft, so dass ich fit war. Man muss wissen, dass über die eingereichte Frage hinaus jeder Fragesteller zwei Zusatzfragen hat, auf die man sich nicht einstellen kann. Außerdem kann jeder anwesende Abgeordnete aus dem Plenum spontan eine weitere Frage stellen. Man kann sich vorstellen, dass die Fragen nur so auf mich einprasselten. Ich habe sie nicht gezählt. Aber es waren mindestens dreißig. Wenn man so von der Regierungsbank aus stehend, ohne die Möglichkeit in Unterlagen zu schauen, spontan antworten und aufpassen muss, dass man nichts Falsches sagt, was dann im Protokoll steht, kann man sich vorstellen, dass ich gerädert war. Das Ganze, das mir stundenlang vorkam, dauerte vielleicht eine halbe Stunde, ich habe nicht auf die Uhr geschaut. Jedenfalls war die Fragestunde danach beendet. Die restlichen Fragen der Abgeordneten wurden dann schriftlich beantwortet. Hinterher bekam ich von allen Seiten Lob, auch vom politischen Gegner, wie gut ich vorbereitet gewesen sei. Das Gegenteil erlebte ich, als der Kollege Dr. Ludger Volmer aus dem Außenministerium, der sich ja Staatsminister nennen durfte, auf Fragen nach dem früheren Besuch des Außenministers Joschka Fischer in seiner Zeit als Enfant terrible der Politikerzunft bei Gadhafi, dem ehemaligen Diktator in Libyen, Worte von Ewigkeit über dessen Regime verbreitet hatte, an die er sich ob ihres beschwichtigenden Inhalts sicher nicht mehr gern erinnern wollte. Der Kollege taumelte stotternd von einer Verlegenheit in die andere und war zumindest im Hinblick auf die Brisanz der Fragen völlig unvorbereitet. Fischer hatte sich wohlweislich entschuldigt. Ich schob ihm dann, weil mir die Situation selbst peinlich war –man verspürt ja Solidarität als Mitglied der Bundesregierung- einen Zettel zu, auf dem stand: „Das kann ich nicht beantworten, ich werde sie, Herr Kollege, schriftlich informieren". Das tat er dann auch.

Die Verbindung (nicht nur) zum Rechtsausschuss

Zu den wichtigsten Aufgaben des Parlamentarischen Staatssekretärs gehört die Betreuung der Ausschüsse, für mich in erster Linie des Rechtsausschusses. Auch in den übrigen Ausschüssen des Bundestags musste ich Rede und Antwort stehen, wenn sie mitberatend in unseren Vorlagen waren und um Anwesenheit des Ministeriums gebeten wurde. Das war etwa der Fall im Ausschuss, der dem Bundesbauministerium zugeordnet war, dem Ausschuss für **Verkehr, Bau- und Wohnungswesen** während der Beratungen über das neue Mietrecht. Meine Anwesenheit war auch bei Bedarf in juristischen Fragen gelegentlich im **Petitionsausschuss** gefordert. Auch referierte ich im Ausschuss für **Menschenrechte** über unseren Bericht zur Lage der Menschenrechte und stand zu Erläuterungen zur Verfügung. Ich erinnere mich, dass ich neben der Vorsitzenden Claudia Roth saß und mich wunderte, dass der Abgeordnete Dr. Heiner Geißler nach meinem Statement als Erster das Wort ergriff, danach seine Tasche schulterte und den Raum verließ. Er hatte also keine Lust zu debattieren. Als ich Claudia Roth fragend ansah, meinte sie achselzuckend: „Eckhart, das macht er immer so". Diese Art der „Debatte" war mir ansonsten fremd. Ein anderer gelegentlich mitberatender Ausschuss war der für **Kultur und Medien**, z. B. bei der Diskussion um das neue Stiftungsrecht.

Ausnahmsweise nahm ich, wie schon gesagt, am 26.6.2002 den Termin vor dem **Haushaltsausschuss** wahr, was normalerweise Sache des Kollegen, des beamteten Staatssekretärs Dr. Geiger war, der aber verhindert war. Es ging dabei um die Beratung des Bundeshaushalts 2003. Vor dem Eingang des Saales drängten sich die Vertreter der Resorts und warteten auf ihren Aufruf. Den konnte man gar nicht fixieren. Man hatte zu warten, bis man „dran war". Wegen der Unwägbarkeiten im Ausschuss -insbesondere in der so genannten „Bereinigungssitzung" -mit möglichen Streichungen oder Kürzungen in den Etats der Ministerien- war dieser gefürchtet. Die Mitglieder des Ausschusses, die so genannten „Haushälter", fühlen sich über Fraktionsgrenzen hinaus als Hüter des Geldes und Wächter über die Ausgabendisziplin. Ich war gut vorbereitet auch hinsichtlich zu erwartender kritischer Punkte. Die Diskussion bezog sich aber nur auf die Anzahl neuer Stellen und ihre Einordnung in das Vergütungssystem. Sonstige schwierige Fragen blieben aber weitgehend aus. Vielleicht habe ich auch auf die entsprechenden Fragen des Vorsitzenden und der Berichterstatter zu unserem Haushalt nach deren Urteil präzise und selbstbewusst geantwortet. Ich erklärte den Abgeordneten nicht ohne Stolz, dass unser Etat eine Ausnahme im Vergleich mit allen anderen Resorts insoweit darstelle, als er die höchste Deckungsquote von 85 % an Einnahmen gegenüber den Ausgaben enthalte. „Schuld" daran waren die nachgeordneten „einnahmestarken" Behörden wie das Bundeszentralregister und das Bundespatent- und Markenamt! Letzteres feierte am 10.7.2002 sein 125jähriges Bestehen, bei dem ich anwesend war (auf münchnerisch: „Adabei"). Nachdem ich frohgemut den Raum des Haushaltsausschusses verlassen konnte, waren die Wartenden ganz neidisch, als ich berichtete, wie gut es gelaufen sei. Man muss allerdings wissen, dass der Justizhaushalt z. B. im Haushaltsplanentwurf der Bundesregierung 2003 mit 0,12% bei den Einnahmen und 0,14% bei den Ausgaben (in absoluten Zahlen: Einnahmen von 299,7 Mio. Euro standen 351,1 Mio. Euro Ausgaben gegenüber) nur einen minimalen Anteil am Gesamtetat von 246,3 Mrd. Euro in Einnahmen und Ausgaben ausmachte. Auch bei den Einnahmen konnten wir im Gegensatz zum Gesamthaushalt (minus 0,5%) um 3,8% zulegen.

Im Rechtsausschuss, bei dem ich wöchentlich in den Sitzungskampagnen mittwochs früh stets anwesend war, war ich bemüht, zusammen mit den Referentinnen und Referenten aus dem Ministerium die Mitglieder des Ausschusses über Planungen und Vorlagen zu informieren. Es gelang mir, insbesondere zu dessen Vorsitzenden, Prof. Rupert Scholz von der CDU, dem ehemaligen Verteidigungsminister, ein sachliches und kollegiales Verhältnis aufzubauen. Das hatte z. B. den Vorteil, dass er häufig neue Punkte auf die Tagesordnung nahm oder auch frühmorgens noch geänderte Vorlagen auf meine Bitte hin akzeptierte. Bei den Beratungen selbst war ich selbst immer gut vorbereitet und konnte in die Materien einführen. Dienstag abends nach der Arbeit im Ministerium nahm ich alle Unterlagen für die Tagesordnung des nächsten Tags mit in meine Wohnung, um sie durchzuarbeiten. Traditionell füllten sie eine geräumige „antike" Ledertasche aus braunem Leder ohne innere Aufteilung, die wohl schon viele meiner Vor-

Neben dem Vorsitzenden Rupert Scholz im Rechtsausschuss.

Der ministerielle Aktenkoffer

gänger benutzt haben mussten. Ein Zeichen, dass wir stets bescheiden auftraten. Die Abbildung legt davon Zeugnis ab. Einige Male entdeckte ich Fehler – auch noch in (Gesetzes) vorlagen –in der Vorbereitung abends oder nächtlich, die ich nach Rücksprache mit den zuständigen Referenten, die ich in aller Frühe zu mir bestellte, noch in den Ausschuss verbessert, wie oben berichtet, einbringen konnte. Es waren immer Fehler „des Hauses", nicht eines Einzelnen, wie ich betonte. Sie kamen allerdings wegen der Kompetenz der einzelnen Referate unseres Hauses nicht sehr häufig vor.

Der wichtigste Ansprechpartner im Rechtsausschuss auf Seiten der SPD war der rechtspolitische Sprecher der Fraktion, Alfred Hartenbach, der auch mein Nachfolger im Amt des Parlamentarischen Staatssekretärs wurde. Er war als Richter besonders in den Verfahrensordnungen zu Hause. Er leitete den Arbeitskreis „Recht" der SPD-Bundestagsfraktion und war immer zuverlässig. Es wurde in Berlin zur Tradition, dass sich Herta und ich mit Hartenbach und dem Koordinator Innen und Recht, dem stellvertretenden Vorsitzenden der Bundestagsfraktion, Ludwig Stiegler, am Dienstagmorgen um 8 Uhr im Café „Einstein" zum „Koordinierungsgespräch" mit Frühstück trafen, um die anstehenden Themen der Woche zu erörtern.

Natürlich gehörte zu meinen Aufgaben auch die Anwesenheit bei Anhörungen und Sondersitzungen im Rechtsausschuss, so z. B. bei der Anhörung zum „Überweisungsgesetz" am 24. 6. 1999 und zum Thema „Zahlungsmoral" am 29. 9. 1999 oder zum „Fernabsatzgesetz" am 11. 4. 2000 und am 19. 9. 2000 zur „Eingetragenen Lebenspartnerschaft". Dies galt natürlich auch bei den seltenen auswärtigen Sitzungen des Rechtsausschusses z. B. anlässlich des Deutschen Juristentags. Wenn sich die Arbeitsgruppe „Recht" unter Hartenbachs Leitung zur Klausur traf, so z. B. am 30. 9./1. 10. 2000 in Hildesheim, am 1. bis 3. 2. 2001 in Schwäbisch Hall und 2002 in Bad Kühlingsborn, war ich natürlich zugegen und erläuterte unsere Vorhaben.

Meine Rolle im Vermittlungsausschuss

Mehrfach war ich auch im **Vermittlungsausschuss**, dem Gremium, das paritätisch besetzt wird von Bundestag und Bundesrat. Dort werden Gesetze beraten, wenn der Bundesrat bei zustimmungspflichtigen aber auch nicht zustimmungspflichtigen Gesetzen Änderungsbedarf anmeldet. In diesem Ausschuss sind die Fraktionen durch politische Meinungsführer vertreten. Sie sind ausdrücklich nicht an Weisungen gebunden, was durchaus gelegentlich positiv zu spüren war. Ich habe das Klima immer als angenehm dort empfunden. Die Leitung hat dort der (zwischen Bundestag und Bundesrat alternierende) Vorsitzende. Dies war zunächst noch für den Bundesrat der Erste Hamburger Bürgermeister Ortfried Runde, dann mit dem Beginn des neuen Jahres nach der Legislaturperiode der damalige Ministerpräsident von Niedersachsen , Sigmar Gabriel. Ich nahm häufig zu den Themen Stellung, wenn der Bundesrat den Ausschuss anrief, und ein Gesetz Änderungsbedarf bei der Ländermehrheit hervorgerufen hatte. Manchmal leitete Gabriel meinen Beitrag mit den Worten ein: „Und jetzt werden wir durch professoralen Rat überzeugt". Das fand ich sehr nett. So tagte der Ausschuss etwa zum Thema „**Lebenspartnerschaftsgesetz-Ergänzungsgesetz**" (ein Monstrum von Titel!) am 7. 2. 2001. Da wir das Gesetz, das die Lebenspartnerschaft regelte, in einen zustimmungsfreien und einen zustimmungspflichtigen Teil aufgespalten hatten, ging es in diesem Fall um die daraus folgenden unterschiedlichen Verfahrensweisen. Im ersten Fall, der Zustimmungsbedürftigkeit scheiterte ein Gesetzesbeschluss des Bundestags, wenn der Bundesrat die Zustimmung verweigerte. Im zweiten Fall, wenn das Vorhaben nicht zustimmungsbedürftig war, konnte der Einspruch des Bundesrats durch den Bundestag abgelehnt werden. Manchmal völlig unerwartet fand der Bundesrat einen Klops etwa beim „**OLG-Vertretungsgesetz**" oder beim „**Zweiten Vermögensrechtsänderungsgesetz**". Im Fall der „**ZPO-Reform**" wurde wie in anderen Fällen auf die Interessen der Länder dadurch Rücksicht genommen, dass der Termin des Inkrafttretens der gesetzlichen Regelungen ganz oder teilweise hinausgeschoben wurde. Solche Kompromisse stärkten das Gewicht des Vermittlungsausschusses.

Die Koalition mit anfänglichen Reibungen

Von besonderer Bedeutung ist die Zusammenarbeit in einer Koalition zur Entwicklung von Initiativen auf parlamentarischer Ebene, um die Koalitionsvereinbarungen mit Leben zu erfüllen. Dies war wegen der neuen Rolle als Regierungsparteien nicht von vorneherein ohne Friktionen zu erwarten. Man musste sich beiderseits erst an einander gewöhnen. Die Aufgabe der Realisierung unternahmen die entsprechenden Arbeitsgruppen, die den Ausschüssen zugeordnet waren. In meinem Fall also die Arbeitsgruppe Recht der SPD und das zuständige Gremium des Koalitionspartners. Mit dem sehr umsichtigen Vorsitzenden der Arbeitsgruppe Recht, Alfred Hartenbach, hatte ich ein sehr enges Verhältnis. Das Ministerium hatte dabei die Aufgabe, auf der Grundlage der Besprechungen Vorschläge zur Formulierung von Anträgen und Gesetzesvorlagen zu erarbeiten. Die Initiative ging in der Rechtspolitik aber häufig vom Ministerium aus, die in Form von Regierungsvorlagen dann mit der Koalition abgesprochen wurde. Der Konterpart auf der Seite von Bündnis 90/Die Grünen war Volker Beck, den ich schon vom Rechtsausschuss her kannte, als ich dort noch Mitglied war, also bis 1998. Er war zwar kein Jurist, hatte sich aber sehr intensiv in die juristische Materie eingearbeitet. Er war kein einfacher Gesprächspartner, aber nach einem gefundenen Kompromiss, sofern dieser notwendig wurde, auch verlässlich. In der Rückschau haben wir viel Zeit für diese Gespräche aufgewendet, eine Tatsache, die in der Öffentlichkeit kaum wahrgenommen wird. Das dafür in Anspruch genommene Zeitbudget war zwar manchmal lästig, aber für eine erfolgreiche Regierungsarbeit zwingend. Gegenüber der gegenwärtigen „Ampelkoalition" war der fundamentale Unterschied, dass Kontroversen nicht in der Öffentlichkeit ausgetragen wurden. Sie wurden in der Regel intern debattiert und die Öffentlichkeit erfuhr die Ergebnisse und nicht die Befindlichkeiten der bzw. einzelner Koalitionäre. Vielleicht lag das an den handelnden Personen. Sicher auch an der Koalition mit nur zwei Beteiligten.

Besonders nachdrücklich sind mir die Sitzungen der Arbeitsgruppe „Eingetragene Lebenspartnerschaft" in Erinnerung, das Lieblingsthema des Koalitionspartners, vor allem Becks. Der forderte schon damals eine Regelung in Form der völligen Gleichstellung mit der Ehe, was aber mit der SPD (noch) nicht zu machen war. Schon unter dem Gesichtspunkt, dass eine solche Lösung beim Bundesverfassungsgericht landen würde mit unsicherem Ausgang. Es bedurfte allerdings langer Überzeugungsarbeit. Nach vielen, oft tief in die Nacht dauernden Sitzungen, fanden wir zu einem tragfähigen Ergebnis, das sich in den gesetzlichen Regeln niederschlug.

Die Arbeitsgruppe Recht der SPD-Fraktion

Ganz besonders wichtig war die Zusammenarbeit mit der Arbeitsgruppe Recht. Unter Leitung von Alfred Hartenbach war sie stets erfreulich kooperativ und zielführend. Auch mit den weiteren Mit-

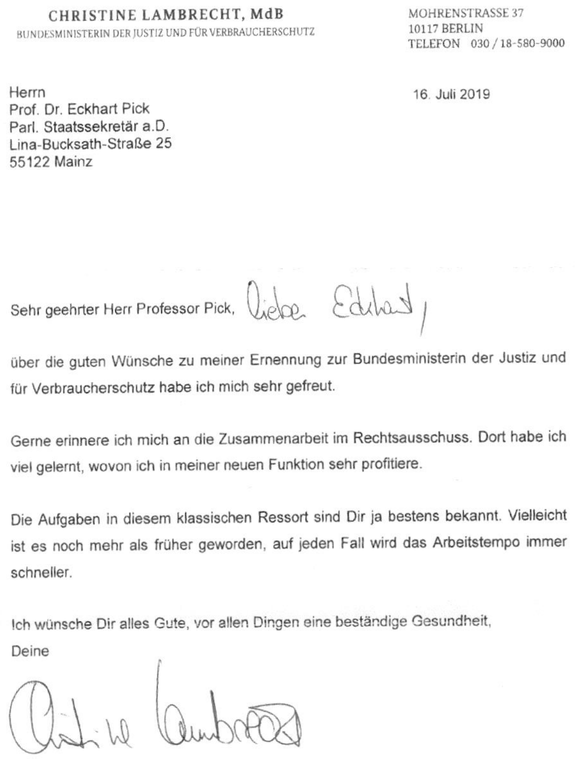

CHRISTINE LAMBRECHT, MdB
BUNDESMINISTERIN DER JUSTIZ UND FÜR VERBRAUCHERSCHUTZ

MOHRENSTRASSE 37
10117 BERLIN
TELEFON 030 / 18-580-9000

Herrn
Prof. Dr. Eckhart Pick
Parl. Staatssekretär a.D.
Lina-Bucksath-Straße 25
55122 Mainz

16. Juli 2019

Sehr geehrter Herr Professor Pick, Liebe Eckhart,

über die guten Wünsche zu meiner Ernennung zur Bundesministerin der Justiz und für Verbraucherschutz habe ich mich sehr gefreut.

Gerne erinnere ich mich an die Zusammenarbeit im Rechtsausschuss. Dort habe ich viel gelernt, wovon ich in meiner neuen Funktion sehr profitiere.

Die Aufgaben in diesem klassischen Ressort sind Dir ja bestens bekannt. Vielleicht ist es noch mehr als früher geworden, auf jeden Fall wird das Arbeitstempo immer schneller.

Ich wünsche Dir alles Gute, vor allen Dingen eine beständige Gesundheit,
Deine

gliedern der Arbeitsgruppe bestand ein immer gutes Verhältnis. Ich nahm mir auch immer Zeit, in ihren Wahlkreisen aufzutreten, z.B. bei Christine Lambrecht, der späteren Bundesministerin der Justiz und für Verbraucherschutz und danach glücklosen Verteidigungsministerin. In vielen Wahlkreisen habe ich, wie die Themen nahelegten, ganz selbstverständlich referiert. Es gehörte, wie schon ausgeführt, zu den standardisierten Terminen in den Sitzungswochen, dass wir uns dienstags um 7 Uhr 45 zum „Koordinierungs (Frühstücks)- Gespräch" mit Herta und Hartenbach im Café Einstein nahe beim Reichstag trafen. Mit dabei war auch Ludwig Stiegler, der für die Fraktion die nicht immer harmonischen Antworten auf Sachfragen von Justiz- und Innenministerium zusammen zu führen hatte. Auch in seinem Wahlkreis, in Amberg, war ich in Sachen ZPO-Reform einmal zu Gast. Den Part der Vertretung der Interessen der „Innenleute" musste dann der eigentlich liberal eingestellte (und stets Literatur mit sich führende) Dieter Wiefelspütz, der Leiter der Arbeitsgruppe „Innenpolitik" übernehmen.

In den Kabinettsitzungen der Bundesregierung

Die erste rot-grüne Bundesregierung hatte sich unter Schröder viel vorgenommen. Das kam sowohl in der Koalitionsvereinbarung als auch in ihrer personellen Zusammensetzung deutlich zum Ausdruck. Mit Schröder selber wurde ich allerdings nicht recht warm. Insgesamt war das Verhältnis distanziert. Wenn wir Staatssekretäre auf der Regierungsbank warteten, ging er meist grußlos, höchstens mit einem Nicken an uns vorbei, bevor er Platz nahm. Im Gegensatz zu ihm hatte ich mit den anderen Mitgliedern des Kabinetts, ein gutes, bisweilen herzliches Verhältnis. Das galt vor allem für Heidemarie Wieczorek-Zeul, Hans Eichel, Kurt Bodewig und Wirtschaftsminister Müller. In meinem Fall lag dies wohl vor allem daran, dass Schröder das Justizministerium manchmal als Störenfried ansah, das insbesondere mit dem Innenministerium über Kreuz lag. Es ist mir zweimal passiert, dass ich in Vertretung von Herta im Kabinett mit Vorlagen, die mit dem Innenministerium abgestimmt waren, auflief, weil Otto Schily plötzlich das Gegenteil behauptete. Ich glaube, dass auch das Aktenstudium nicht seine Sache war. Er schien mir auch tatsächlich häufig nicht informiert zu sein, dass die beiden Ministerien sich geeinigt hatten. In diesen Fällen meinte Schröder brummig und zu Schily und mir gewandt, „dann klärt das bis zum nächsten Mal". Ich empfand den Bundeskanzler generell als ziemlich distanziert und „kalt wie eine Hundeschnauze".

Lafontaine geht von Bord

Das konnte ich übrigens auch für den Abschied von Lafontaine aus der Bundesregierung so empfinden. Auch in diesem Fall nahm ich für Herta am 10. März 1999 an der betreffenden Sitzung des Kabinetts teil. Zuerst wurde die Tagesordnung routinemäßig abgehandelt. Dann sah Schröder in die Runde und drückte seine Sorge über das Erscheinungsbild der Regierung aus. Zur Legendenbildung gehört in jedem Fall, Schröder habe mit seinem Rücktritt gedroht. Dass er dabei einzelne Mitglieder des Kabinetts, wie die Familienministerin Christine Bergmann oder den Umweltminister Jürgen Trittin besonders ansprach, wie berichtet wird, ist zwar richtig, ich empfand dies aber eher als Mahnung, das Verhältnis zur nach wie vor skeptischen Wirtschaft nicht durch Nadelstiche unnötig zu belasten. Dann wandte er sich zu Lafontaine und bat ihn sehr ruhig: „Jetzt hat der Bundesfinanzminister das Wort. Er wird uns ein klärendes Wort über die unterschiedlichen Berechnungen von Finanzministerium und Energieversorger über die Belastung der Stromwirtschaft, den Stand der Steuerreform und die aktuelle Situation des Haushalts, seine Risiken und Perspektiven, unterrichten". Daraufhin betretenes Schweigen. Lafontaine, sonst so redegewandt, murmelte etwas von Unterlagen, die er bräuchte, aber nicht zur Verfügung hätte. Dabei ging es um die Kosten der Energiewende, bei denen die beiden Akteure Wirtschaft und Regierung um ca. 10 Milliarden DM auseinander lagen. Im Grunde war seine Reaktion eine Blamage, die dazu führte, dass sich Lafontaine danach noch an diesem Tag fluchtartig aus seinem Amt entfernte. Ich muss gestehen, dass ich noch nie einen so gezielten wie raffinierten Schachzug erlebt habe. Es war ein Paradebeispiel, wie man einen Parteifreund und Konkurrenten ausbootet. Heute würde man statt bewundernd „cool" zu diesem Vorgang sagen. Dass das Berechnung war, wurde mir natürlich erst im Nachhinein klar, als ich Herta über den Verlauf der Kabinettsitzung unterrichtete. Ich meinte, dass nach diesem Vorfall eine seltsame Stimmung geherrscht habe. Natürlich war der „Blitzschlag" im Kabinett nur der berühmte Tropfen, der das (politische) Fass zum Überlaufen brachte. Neben der schon immer bestehenden Konkurrenz zweier politischer Talente war es sicher auch Lafontaines Fehleinschätzung, er könne als Finanzminister (und SPD-Vorsitzender) eine eigene Rolle als Hüter sozialer Gerechtigkeit aus dem Amt heraus spielen, die zu seinem Scheitern führte. Er hätte wissen müssen, dass dies höchstens über den Fraktionsvorsitz denkbar gewesen wäre. Niemand konnte damals ahnen, dass die deutsche Parteienlandschaft durch das Engagement Lafontaines bei der damaligen PDS /Die Linke so grundlegend und zum Nachteil der SPD verändert würde. Unmittelbar nach der Kabinettsitzung verließ Lafontaine die Regierungsbühne und sein Ministerium, ohne seine engsten Mitarbeiter zu informieren. Nachmittags rief mich mein Kollege Diller an und fragte mich, ob ich wisse, was los wäre. Ich informierte ihn dann über den Vorgang im Kabinett, konnte ihm aber nichts über die weiteren Ereignisse sagen. Persönlich kann ich über Lafontaine nur sagen, dass er mir immer kollegial begegnet ist und wir uns, wenn wir uns auf der Regierungsbank begegneten, gut unterhielten. Das im Gegensatz zum Bundeskanzler, der meist nur knurrig unseren (der Parlamentarischen Staatssekretäre) Gruß erwiderte, bevor er Platz nahm. Nur ausgewählte Minister bekamen auch einen Händedruck. Der Nachfolger als Finanzminister, Hans Eichel, ist mir dagegen in angenehmer Erinnerung: sachlich und im Umgang freundlich. Das kann ich übrigens für alle übrigen Kabinettsmitglieder bestätigen. Das gilt auch für Joschka Fischer, der immer mitteilsam auf der Regierungsbank war und gerne einen Spruch loswurde. „Er hörte sich gerne reden", würde man sagen.

Die ersten Kabinettsitzungen fanden übrigens noch im Haus des Staatsrats der DDR statt, das noch Helmut Kohl als provisorisches Kanzleramt ausgesucht hatte. Ich ging immer staunend über die mit bunten Szenen aus der Welt des Kommunismus geschmückten Glasfenster im Treppenhaus zu dem holzgetäfelten Kabinettssaal hinauf. Es waren die heroischen Szenen aus Geschichte und Gegenwart des Sozialismus aus der Perspektive der SED in der DDR versammelt. Der Unterschied zum neuen Bundeskanzleramt konnte nicht augenfälliger sein. Die Renovierung des Staatsratsgebäudes kostete 3,5 Mio. DM, der Neubau fast 1/2 Milliarde DM. Die Parlamentarischen Staatssekretärinnen und Staatssekretäre trafen sich in den Sitzungswochen regelmäßig Donnerstag Vormittags um 7 Uhr 30 unter der Leitung unseres Kollegen im Bundeskanzleramt, Hans Martin Bury, zu Berichten aus den Ressorts, was für einen guten Überblick über anstehende Vorhaben führte (sog. „Bury-Runde"). Da wir im Kabinettssaal saßen, kam man sich doch wichtig vor. Gelegentlich war auch sein Kollege, der Philosoph Prof. Dr. Julian Nida-Rümelin aus München anwesend, den Schröder für die kulturelle Seite im Kanzleramt gewonnen hatte. Er war immer recht schweigsam. Insider nannten ihn den „Nie-da- Rümelin", was ich nicht beurteilen konnte.

Kreuz und quer durch Deutschland

Die Arbeit brachte es mit sich, dass ich sehr oft mit dem Auto oder dem Flugzeug unterwegs sein musste, um Termine wahrzunehmen. Dadurch bekam ich Gelegenheit die so genannten Neuen Bundesländer kennen zu lernen. Noch die alte Bundesregierung hatte im Rahmen der Aufgabe, das DDR-Unrecht aufzuarbeiten eine Wanderausstellung konzipiert, die in anschaulicher Weise unter dem Titel „**Im Namen des Volkes?**" - Über die Justiz im Staat der SED". Das

Fragezeichen führte zur Fragwürdigkeit der Justiz in der DDR, die den Namen nicht verdiente. Die Eröffnungen wurden regelmäßig im Beisein des zuständigen Landesjustizministers oder der -ministerin, des Staatssekretärs und des zuständigen Gerichtspräsidenten bzw. der -präsidentin eröffnet. So z. B. in München am 23.11.1998, Nürnberg, Essen (22. 9. 1999), Hamburg (15. 11. 1999), Hof (20.7.2000), Stuttgart, Bremen, in Bonn am 1. 6. 1999, am 31. 5. 2000 in Recklinghausen und 19. 3. 2001 in Mainz, schließlich am 5. 8. 2002 in Saarbrücken. Sie waren immer von einer Pressekonferenz mit den örtlichen Medien eingeleitet und fanden stets großen Zuspruch und Resonanz, vor allem in den Zeitungen. Oft wurden sie auch künstlerisch umrahmt z. B. durch die Liedersängerin Bettina Wegner. Eine weitere historische Reminiszenz war die Eröffnung der Ausstellung „**Friedrich Ebert und seine Zeit**" im Rastatter Schloss, Bundesarchiv, Erinnerungsstätte für die Freiheitsbewegungen in der deutschen Geschichte". Ich hielt den Festvortrag am 20.6.2002 unter dem Thema „Friedrich Ebert, 1871-1925: Vom Arbeiterführer zum Reichspräsidenten". Sicher hat meine Fraktionskollegin Nicole Gressl diese Veranstaltung in ihrem Wahlkreis lange vorbereitet.

Am 23. 5. 1999 konnte ich als Mitglied der **Bundesversammlung** Johannes Rau zum zweiten sozialdemokratischen Bundespräsidenten nach Gustav Heinemann wählen. Rau ist mir stets freundlich begegnet. Alljährlich schickte er mir Geburtstagsgrüße, durchaus keine Selbstverständlichkeit. Am 26.1.2001 sprach er zu seiner Antrittsrede im Bundestag. Später empfand ich die Rede von US-Präsident G. W. Bush vor dem Bundestag am 23.5.2002 als fast tragisch, weil dieser der Anlass für die spätere Kontroverse von Hertha mit Schröder wurde.

Die Bundestagsfraktion oder: **„Helmut Schmidt darf rauchen"**

Fraktionschef der SPD war der mir sehr sympathische ehemalige Verteidigungsminister Peter Struck. Er war fast immer gelassen. Wenn ich etwas zu unseren Projekten vor der Fraktion auszuführen hatte, ließ er mir immer Raum, da ich mich kurzfassen konnte. Nur einmal erlebte ich ihn fuchsteufelswild, im Vorfeld des gelegentlichen Besuchs der Fraktion von Helmut Schmidt am 9. 5. 2000. Maulten doch in der Fraktionssitzung zwei Genossinnen, Struck sollte Schmidt bewegen, nicht zu rauchen. Daraufhin schnaubte Struck, er empfehle dann in diesem Fall den Rauchfeindinnen, auf ihre Anwesenheit zu verzichten. Das taten sie dann doch nicht, denn man konnte damit rechnen, auf eine weltumfassende Tour d´ horizon mitgenommen zu werden. Als er am 23.6.2000 erneut Gast der Fraktion war, gab es keine Diskussion zum „Raucher“ Schmidt. Neben ihm habe ich auch noch Willy Brandt in meiner ersten Legislaturperiode erlebt. Dieser saß während der Fraktionssitzungen meist in sich gekehrt auf seinem Stuhl. Wenn er sich allerdings, wenn es ihm angebracht erschien, zu Wort meldete, verstummte jedes kollegiale Zwiegespräch der Anwesenden. Er hatte immer noch eine selbstverständliche Autorität. Als diese einmal von dem vorlauten Horst Ehmke mit dem Hinweis auf seine angebliche Hinfälligkeit in Frage gestellt wurde, erntete der ein Pfeifkonzert.

Termine in Sachen Justiz

Am 10. 6. 1999 sprach ich zur Eröffnung des **Gerichtsvollziehertags** in Magdeburg. Ebenfalls in einem der neuen Bundesländer, in Schmalkalden, referierte ich am 17. 8. 1999 zum Thema „Zahlungsmoral“, das vor allem für die kleinen Handwerksbetriebe von existenzieller Bedeutung war. Sie waren darauf angewiesen, dass ihre Kunden termingerecht zahlten. Viele Unternehmen hatten leidvoll die Tricks der Generalunternehmer von Bauten erfahren müssen, die nicht oder nur verzögert zahlten Auch die öffentliche Hand gehörte nicht selten zu dieser Art von Auftraggebern. Am 6. 9. 1999 hatte ich die Aufgabe, den Vizepräsidenten Merz des **Deutschen Patent- und Markenamts** in München zu verabschieden. Schließlich gehörte diese Behörde zu unserem Ministerium, auch mit seinen Einnahmen! Am 6. 10. 1999 war ich dann auf dem **Deutschen Richtertag** in Karlsruhe, um an der Diskussion zum Thema „Justizreform“ mitzuwirken, danach am 22. 10. auf dem **Hessischen Richtertag** in Marburg. Am 10. 4. 2000 nahm ich an einer Podiumsdiskussion „Justizreform“ am OLG Braunschweig teil. Zum selben Thema referierte ich am 30. 5. 2000 in Worms sowie am 24. 6. 2000 in Marburg vor der dortigen Juristischen Gesellschaft. Auch auf der Konferenz der von Bund und Ländern in Potsdam veranstalteten Tagung am 25. 5. referierte ich zu **Justiz- und Mietrechtsreform**. Am 29. 5. nahm ich an einem Streitgespräch zum Mietrecht in Köln teil und am 31. 5. 2000 hielt ich den Vortrag beim Verband deutscher Wohnungsunternehmen in Bad Kreuznach zum gleichen Thema. Natürlich stand das Thema Mietrecht im

Mittelpunkt meiner Ausführungen auf dem **Mietertag** in Leipzig am 23. 5. 2000 und am 29. 5. Im Rahmen eines „Streitgesprächs“ an der Universität. Das Thema Mietrecht war auch Gegenstand einer Diskussion in Heidelberg am 21. 9. 2000. Am 30. 3. verabschiedete ich die Vizepräsidentin des Bundesverwaltungsgerichts, Frau Franke, in Berlin mit einem anschließenden festlichen Essen. Am selben Abend war ich in Worms mit dem Thema **Justizreform** Referent und Diskutant. Zum selben Thema referierte ich am 21.6. in Mönchengladbach und 19.7. vor der SPD in Bamberg wie vorher in der Friedrich-Ebert-Stiftung am 10.7.2000 in Leipzig. Mit der Justizreform war ich dann am 23.8.2000 in Bensheim im Wahlkreis von Christine Lambrecht zu Gast, am 7.9.2000 dann in Potsdam bei der Arbeitsgemeinschaft Sozialdemokratischer Juristen und Juristinnen (ASJ) und zwei Tage später bei der ASJ in Dortmund.

Die vielfachen Besuche und die mit ihnen geführten Gespräche mit deutschen und ausländischen Besuchern im Ministerium selbst erwähne ich nicht alle, sondern nur beispielhaft. Aber sie fanden fast täglich im Hause statt. So begrüßte ich am 17.7. 2000 eine Delegation des Verfassungsgerichts aus Aserbaidschan. Am 20. 8. fand dann ein Gespräch mit der IG Bergbau und Chemie zum Urheberrecht statt.

Als „Messfremder“ vertrat ich die Bundesregierung bei der Eröffnung des „**Saukopftunnels**“, eines Teilstücks der B 38, der wichtigen Fernverbindung, zwischen Weinheim an der Bergstraße und Birkenau, wobei mir mein Kollege aus dem Bauministerium, Achim Großmann, einschärfte, ja ganz „vorne“ mich hinzustellen, zu reden und überhaupt selbstbewusst aufzutreten. Schließlich seien wir die Bauherren, die das Ganze ja auch bezahlt hätten. Das tat ich dann auch. Zumal ich nach einer Besichtigung des im Bau befindlichen neuen Eisenbahntunnels in Mainz am 10.1.2001 Erfahrung im Tunnelwesen gesammelt hatte.

An der Evangelischen Akademie in Bad Boll referierte ich am 6. 11. 1999 zum Thema „Inhalt, Grenzen und Spielraum **der richterlichen Unabhängigkeit**“. Am 18. 11. 1999 sprach ich zur Eröffnung des **Deutschen Rechtspflegertags** in Saarbrücken. In Magdeburg sprach ich zur Eröffnung der Tagung des Deutschen Juristinnenbundes und am 28. 10. 1999 zur Eröffnung des Evangelischen Siedlungswerks anlässlich der von meinem Lehrer J. Bärmann maßgeblich mitbegründeten „**25 Jahre Fischener Gespräche**“ in Fischen. Am 22. 2. 2000 hielt ich in Groß Lüdershagen, Mecklenburg-Vorpommern, einen Vortrag bei der ASJ zum Thema „Justizreform“, am 10. 3. 2000, in Koblenz bei der dortigen ASJ zum selben Thema, wie auch in Landau am 30. 3. 2000 vor den Vertretern der Justiz und am 19. 5. In Frankenthal. Auch in **der Europäischen Rechtsakademie** in Trier war ich mehrmals zu Gast (z. B. am 18. 3. 2000). Am 21. 3. 2000 richtete ich ein Grußwort an den **Finanzrichtertag** in München und am 30. 3. 2000 zur **Zivilprozessrechtslehrertagung** in Hamburg. Wieder einmal um die Justizreform ging es auf einer Podiumsdiskussion am 19.5.2000 in Frankenthal. Am 23.5.2000 hielt ich erneut ein Referat zum Thema Mietrechtsreform auf dem **Mietertag** in Leipzig. Am 14. 6. 2000 hielt ich den Eröffnungsvortrag auf dem 8. Täter-Opfer-Ausgleichsforum in Suhl, einen Tag später in Frankfurt zur Mietrechtsreform und am folgenden Tag hielt ich einen Vortrag zum Thema Börsenrecht auf dem „**Eurobörsentag**", ebenfalls in Frankfurt. Wieder um unsere Reformpläne ging es am 20.6.2000 auf dem Münchener Mietertag. Auch sprach ich ein Grußwort bei einer Veranstaltung des BDI zum **internationalen Wirtschaftsrecht** für die Bundesregierung am 21.9.2000. Wichtig war für das Ministerium die Diskussion um die Justizreform auf dem **63. Deutschen Juristentag** vom 26. 9. bis 29. 9. dieses Jahres in Leipzig. Für den weiteren Verlauf der Diskussion waren dessen Ergebnisse von großer Bedeutung. Wir kämpften sozusagen an allen Fronten, die Ministerin mit einem überzeugenden Grundsatzreferat, ich zum Abschluss mit einer Rede und einer Diskussion. Ich glaube, dass wir die Diskussion nicht nur bestimmt, sondern sie auch auf die sachliche Ebene heben konnten. Auch in **Kleve**, im Wahlkreis meiner Kollegin Barbara Hendricks aus dem Finanzministerium, der späteren Umweltministerin, referierte ich zu diesem Thema am 29.1.2001. Weniger aufregend waren meine Auftritte auf den Veranstaltungen „50 Jahre Wohnungseigentum" bei meinem Kollegen Werner Merle in Potsdam am 21.3.2001 und bereits am 15.3. bei der Wohnungswirtschaft in Berlin. Am 18. 6. 2002 führte ich zum Thema einer entsprechenden Reform ein Expertengespräch im Ministerium durch. Zu einer vertieften Reformdebatte reichte der Themenkreis aber (noch) nicht aus. Am 1.3. nahm ich an einer Podiumsdiskussion zum Thema „**Internetsurfen** im rechtsfreien Raum?" bei der ASJ Rheinhessen in Mainz teil, am nächsten Tag bei MdL Bruch in Hahnstätten und anschließend bei Anne Kipp (MdL) in Bacharach zur Verbraucherinsolvenz. Zum Thema „Änderung des **Gewährleistungsrechts**" sprach ich am 23.2.2001 mit der IHK Rheinhessen in Mainz. Am 26.3.2001 referierte ich bei der bayerischen Landtagsfraktion in München (Maximilianeum) zum Thema „Reform des **strafrechtlichen Sanktionensystems**". Am 14. 5. 2001 war ich beim Deutschen Steuerberaterkongress in Frankfurt zugegen, ebenfalls bei der Festveranstaltung des „Bündnis für Demokratie und Toleranz“ am 23. 5. 2001 in Berlin. Am 3. 5. 2002 sprach ich ein Grußwort anlässlich des **67. Deutschen Maklertags** in München. Am 7. 6. 2002 sprach ich auf dem **Anwaltstag** des Deutschen Anwaltsvereins in Erfurt. Auch in den letzten Wochen bis zur Vereidigung der neuen Regierung war ich für das Ministerium tätig. Am 5. September referierte ich in Mainz im Erbacher Hof zum Thema „Justiz im Wandel“, Bilanz und Perspektiven sozialdemokratische Rechtspolitik“ bei der ASJ Rheinland-Pfalz. Am 25. September sprach ich ein Grußwort zur Deutsch-Französischen Richtertagung im Schloss zu Genshagen. Am 27. 9. vertrat ich das Ministerium zum letzten Mal im Bundesrat. Ich sprach zum Thema „Gesetz zu dem Zusatzprotokoll vom 18. Dezember 1997 zum Übereinkommen über die Überstellung verurteilter Personen“, gegen das der Bundesrat Einspruch einlegte. Der Mehrheit ging unser Vorschlag, ausländischen Häftlingen die Möglichkeit zu geben, auch den Vollzug der Reststrafe in Deutschland zu verbüßen, statt in ihrem Heimatland, zu weit. Gegen die weiteren fünf Punkte mit uns betreffenden Gesetzesvorhaben auf der Tagesordnung nahm der Bundesrat lediglich Stellung. Sie waren damit verabschiedet. Ein ausführliches Gespräch fand am 2. Oktober mit der gesamten Hausleitung mit dem Bundesvorstand der Verbraucherzentrale statt. Natürlich gehörte die Teilnahme am Festakt zum Tag der Deutschen Einheit im Schauspielhaus am Gendarmen-Markt zu den selbstverständlichen Obliegenheiten. Auch hatte ich am 8. Oktober noch ein Gespräch mit dem Präsidenten des Deutschen Patent- und Markenamts, Schade, zur Abschaffung eines alten Zopfs, den ungeliebten „gezackten Gebührenmarken“. Die Nutzer der Dienste des Amtes hatten bis zur Abschaffung erst einmal die Marken zu erwerben, bevor sich die Maschinerie in Bewegung setzte. Als er mir zum Andenken an die vorelektronische Epoche einen Satz der Marken verehrte, fragte ich ihn, ob der Name „Markenamt“ Bezug auf diese nun vergangene Praxis nähme. Er verneinte natürlich die nicht ernstlich gemeinte Frage. Am 17. 10. konnte ich zum letzten Mal die Ausstellung des BMJ „Im Namen des Deutschen Volkes, Justiz und Nationalsozialismus“ in Mannheim in den Räumen des Landgerichts eröffnen. Und noch am 21. Oktober hielt ich bei der Präsentationsveranstaltung zur Dokumentationsreihe „Strafjustiz und DDR-Unrecht“ den Einführungsvortrag mit dem Thema „Das Dunkel des Unrechts in das Licht des Rechtsstaats rücken. Die strafrechtliche Aufarbeitung des DDR-Unrechts“ in der Berliner Humboldtuniversität.

Die letzte offizielle Veranstaltung war dann die Wahl des Bundeskanzlers am 22. 10. 2002, mein letzter dienstlicher Termin endete mit der Vereidigung des neuen Kabinetts am Nachmittag im Bundestag. Damit endete auch mein Dienstverhältnis als Parlamentarischer Staatssekretär im Ministerium.

Die Bedeutung der Friedrich-Ebert-Stiftung für den Reformprozess

Durch ihren Einfluss in den sozialdemokratischen Führungsgremien gelang es Herta, auch die Friedrich-Ebert-Stiftung für die rechtspolitischen Debatten zu engagieren. Das gelang ihr unabhängig von der Regierungsübernahme schon mit den **Rechtspolitischen Kongressen** in Bonn 1994 und in Mainz vom 18.-20.4.1997. Letzterer stand unter dem Thema „Recht schafft Gemeinschaft" und befasste sich mit den Aspekten der Entwicklung des Rechts angesichts der Globalisierung auf vielen Ebenen. Auch später auf dem Kongress dann während unserer Regierungsbeteiligung in Karlsruhe vom 26.-28.4.2002, war es möglich, die Debatten medienwirksam und prägnant in Szene zu setzen. Es gelang stets, Vertreter(innen) aller möglichen Fachrichtungen und Verbände, aus der Richterschaft, Wissenschaft und dem Verbandswesen trotz unterschiedlicher Ansätze zu fruchtbaren Debatten zusammen zu führen. Diese Tradition wurde allerdings nach Hertas Amtszeit von ihren Nachfolgerinnen nicht mehr aufgenommen. Die auf den Rechtspolitischen Kongressen organisierten Arbeitsgruppen ermöglichten, vertieft zu diskutieren und mit entsprechenden Ergebnissen den weiteren Fortgang der Debatten zu befördern. Ich konnte z. B. 2002 die „Arbeitsgruppe IV Medien und Internet" leiten, die Vorschläge zur Bekämpfung von Rechtsextremismus im Internet erarbeitete. Ich berichtete darüber im Plenum. Wie man heute weiß, ist dies auch gegenwärtig eine permanente Aufgabe.

Die Konferenz der Justizminister und Justizministerinnen, Justizsenatoren und Justizsenatorinnen in Deutschland („Jumiko")

In regelmäßigen Abständen treffen sich die verantwortlichen Minister auf Einladung eines Landes in der jeweiligen Landeshauptstadt, um anstehende justizpolitische Themen zu erörtern. Solche Zusammenkünfte gaben zudem während unserer Regierungszeit Gelegenheit, vor allem die neuen Bundesländer im Hinblick auf den Aufbau des Justizwesens kennen zu lernen. Auch die ehemaligen rechtswidrigen Zustände in der DDR, das staatlich organisierte Unrecht, z. B. in Form der unmenschlichen Behandlung politischer Gefangener in Haftanstalten, wurden mir immer wieder vor Ort demonstriert. Das galt vor allem auch für die Konferenz in Potsdam vom 24.-26. 5. 2000. Vom 11. bis 13.6.2001 fand dann die Jumiko im rheinland-pfälzischen Trier statt.

Kontakte mit sozialdemokratischen Gremien

Da die Konferenz der Fraktionsvorsitzenden der SPD von Bund und Ländern am 26. 5. gleichzeitig in Potsdam stattfand, war es nur ein Katzensprung, um dort über die Vorhaben des Ministeriums zu referieren. Räumlich noch näher lag für mich die justizpolitische Bund-Länder-Konferenz der SPD-Fraktion zum Thema „Justizreform" in Mainz am 4. 9. 2000. Am 5. und 6. 5. 2001 war ich zu Gast bei den justizpolitischen Sprechern der SPD in Schwerin, wo wir unsere Schwerpunkte erläuterten

Dienst ist Dienst und „Da machet mer nix mehr" oder: „Der 60. Geburtstag"

Tagesplan

für Donnerstag, den 8. Februar 2001

JI-Rat

7.30	Bury-Runde im Kanzleramt
9.00-11.40	Regierungserklärung BMVEL
11.40	Aktuelle Stunde zum Aufbau Ost
13.00-13.30	2./3. Lesung Koalitionsantrag Bundeswahlgesetz
17.00	Geburtstagsempfang für Herrn PSt, Gustav-Heinemann-Saal
18.15-18.45	1. Les. CDU/CSU-Entwurf Strafrechtsänderungsgesetz

Meinen 60. Geburtstag am 8. Februar 2001 verbrachte ich, wie es sich gehörte, morgens ab 10 Uhr auf der Regierungsbank im Reichstag. Der amtierende Vizepräsident sprach mir die Glückwünsche des Hauses aus. Darauf kamen immer wieder Kolleginnen und Kollegen auf einen kurzen Schwatz bei mir vorbei, um mir zu gratulieren. So auch in einer Pause der Fraktionsgeschäftsführer der FDP, van Essen. Der baute sich vor mir auf und sang mir das Lied „Happy birthday to you" vor. Ich war sehr gerührt. Im Verlauf des Tages kam auch der frühere Außenminister Klaus Kinkel zu mir und sagte: „Wissen Sie Herr Pick, als ich 60 wurde, sagte mein Hausarzt zu mir, als ich ihn wegen Beschwerden aufsuchte: „Wie alt sind Sie, sechzig ? Da machet mir nix mehr". Das war so richtig aufbauend, gleichzeitig eine sehr nette Geste. Ich halte den am 4. 3. 2019 Verstorbenen für den eigentlichen Architekten des Einigungsvertrags. Kein Regierungsmitglied war so mit den komplizierten Materien vertraut wie er! Wenn im Nachruf der Zeitschrift „Das Parlament" am 18. 3. 2019 zu lesen war: „Auch Kinkels Beitrag zur Gestaltung der Wiedervereinigung war beachtlich, denn er überführte das DDR-Recht in den Einigungsvertrag", ist sein Anteil zwar korrekt, aber nur unvollkommen beschrieben. Er meisterte diese Herkulesaufgabe mit großem Engagement und hoher Kompetenz. Seine Berichte im Rechtsausschuss als Staatssekretär im Justizministerium zeugten stets eindrucksvoll von einem weiten Überblick, zugleich aber von seiner Sicherheit selbst im Detail. Aus meiner Sicht war er insofern auch dem damaligen Innenminister Schäuble überlegen, der meist als „Architekt" der Wiedervereinigung hervorgehoben wird.

Die Bundesministerin der Justiz
Prof. Dr. Herta Däubler-Gmelin

würde sich freuen,

Sie zu einem Empfang
anlässlich des 60. Geburtstages des Parlamentarischen Staatssekretärs,

Herrn Prof. Dr. Eckhart Pick

am Donnerstag, dem 8. Februar 2001, 17.00 Uhr,

im Gustav-Heinemann-Saal des Bundesministeriums der Justiz,
Eingang Mohrenstraße 37 b (Kolonnaden), 10117 Berlin,

begrüßen zu können.

U.A.w.g. auf beiliegender Karte
Telefon: (030) 2025 - 9042

Bundesministerium der Justiz
Jerusalemer Straße 27, 10117 Berlin

Der 60. Geburtstag

Am Nachmittag des 8. Februars um 17 Uhr gab Herta Däubler-Gmelin im Hof des Ministeriums einen Empfang, an den ich mich mit etwas gemischten Gefühlen erinnere. Nicht wegen ihrer lobenden Rede, in der sie gut vorbereitet meine Arbeit und Person hervorhob, sondern wegen der Ansprache des Vorsitzenden des Rechtsausschusses, Prof. Rupert Scholz. Als dieser sagte: „Lieber Herr Pick, wir freuen uns immer, wenn Sie für die Ministerin in die Sitzungen kommen", stand ich etwas verlegen dabei. Erst als ich die feixenden Gesichter der versammelten Mitarbeiterinnen und Mitarbeiter des Hauses und der Gäste sah, entspannte ich mich wieder. Herta sah übrigens gelassen über die deutliche Spitze hinweg. Sie war so großzügig, für mich auch in Mainz am 17. 3. 2001 eine Feier in der „Favorite" im Stadtpark auszurichten, an der auch der Ministerpräsident Kurt Beck und Oberbürgermeister Jens Beutel teilnahmen, die nach der gleichzeitigen Eröffnung der Rheinland-Pfalz-Ausstellung zu uns stießen. Auch viele Vertreter von öffentlichen Organisationen, Partei, Vereinen und natürlich Freunde und Bekannte nahmen teil. Der Musikverein „Altstadt-die Bauern", bei denen ich bis heute Mitglied bin, brachte mir ein markiges Ständchen. Die stämmigen Mädchen der Garde trugen mit ihren Tänzen natürlich zum Gelingen der Präsentation bei wie auch der damalige Vorsitzende Karl-Heinz Ley mit seinem Grußwort. Als Gastgeberin übertrieb Herta

In der „Favorite" in Mainz.

meine Rolle im Reformprozess, auch Kurt Beck und Jens Beutel knüpften an meine Tätigkeit im Land und der Stadt an.

Wie ich das Grundgesetz änderte

Daran anschließend erinnere ich mich noch genau an die Diskussion um eine Änderung des Grundgesetzes, wozu wir wegen der notwendigen Zweidrittelmehrheit die Opposition brauchten. Es ging um die Öffnung der Bundeswehr für Soldatinnen. Der Dienst von Frauen in der Bundeswehr war schon durch **Art. 12 Abs. 1 Satz 1 GG** bereits ermöglicht worden. In Art. 12a GG sollte nun aber klargestellt werden, dass Frauen nicht gegen ihren Willen zum Dienst mit der Waffe gezwungen werden konnten. Im Übrigen bestand Einigung, dass ein gleichberechtigter Zugang von Frauen zum Dienst in den Streitkräften nunmehr in allen Bereichen gewährt werden musste, falls sie das wünschten. In den so genannten Berichterstatter-Gesprächen verhakte sich die Diskussion zunächst gehörig. Schwierig war die Formulierung deswegen, weil sie einerseits in den Duktus der bestehenden Bestimmung eingefügt werden musste. Zum anderen muss jede Ergänzung des GGs eindeutig und präzise sein. In dem Treffen der Berichterstatter des Rechtsausschusses am 1. 9. 2000 sollte endlich eine Lösung gefunden werden. Dort prallten unterschiedliche Formulierungsvorschläge immer noch aufeinander. Man wollte einerseits auch Frauen zum Dienst an der Waffe bei der Bundeswehr zulassen. Andererseits sollte ihnen die Möglichkeit eingeräumt werden, diesen zu verweigern. Die Lösung sollte einfach, trotzdem klar und dem Duktus des Grundgesetzes entsprechen. Verworfen wurde z. B. eine enumerative Aufzählung von Fällen, bei denen eine Beteiligung verweigert werden konnte. Auch „an" oder „mit" der Waffe war streitig. Ich schlug dann im Konsens mit Herta eine entsprechende Formulierung vor, wie sie sich im Grundgesetz heute wiederfindet. Sie gewährt im Grundsatz den Zugang von Frauen in alle Teile der Bundeswehr, auch zu Kampfeinheiten, stellt ihnen aber frei, ob sie den Dienst mit der Waffe ausüben wollen oder nicht (**Art. 12a Abs. 4 Satz 2 GG**). Es spielt auch keine Rolle, bei welcher Aufgabe und zu welcher Gelegenheit sie sich dagegen entscheiden. Mit dieser Formulierung waren alle Anwesende einverstanden. Ihr schlossen sich auch die Bundesländer an. Der Text lautet heute in der Fassung des Gesetzes vom 19. 12. 2000 BGBl. I S. 1755): **„Sie dürfen auf keinen Fall zum Dienst mit der Waffe verpflichtet werden".**

Zweimal vor dem Bundesverfassungsgericht (BVerfG) oder: **„Alles verfassungsgemäß"**

Der Rücktritt Erich Honeckers am 18. 10. 1989 war als entscheidender Termin für die Frage der Gutgläubigkeit beim Erwerb von staatseigenen Grundstücken in der DDR durch die SED-Oberen gesetzlich fixiert worden. D. h. es ging um die Frage, ob die DDR-Nomenklatura noch im letzten Moment ihrer Herrschaft von ihrer Macht und ihren Privilegien profitieren konnte. Es hatte sich herausgestellt, dass diese versuchte, sich in letzter Minute lukrative Liegenschaften unter den Nagel zu reißen. Man sprach damals von 300000 Fällen. Die Regelung war als § 4 Abs. 2 im **Gesetz zur Regelung offener Vermögensfragen** (Vermögensgesetz) vom 3. 8. 1992 (BGBl I S. 1446) enthalten. Sie besagte, dass mit dem Rücktritt Honeckers das Ende des Systems klar war. Das Vertrauen auf den Bestand solcher Profite in Form des Erwerbs von Grundstücken war ab diesem Zeitpunkt nicht mehr gegeben, so dass die Profiteure nicht mehr auf die Rechtmäßigkeit des Erwerbs vertrauen konnten. Das Bundesverfassungsgericht folgte in der mündlichen Verhandlung am 12. 5. 1999 meiner Argumentation, dass die Stichtagsregelung verfassungskonform sei und der Rücktritt Honeckers ein deutliches Signal des Endes der SED-Herrschaft gewesen sei. Danach konnte sich niemand mehr auf den bisher geltenden Rechtszustand berufen oder ihm vertrauen. Entscheidend war auch, so führte ich aus, dass die Regelung einen sozialverträglichen Ausgleich zwischen den früheren Eigentümern und den redlichen Erwerbern gefunden habe. Deren Restitutionsansprüche wären sonst unterlaufen worden. Die Entscheidung des BVerfGs folgte am 23. 11. 1999 (1 BvF 1/94).

Beim zweiten Mal ging es um die Verfassungsmäßigkeit des **Gesetzes zur Beendigung der Diskriminierung gleichgeschlechtlicher Gemeinschaften: Lebenspartnerschaften** (Lebenspartnerschaftsgesetz). Einigen Bundesländern ging die dort angestrebte Gleichstellung mit der Ehe zu weit. Der Vermittlungsausschuss hatte keine Einigung erzielt. Da wir die Materie in einen zustimmungsfreien Teil, das Lebenspartnerschaftsgesetz, und einen zustimmungsbedürftigen Teil, das „Lebenspartnerschaftsgesetz-Ergänzungsgesetz" gesplittet hatten, war der erste Teil ohne die dazu nicht erforderliche Zustimmung des Bundesrats zum 1. 8. 2001 in Kraft getreten. Aus dieser notwendigen Aufspaltung ergab sich der monströse Name! Dem zustimmungspflichtigen Gesetz hatte der Bundesrat am 1.12.2000 nicht zugestimmt. Daraufhin hatte der Bundestag den Vermittlungsausschuss angerufen, in dem ich am 7. 2. und 9. 6. 2001 den Bundestag vertrat. Gegen den zustimmungsfreien Teil des Gesetzes richtete sich daraufhin die Verfassungsklage einiger Länder. Ich wurde vom Ministerium am 3. 5. 2001 zur Vorbereitung der Verhandlung umfassend informiert, im Jargon des Ministeriums „gebrieft". In dem üblicherweise vorgeschalteten Gespräch mit dem Präsidenten des Bundessverfassungsgerichts Papier und den zuständigen Mitgliedern des Senats, den Berichterstattern, war zu erkennen, dass Papier ziemlich skeptisch war und zur Verfassungswidrigkeit im Hinblick auf den besonderen Schutz der Familie im Grundgesetz neigte. Die Mehrheit des Senats schloss sich jedoch meiner für die Bundesregierung vertretenen Meinung an. Ich erinnere mich noch gut, dass mich nach der Verkündung des Urteils in Karlsruhe am 17. 7. 2002 der rechtspolitische Sprecher der Grünen, Volker Beck, ein bekennender Homosexueller, herzte und umarmte. Ich dachte dabei an die heftigen Debatten zwischen ihm und Herta Däubler-Gmelin in den Koalitionsverhandlungen, die dabei immer wieder auf den engen Grad zwischen Übereinstimmung und Widerspruch zum Grundgesetz hingewiesen hatte. Sie hatte Recht mit ihrer Einschätzung, eine vollständige Gleichstellung mit der Ehe damals (noch) abzulehnen.

Atemlos, aber mit Substanz: Die Reform des Rechtswesens

Die Gesetzgebungsbilanz des Justizministeriums umfasst für die 14. Legislaturperiode drei stattliche Bände. Davon will ich nur die wichtigsten Vorhaben, vor allem die, mit denen ich (mit)verantwortlich persönlich befasst war, erwähnen. Soweit ich an den koalitionsinternen Beratungen bis zur Endfassung beteiligt war, werden sie hier dargestellt. Im Übrigen enthält der Anhang eine Zusammenfassung der in unserer Zuständigkeit verabschiedeten wichtigen Gesetze. Diese „**Gesetzgebungsbilanz** des Bundesministeriums der Justiz", eine prägnante Kurzfassung, wurde mir von meinen Mitarbeiterinnen anlässlich meines Ausscheidens übergeben. Der Stichtag war der 17. Oktober 2002. Mit den zu einzelnen Vorhaben vorweg erwähnten Angaben zum Gang der Projekte und zu den Entwicklungen der jeweiligen Diskussion innerhalb der Koalition und in den Gremien des Bundestags ergibt sich, wie ich glaube, einerseits eine Ergänzung. Zum anderen auch ein eindrucksvolles Panorama der internen gesetzgeberischen Anstrengung und Begleitung auf fast allen relevanten Bereichen unserer Rechtsordnung. Natürlich konnten einige Vorhaben nicht mehr zu Ende geführt werden. Das lag zum Tell daran, dass der Bundesrat bei zustimmungsbedürftigen Gesetzen die Zustimmung noch nicht erteilt oder den Vermittlungsausschuss angerufen hatte. Im Fall der Umsetzung der europäischen **Biopatentrichtlinie** ergab sich aber im Bundestag selbst noch ein weiterer Diskussionsbedarf, der das Projekt verschob.

Staatsziel Tierschutz und weitere Projekte

Ich beginne mit diesem Vorhaben, weil der Schutz der Tiere im Sinne eines Staatsziels der Ergänzung des Grundgesetzes bedurfte. Bekanntlich sind dazu 2/3-Mehrheiten in Bundestag und Bundesrat notwendig. Die Ergänzung, bei der es keinen Widerspruch gab, wurde am 17.5.2002 durch den Bundestag beschlossen. Eine namentliche Abstimmung erfolgte dazu im Plenum. Das Gesetz wurde als „Gesetz zur Änderung des Grundgesetzes (Staatsziel Tierschutz") am 26. 7. 2002 (BGBl. I S. 2862) mit der Änderung des Artikels 20a GG veröffentlicht und trat damit in Kraft.

Ebenfalls am 17. 5. 2002 wurde eine Reihe von weiteren Gesetzen in zweiter und dritter Lesung im Bundestag beschlossen, bei denen das Justizministerium federführend war. Zunächst das **Gesetz zur Änderung des Gesetzes zur Aufhebung nationalsozialistischer Unrechtsurteile in der Strafrechtspflege**, dann das **Transparenz- und Publizitätsgesetz** sowie das **Gesetz zur Änderung des Pflichtversicherungsgesetzes** und schließlich die Änderung der Strafprozessordnung

Letztere regelte die Fragen der Zuständigkeit bei der Anordnung einer Untersuchung von DNA-Material. Übrigens ein deutlicher Nachweis, dass wir bis in die letzte Phase der Legislaturperiode den Reformstau im Rechtswesen abarbeiteten.

Im Übrigen komme ich nun zu den Projekten, die auf unserer Agenda im Vordergrund standen. Manche dieser Gesetze hatten das Schicksal, dass sie meist erst zu später Stunde im Plenum behandelt wurden. Dazu waren dann auch meine Reden vorgesehen. Ich war aber einverstanden, dass wir die letzten Wortbeiträge öfters zu Protokoll gegeben haben, weil nur noch die Berichterstatterinnen und Berichterstatter im Plenum waren und einvernehmliche Abstimmungen zu erwarten waren. Das funktionierte aber nur, wenn alle vorgesehenen Redner und Rednerinnen zustimmten. Auch ohne Aussprache wurde noch eine ganze Reihe von Gesetzentwürfen in unserer Zuständigkeit auf den Weg in Erster Lesung gebracht. Darunter auch das Gesetz zur vorbehaltenen Sicherungsverwahrung und die Gesetze zur Änderung des GG (Art. 96), das die Ermächtigung des Bundes für die Errichtung von Bundesgerichten enthält (Gesetz vom 26. 7. 2002 BGBl. I S. 2863). Auch die gleichzeitig mit dem Staatsziel Tierschutz eingebrachte Initiative und der Entwurf zur Änderung des Gerichtsverfassungsgesetzes gehören in diese Kategorie.

Gesetz zur Einführung von Volksinitiative, Volksbegehren und Volksentscheidung

Auch dieses Gesetz bedurfte zu seiner Verabschiedung der verfassungsändernden 2/3 Mehrheit, die im Bundestag am 7.6.2002 erreicht wurde. Allerdings konnte diese Initiative nicht weiterverfolgt werden, da die erforderliche Zustimmung des Bundesrats nicht erreicht wurde.

Die vorrangigen Initiativen und ihre Vorbereitung

Die Mietrechtsreform

Gleich am Anfang unserer Tätigkeit wurde mir die Leitung einer Arbeitsgruppe von Justiz- und Bundesbauministerium mit meinem 2023 verstorbenen Kollegen Achim Großmann übertragen. Unsere Aufgabe war, Eckpunkte zur Reform des Mietrechts zu entwickeln. Es ging uns darum, das private Mietrecht des BGB in einer neuen Gliederung zusammen zu fassen und für die Betroffenen zu vereinfachen und sprachlich verständlicher zu machen. Dabei sollte das Miethöhegesetz einbezogen werden. In der Folgezeit wurden 20 Eckpunkte entwickelt, die als Leitlinie die Anpassung des Mietrechts an die gewandelten gesellschaftlichen Verhältnisse beinhalteten. Leider wurden sie kurz nach ihrer Formulierung entgegen der Absprache in die Öffentlichkeit getragen. Das brachte Herta auf die Palme. Ich nahm unsere Mitarbeiter und Mitarbeiterinnen in Schutz. Von den Teilnehmern aus dem anderen Ministerium konnte ich das natürlich nicht mit Gewissheit tun. Die Reform selbst war gut vorbereitet etwa durch den Diskurs mit den justizpolitischen Sprechern der „A-Länder" (den mit SPD-Beteiligung regierten Ländern) am 22. 1. 2001 und eine Anhörung des Rechtsausschusses am 24. 1. 2001.

Das Vorhaben hatte bereits eine lange Vorgeschichte. Schon 1974 hatte der Bundestag die Bundesregierung aufgefordert, „einen Gesetzentwurf vorzulegen, der das derzeit geltende in zahlreiche Vorschriften zersplitterte Recht über die soziale Sicherung des Wohnens bereinigt und diese Vorschriften einheitlich und für die Betroffenen verständlich und übersichtlich zusammenfasst". Diesem Auftrag sind wir gefolgt. Das damalige Mietrecht war teilweise veraltet, unverständlich und unübersichtlich. Allein der Begriff „Mietzins" erinnerte an vergangene Zeiten. Ziel der Reform war die Vereinfachung und zeitgemäße Ausgestaltung des Mietrechts. Es ging darum, die Beziehungen von Mietern und Vermietern verständlich, sachgerecht und sozial ausgewogen, aber auch wirtschaftlich sinnvoll zu gestalten. Die Vertragsfreiheit sollte wieder an Stellenwert gewinnen. Schwerpunkte der Reform waren neben der Zusammenfassung (mit dem Miethöhegesetz) unter anderem die Stärkung des Vergleichsmietensystems durch Einführung des wissenschaftlich fundierten –und damit gerichtsfesten- qualifizierten Mietspiegels und die Absenkung der Kappungsgrenze von 30 auf 20%. Die Ermächtigung für die Bundesländer, in Gebieten erhöhten Wohnungsbedarfs den Mietenanstieg zu begrenzen, wurde insoweit erneuert. Auch sollten Modernisierungsmaßnahmen vernünftig gefördert werden. Dazu wurde der auf den Mieter umlagefähige Anteil von 11% auf 9% gesenkt, gleichzeitig aber auch überzogene Anforderungen an die Mitteilung der Modernisierung reduziert und die Umlagefähigkeit von Energieeinsparmaßnahmen erweitert. Die Reform sieht auch eine verbesserte Transparenz der Betriebskostenabrechnung sowie eine flexiblere Gestaltung von Staffel-, Index- und Zeitmietverträgen vor. Auch die spezifischen Bedürfnisse behinderter Mieter berücksichtigt das neue Mietrecht, indem es dem Mieter unter bestimmten Voraussetzungen einen Anspruch auf barrierefreie Ein- und Umbauten einräumt. Neben der Erweiterung des Eintrittsrechts von „auf Dauer angelegten gemeinsamen Haushalten" in den Vertrag, gleich welcher sexuellen Orientierung, war ich auf eine Neuregelung besonders stolz. Wir haben inkongruente Kündigungsfristen eingeführt, nämlich eine generell kürzere für den kündigenden Mieter, im Höchstfall drei Monate. Grund dafür waren die heute gesteigerten Anforderungen an die Mobilität nicht nur von Arbeitnehmern, sondern der Schutz von Mietern in neuen Lebens- und Arbeitsbedingungen. Auf der Vermieterseite sahen wir dagegen keine Gründe, die je nach Dauer des Mietverhältnisses längeren Kündigungsfristen zu reduzieren. Regelmäßig trafen Herta und ich die Präsidentin des Mieterbundes, Anke Fuchs, die ehemalige Bundesministerin und Vizepräsidentin des Bundestags, abends im Restaurant „Borchardt" in der Französischen Straße. Ich berichtete dann über unsere Überlegungen und wir tauschten uns aus. Auch der Organisation „Haus und Grund", dem Widerpart der Mieterorganisation, stand ich zu Diskussionen zur Verfügung. Dies galt auch für die interne Debatte in der Koalition, die wir am 6. 2. bzw. 6. 3. 2001 schließlich für unseren Gesetzentwurf gewinnen konnten. Die zweite und dritte Lesung erfolgten am 29. 3. 2001. Es war ein Grund zum Feiern. Trotz der gegenwärtigen Debatte um unbezahlbare Mieten, vor allem in den Ballungsräumen war und bin ich vom Erfolg des Gesetzes vom 19. 6. 2001 (BGBl. I S. 1149) überzeugt. Es ist am 1. 9. 2001 in Kraft getreten. Im Grunde hilft gegen überhöhte Mieten neben dem Mietrecht (das, wenn auch nur eingeschränkt) in erster Linie ein vermehrter sozialer Wohnungsbau und die Begrenzung der „2. Miete", der Nebenkosten, auf die vom Mieter selbst beeinflussbaren Kosten der Immobilie. Die von den Ländern zu regelnden neuen Grundsteuerberechnungen spielen eine weitere wichtige Rolle.

Modernisierung des Stiftungsrechts

Nach allgemeiner Ansicht bot die bisherige knappe Regelung, versteckt in den §§ 80 ff. des Bürgerlichen Gesetz-Buchs (BGB), wenig Anreize für interessierte Menschen, sich oder/und der Gesellschaft eine Wohltat auf Dauer mit der Errichtung einer Stiftung bzw. der Zuwendung eines entsprechenden Vermögens zu erweisen. Dazu waren die Vorschriften zu kompliziert und führten in den Bundesländern zu unterschiedlichen und langwierigen Verfahren. Unser Ansatz, von einer Bund-Länder-Arbeitsgruppe vorbereitet und durch die Praxis sowie die Stifterverbände kräftig unterstützt, bestand darin, die für das Errichtungsgeschäft maßgeblichen Anforderungen zugunsten der Interessenten transparenter und einfacher zu gestalten. Deshalb wurden die gesetzlichen Voraussetzungen, unter denen eine Stiftung Rechtsfähigkeit erlangt, im Bürgerlichen Gesetzbuch bundeseinheitlich und abschließend geregelt. Dem Stifter sollte unter anderem ausdrücklich ein Rechtsanspruch gegenüber der Landesverwaltung zuerkannt werden, dass die Stiftung als rechtsfähig anzuerkennen ist, wenn die Voraussetzungen erfüllt sind. Soweit so gut. Bis das Gesetz zum 1. 9. 2002 in Kraft trat, musste ich einige hausgemachte Probleme überwinden. Dazu gehörte der Beauftragte für Kultur und Medien im Kanzleramt Nida-Rümelin, den ich immer wieder dezent darauf hinweisen musste, dass nach Beschluss des Bundestags federführend der Rechtsausschuss und damit das Justizministerium, das ja auch den Gesetzentwurf eingebracht hatte, das Verfahren begleitete. Er trug übrigens auch nichts Substanzielles bei. Er drängte sich nur immer zu den von uns organisierten Diskussionen. Ich habe dabei auch eine immerzu mosernde, inzwischen verstorbene, Antje Vollmer vom Bündnis 90/Die Grünen erlebt, die mir in der Debatte im Plenum einmal vorwarf, ich würde gegen die Koalitionsvereinbarung handeln, weil ich an bestimmten Regeln festhielt und nicht Alles dem Gusto des Stifters vorbehalten wollte. Offenbar hatte sie einmal bestimmten Organisationen alle möglichen Versprechungen - ohne Rückkoppelung mit ihrer eigenen Fraktion - gemacht. Das Ergebnis war Kopfschütteln über diese verquere Haltung, auch bei den Grünen selbst. Sie setzte deshalb auch nichts weiter durch. Es bestand auch Rückendeckung für mich in der Tatsache, dass unser Entwurf auch schon durch den Vorschlag der Bund-Länder-Arbeitsgruppe zu der Thematik grundsätzlich vorbereitet war. Bestätigt wurden meine Ansätze auch durch ein von Ludwig Stiegler initiiertes Expertengespräch am 6.2.2001 im Haus der Parlamentarischen Gesellschaft sowie die folgenden Besprechungen mit den Fraktionen am 11.5. und 23.6.2001 im Reichstag.

Gesetz zur Änderung der Strafprozessordnung

Dahinter verbirgt sich ein altes Anliegen, das ich bereits in der Opposition vorgeschlagen hatte. Es ging um die Erweiterung des Zeugnisverweigerungsrechts für Journalisten auch auf das selbst recherchierte Material, verbunden mit einem entsprechenden Beschlagnahmeverbot. Außerdem erfolgte mit der Neuregelung eine Erweiterung des Kreises der zur Zeugnisverweigerung Berechtigten. Am 6. 4. 2001 berieten wir den Entwurf mit der Koalitionsarbeitsgruppe. Das Gesetz trat zum 23. 2. 2002 in Kraft.

Änderung der Verwaltungsgerichtsordnung

Unsere Vorschläge berieten wir am 5. 4. 2001 mit der Koalition.

Antidiskriminierungsgesetz

Eines der wenigen Vorhaben, die nicht mehr unter unserer Verantwortung verabschiedet wurden, war dieses. Es scheiterte an den Einwürfen der beiden christlichen Kirchen, die fürchteten, ihr Personal nicht mehr ausschließlich mit Angehörigen ihrer Religionsgemeinschaft einstellen zu können. Als Peter Struck daraufhin das Reformwerk entnervt stoppte, merkten die Kirchenvorderen erst, dass sie sich damit nicht nur selbst einen Bärendienst erwiesen hatten, sondern ein allgemein nützliches Vorhaben, das vor allem von der jüdischen Seite begrüßt worden war, gestoppt hatten.

Schadensersatzrecht

Mit dem Gesetz, das etwas technokratisch daherkommt unter dem Titel „Gesetz zur Änderung schadensersatzrechtlicher Vorschriften“, und zum 1. 8. 2002 in Kraft trat, wurden weitere Vorschriften im BGB neben dem Schuldrecht modernisiert. Das Schadenersatzrecht wurde an soziale Änderungen angepasst und europäischen Standards angeglichen. Vor allem die Rechtsstellung von Opfern, die Körper- und Gesundheitsschäden erlitten haben, wurde gestärkt. Es wurde vor allem die haftungsrechtliche Situation von Kindern im motorisierten Straßen- und Bahnverkehr verbessert. Die Altersschwelle für eine Haftung von Kindern für Unfallschäden im motorisierten Verkehr wurde von sieben auf zehn Jahre heraufgesetzt. Die Schmerzensgeldansprüche wurden ausgeweitet. Künftig sollte auch in Fällen der Gefährdungshaftung, also der verschuldensunabhängigen Haftung, und der Vertragshaftung Schmerzensgeld verlangt werden können. Allerdings war für nicht vorsätzlich zugefügte leichte Verletzungen kein Schmerzensgeld mehr vorgesehen. Im Bereich der Arzneimittelhaftung wurden für den Verbraucher Beweiserleichterungen durch eine Ursachenvermutung geschaffen. Auch wurden Auskunftsansprüche sowohl gegen den pharmazeutischen Unternehmer als auch gegenüber der Zulassungs- und Überwachungsbehörde erweitert, um überhaupt Rechte mit Erfolg geltend machen zu können. Die im Gesetz geregelten Haftungshöchstgrenzen wurden der wirtschaftlichen Entwicklung angepasst (damals 120 Mio. Euro je Schadensfall). Beim Recht der Sachschäden wurde der Schadensersatz stärker daran ausgerichtet, ob und wie ein Schaden beseitigt wird. Unser Entwurf wurde am 14. 2. 2001 von den Berichterstattern der Koalition grundsätzlich gebilligt und im April endgültig abgesegnet.

Zivilrechtlicher Opferschutz und Überlassung der Ehewohnung

Hinter dem sperrigen Titel „Gesetz zur Verbesserung des zivilrechtlichen Schutzes bei Gewalttaten und Nachstellungen sowie zur Erleichterung der Überlassung der Ehewohnung bei Trennung“, zum 1. 1. 2002 in Kraft getreten, verbirgt sich im Kern das Gewaltschutzgesetz. Die Gerichte sollten ermächtigt werden, bei Verletzung des Körpers, der Gesundheit oder Freiheit eines anderen, die erforderlichen Schutzanordnungen zu treffen. Wenn es um Gewalttaten im häuslichen Bereich geht, soll dem Opfer ein Anspruch auf Überlassung der gemeinsam genutzten Wohnung eingeräumt werden. Geregelt wurde auch der zivilrechtliche und strafrechtliche Schutz gegen das so genannte Stalking. Darunter sind Belästigung, Bedrohung, Verfolgung oder sonstige Behelligungen zu verstehen, die auf der Intention des

Täters beruhen, das Opfer zu einer Beziehung zu dem Täter zu bewegen oder es zu schikanieren. Das Gesetz stand damit im Kontext mit dem Aktionsplan zur Bekämpfung von Gewalt gegen Frauen, wobei in seltenen Fällen auch Frauen als Täterinnen in Betracht kommen.

Patientencharta

Am 20. 6. 1999 konstituierte sich die speziell dazu gegründete Arbeitsgemeinschaft der Koalition in unserem Hause, wobei ich die Ziele aus der Sicht des Ministeriums umriss.

Die Reform des Schuldrechts

Die schon seit langem angemahnte Modernisierung des Schuldrechts wurde zum 1. 1. 2002 in Kraft gesetzt. Die Gelegenheit zur Reform bot sich anlässlich der Umsetzung von Richtlinien der EG zur Vereinheitlichung der nationalen Schuldrechtsregeln und insbesondere mit der Richtlinie über den Verbrauchsgüterkauf. Die notwendige Umsetzung wurde mit einer umfangreichen Modernisierung des gesamten allgemeinen Schuldrechts verbunden. Grundlage war das Ergebnis der Beratungen einer Kommission, der neben Wolfgang Däubler auch meine Mainzer Kollegen Horst Konzen und Arndt Teichmann angehörten. Sie konnten auf den Ergebnissen jahrelanger (seit 1984!) Überlegungen der „Kommission zur Überarbeitung des Schuldrechts", fußen, die Ende 1991 dem damaligen Justizminister Dr. Kinkel übergeben worden waren. Ich war zwar selbst nicht an den Beratungen der neuen Kommission beteiligt, war aber immer wieder gezwungen, mich aktuell zu informieren und die Überlegungen der Kommission nachzuvollziehen. Vor allem galt es, sie gegenüber der Wissenschaft in Person von Dogmatikern zu verteidigen, die sich als Gralshüter romanistischer Tradition aufspielten. Inzwischen hat sich die Diskussion beruhigt, angesichts der doch offensichtlichen Fortschritte im BGB z. B. durch die Vereinheitlichung der Verjährung im Grundsatz auf drei Jahre gegenüber der alten Spreizung der entsprechenden Regelung von 6 Wochen bis zu 30 Jahren! Die Voraussetzungen des Rücktritts wurden vereinheitlicht und die Alternativität von Rücktritt und Schadensersatz aufgehoben. Die positive Forderungsverletzung und die culpa in contrahendo wurden gesetzlich geregelt sowie die Unterscheidung zwischen anfänglicher und nachträglicher Unmöglichkeit aufgegeben. Außerdem wurden Bestimmungen aus spezifischen Verbraucherschutzgesetzen ins BGB integriert. Damit war ein von mir mit Ludwig Stiegler viele Jahre vorher angedachtes Projekt verwirklicht. In der Wissenschaft erhob sich, angefacht durch „Dogmatiker", Widerstand gegen den Ansatz der Reform. Einige hielten das BGB für sakrosankt, weil angeblich seine Systematik Schaden nähme. Zu diesen Fragen nahm ich bei einer Diskussion am 22. 1. 2001 zum Thema „Schuldrechtsreform und Gemeinschaftsrecht" an der Universität in Münster Stellung. Die Gegner meinten, man solle sich auf die reine Umsetzung der Richtlinie beschränken. Dem hielt ich entgegen, dass wir gegen eine solche Reparatur und für eine konzise integrative Neuregelung einträten. Man hatte den Eindruck, es ginge den Kollegen eher um den von ihnen befürchteten Wegfall altehrwürdiger Klausurprobleme. Die Frage des „Wie" der Umsetzung war auch am 28. 3. 2001 Thema einer Veranstaltung des Deutschen Juristentags und am folgenden Tag befassten wir uns innerhalb der Koalition damit. Diese holten wir schließlich in weiteren Diskussionen am 5.4. und 10. 5. 2001 „ins Boot". Am 23. 4. 2001 referierte ich zu diesem Thema bei der ASJ Nordrhein-Westfalen in Düsseldorf. Die erste Lesung des Gesetzes erfolgte schließlich am 18. 5. 2001 im Reichstag.

Schuldrechtsanpassungsförderungsgesetz

Hierbei handelte es sich um eine für die Grundstückseigentümer und -nutzer auf dem Gebiet der ehemaligen DDR wichtige Regelung. Es ging um einen angemessenen Interessenausgleich zwischen den Vertragspartnern. Vor allem die Beteiligung der Mieter/Pächter an den öffentlichen Lasten war umstritten. Außerdem musste dabei eine Entscheidung des Bundesverfassungsgerichts vom 14.7.1999 umgesetzt werden. Das Gesetz beruhte auf einem Vorschlag der dafür ein gesetzten Bund-Länder-Arbeitsgruppe.

Grundstücksrechtebereinigungsgesetz

Über erste Grundsätze und einen Rohentwurf zu diesem sensiblen Thema diskutierte ich in meinem Dienstzimmer mit den zuständigen Mitarbeiterinnen und Mitarbeitern am 5. 3. 2001. Auch diese Materie hatte den Hintergrund in der Hinterlassenschaft der DDR. Es ging hierbei um das Verhältnis zwischen Eigentümern und der öffentlichen Hand als Nutzerin privater Flächen (siehe zu den Einzelheiten im Anhang).

Reform des Zivilprozesses

Eines der wichtigsten Projekte war die Reform des Zivilprozesses. Seit Jahrzehnten war darüber debattiert worden, wie man einerseits eine Entlastung der Justiz in diesem Bereich, aber andererseits den Zugang vereinfachen könnte. Es sollte auch die Anrufung der Berufungsgerichte neu geregelt werden. Gleichzeitig wollten wir die streitwertabhängigen Zugangsbarrieren abbauen. Die Berufung sollte darauf beschränkt werden, Urteile der ersten Instanz zu überprüfen und Fehler zu beseitigen. Die Tätigkeit der Revisionsgerichte sollte hingegen darauf konzentriert werden, die Rechtseinheit zu wahren und das Recht fortzubilden. Dieses Konzept sollte die Eingangsgerichte stärken, indem die entscheidungserheblichen Tatsachen im Wesentlichen in der ersten Instanz zu ermitteln wären und eine konzentrierte und umfassende Prüfung des Rechtstreits dort stattfinden sollte. Die materiellen Prozessleitungs- und Hinweispflichten des Gerichts sollten erweitert werden, um dem Gericht die Feststellung der Tatsachen zu erleichtern. Gleichzeitig sollte das Verfahren weiter vereinfacht und beschleunigt werden. Es kam uns auch darauf an, die Möglichkeiten der gütlichen Einigung und zur außergerichtlichen Streitbeilegung auszubauen, um die Gerichte zu entlasten. Im Vorfeld der Formulierung des Gesetzes war ich an vielen Orten und bei den unterschiedlichsten Verbänden zu Gast, um für unsere Ideen zu werben. Dabei habe ich sehr unterschiedliche Erfahrungen gemacht. Während die Richterschaft der höheren Instanzen das Projekt im Ansatz begrüßte, waren die Richterinnen und Richter an den Eingangs-/Amtsgerichten meist skeptisch, weil es ihnen nach Ihrer Ansicht mehr Arbeit einbringen würde. Besonders ist mir ein Referat in Kaiserslautern bei einer Veranstaltung für an der Reform der Justiz Interessierte in Erinnerung, die mein Fraktionskollege Dr. Hansjörg Schäfer am 18. 9. 2000 in seinem Wahlkreis organisiert hatte. Obwohl die Befürchtung einer Mehrbelastung der Eingangsinstanz immer im Vordergrund stand, verliefen die Diskussionen im Allgemeinen zwar hart, aber sachlich. Eine Ausnahme war mein Auftritt in Kaiserslautern auf Einladung von Hansjörg Schäfer. Während alle sonstigen Besucher den Beiträgen aufmerksam folgten und sich eine sachliche Diskussion entwickelte, gaben zwei offensichtlich nicht mehr ganz nüchterne Amtsrichterinnen, wie ich später erfuhr, äußerst aggressive Kommentare und Zwischenrufe von sich, die von Hass und Ärger gegen jede Neuerung nur so trieften. Hinterher entschuldigten sich die Besucher für das Verhalten, das sie als typisch für die beiden „nicht so anerkannten" Kolleginnen einordneten. Hansjörg Schäfer meinte hinterher, dass er nicht geglaubt habe, dass man auch in der Justiz so gehässig miteinander umgehe, wie er das in der Gesundheitspolitik ja gewöhnt sei. Ich sagte ihm, das sei eher die Ausnahme gewesen. Nichts desto weniger ging es mit der Beratung des Gesetzes im parlamentarischen Bereich weiter. Am 17. 1., 26. 1. und 7. 2. 2001 fanden die Berichterstattergespräche zur ZPO-Reform statt. Natürlich kam es auch darauf an, die SPD-regierten Bundesländer mit ins „Boot" zu holen. Damit befassten sich z. B. die Besprechungen zur Justizreform am 11 .1. 2001 in der Berliner Landesvertretung von Bremen mit den Spitzen der Fraktionen in den A-Ländern sowie das Treffen mit den justizpolitischen Sprechern der A-Länder am 22. 1. 2001, ebenfalls in Berlin. Die Verhandlungen wurden verbunden mit dem Austausch über die Reform des Mietrechts. Die endgültige Diskussion mit den Berichterstattern im Rechtsausschuss fand dann am 7. 5. 2001 statt.

Änderung von Formvorschriften

Hinter dem etwas sperrigen Titel „Gesetz zur Anpassung der Formvorschriften des Privatrechts an den modernen Rechtsgeschäftsverkehr" verbirgt sich die Modernisierung der allgemeinen Formvorschriften im BGB. Sie sollten an die neuen Entwicklungen im Bereich der Informationstechnik angepasst werden. Mit der „Elektronischen Form" und der „Textform" sollten neue Formtypen geschaffen werden. Gleichzeitig sollten auch die entsprechenden Bestimmungen der Zivilprozessordnung so geändert werden, dass Parteien, Anwälte und Gerichte für ihre Prozesshandlungen die neuen Informationstechnologien besser nutzen könnten. Die erste Lesung erfolgte am 25. 1. 2001 im Bundestag. Danach begannen die Beratungen in den Gremien. Am 6. 3. 2001 fand das Gespräch mit den Berichterstattern der Fraktionen unter allgemeinem Konsens statt. Der Vermittlungsausschuss befasste sich am 20. 6. 2001 mit dem Thema.

Erbbaurecht

Am 31. 1. 2001 hatte ich die Vertreter der Bundesnotarkammer zu Gast, die für eine Reform plädierten. Allerdings sahen wir keinen dringlichen Handlungsbedarf.

Arbeitnehmererfindungsrecht

Am 8. 3. 2001 fand ein Gespräch mit den Vertretern der Regierungsfraktionen statt. Ein weiteres folgte am 29. 3. 2001.

Entschädigung von Zeugen und Sachverständigen

Am 1. 2. 2001 hatte ich bei mir im Haus eine Unterredung dazu mit den Vertretern des Bundesverbands öffentlich bestellter und vereidigter Sachverständiger. Es ging dabei um eine Anpassung (Erhöhung) des entsprechenden Gebührenkatalogs.

Namensaktie

Einen Schritt in die Moderne haben wir auch mit dem Gesetz zur Namensaktie und zur Erleichterung der Stimmrechtsausübung getan, den die Wirtschaft schon lange gefordert hatte. Durch das „Namensaktiengesetz“ wurden die Vorschriften des Aktiengesetzes über die Namensaktien aktualisiert und der modernen Informationstechnologie bei der Hauptversammlung börsennotierter Gesellschaften Rechnung getragen. Dies betraf insbesondere die Stimmrechtsausübung. Gleichzeitig mussten datenschutzrechtliche Anforderungen berücksichtigt werden

Ächtung der Gewalt in der Erziehung

Ein weiterer Baustein im Projekt gegen Gewalt in der Familie war das „Gesetz zur Ächtung der Gewalt in der Erziehung“. Das Gesetz räumt dem Kind im Rahmen der Vorschriften über die Personensorge ein Recht auf gewaltfreie Erziehung ein. Körperliche Bestrafungen, seelische Verletzungen und andere entwürdigende Maßnahmen, auch solche zum Zweck der Erziehung, sollten künftig unzulässig sein. Die Regelung entstand aus der Erwägung, dass Gewalt in der Familie gelernt und oft potenziert weitergegeben wird. Kinder, die geschlagen wurden, neigen als Erwachsene eher zur Gewaltanwendung oder ihrer Hinnahme.

Beschleunigung fälliger Zahlungen

Mit diesem Gesetz zur Beschleunigung fälliger Zahlungen ging es uns um eine allgemeine Verbesserung der Zahlungsmoral. Mittelstand und Handwerk, vor allem auch in den neuen Bundesländern, sollten vor den Risiken der Insolvenz besser geschützt werden. Häufig genügt das Ausbleiben oder gar Ausfallen einer einzigen Großforderung, um den Unternehmer in entsprechende Probleme zu stürzen. Deshalb wurden die rechtlichen Voraussetzungen für den Verzug vereinfacht und der pauschale Verzugszins angehoben. Außerdem darf die Annahme erbrachter Werkleistungen nicht mehr bei geringfügigen Mängeln verweigert werden.

Überweisungen von Kreditinstituten

Mit dem entsprechenden Gesetz wurde eine Richtlinie der EU umgesetzt. Zusätzlich wurden Regelungen getroffen, nach denen die Vorteile für Bankkunden nicht nur bei Überweisungen im EU – Bereich, sondern auch bei Inlandsüberweisungen gelten sollten. Es wurde darin auch geregelt, dass Überweisungen künftig innerhalb bestimmter Fristen ausgeführt werden müssen. Bis zu einem Höchstbetrag (damals 12.500 Euro) wurde ein Erstattungsanspruch bei Verlust des Überweisungsbetrags normiert. Insgesamt war mehr Rechtssicherheit sowohl im grenzüberschreitenden als auch inländischen Zahlungsverkehr das Ziel.

Außergerichtliche Streitbeilegung

In den Kontext der Reform des Zivilprozesses gehört auch das Gesetz zur Förderung der außergerichtlichen Streitbeilegung. Dabei gingen wir von der Erwägung aus, dass eine gezielt eingesetzte außergerichtliche Lösung nicht nur von Vorteil für die Parteien ist, sondern auch zu einer Entlastung der Justiz mit einer Beschleunigung des Verfahrens beitragen kann. Wir versuchten das durch eine Öffnungsklausel zur Einführung eines obligatorischen außergerichtlichen Streitbeilegungsverfahrens durch die Länder (die es wollen) zu schaffen. Sie können demnach für bestimmte bürgerlich-rechtliche Streitigkeiten (Streitwert damals bis 1500 DM) ein Schlichtungsverfahren zwingend vorschalten. Das Gesetz stellte sozusagen den Einstieg in die nachfolgende Prozessreform dar.

Täter-Opfer-Ausgleich (TOA)

Eines der im Koalitionsvertrag vereinbarten Projekte war das „Gesetz zur strafverfahrensrechtlichen Verankerung des Täter-Opfer-Ausgleichs" („und zur Änderung des Fernmeldeanlagengesetzes"), eine Kombination, die übrigens nur technische Gründe hatte! Im Jargon nannten die Gesetzesspezialisten ein solches Gesetz einen „Omnibus", mit dem ganz unterschiedliche Gesetzesvorhaben verbunden werden. Die Belange der Opfer von Kriminalität sollten mit Hilfe des Gesetzes stärker in den Vordergrund gerückt und ihre Rechtsstellung verbessert werden. Richtern und Staatsanwaltschaften wurde die Pflicht auferlegt, in Strafverfahren die Möglichkeiten eines Ausgleichs zwischen Beschuldigtem und Verletztem zu prüfen. Auf dem 9. Forum zum Täter-Opferausgleich" am 3.6.2002 hielt ich das Grundsatzreferat unter dem Titel: „TOA-TOTAL? Quod erat demonstrandum". Damit waren die rechtlichen, strukturellen und methodischen Herausforderungen einer umfassenden Anwendung des Täter-Opfer-Ausgleichs gemeint. Aufgrund der sehr unterschiedlichen Voraussetzungen in den Bundesländern hatte das TOA-Servicebüro eine interdisziplinäre Arbeitsgruppe ins Leben gerufen, um die verschiedenen Modelle – Durchführung durch behördliche Träger wie Gerichtshilfe oder soziale Dienste der Justiz oder Jugendgerichtshilfe bei Jugendlichen bzw. Heranwachsenden oder den freien spezialisierten Trägern - zu eruieren. Auch die verschiedenen Formen der Finanzierung sollten auf den Prüfstand.

Gesetz zur Einführung der vorbehaltenen Sicherungsverwahrung

Hierbei ging es darum, dem Gericht im Falle der Verurteilung eines Straftäters die Möglichkeit einzuräumen, nicht sofort die schwere Tat mit der Sicherungsverwahrung obligatorisch zu verbinden. Es sollte künftig möglich sein, erst zu einem späteren Zeitpunkt nahe an der zu erwartenden Entlassung zu entscheiden, ob die Gefährlichkeit des Gefangenen noch bestand, um die Sicherungsverwahrung endgültig herbeizuführen. Ein Berichterstattergespräch wurde zunächst am 3. und 4.6.2002 durchgeführt. Die zweite und dritte Lesung des Entwurfs erfolgten im Plenum am 7. 6. 2002. Das Gesetz wurde im Bundestag mit großer Mehrheit angenommen. Im Bundesrat hatte man Bedenken und war z. T. dafür, den Vermittlungsausschuss anzurufen. Nach einem „Gegrummel" wurde am 12.7.2002 dann doch beschlossen, keinen Einspruch gegen das Ergebnis des Vermittlungsverfahrens einzulegen.

Gesetz zur Änderung des Rechts der Vertretung durch Rechtsanwälte vor Oberlandesgerichten

Am 7.6.2002 erfolgte die gesetzliche Regelung mit der Öffnung des Rechts zur Vertretung der Rechtsanwälte vor allen Oberlandesgerichten, ohne dass es dazu wie früher einer besonderen Zulassung bedurfte. Diese sog. „Lokalisation" war antiquiert wie die schon vorher aufgehobene Regelung vor den Landgerichten. Damit wurde einer schon lange erhobenen Forderung der Anwaltschaft entsprochen. Es war von uns am 17.5.2002 in erster Lesung eingebracht worden. Im Koalitionsgespräch am 3.6.2002 waren die Weichen dafür gestellt worden. Durch die Anrufung des Vermittlungsausschusses durch den Bundesrat verzögerte sich das Verfahren (s.o).

Rechtsanwaltsvergütung

Eine weitere Verbesserung der wirtschaftlichen Situation der Anwaltschaft erfolgte durch die Reform der Vergütung mit mehr Möglichkeiten und gesteigerte Transparenz. Diese Grundsätze galten auch bei Tätigkeit im Vorfeld von Verfahren. Die 1. Lesung des Rechtsanwaltsvergütungs- und Neuordnungsgesetzes fand am 16.5.2002 statt. Das entsprechende Gespräch mit den Berichterstattern, die sich zufrieden zeigten, folgte am 13. 6. 2002 (wie es sich gehört an meinem Hochzeitstag in Berlin ohne Antje). Die entsprechende Anhörung wurde am 26. 6. im Rechtsausschuss durchgeführt. Das nachgelagerte Gespräch mit den Berichterstattern folgte am 1.7.2002. Im Rechtsausschuss wurde es danach am 3.7.2002 verabschiedet. Die 2./3. Lesung im Bundestag erfolgte am 5.7.2002. Das zustimmungsbedürftige Gesetz wurde am 27.9.2002 im Bundesrat behandelt. Es konnte während unserer Zuständigkeit nicht mehr in Kraft gesetzt werden

Ordnungswidrigkeitenrecht

Vorbereitet wurde das Vorhaben in einem Gespräch der Berichterstatter, anberaumt durch den Rechtsausschuss. Gegenstand war der Gesetzentwurf zur „Änderung des Ordnungswidrigkeitenverfahrensrechts“. Am 11.6.2002 wurde auch zum Thema „Umsetzung der Biopatentrichtlinie“ informiert.

Reform des Rechtsberatungsrechts

Die SPD-Bundestagsfraktion veranstaltete zu dieser Problematik eine Diskussion am 5.6.2002, wobei mir der Part eines Einführungsstatements zufiel. Das Gesetz war historisch belastet und der Fraktion schwebte eine „sanfte“ Liberalisierung vor. Damit sollte eine entsprechende Grundlage für gesetzgeberische Initiativen gesucht werden.

Eine angesagte Änderung im Bereich des Insolvenzrechts

Einige kleinere, aber wichtige Korrekturen im Bereich des Insolvenzrechts erwiesen sich nach der Bilanz zu seiner Auswirkung als notwendig. Es hatte sich herausgestellt, dass das Schuldbefreiungsverfahren nur selten genutzt werden konnte, da die Gerichte oft keine Prozesskostenhilfe für das Verfahren gewährten. Gerade völlig verarmte Schuldner konnten jedoch den Vorschuss auf die Prozesskosten nicht aufbringen. Zum anderen war die obligatorische außergerichtliche oder gerichtliche Einigung mit den Gläubigern häufig eine zeitraubende Alibiveranstaltung, die geeignet war, das Verfahren hinauszuzögern. Es ist nur dann ein effizientes Verfahren, wenn eine Einigung auch wirklich erreichbar ist. Auch sollten ehemalige oder noch aktive Unternehmer grundsätzlich vom Anwendungsbereich der Verbraucherinsolvenz ausgenommen werden. Es ging also um die Vereinfachung und Beschleunigung des Verfahrens, nicht um eine grundsätzliche Neuausrichtung. Das Gespräch mit den Berichterstattern des Rechtsausschusses erfolgte am 31.5.2001.

Reform des Urhebervertragsrechts

Ein besonderes Anliegen von Herta war die Reform des Urhebervertragsrechts. Auf der Grundlage der Vorschläge einer Kommission wurde der Entwurf eines „Gesetzes zur Stärkung der vertraglichen Stellung von Urhebern und ausübenden Künstlern“ eingebracht, der nach dem üblichen Gang zum 1.7.2002 in Kraft trat. Darin erhielt jeder Urheber einen gesetzlichen Anspruch auf angemessene Vergütung, der auf Grund der Werknutzung neben vertraglichen Ansprüchen entsteht bzw. entstehen kann. Das Gesetz regelt auch das Verfahren, das zur Schaffung gemeinsamer Vergütungsregeln zwischen den unterschiedlichen Interessen(gruppen) führen soll. Es sieht auch ein obligatorisches Schlichtungsverfahren vor. Es enthielt auch erstmals einen so genannten „Bestseller-Paragraphen“, der einen Fairnessausgleich für die Fälle vorsieht, in denen das Honorar und ein später eintretender Erfolg des Werks weit auseinander klaffen. Die Koalition segnete das Vorhaben in den Beratungen der entsprechenden Arbeitsgruppe am 13.2., 8.5.und 1.6.2001 ab. Das Gesetz, gleichzeitig als ein Beitrag zur Sicherung des Standorts Deutschland im wissenschaftlich-literarischen Bereich gedacht, trat am 1. 7.2002 in Kraft.

Reform der Juristenausbildung

Das „Gesetz zur Reform der Juristenausbildung“ ist als letztes Vorhaben noch während unserer Regierung verabschiedet, aber erst zum 1.Juli 2003 in Kraft getreten. Damit sollte die Ausbildung von Anfang an stärker berufsfeldorientiert sein und Fächer übergreifend gestaltet werden. Das Gesetz stand am Ende einer langen Debatte und vereinigte Entwürfe der Koalition und des Bundesrates. Er hatte das

Ziel, den Studierenden frühzeitig sowohl interdisziplinäre Schlüsselqualifikationen als auch internationale und europarechtliche Bezüge des Rechts zu vermitteln. Schließlich sollten frühzeitige Möglichkeiten zur Spezialisierung geboten werden. Fremdsprachliche Pflichtveranstaltungen der Universität wurden in den Kanon der nun ausschließlich dort zu prüfenden Fächer (jetzt: Schwerpunktbereiche) aufgenommen. Die Abschlussprüfung an der Universität floss nun mit 30% in die Gesamtnote ein. Der Vorbereitungsdienst wurde nun stärker am Berufsbild des Rechtsanwalts ausgerichtet und mit einer Pflichtstation von 9 Monaten ausgestattet. Dabei haben die Länder die Möglichkeit, eine Spanne von drei Monaten an anderer Stelle zu platzieren. Die Vertreter der Koalition verständigten sich am 26.1. und 15.2.2001 auf den Entwurf, im Hause berieten wir dann darüber am 20.2.2001, auch mit den Justizministern der Länder mit SPD-Regierungsbeteiligung (so genannte A-Länder) am 10.5.2001. Auch das Ergebnis der Anhörung des Rechtsausschusses zu einem einschlägigen FDP-Entwurf gehörte dazu. Die Verständigung zwischen der Koalition erfolgte am 29.3. bzw. 3.4. 2001. Mit den A-Ländern erfolgte die Koordinierung am 10.5.2001.

Forderungssicherungsgesetz

Eine Anhörung zu unserem Entwurf erfolgte durch den Rechtsausschuss am 12. 6. 2002.

Strafrechtsänderungsgesetz

Die Änderung des § 129b StGB erfolgte in zweiter und dritter Lesung am 26.4.2000 durch den Bundestag. Es ging dabei um die Bekämpfung illegalen Graffitiunwesens. Die öffentliche Anhörung wurde am 3.7.2002 durch den Rechtsausschuss durchgeführt.

Zweites Vermögensrechteergänzungsgesetz

Dieses Gesetz wurde am 26.4.2002 verabschiedet. Am 31.5.2002 beschloss der Bundesrat, den Vermittlungsausschuss anzurufen.

Zusatzprotokoll zur Überstellung verurteilter Personen

Koalitionsintern erfolgte die Information im April 2001. Die Verabschiedung durch den Bundestag fand am 13.6.2002 statt (s. u). Nach den Einsprüchen des Bundesrats gegen mehrere Gesetzesbeschlüsse des Bundestags wurden diese in der Plenarsitzung am 4.7.2002 in namentlicher Abstimmung zurückgewiesen. Dazu gehörte u. a. das Gesetz zur **Ausführung** des Zusatzprotokolls, nicht jedoch das eigentliche Vertragsgesetz zu dem Zusatzprotokoll. Das Gesetz zur Änderung des § 129 StGB, gegen das der Bundesrat am 31.5.2002 den Vermittlungsausschuss angerufen und am 21.6.2002 Einspruch eingelegt hatte, wurde ebenfalls am 4.7.2002 vom Bundestag gebilligt.

Sanktionenrecht

Der Gesetzentwurf der Koalition wurde in Erster Lesung am 27.6.2002 begründet. Verabschiedet wurde es vom Bundestag am 27.6.2002, wobei ich dazu Stellung nahm.

Magnus-Hirschfeld-Stiftung

Das dazu gehörige Gesetz wurde am 24. 6. 2002 durch die Anhörung vor dem Rechtsausschuss öffentlich erörtert. Beschlossen wurde es am 27. 6. 2002 in 2. und 3. Lesung vom Bundestag.

Reden im Plenum

Zum Kern der öffentlichen Äußerung politischer Absichten und Stellungnahmen durch die Bundesregierung gehören die Auftritte im Bundestag. Hier war ich häufig gefragt. Meine ersten beiden Reden hielt ich am 3. und 4. Dezember 1998. Zunächst zu einem larmoyanten Gesetzentwurf der PDS, die die Nutzungsverhältnisse an sogenannten Datschen bis ad calendas graecas zugunsten auch der SED-Funktionäre verlängern wollte. Dies stieß nicht nur bei mir auf Widerstand. Am folgenden Tag konnte ich zur 2. und 3. Lesung unseres Gesetzentwurfs zur Änderung des Einführungsgesetzes der Insolvenzordnung und anderer Gesetze sprechen, das verabschiedet wurde. Am 17. 6. 1999 sprach ich gleich dreimal. Zuerst zum „SED-Opfer-Rehabilitations-Verbesserungsgesetz“, dann zu den Themen „Stärkung der Unabhängigkeit der Richter und Gerichte“ und „Verbesserter Schutz der Bundeswehr vor Verunglimpfung“. Ein weiterer Termin mit mehreren Auftritten im Plenum war der 17. 5. 2002. Ich hatte die Bundesregierung bei den Themen „Gesetz zur Änderung des Pflichtversicherungsgesetzes und anderer versicherungsrechtlicher Vorschriften“, des „Gesetzes zur Änderung des Gesetzes zur Aufhebung nationalsozialistischer Unrechtsurteile in der Strafrechtspflege“ sowie die verbundene Verabschiedung des „Gesetzes zur Änderung der Strafprozessordnung“ mit der Bundesratsinitiative eines „Gesetzes zur Regelung der Zuständigkeit für die Anordnung einer DNA-Untersuchung bei Spuren“ zu vertreten. Zum Änderungsgesetz zur Aufhebung von NS-Unrechtsurteilen führte ich aus, dass es deswegen notwendig sei, um die Einzelfallprüfung abzuschaffen. Dies sei gerechtfertigt, weil sie unzumutbar wäre schon wegen der Unmöglichkeit für die Betroffenen, die notwendigen Unterlagen jetzt noch beizubringen. Damit waren die verurteilten Wehrmachtsdeserteure und Homosexuelle uno actu rehabilitiert. Keineswegs wurden alle NS-Urteile einbezogen: Die wegen Plünderung, Fledderei und Misshandlung von Untergebenen blieben außen vor. An diesem Tag sprach ich auch anlässlich der Verabschiedung des Gesetzes zur Änderung des Rechts der Vertretung durch Rechtsanwälte vor Oberlandesgerichten, wie man sieht, ein voller Arbeitstag im Plenum. Am 13. 6. 2002 redete ich im Plenum im Rahmen der Verabschiedung des „Gesetzes zu dem Zusatzprotokoll vom 18. Dezember 1997 zum Übereinkommen über die Überstellung verurteilter Personen“, verbunden mit dem Ausführungsgesetz dazu. Es ging dabei um die Ergänzung des entsprechenden Übereinkommens des Europarats, nach dem ein entsprechendes Ersuchen um Vollstreckungshilfe nur gestellt bzw. bewilligt werden kann, wenn der Verurteilte zustimmt. Die Vollstreckungshilfe dient national wie international im Wesentlichen der Resozialisierung Verurteilter und nicht etwa der Entlastung bei Überbelegung deutscher Haftanstalten. Wir haben auch eine gerichtliche Entscheidung über die Zulässigkeit eines deutschen Ersuchens um Vollstreckungshilfe vorgesehen.

Im Bundesrat

Zu meinen Aufgaben gehörte auch die Präsenz in den monatlichen Sitzungen des Bundesrats. Dort hat die Bundesregierung eine „Bank" neben der Leitung des Bundesrats. Da die Sitzungen freitags beginnen und nicht selten ins Wochenende hineinragen, sind sie bei den Mitgliedern der Bundesregierung, wenn sie dort gefordert sind, nicht besonders beliebt. Man kann dann auch die Rückfahrt nach Hause oder zu einem Termin bzw. den Heimflug kaum zuverlässig fixieren und organisieren. Man hetzt vielmehr zu seiner Fahrgelegenheit, was ich erstmals am 27. 11 .1998 in Bonn am eigenen Leib erfuhr. In Berlin war es wegen der problemreichen Anfahrt und der Abflugtermine im Flughafen Tegel dann noch aufwendiger und unkalkulierbarer. So war ich denn oft als einziger Regierungsvertreter auf der Regierungsbank präsent, während sich die Kollegen und Kolleginnen vergewisserten, dass wenigstens ich noch bliebe, während sie zu Hause noch wichtige Termine wahrzunehmen hätten. Aber so macht man sich immerhin beliebt. Gelegentlich hatte ich aber auch vor dem Bundesrat zu sprechen, wenn ein Debattenpunkt meines Ministeriums mit einer Aussprache verbunden war. Zur Vorbereitung der Tagesordnung dienten die Sitzungen der Fraktionsarbeitsgruppe der SPD-geführten Bundesländer, der so genannten „A-Länder". Sie wurden moderiert von Ludwig Stiegler, z.B. beim Thema Lebenspartnerschaftsgesetz am 28. 3. und 20. 6. 2001, ebenfalls bei der Abstimmung mit den A-Ländern, etwa zum Gerichtsvollzieherkostengesetz am 28. 3. 2001. Ich hatte das Ministerium auch bei Debatten im Plenum des Bundesrats zu vertreten. Z. B. anlässlich der Sitzung am 30. 5. 2002, als ich zu den Themen „Völkerstrafgesetzbuch" und „Strafrechtsänderungsgesetz" sprach.

Als Repräsentant der Bundesregierung bei besonderen Anlässen

Zu meinen Aufgaben gehörten schließlich auch repräsentative Vertretungen für das Ministerium. So hatte ich am 28. April 1999 das Vergnügen, den neugewählten Bundespräsidenten Johannes Rau zum Antrittsbesuch beim Bundesgerichtshof und Generalbundesanwalt zu begleiten. Auch die Anwesenheit bei der Einführung neuer Richter(innen) am Bundesverfassungsgericht durch den Bundespräsidenten am 23.1.2001 war meine Aufgabe. Besonders gerne erinnere ich mich an die Weltausstellung „Expo 2000" in Hannover. Mein Auftrag bestand darin, das jeweils im Mittelpunkt stehende Land zu begrüßen, das Hissen der Flagge zu begleiten und den Staatsgast zu „seinem" Pavillon zu begleiten. Abschließend lud die Bundesregierung zu einem Mittagessen ein. Es war protokollarisch genau festgelegt, ob ein Minister oder Staatssekretär die Willkommenszeremonie mitgestalten sollte. Das hing jeweils vom Rang des Gastes ab. War es ein Staatsoberhaupt, war der Bundeskanzler zuständig, in anderen Fällen ein Bundesminister. Am 10. 6. 2000 übernahm ich diese Aufgaben von Begrüßung und Begleitung für die Länder Kroatien und

Gastgeber für Kronprinz Felipe.

am 18. 6. 2000 für Slowenien. Besonders lebhaft ist mir die Eröffnung des spanischen Pavillons am 19. 7. 2000 in Erinnerung. Das Protokoll hatte mich für die Delegation des spanischen Kronprinzen Felipe, des heutigen Königs, vorgesehen. Mit seinen gut 1,90 m Körpergröße überragte er alle Begleiter. Bei dem anschließenden Essen hielt ich eine kleine Rede. Außerhalb des vorgegebenen Textes erhob ich am Schluss meiner Begrüßung das Glas zum Toast auf die „Casa real" in der Hoffnung, dass ich mich korrekt ausgedrückt hatte. Das wurde mir nicht nur durch die freundliche Erwiderung des Kronprinzen bestätigt, sondern ausdrücklich von dem anwesenden Botschafter Spaniens als gelungene ehrende Anrede anerkannt. Manchmal kann man also auch einmal vom protokollarischen Zwang abweichen. Am 18. 7. 2000 war ich zusammen mit meiner Frau bei der Eröffnung der britischen Botschaft in Berlin durch Königin Elisabeth II. zugegen.

Auf dem internationalen Parkett

Mir war anfangs gar nicht bewusst, dass das Ministerium der Justiz so viele Kontakte zu internationalen Gremien und Einrichtungen unterhielt. Aber ich wurde sehr schnell eines Besseren belehrt. Schon die „Stiftung internationales Recht", der ich schon kraft Amtes angehörte, unterhielt vielfältige Kontakte, insbesondere zu Schwellen- und Entwicklungsländern. Unabhängig von dieser eher verwaltenden Aufgabe gab es zahlreiche Gelegenheiten zu internationalen Kontakten.

Das erste Mal war dazu am 30. Oktober 1998 Gelegenheit. Es war das informelle Treffen der EU-Justiz- und Innenminister in Wien, stilgerecht in der Hofburg veranstaltet. Mir ist das Treffen insofern im Gedächtnis geblieben, als es sofort einen Disput zwischen Otto Schily und mir gab. Es war eigentlich ein lächerliches Problem, aber doch eine Prinzipienfrage. Die Sitzordnung sah vor, dass die Minister der Staaten nebeneinander um den Tisch saßen, ihre jeweiligen Vertreter dahinter. Als Herta das Treffen früher verlassen musste, gab sie mir als Direktive mit, mich von Schily nicht „unterbuttern" zu lassen. Ich setzte mich dann auf ihren Platz. Dann forderte mich Schily auf, meinen Platz zugunsten seines Staatssekretärs zu räumen. Ich sagte, dafür sei kein Anlass, da ich Herta vertreten würde. Schily murmelte etwas von „Konsequenzen", die darin bestanden, dass wir nie so recht Freunde wurden. Seine kleingeistige Rache bestand darin, dass er einige Male, wenn ich im Bundeskabinett Vorlagen aus unserem Haus vorzutragen hatte, maulte, das sei alles schlecht. Er überging auch meinen Hinweis, dass die Vorlage doch mit seinem Haus, dem Innenministerium abgestimmt sei, weil er sich der Unterstützung des Bundeskanzlers sicher war; der in solchen Fällen meinte, man sollte sich erst mal einigen. Es kam aber meist dieselbe Vorlage wieder ins Kabinett, weil sich Herta durchsetzte. Sie lächelte übrigens, als ihr jemand über meine Kontroverse mit dem Innenminister berichtete.

Einen Kurzbesuch in Rom machte ich am 26.2.1999 in Rom, um an einem Symposium zur UN-Konvention zur Bekämpfung der transnationalen organisierten Kriminalität teilzunehmen. Das hieß, morgens Flug nach Rom, mit dem Botschaftswagen in den „Palazzo Giustiniani" und nachmittags wieder zurück.

Etwas länger dauerte mein Besuch am 24. und 25. Juni 1999 in Paris, um an der französischen Regierungskonferenz zum Thema „Verbesserung des Patentsystems in Europa" teilzunehmen. Dabei lernte ich den französischen repräsentativen Regierungsstil, angefangen mit dem Sitz des Justizministeriums in einem schönen historischen Palais und mit der Eröffnung durch Premierminister Jospin kennen.

Für drei Tage weilte ich dann in der Ukraine, um mit der dortigen Justizministerin über Fragen der Kooperation zur Modernisierung der Justiz und bei der Richterfortbildung mit unserer Hilfe zu sprechen. In Kiew lernte ich die ersten Gehversuche der Menschen zu einer freieren Gesellschaft, auch durch Kontakte zu der sich organisierenden Opposition, kennen. Niemand konnte sich damals vorstellen, dass Russland einmal die Ukraine militärisch angreifen würde, wie es am 24. 2. 2022 geschah.

Vom 18. bis 19. 2. 2000 nahm ich an einem Symposium der Organisation „Europe Horizons" in Sintra, Portugal, teil. Es ging dabei, das Tagungsgebäude war übrigens in einer der schönsten Parkanlagen des Landes gelegen, um Aspekte einer sich weiter verfestigenden europäischen Identität.

Im Vatikan bei Johannes Paul II. oder: **„Grüßen Sie Karl Lehmann"**

Im Zusammenhang mit der von der Italienischen Präsidentschaft der Europäischen Union einberufenen Ministerkonferenz der Europäischen Union war es Ziel, die Römischen Verträge zu ergänzen. Zu diesem Zweck flog ich im Auftrag der Bundesregierung zu dieser völkerrechtlichen Veranstaltung am 2. 11. 2000 nach Rom. Es gab der damaligen Präsidentschaft Italiens in der EU Gelegenheit, unter dem Kurztitel „European Ministerial Conference on Human Rights" die Themen „Institutional and functional arrangements for the protection of Human Rights at National and European Levels" und „Respect for Human Rights, a key factor for democratic stability and cohesion in Europe: current issues" der Öffentlichkeit zu präsentieren. Dass sich dies an Ort und Stelle der Geburt des Römischen Vertragswerks in Szene setzen ließ, erhöhte die Bedeutung natürlich. Die damals behandelten Resolutionen und vertraglichen Grundsätze sind bekanntlich auch heute aktuell, wie die Immigrationsdebatte verdeutlicht. Sie zeigt auch, bei welchen Staaten der Union gegenwärtig immer noch Defizite bestehen. Bei dieser Gelegenheit lernte ich die völkerrechtliche Verfahrensweise bzw. Rituale solcher internationaler Konferenzen kennen. Das Auswärtige Amt musste mir eine entsprechende

Die Spitzen des Vatikans:
Rechts Johannes Paul II; im Hintergrund Kardinalstaatssekretär Sodano.

völkerrechtlich wirksame Vollmacht in aller Form, unterschrieben vom Außenminister Joschka Fischer, ausstellen. Die Eröffnung wurde am Freitag, den 3. 11. feierlich begangen. Nach den kaum kontroversen Diskussionen, das Ergebnis war mit den Regierungen ja üblicherweise schon im Vorfeld abgestimmt, fand abends ein Empfang des Staatspräsidenten im Quirinalpalast statt. Am Samstag wurde in einer festlichen Zeremonie des 50. Jahrestags der Europäischen Menschenrechtskonvention gedacht. Das Ganze spielte sich im Palazzo della Farnesina ab. Am Nachmittag schritt man zum eigentlichen Zweck der Veranstaltung, nämlich zur Verabschiedung des „Protokolls Nr. 12 (nondiscrimination) to the European Convention on Human Rights". Diese feierliche Veranstaltung wurde im Campidoglio-Sala Giulio Cesare durchgeführt, einem wunderbar ausgestalteten Raum. Der Name „Julius Caesar" passte eigentlich nicht zu dem Thema der Konferenz, schien aber Niemanden zu stören. Bei allen formellen Akten musste mich der Botschafter (der beim italienischen Staat akkreditierte) begleiten, der mir genau zeigte, wo ich zu unterschreiben hatte. Nach dem Aufruf durch den Ratsvorsitzenden nahm ich an dem (schönen reichverzierten) Schreibtisch Platz um für Deutschland zu signieren. Den feierlichen Abschluss des Besuchs bildete dann die Zeremonie zur Feier des 50. Jahrestags der Europäischen Menschenrechtekonvention von 1950 im „Palazzo della Farnesina". Sie war so zu sagen „dazwischen geschoben" vor der völkerrechtlichen Zeichnung des Protokolls Nr. 12. Ich war von der Inszenierung durch die italienische Regierung sehr beeindruckt. Das historische Ambiente trug seinen Teil dazu bei. Ich hatte auch ein Gespräch mit dem italienischen Justizminister Piero Fassino. Dabei habe ich die verzögerte Benachrichtigung der italienischen Behörden zum Thema gemacht, wenn deutsche Staatsbürger verhaftet wurden. Der Minister sagte zu, alle zuständigen Behörden mit dem Thema zu befassen.

Als ich diesen Auftrag in Rom erledigte, war dieser auch mit einer Audienz bei Papst Johannes Paul II. im Vatikan verbunden. Die auch diesmal erforderliche Begleitung durch die zuständige deutsche diplomatische Vertretung war diesmal die wichtige Aufgabe des Deutschen Botschafters beim Vatikan, auch als „Heiliger Stuhl" bekannt. Nach der Eröffnungsrede des Papstes im Audienzsaal „Sala Clementina" des Vatikans wurden die Vertreter der Vertragsstaaten ihm einzeln vorgestellt. Bei mir übernahm der Kardinalstaatssekretär Sodano, bei dem ich wie gesagt schon zuvor zu Gast war, diese Aufgabe. Ich sagte dem Papst, dass ich ihn schon während seiner Zeit als Erzbischof von Krakau bei einem Besuch in der Mainzer Universität erlebt habe. Dabei erschien er mir hellwach und mit den Umständen des damaligen Besuchs noch vertraut. Wie er auch ohne Dolmetscher mit mir sprach. Meine Ausführungen schienen ihn an den sonst (vielleicht nur öffentlich) angeblich nicht so geschätzten Mainzer Bischof Karl Lehmann zu erinnern, als er während der Unterhaltung zu mir meinte: „Grüßen Sie Karl Lehmann". Kurz darauf, im Februar 2001, wurde dieser zum Kardinal ernannt. Das führe ich aber nicht auf die Audienz zurück. Die Grüße habe ich ihm später doch noch ausgerichtet. Nämlich beim Stammtisch am Leichhof „Wein schlägt Bier" am 23. 6. 2002, wobei Lehmann darüber nicht überrascht wirkte. Er war ja bereits von ihm längst zum Kardinal ernannt worden. Eher staunte er über mein Gespräch mit seinem „Chef".

Auf dem Gipfel des „Zitternden Berges"

Das zweite Mal, dass ich die Verantwortung im Zusammenhang mit einem internationalen Treffen übernahm, war der G-8-Gipfel der

Eine fürstliche Unterkunft.

Innen- und Justizminister am 13. und 14. 5. 2002 in Kanada. Eigentlich hätten Herta oder Otto Schily gemeinsam bzw. allein die Leitung der Delegation zu übernehmen gehabt. Aber beide mussten absagen. Nachdem auch die Kollegen auf der Staatssekretärsebene aus dem Innenministerium passen mussten, war ich plötzlich der allein Agierende. Der Gipfel fand in der landschaftlich wunderschönen (und gut zu bewachenden) Hotelanlage auf dem Berg „Mont-Tremblant" statt. Ziemlich weit von der Regierungszentrale entfernt in Ottawa. Themen waren die gemeinsame Bekämpfung des internationalen Terrorismus und der Länder übergreifenden Verbrechensorganisationen allgemein. Die Sorgen waren bestimmt durch den potentiellen Einsatz von atomaren, chemischen, biologischen und radiologischen Waffen. Eine effektivere Zusammenarbeit auf vielen Ebenen, vor allem der Nachrichtendienste, war eine Hauptforderung der Abschlusserklärung der kanadischen Präsidentschaft. Auch die Entschließung des UN-Sicherheitsrats Nr.1373 wurde unterstrichen, die die Finanzierung des internationalen Terrorismus bekämpft. Es ging dabei auch um die Sicherung entsprechender Datensysteme vor terroristischen Attacken wie auch um die Bestätigung des Netzwerks der G-8-Staaten zur Ermittlung von hochtechnischer Kriminalität. Im Übrigen verwies die Abschlusserklärung auf die einschlägigen Resolutionen der G-8-Staaten und der UN. Ein großer Aufwand mit eigentlich selbstverständlicher Kooperation. Aber ich konnte immerhin auf die mit dem Gastgeber abgeschlossenen Rechtshilfeabkommen verweisen.

Besuch des Generaldirektors der WIPO

Am 16. 6. 2002 war ich Gastgeber beim Besuch des Generaldirektors der Weltorganisation für geistiges Eigentum, Exzellenz Dr. Kamil Idris. Ich gab ein Essen und richtete ein Begrüßungsstatement am Sitz des BDI an ihn. Darin lobte ich die WIPO als Organisation, die durch den Schutz geistigen Eigentums die Kreativität in der ganzen Welt fördere. Sie schaffe gleichzeitig eine fruchtbare und gleichberechtigte Zusammenarbeit von Entwicklungs- und Industrieländern.

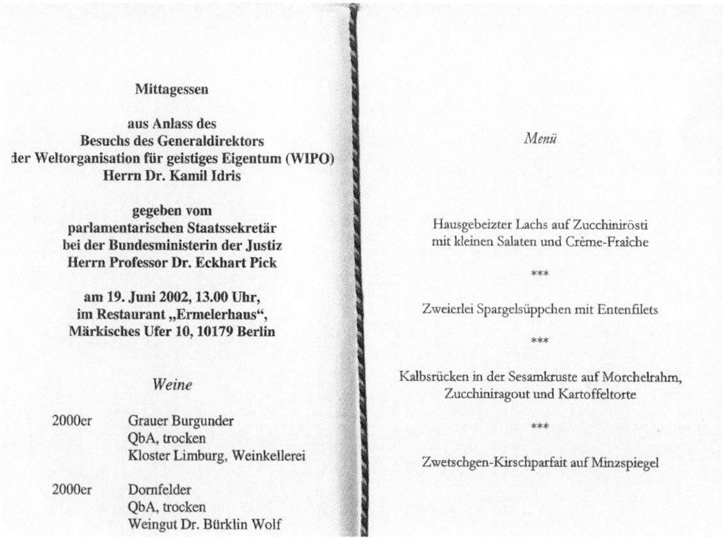
Mittagessen

aus Anlass des
Besuchs des Generaldirektors
der Weltorganisation für geistiges Eigentum (WIPO)
Herrn Dr. Kamil Idris

gegeben vom
parlamentarischen Staatssekretär
bei der Bundesministerin der Justiz
Herrn Professor Dr. Eckhart Pick

am 19. Juni 2002, 13.00 Uhr,
im Restaurant „Ermelerhaus",
Märkisches Ufer 10, 10179 Berlin

Weine

2000er Grauer Burgunder
QbA, trocken
Kloster Limburg, Weinkellerei

2000er Dornfelder
QbA, trocken
Weingut Dr. Bürklin Wolf

Menü

Hausgebeizter Lachs auf Zucchinirösti
mit kleinen Salaten und Crème-Fraîche

***

Zweierlei Spargelsüppchen mit Entenfilets

***

Kalbsrücken in der Sesamkruste auf Morchelrahm,
Zucchiniragout und Kartoffeltorte

***

Zwetschgen-Kirschparfait auf Minzspiegel

Ein feines Essen.

Mit der Bundesregierung in Breslau

In einer Sondermaschine flog ich mit der Bundesregierung zu den 5. Deutsch-Polnischen Regierungskonsultationen am 18. 6. 2002 nach Breslau. Im Programm war für mich ein „Sonderprogramm" mit einem

Besuch der Juristischen Fakultät der Breslauer Universität vereinbart. Dort führte ich Gespräche, die im Vorfeld des Beitritts Polens zur Europäischen Union Förderungsmöglichkeiten insbesondere von Studierenden betrafen. Mit diesen war auch ein Termin vorgesehen, der eifrig für ihre Fragen an mich von diesen genutzt wurde. Eine entsprechende Vereinbarung konnte ich dann wie vorgesehen abschließen.

PROGRAMM

für die

5. Deutsch-Polnischen

Regierungskonsultationen

am 18. Juni 2002

in Breslau

22.40 Uhr
Ankunft auf dem Flughafen Berlin-Tegel, militärischer Teil

gegen
23.40 Uhr
Flug eines Teils der Delegation nach Köln/Bonn
- Flugzeit: 01:00 Stunde

gegen
00.40 Uhr
Ankunft auf dem Flughafen Köln/Bonn, militärischer Teil

30

SONDERPROGRAMM DES PARLAMENTARISCHEN STAATSSEKRETÄRS PROF. DR. PICK

bis
17.50 Uhr
Teilnahme am Hauptprogramm

17.50 Uhr
Gemeinsame Fahrt zur Juristischen Fakultät
ul. Wiezienna
- Fahrzeit:00:10 Stunden

18.00 Uhr
Ankunft

Begrüßung durch den Dekan der Juristischen Fakultät,
Herrn Prof. Zdzislaw Kegel

anschließend
Gespräch
Saal des Fakultätsrats, 1. OG

18.50 Uhr
Unterzeichnung von Vereinbarungen

18.55 Uhr
Diskussion mit polnischen Studenten

31

Meine Entscheidung, nicht mehr für den Bundestag zu kandidieren

Im Lauf des Jahres 2001 reifte in mir die Absicht, nicht mehr in der Berliner politischen Szenerie arbeiten zu wollen. In einem Interview mit Werner Wenzel in der AZ vom 23. 8. 2002 habe ich mich zu meinen Beweggründen geäußert. Es war mein Wunsch, mehr Zeit für die Familie zu haben und ich antwortete auf die Frage nach meinen Plänen: „Ich kann an die Uni zurück, aber vielleicht mache ich auch etwas ganz anderes". In dem Gespräch heißt es weiter: „ Sicher werde er seine Gesetzeskommentare für neue Auflagen überarbeiten". Letzteres habe ich getan, insbesondere gilt das für den Kommentar zum Wohnungseigentumsgesetz „Bärmann-Pick", den ich noch allein bis zur 19. Auflage 2010 verantwortete. Ich hatte dann auch endlich die Zeit, um mich um mein Hobby, das Sammeln von Autographen und Münzen zu kümmern, vor allem um die Veröffentlichungen zu verwirklichen, die ich schon lange im Kopf hatte. Dazu mehr im nächsten Abschnitt. Auf meine Bilanz der politischen Arbeit angesprochen, heißt es in dem angesprochenen Interview: „Er ist zufrieden, sehr zufrieden sogar. Der Mainzer SPD-Bundestagsabgeordnete hat aktiv daran mitgewirkt, ein ganzes Paket von Reformen auszuarbeiten, auf das er stolz ist. Als parlamentarischer Staatssekretär im Bundesjustizministerium gehört er zum Kabinett von Kanzler Gerhard Schröder. Und er ist zufrieden damit, dass seit Amtsantritt der Regierung, der er und seine Chefin, Bundesjustizministerin Herta Däubler-Gmelin seit Beginn angehören, die Rechtspolitik wieder zu einem Thema geworden ist". Abschließend bilanzierte ich: „Es sei ein gutes Gefühl, wenn man ein bestelltes Haus hinterlasse, in dem bis auf wenige Themen alles abgearbeitet ist".

In einem frühen Stadium hatte ich meine Entscheidung den beiden Unterbezirksvorsitzenden Klaus Hammer und Michael Hartmann mitgeteilt, bevor sie publik wurde. Dass sie am nächsten Tag doch in der Zeitung veröffentlicht wurde, bestätigt den Spruch: „Drei Personen gewährleisten schon die Öffentlichkeit".

Bilanz der Tätigkeit in der Bundesregierung

Gefragt, wie ihr Fazit nach vier Jahren Regierungsverantwortung aussehe, meinte Herta Däubler-Gmelin in der „Saarbrücker Zeitung vom 9. August 2002: „Nicht eine unserer großen Reformen ist vom Bundesrat aufgehalten worden. Die Gesetze passen den Leuten wie ein bequemer, alter Schuh. Inhaltlich sachliche Kritik daran werden Sie kaum finden. Mein Ehrgeiz war auch, Gesetze leichter verständlich zu machen und insgesamt mit weniger Vorschriften auszukommen. Auch da haben wir vieles erreicht". Kurz zusammengefasst heißt dies in der Überschrift dieses Artikels: „Wir haben den Reformstau abgebaut". Dem ist kaum etwas hinzuzufügen. Anders ausgedrückt: Unsere Reformen betrafen alle relevanten Bereiche unserer Rechtsordnung. Neben dem Verfassungsrecht sowohl das materielle als auch das Verfahrensrecht in seinen wesentlichen Bereichen. Sie umfassen auch die Kernbereiche im Bürgerlichen Recht, Straf- und Öffentlichen Recht. Rechtspolitik ist allerdings auch für die Presse, von wenigen Ausnahmen abgesehen, kaum zu überblicken. Dem besseren Verständnis soll deshalb die Gesetzesbilanz im Anhang dienen. Wenn sogar in einer Publikation, die mit dem Titel „Rot Grün an der Macht" (Autor Edgar Wolfrum) nur die Debatte um das Lebenspartnergesetz erwähnt ist, ohne auch nur den Versuch zu machen, eine konzise, wenn auch nur kurze Zusammenfassung, der Reformpolitik im Rechtsbereich zu wagen, so ist dies typisch für die Probleme mit diesem Teil der staatlichen Ordnung. Daher rührt auch die mangelhafte Akzentsetzung in Medien und der Wissenschaft. Zur Wahrheit gehört auch, dass die Reformpolitik auf dem Gebiet des Rechts nach 2002 keine Fortsetzung erfahren hat und sie deshalb nicht mehr als gegenwärtig erscheint. Unser Motto, „Recht ist der Schutz der Schwächeren", ist aber nach wie vor aktuell.

Die Seite des Sammlers

Goethe, der alles Mögliche sammelte: Bilder, graphische Blätter, Mineralien und Medaillen usw. hat zu dieser Thematik ein eigenes Buch verfasst „Der Sammler und die Seinen" und behauptete, dass Sammler glückliche Menschen seien. Was mich betrifft, kann ich ihm nicht widersprechen. Nun ist das Sammeln ein menschlicher Urtrieb, der sich vielfältig äußert. Bei mir stand er immer im Zusammenhang mit der Mainzer Geschichte, für die ich mich schon in der Kindheit interessierte. Mit dem Lesen fing es an.

Mit dem Sammeln von Münzen begann ich, wie üblich, erst, als mich das Briefmarkensammeln zu langweilen begann. Immerhin war es dieses Sammelgebiet, das wegen der systematischen Vorgehensweise eine gute Grundlage für meine spätere Sammeltätigkeit wurde. Das Interesse an der Philatelie wurde übrigens von dem Bruder meiner Mutter, meinem Onkel Otto, geweckt, der ein leidenschaftlicher Sammler von Briefmarken („Postwertzeichen" wie er betonte) war und der mir die eine oder andere Marke aus seiner beruflichen Korrespondenz -er war Kaufmann- schenkte. Interessant war die Numismatik für mich in erster Linie durch die Einzigartigkeit historischer Prägungen, die nicht nur ihre eigene Geschichte, sondern auch stets ein individuelles „Gesicht", im Gegensatz zu den Postwertzeichen, haben. Jede historische Prägung, wobei ich damit auch Medaillen darunter fasse, hat einzigartige Merkmale, die mit der Herstellung, dem Umlauf, der Behandlung und Art der Aufbewahrung zu tun haben. Die ersten Münzen bekam ich von meinem Onkel Louis, der aus der Türkei eine Reihe vorwiegend römischer Münzen nach Frankreich gebracht hatte, als er in Istanbul als Franzose nicht mehr als Zahnarzt tätig sein konnte. Wenn ich als Fechter im südlichen Frankreich etwa in Marseille oder Cannes auf der Planche stand, fand ich oft Gelegenheit, mich anschließend bei ihm und seiner Frau Lucette, wie er sagte, „aufpäppeln" zu lassen. Bei solchen Gelegenheiten schenkte er mir Stücke vom römischen Kaiser Julian II. dem „Philosophen", wie die Franzosen sagen, während er in Deutschland fast immer noch als „Apostata", der Abtrünnige, apostrophiert wird. Sicher ein Relikt aus der klerikalen Sichtweise der Geschichtsdarstellung. Auch an einen Denar Marc Aurels, des Philosophen auf dem Kaiserthron, erinnere ich mich. Beide Personen hatte mir schon unser Vater, der eine besondere Affinität zu solchen „Außenseitern" der Geschichte hatte, nahegebracht.

In Mainz etablierte sich dann in den sechziger Jahren eine Münzhandlung Winzer in der Großen Bleiche, die ich dann immer mal wieder aufsuchte. Mein erster Erwerb war ein silberner Sortengulden des Mainzer Erzbischofs Lothar Friedrich von Metternich-Burscheid (1673-1675) aus dem Jahr 1675, eine, wie ich später lernte, der häufigeren Prägungen. Der Münzmeister mit der Signatur MF, Matthias Fischer, war mir damals auch noch kein Begriff. Meine Bewunderung war groß, als mir eines Tages der Inhaber Henning Winzer ein Exemplar des Doppeltalers von 1658 von Fischer für Johann Philipp von Schönborn (1647-1673) geprägt, zeigte. Diesen hatte er kurz zuvor aus dem Tresor in der benachbarten Bank geholt. Dass ich eines Tages der Eigentümer der Rarität werden sollte, konnte ich nicht ahnen. Als mir dann ein Katalog der Sammlung von Walther mit dem Titel „Sammlung Dr. Rudolph Walther, Mainz: Mittelrhein I, Mainz, Auktion Dr. Busso Peus Nachf., Frankfurt am Main Nr. 275 vom 23. /24. 3. 1971“, übrigens von dem Münzhändler Wolff von der Frankfurter Münzhandlung, ein Original, wie ich später erfuhr, geschenkt wurde, ahnte ich erstmals etwas von der Fülle und dem (künstlerischen und materiellen) Wert vieler historischer Mainzer Münzen. Dieses Exemplar des Katalogs besteht übrigens aus dünnem Papier wegen des damaligen Preises der Luftpostsendungen, aber mit einem auf Glanzpapier gedruckten Bilderteil. Man sparte damit Gewicht ein, weil der Versand damals ins Ausland mit Durchschlagspapier günstiger war als der mit Normalpapier. Obwohl ich mir später eine „Normalausgabe“ leisten konnte, benutzte ich das erste Exemplar zur Notierung der Auktionsergebnisse, so dass ich heute noch darin nachschaue, ob und wann eine Prägung aufgetaucht ist. Im Grunde ist damit eine Art „kleines“ Corpus der Mainzer Münzen entstanden, das als solches ja immer noch ein Desiderat ist. Mittlerweile habe ich ein vierbändiges Corpus von ca. 1000 Seiten Umfang zusammengestellt, das die Ergebnisse aus Literatur und Auktionen fest hält. Es ist zwar schon chronologisch aufgebaut und einigermaßen nach Münzen, Nominalen und Medaillen geordnet, aber noch lange nicht druckreif.

Die Geschichte der Sammlungen Mainzer Münzen und Medaillen beginnt schon im 18. Jahrhundert mit dem Herausgeber der Urkunden zur Mainzer Geschichte, Stephan Alexander Würdtwein, Dekan an Liebfrauen in Mainz und seit 1783 Wormser Weihbischof (1719-1796). Seine Sammlung umfasste 713 Stücke. Möglich ist, dass sie einen Grundstock des Bestandes im Münzkabinett Mainz bildete. Die bisher größte Sammlung Mainzer Münzen war die des Prinzen

Alexander von Hessen und bei Rhein (1823-1888) aus dem Jahr 1882, die bis zum Jahr 1806, dem Ende des Heiligen Römischen Reichs, 872 Nummern enthielt. Diese Persönlichkeit ist nicht nur als Numismatiker von Bedeutung. Prinz Alexander ist auch Stammvater der hessischen Linie der Battenbergs, besser bekannt als „Mountbatten" in der englischen Übersetzung. Der Ehemann von Elisabeth II., Prinz Philipp, war ein Nachkomme des Numismatikers. Dessen unglaublich präzise Beschreibung der Münzen und Medaillen ersetzt die damals nicht mögliche Bebilderung. Versteigert wurde der Großteil der Sammlung 1889 durch das Auktionshaus Leo Hamburger in Frankfurt. Die danach zweitgrößte Sammlung mit 922 Positionen (ohne die späteren auf die Stadt Mainz oder Gutenberg „gemünzten" Prägungen waren es ca. 820 Stück) war von dem ersten Mainzer Oberbürgermeister nach dem Zweiten Weltkrieg, Dr. Rudolph Walther (1891-1973) aufgebaut worden. Die Sammlung wurde 1971 in der Auktion Nr. 275 von der Münzhandlung Dr. Busso Peus Nachf. in Frankfurt a. M. veräußert. Mit dem damaligen Inhaber Dieter Raab und dessen Sohn Christoph verbindet mich eine lange vertrauensvolle Betreuung als Sammler. Die nächste bedeutende Mainz-Sammlung war anonym in München 1913 mit 777 Positionen versteigert worden. Der Eigentümer war als „Ein österreichischer Kavalier" betitelt worden. Der Besitzer, ein Sammler namens Joeckel, das war zu erfahren, stammte aus Cottbus. Eine weitere, bis heute zitierte Sammlung, wurde von dem Mainzer Kaufmann Franz Heerdt (1830-1887) einem Sammler Mainzer Archivalien und Geschichtsenthusiasten, zusammengetragen. Sie wurde 1933 in Frankfurt von dem Auktionshaus Sally Rosenberg in der Auktion Nr. 77 mit 750 Nummern versteigert. Daneben wurden noch weitere, nicht ganz so umfangreiche Sammlungen Mainzer Prägungen versteigert. Ich nenne in diesem Zusammenhang die Sammlungen des Freiherrn von Wambolt (Heidelberg 1833), Fürstenberg (München 1932), Bauer (1988), die „Sammlung aus rheinischem Adelsbesitz" (1992), Bissinger (2005) , Adelheid und Michael Loos (2018), Beaury (2022/2023) und Memmesheimer (2023). Der erste Teil meiner eigenen Sammlung wurde 2011 in der Auktion 405 durch das Auktionshaus Dr. Busso Peus Nachf. in Frankfurt a. M. versteigert. Er umfasste 1008 Nummern und wurde betreut von Christian Stoess, dem renommierten Mediävisten. Der zweite Teil mit ca. 750 Positionen folgte im März 2024 in der Auktion 404 bei der Firma Fritz Rudolf Künker in Osnabrück. Verantwortlicher Herausgeber war der mit mir befreundete Dr. Andreas Kaiser, promovierter Numismatiker und geschäftsführender Gesellschafter des Auktionshauses F. R. Künker, während das Ehepaar Prof. Johannes und Margret Nollé für aktuelle Texte und Bilder zu den Vitae der Kurfürsten sorgte. Damit repräsentieren die beiden Kataloge zusammengeführt die weltweit größte private Mainz-Sammlung und können sozusagen ein „Hilfs-Corpus" für das Sammelgebiet „Mainzer Münzen" sein. Ein solches Corpus bleibt allerdings immer noch ein Desiderat, das für eine Realisierung viel Zeit und Engagement verlangt, Anforderungen, die ich nicht in Betracht ziehen kann. Bis zu einer Verwirklichung müssen die genannten Sammlungen als Ersatz dienen.

Im Lauf meiner Sammlertätigkeit erfuhr ich von weiteren berühmten Münz- und Medaillensammlerinnen und -sammlern. Königin Christina von Schweden, die auch in Mainz Münzen prägen ließ, ist als Sammlerin von Münzen bekannt. Auch Lieselotte von der Pfalz war eine von ihnen, die in ihren Briefen die Adressaten permanent um Prägungen für ihre Sammlung ersuchte. Goethe, Gerhart Hauptmann, der italienische Tenor Enrico Caruso, Oskar Kokoschka und König Faruk von Ägypten sind weitere erwähnenswerte Namen in diesem Zusammenhang.

Der Aufbau einer umfangreichen Sammlung Mainzer Münzen erfordert Geduld, Übersicht über den Markt und schließlich auch die entsprechenden finanziellen Mittel. Die Zahl der Prägungen, abgesehen von wenigen häufigeren Kleinmünzen, war in den Kurmainzer Münzstätten wohl nie besonders hoch. Es lief normalerweise genügend auswärtiges Geld um, so dass die Münzstätten häufig pausierten. Eigentlich sollte „Mainz" ein relativ überschaubares Sammelgebiet sein, dachte ich anfangs. Ein großer Irrtum, wie ich feststellen musste. Es ist schon mühevoll, alle Münzen im Zusammenhang mit oder Bezug zu Mainz zu ermitteln geschweige zu erwerben. Selbst das Münzkabinett des Stadtarchivs Mainz, mit dem weltweit größten Bestand, wohl 7000 Stücken, ist immer noch nicht komplett!

Ein zweiter Irrtum bestand bei mir über die Anzahl von Interessenten an Mainzer Münzen. Ich hielt die Zahl der Sammler und damit auch Konkurrenten bei Versteigerungen für überschaubar. Immer wieder tauchen jedoch Sammlungen auf, die belegen, dass der Kreis der Sammler doch recht umfangreich ist. Nach meiner Erfahrung gibt es eine stete Nachfrage nach Mainzer Stücken, weit über die lokale Sammlerschaft hinaus. Das hat eine Ursache darin, dass Mainzer Münzen und Medaillen nicht nur eine lokale, auf die Stadt beschränkte Bedeutung haben. Sie sind vielmehr durch den verfassungsmäßigen Rang der Münzherrn als

Kurfürsten auch als Teil anderer Sammelgebiete interessant. Z. B. können sie unter Begriffen wie „Sedisvakanzmünzen", „Flussgoldprägungen", „Belagerungs- bzw. Besatzungsprägungen", „Rheinischer Münzverein", „Brakteaten", „Erfurt" usw. gesammelt werden. Im Übrigen geht der Trend immer mehr zu besonders guter Erhaltung der Prägungen. Die Manie, gute Erhaltungen zu „verkapseln", d. h. durch eine Fachfirma einzuschweißen, ist m. E. ein Irrweg. Der Sammler kann sie damit nicht mehr in die Hand nehmen und ist auf die Bewertung durch Dritte angewiesen. Der Handel bewertet auch die Rarissima immer höher. Dies hängt mit der internationalen Nachfrage nach solchen Highlights zusammen, die über das Internet weltweit Aufmerksamkeit finden. Der Sammler muss sich zudem häufig einer durch Anlagegesichtspunkte bestimmten Nachfrage beugen. Heute könnte ich meine Sammlungen nicht mehr in der erreichten Qualität aufbauen. Es hat mir u. a. geholfen, dass ein Kaufmann und Sozialdemokrat, Geörgi Reith, mir im Laufe der Zeit sukzessive seine wertvollen Münzen verkaufte, darunter auch die oben beschriebene Münze, den Doppeltaler von 1658 mit Johann Philipp von Schönborn als Prägeherrn. Hilfreich waren und sind die Informativen Abende der Numismatischen Gesellschaft Mainz-Wiesbaden und die Gespräche mit den Mitgliedern, neben dem Vorsitzenden Dr. Karl Ortseifen mit Dr. Wolfgang Dreher, Jürgen Flöte, Ekkehard Friedrich, Dr. Florian Haymann, Timo Kissinger, Dres. Elke und Ulrich Klöppel, Ludwig Kranz, Johannes Schmitt-Helfferich, Dr. Barbara Simon, Malte Wagenseil, Dieter Wölfel und Rudi Zang.

Meine literarische Beschäftigung mit der kurfürstlich-mainzer Numismatik begann mit einem Artikel in der Festschrift für Johannes Bärmann, München 1975, mit dem Beitrag „Die verfassungsrechtliche Stellung der Mainzer Kurfürsten im Spiegel der Münz- und Geldgeschichte". Das war der Versuch, die verfassungsrechtliche Bedeutung der Mainzer Kurfürsten auf ihren Prägungen nachzuweisen. 2006 habe ich dann den damaligen Ertrag i. S. der Erfahrung meiner Sammelleidenschaft in einem ersten Buch zusammengefasst. Im altehrwürdigen Verlag Zabern erschien „Münzen, Mächte und Mäzene. 2000 Jahre Geld in Stadt und Kurstaat Mainz". Es ging mir dabei nicht um eine systematische Geldgeschichte, sondern um die Zusammenfassung dessen, was ich gerne am Anfang meiner Laufbahn literarisch greifbar gehabt hätte, um einen Überblick über das Sammelgebiet zu erhalten. Es sollte also kein Corpus der Mainzer Prägungen darstellen, sondern eine Handreichung für die Sammler, zumal für Anfänger oder sonst allgemein Interessierte. Schließlich sollte es ein beispielhafter Überblick über die Prägekunst von Münzen und Medaillen in Mainz sein. Neben kleineren Veröffentlichungen zu Mainzer Münzen in diversen Zeitschriften (vor allem in der „Mainzer Zeitschrift“ und in den „Geldgeschichtliche Nachrichten“ (GN) sowie in „Numismatisches Nachrichtenblatt“ (NNB) veröffentlichte ich 2014 die Untersuchung zu den für Kurmainz tätigen Münzmeistern unter dem Titel „Zwischen Gunst und Galgen, Münzmeister im Kurfürstentum Mainz“. Sie erschien in der von Wolfgang Dobras, Direktor des Mainzer Stadtarchivs und renommierter Numismatiker, herausgegebenen Reihe der „Beiträge zur Geschichte der Stadt Mainz“, als Band 39. Darin ging es mir um die Darstellung ihrer z. T. abenteuerlichen Lebensläufe, immer als Gradwanderung zu betrachten zwischen den Ansprüchen der Kurfürsten als Landesherrn. Diese waren stets bedacht auf ihren Anteil vom Gewinn. Dagegen hatten die Münzmeister natürlich eigene Interessen und Vorstellungen von Einkommen und Gewinn. Während dem Landesherrn der sogenannte Schlagschatz in Form eines Anteils an der Prägung zustand, musste der Münzmeister die vorgegebenen Inhalte wie Schrot und Korn einhalten (Gewicht und Feingehalt) und sehen, wie er durch günstigen Einkauf des Rohmaterials vor allem von Gold und Silber neben den Ausgaben für die Werkstatt und das Personal noch ein Einkommen erzielen konnte. Mit der Beschäftigung wuchs meine Bewunderung für die beim Münzmeister vorausgesetzten Fertigkeiten. Allein die Schmelze des unterschiedlichen Materials und das Erreichen der vorgegebenen Feinheit in Lot und Grän ausgedrückt, waren erstaunlich. Die Münzmeister konnten sich diese Fähigkeiten nur durch jahrelange Beschäftigung mit Metallurgie, Schmelzverfahren und chemischer Behandlung (z. B. mit Schwefel und Quecksilber) aneignen. Aus der Recherche in den einschlägigen Archiven gelang es mir, Erkenntnisse nicht nur zu den Personen, sondern auch über die Familien- und Lebensverhältnisse zu gewinnen. Das Material ihrer Hinterlassenschaften -neben den Münzen und Medaillen z. B. Münzstempel, Urkunden, Bildnisse und Grabmäler- erlaubt es, etwas Licht in ihre Sozialstellung und die Lebensläufe mit ihren Anerkennungen und Gefährdungen zu bringen. Die Untersuchung stieß auf großes Interesse und war binnen Kurzem ausverkauft. Eine weitere Untersuchung widmete ich den weithin unbekannten eigentlichen Herstellern der Münzen und Medaillen, den Medailleuren, die früher „Eisengräber“ genannt wurden, weil sie die Eisenstempel für die Prägungen schnitten. Unter dem Titel „Das Mainzer Medailleursquartett“ konnte ich vier Medailleure aus dem 18. und

19. Jahrhundert an Hand ihrer Arbeiten vorstellen. Das Buch erschien 2022 im Verlag Battenberg/Gietl. Ein längerer Aufsatz behandelte 2021 die schwedische Münzprägung im 30jährigen Krieg in Mainz (Geld und Wirtschaft im Südwesten – Festschrift zum hundertjährigen Bestehen der Numismatischen Gesellschaft Mainz-Wiesbaden von 1921 e. V., hsg. von Karl Ortseifen).

Übrigens konnte ich bei einem Empfang des Verbandes der Deutschen Münzenhändler beim Oberbürgermeister in Mainz am 15. 6. 2002 die Grüße der Bundesregierung überbringen. Als Dank erhielt ich die Plakette des Verbandes. Letzterer stellt eine wichtige Säule im Münzwesen dar. Denn in dieser exklusiven Vereinigung sind die bedeutendsten Auktionsunternehmen zusammengefasst.

Den Abschluss dieser Beschäftigung bildet mein Buch mit dem Titel „Die Sprache der Münzen“, erschienen 2023 ebenfalls im Verlag Battenberg/Gietl. Darin geht es mir um die angemessene Verortung der Numismatik im Rahmen der Historischen Wissenschaften. Mein Ergebnis ist die Feststellung, dass sie mehr als eine der so genannten Hilfswissenschaften sein kann. Vorausgesetzt sie bewegt sich auf

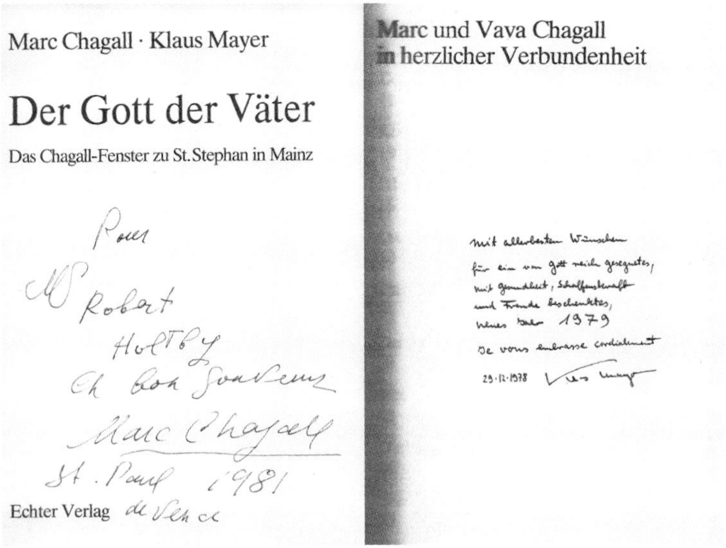

Eine Art von Recycling: Chagall nutzt ein von Klaus Mayer verfasstes und Chagall dediziertes Buch über die Mainzer Glasfenster zur Weitergabe an den Dekan der Kathedrale von Chichester, Robert Holtby, der 1978 ebenfalls Glasfenster für seine Kirche installiert hatte.

der Höhe der Diskussion der anderen Geschichts- und Kulturwissenschaften.

Meine Sammelleidenschaft hängt, wie betont, mit der Erforschung der Mainzer Stadtgeschichte oder Kurmainzer Reichsgeschichte zusammen. Sie begann mit der Erforschung der verfassungsrechtlichen Grundlagen des Kurstaats. Seit einigen Jahren gilt mein Interesse auch den eigenhändigen Schriften Mainzer Berühmtheiten; man nennt sie auch Autographen. Den Anstoß gab übrigens -wenn auch sicher von ihm nicht so vorausgesehen- die Korrespondenz meines Vaters mit seinem Straßburger Landsmann Albert Schweitzer. Beide gehörten derselben studentischen Verbindung an, einer vorwiegend von liberalen protestantischen Studenten der Straßburger Universität getragenen Vereinigung mit dem Namen „Wilhelmitana". Es ging mir in dieser Zusammenstellung handschriftlicher Zeugnisse darum, nicht nur gebürtige oder in Mainz wirkende Frauen und Männer hervorzuheben, sondern auch an die in sonstiger Weise mit der Stadt besonders verbundenen Persönlichkeiten zu erinnern. Das gilt etwa für Goethe oder Prinz Alexander von Hessen und bei Rhein oder Marc Chagall. Unter dem Titel „Mainzer G/gestalten die Welt" konnte ich ein schön gestaltetes Buch (das Layout stammt von Hans Jürgen Wiehr) im Verlag von Annette Nünnerich-Asmus (heute ist der Verlag in Oppenheim ansässig) herausbringen. Der Untertitel „Handschriftliches von A bis Z" ergab sich von selbst dadurch, dass ich Schriftstücke von Prinz Alexander bis Zuckmayer zur Verfügung hatte. Insgesamt entstand dabei erneut ein Panorama zur Mainzer Geschichte, beginnend mit Urkunden des Kurfürsten Johann Philipp von Schönborn Mitte des 17. Jahrhunderts über Goethe, das Ehepaar Forster, Ida von Hahn, Wilhelm Emmanuel von Ketteler, Curt Götz bis Marc Chagall und Carl Zuckmayer zum Ende des 20. Jahrhunderts.

Wieder in Wien

Um nach einschlägigem Material zur Münzgeschichte zu forschen, unternahm ich neben der Sichtung im Staatsarchiv Würzburg auch wieder einen Besuch im Haus-Hof- und Staatsarchiv Wien. Auf dem Rückflug setzte sich ein amerikanisches Paar neben mich. Die ältere Dame wickelte sich gleich in eine Decke um zu schlafen. Ihr wesentlich jünger scheinender Begleiter sagte mir, dass sie eine Rheinreise per Schiff beginnend in Köln vorhätten und fragte mich über die vorgesehenen Stationen, darunter Mainz, aus. Als ich dann zu seiner Begleiterin sah, die sich schnarchend umdrehte, meinte er trocken: „She is not my mother, she is my wife“. Im Archiv selbst konnte ich einige Akten finden, die neue Erkenntnisse über die gesuchten Münzmeister enthielten. Es gehört zu den kleinen Freuden beim Suchen in Archivmaterial, wenn man etwas, manchmal aus Zufall, findet. Nicht immer sind die Aktenbände erschlossen, so dass man nicht immer gezielt suchen kann und manchmal auch einfach Glück haben muss.

Damit ist aber kein Ende der Sammeltätigkeit verbunden. Neben den noch vorhandenen Dubletten wandte ich mich zunehmend der Beschäftigung mit den ehemaligen aktiven Münzstätten in Rheinland-Pfalz zu. Ich versuche, mindestens ein Exemplar der ca. 70 im Gebiet von Rheinland-Pfalz ehemals tätigen offiziellen und inoffiziellen Münzstätten zu ermitteln. Das ist allerdings angesichts der z. T. sehr kurzzeitigen Prägezeiten ein ambitioniertes Unternehmen. Auch literarisch wurde dies von mir schon dokumentiert. Innerhalb der Reihe von Publikationen der „Landeszentrale für politische Bildung“ erschien als Nr. 3/2012 der „Blätter zum Land“ die Broschüre „Münzreiches Rheinland-Pfalz“, in der ich einen Überblick über die Münzstättenlandschaften an Rhein, Mosel, Nahe und Lahn sowie die im Inneren des Landes gelegenen Prägeorte gab, natürlich ohne Honorar und gratis. Aufschlussreich sind die Erkenntnisse u. A. deshalb, weil sie die territoriale Entwicklung in einem Bereich der Wirtschaftsgeschichte exemplarisch dokumentieren. Als die Novellierung des Kulturgutschutzes auf der Bundesebene anstand, habe ich mich dafür eingesetzt, dass ein sammlerfreundliches Gesetz entstand. Um auch dem Verband der Deutschen Münzenhändler einen Zugang zur parlamentarischen Ebene zu ermöglichen, arrangierte ich 2016 ein Gespräch mit dem damaligen Vorsitzenden des Kulturausschusses im Bundestag, Siegmund Ehrmann. Nach meinem Eindruck konnten die Vertreter des Münzhandels, die Herren Ulrich Künker und Christoph Raab auf die Besonderheiten des Münzhandels mit seinen normalerweise in vielen, mindestens mehreren Exemplaren, geprägten Münzen hinweisen. Ich selbst konnte aus der Sicht des Sammlers Einiges beitragen. Ich glaube, dass man mit dem Ergebnis des dann verabschiedeten Gesetzes zumindest als Sammler einverstanden sein kann, denn es werden für diesen keine besonderen Sorgfaltspflichten beim Erwerb erwartet. Etwas mehr an Anforderungen trifft sicher den Handel, der diese allerdings schon bisher beachten musste.

Moderne Zeiten oder: Bin ich noch up to date?

Zwei Leuchttürme des Konsums

Mc Donald oder: Wie viel darf´s sein?

Als unsere ältesten Enkel, Nikolai und Anna, einige Tage im Jahre 2014 bei uns in Mainz waren, wollten sie einmal zu Mac Donald, „Megges" im Volks- und Kindermund genannt, etwas essen. Also fuhren wir um die Mittagszeit zu Mac Donald in Bretzenheim. An einem unaufgeräumten, schmuddeligen Tisch fanden wir Platz zu viert. Dann stellte ich mich in die Schlange, um die Bestellung, wie mir aufgetragen war, aufzugeben. „Zwei Chicken-Nuggets" sagte ich höflich zu einem Verkäufer, einem uniformierten jungen Mann. „Wie viel?" fragte er mit unbeweglicher Mine. „Zwei Chicken-Nuggets" war meine erneute Antwort. Nachdem wir uns auf diese Weise noch einige Male über den Tresen unterhalten hatten, ohne dass ein Fortschritt erkennbar war, fragte ich mich, ob ich vielleicht mit einem Automaten redete. Bei den Amerikanern weiß man nie. Dann verlor ich die Geduld. Rückwärts gewandt rief ich dann nach den Enkeln, die mir dann sagten, dass ich zwei Portionen à fünf Nuggets ordern sollte. Nach dieser Aufklärung konnte ich mit meinem stoischen Gegenüber zur Tat schreiten. Das war mein vorläufig letzter Besuch bei Mac Donald. Aber man soll ja nie „nie" sagen.

Ikea oder: Das Sub-Sub-Unternehmen

Nach unserem Umzug in die Lina-Bucksath-Straße, deren Namensgeberin übrigens keiner kennt (eine katholische Pädagogin), noch nicht einmal der historisch so gut beschlagene Anton Maria Keim konnte sie einordnen, stand die Möblierung des Gästezimmers an. Die Kinder und meine Frau empfahlen eine ausziehbare Couch aus dem Katalog von Ikea. Mich, den ob der Ein- und Verkaufsmaschen des schwedischen Konzerns (schon zu DDR-Zeiten kamen das Holz und die Möbel aus ostdeutschen Wäldern und Fabriken) skeptischen Konsumenten, überredeten sie dann hinzufahren, indem sie mir den

Vorzug des Möbelstücks in allen Farben schilderten. Nachdem ich zuvor noch den Erwerb einer langen Reihe von „Billy-Regalen“ im Keller für die Archivierung meiner Unterlagen hatte vermeiden können, gab ich nach. Allerdings hatte ich zwei Bedingungen. Erstens: Lieferung nach Hause und zweitens die Aufstellung durch eine von Ikea beauftragte Fachfirma. Ich hatte nämlich grausige Dinge über fehlende Teile wie Schrauben und Verbindungen in den Paketen gehört. Ich bestellte, wie es sich gehört, per Internet mit den Zusatzleistungen. Das klappte ganz gut und bald bekamen wir die Nachricht, das gute Stück werde am So- und So-Vielten angeliefert. An diesem Tag kam jedoch ein Anruf eines radebrechenden Mannes. So viel verstand ich: er könnte heute nicht kommen, sein Beifahrer sei krank und er müsste ihn zum Arzt fahren. Das kann vorkommen, dachte ich und wünschte gute Besserung. Wir verabredeten uns dann für den nächsten Tag. Da erschien ein etwas mitgenommenes Fahrzeug einer Transportfirma, mit einem Fahrer ohne Begleiter. Es war allerdings auch nicht die avisierte Transportfirma, sondern ein Subunternehmer. Ich erklärte mich nicht willens, beim Abladen und Auspacken Hilfestellung zu leisten. Zufällig zog an diesem Tag eine neue Familie in ein Haus in der Nachbarschaft ein. Der Fahrer eilte zu einem der Umzugswagen und gewann, leider, wie ich später feststellen musste, einen Helfer zum Abladen. Damit begann die erste Phase des Unglücks. Als ich die Haustür öffnete, schoben die beiden das auf dem Vorplatz stehende Paket über den von der Baustelle geprägten sandigen Vorplatz auf das neue Parkett, statt es vor der Tür zuerst auszupacken und den Inhalt dann hereinzutragen. Das Manöver hinterließ jedenfalls hässliche Kratzer. Meine Frau bekam fast einen Anfall, während ich etwas von „Typisch Ikea“ murmelte. Nachdem dann alles ausgepackt war, ging es an den Aufbau. „Haben Sie zufällig einen Schraubendreher“, fragte dann der angeblich erfahrene Aufbauer. Ich vermied es, meiner Frau erneut meine Skepsis gegenüber Ikea zum Ausdruck zu bringen. Also holte ich das Werkzeug. Der Monteur bekam auf Grund der Defizite in seiner Leistung weder Geld für die Ware noch das bei uns sonst übliche Trinkgeld für den Aufbau. Wir stellten dann das neue Parkett Ikea in Rechnung, die von dem Unternehmen wider Erwarten anstandslos beglichen wurde. Immerhin; offensichtlich waren solche Malheurs in der Gewinnspanne enthalten. Was mich aber in meinem Vorurteil bestätigte: „Einmal Ikea, nie mehr Ikea“. Bis heute habe ich diesen Schwur einhalten können (bis zum nächsten Schnäppchen?).

Was erwarte ich ?

Mein Vater sagte einmal zu mir: „Des Lebens Sinn kann nur die Leistung sein“. Ich weiß zwar nicht, ob es seine Sentenz war oder ob sie von einer anderen Autorität stammt. Aber ich habe versucht, mich möglichst oft an sie zu halten. Sie gilt aber generell auf allen Ebenen, auch in der Politik. Wer -wie ich- sicher ist, dass es für die Bewertung eines Lebens eine außerirdische Instanz nicht gibt, die darüber Rechenschaft verlangt und darüber richtet, muss zur Einsicht gelangen, dass jeder Verantwortung trägt, an der Lösung der kleinen und großen Fragen der Gegenwart mitzuwirken. Die Gefährdungen der Menschheit durch Kriege, die Klimakrise und die Corona-Pandemie müssen jedem verständigen Menschen bewiesen haben, dass wir Heutigen es in der Hand haben, ob es eine Zukunft für unseren Planeten gibt oder nicht. Anders ausgedrückt, ob wir künftigen Generationen noch ein halbwegs intaktes Leben in einer entsprechenden Umwelt gewährleisten können. Die großen Katastrophen der Welt sind selbst gemachte Ereignisse und keine Naturereignisse.

Das gilt vor allem für den vom Zaun gebrochenen Krieg in der Ukraine. Das ist ganz allein eine menschlich begründete Niedertracht, von einem Einzelnen initiiert. Ich erinnere mich an die Rede Wladimir Putins am 25. 9. 2001 vor dem Bundestag. Er sagte damals: „Heute müssen wir mit Bestimmtheit und endgültig erklären: Der Kalte Krieg ist vorbei“. Und wenig später: „Das Hauptziel der Innenpolitik Russlands ist vor allem die Gewährleistung der demokratischen Rechte und der Freiheit., die Verbesserung des Lebensstandards und der Sicherheit des Volkes“. Inzwischen wissen wir, was wir von diesen wohlfeilen Worten zu halten haben.

Trotzdem glaube ich oder hoffe ich, dass die Aufklärung weiter fortschreitet. Das heißt, in erster Linie: Die Bildungschancen müssen weiter erhöht werden, ohne dass Alles nur zum Nulltarif zu erhalten wäre. Warum sollen immer alle in gleicher Weise finanziell an der sozialen Infrastruktur teilhaben? Warum sollen nicht die, die es sich leisten können, (größere) Beiträge z. B. für den Kindergartenbesuch ihrer Kinder leisten? Aber es gibt Hoffnung. Solidarität aus eigenem Antrieb ist im Rahmen der Hilfe bei den Folgen der Flutkatastrophe im Ahrtal in vielfältigster Form zu beobachten. Das heißt: die Bereitschaft, Verantwortung zu übernehmen, für Andere, unsere Nachbarn oder generell für den Zustand unserer Gesellschaft und Umwelt, ist vorhanden. Es bedarf nur ihrer Ermunterung und Förderung.

Dabei erinnere ich an das Wort von Goethe: „Was wär´ ein Gott, der nur von außen stieße, die Welt am Finger laufen ließe?“. Für mich besteht der Verdienst der „Friday- for- future-Bewegung“ darin, dass diese jungen Leute absolute menschliche Verantwortung gezeigt haben. Sie haben bewiesen, dass man nicht auf Andere warten darf, um Reformen zu erreichen. Zwar sind die Erfolge noch nicht messbar, allein der Wandel in Einsicht und in die Konsequenzen menschlichen Handelns ist ein Fortschritt. Kirchliche Instanzen sind nicht geeignet, hier beispielhaft zu wirken. Die verzweifelten Versuche etwa der christlichen Kirchen, durch „Reformen“ wieder an Bedeutung zu gewinnen, werden keinen Erfolg haben. Denn das, was in der katholischen Kirche bisher z. B. in Bezug auf den Zölibat oder Mitnahme von Frauen in Verantwortung und die Leitungsebenen diskutiert wird, ist aus einer globalen Perspektive gesehen, ein Werkeln an Symptonen. Ein Papst wie der mit viel Hoffnung gestartete Franziskus, ist noch nicht einmal in der Lage, vielleicht auch gar nicht willens, die bisher in Deutschland entwickelten minimalen Reformen anzugehen. Nach meinem Eindruck, wird aber viel zu viel auf das konservative Establishment im Vatikan geschoben, statt auf eine ureigene Verantwortung abzustellen. Manchmal habe ich den Verdacht, dass man im deutschen Episkopat ganz froh ist, wenn Rom sein Veto einlegt. Auch die Diskussionen um die Bewältigung der Corona-Pandemie zeigt den „fundamentalen“ unterschiedlichen Ausgangspunkt. Fundamentalisten und Evangelikale leugnen die Möglichkeiten, sie zu bekämpfen, entgegen jeder wissenschaftlichen Vernunft. Die Politik der Verantwortlichen ist gekennzeichnet durch Zögern und zu wenig Mut, ihre Erkenntnisse umzusetzen. Die Angst vor radikalen Lösungen führt dazu, nicht mehr zwischen Selbstverantwortung und Solidarität unterscheiden zu können. Wer z. B. das Impfen ablehnt, aber im Ansteckungsfall auf die uneingeschränkte Hilfe der Gemeinschaft setzt, hat das Einstehen der Gemeinschaft überstrapaziert. Deswegen kann nur eine allgemeine Impfpflicht diesen Konflikt lösen. Alles andere ist ein Zeichen von Mutlosigkeit. Gegenüber der Gefährdung durch einseitige Verweigerung ist die erzwungene Einwilligung in diese minimale Form des Eingriffs in das Selbstbestimmungsrecht des Einzelnen angemessen und deshalb zumutbar. Dass der Bundestag (bisher) nicht in der Lage war, wenigstens einen minimalen Konsens herbeizuführen, hat nicht nur die entsprechende Enttäuschung herbeigeführt.

Es wird in Deutschland und europaweit von einem zunehmenden Antijudentum gesprochen. Das ist wohl richtig. Allerdings muss man sorgfältig zwischen Judenfeindlichkeit und dem Widerstand gegen die Politik der gegenwärtigen israelischen Regierung unterscheiden. Man kann nicht nur gegen die Verbrechen der Hamas wettern, sondern muss auch die Ursachen betrachten. Diese liegen zu einem großen Teil in einem Gefühl der Ohnmacht und der Herabwürdigung, etwa begründet durch die Einverleibung Jerusalems in die israelische Administration und eine expansive Ausdehnung der Siedlungsflächen verbunden mit der Enteignung der palästinensischen Eigentümer.

Sorge muss uns die mangelnde Qualität des politischen Führungspersonals machen. Dies gilt für einen beachtlichen Teil der Bundesregierung und vor allem in Bezug auf die Abgeordneten. Es geht nicht in erster Linie darum, wie man die zu große Zahl wieder zurückführt, sondern darum, wie man eine Steigerung der Qualität erreichen kann. Wenn immer mehr jugendliche Abgeordnete ohne irgendwelche Abschlüsse und berufliche Erfahrung in Führungspositionen aufsteigen können, spricht dies gegen die verantwortungsvolle Heranziehung der nächsten Generation in den betreffenden Parteien. Jugendlichkeit als solche ist noch kein Qualitätsausweis. Wenn sich dann die Betreffenden wie die derzeitige Außenministerin als Präzeptorin der Welt gerieren, wirkt das auf mich nur noch lächerlich.

Mein Credo oder meine Hoffnung ist: Fortschritt wird es nur geben, wenn Aufklärung als ständiger Prozess des Austauschs zwischen Wissenschaft, Öffentlichkeit und Politik als ständige Aufgabe beherzigt wird. Insofern begrüße ich auch die Aussage des neuen Ministerpräsidenten von Rheinland-Pfalz, Alexander Schweitzer, der in seiner Regierungserklärung die Bedeutung der Bildung als demokratische Grundvoraussetzung hervorhob.

Aperçus:

Die so genannten „**Gutmenschen**" hießen früher die „man-müsste-mal-Aktivisten". Beide sind dadurch charakterisiert, dass sie ihre Vorschläge nicht selbst verwirklichen wollen, sondern Andere dazu auffordern. Typisch sind Grüne und Linke, die z. B. mit zitternder Stimme die Rettung von Flüchtlingen am besten gleich schon am Ort ihrer Bedrängnis in Afrika und dem Nahen Osten fordern und uns empfehlen, sie doch alle bei uns aufzunehmen. Dieses Wort jetzt allerdings zum Unwort des Jahres zu wählen, zeigt die Beschränktheit der selbst ernannten Juroren. Ich vermisse in der Debatte die notwendige Rationalität. Dies heißt, auch die Grenzen der Integrationsfähigkeit zu beachten. Übrigens sollte man wissen, dass schon das Grundgesetz in Bezug auf alle Grundrechte von der Möglichkeit ihrer Verwirkung spricht. Das betrifft auch das Recht auf Asyl.

Frau **Käsmann**, die zurückgetretene ehemalige Präsidentin der Protestanten, hatte die Kommunion mit dem Wein zu wörtlich genommen, als sie sich ans Steuer ihres Autos setzte. Dass sie zur offiziellen Botschafterin für die 500 Jahrfeier der Reformation ernannt worden ist, beweist einerseits den Personalmangel der evangelischen Kirche, andererseits auch das mangelnde Gespür der Verantwortlichen. Der tiefste Fall der Protestanten war für mich allerdings die Aufforderung des rheinischen Kirchenpräsidenten an seine Gläubigen, den sogenannten heiligen Rock in Trier zu besuchen. Das ist für mich das Gegenteil der Reformation.

Der sogenannte Rat der **Fünf Weisen** zur Begutachtung der wirtschaftlichen Entwicklung kommt mir angesichts der permanent ungewissen Prognosen und ständiger Revisionen wie die Dame mit der Glaskugel und dem Raben auf der Schulter vor. In Mainzer Lokalen gab es früher Kästen an der Wand, in denen die Stammgäste eigene Fächer mit Schlitzen zum Sparen hatten. Am Ende des Jahres wurde gezählt und der Sparbetrag von den damit Betrauten gezählt und an die Inhaber ausgezahlt. Man nannte die Beteiligten in Mainz „Schlitzeschieber". Damit wurde der Vorgang des Sparens mit der Eingabe von Münzen oder Scheinen bildhaft beschrieben. Einer der Kontrolleure sagte mir einmal, er könne anhand des Sparverhaltens viel genauer als die Wissenschaftler abschätzen, wie der Konjunkturverlauf einzuschätzen sei. Fazit: Es wäre billiger und zielgenauer, wenn man den Durchschnitt der Sparquote bei den Kneipensparern zur Grundlage der Schätzung nähme.

Die „**Allgemeine Zeitung**“ in Mainz scheint sich immer mehr zum Bistumsblatt der Diözese Mainz zu entwickeln. Jede kleinste katholische Nachricht wie Primiz, Pfarrereinführung oder Ernennung eines Prälaten ist es Wert, groß gebracht zu werden. Auch der gemeinhin doch überschätzte Kardinal Lehmann war trotz Emeritierung noch allgegenwärtig mit Allgemeinplätzen. Unangenehme Dinge wie den Kindergartenskandal 2015 in Weisenau überließ er den Subalternen. Auch die Missbrauchsopfer fanden in ihm keinen Anwalt. Die AZ verkauft im Zeitungsshop sogar Devotionalien der katholischen Kirche. Immerhin fragte sie mutig, warum die Kirche ein Haus im Dombereich leer stehen lässt, statt es den Flüchtlingen zur Verfügung zu stellen. Auch hier schwieg der ehemalige Bischof. Sein Nachfolger hat noch nicht die Souveränität im Nichts-sagen. Aber er lernt (schon) noch. Immerhin sind mir beide sympathischer als ihr Kollege der erzkonservative Erzbischof Müller, den Papst Franciscus von seinem Amt als oberster Zensor im Vatikan abberufen hat. Er wusste, warum.

Angesichts des **FIFA-Skandals** erhebt sich die Frage, ob solche internationalen Organisationen überhaupt einer Kontrolle zugänglich sind. Das gilt neben der europäischen Organisation, der UEFA, auch für das Internationale Olympische Commitee („IOC“). So gibt es keine Aufsichtsgremien, die kriminellen Sachverhalten nachgehen könnten, geschweige die Mitgliedschaft, die noch weniger dazu in der Lage ist. Typisch für mich war, dass sich keiner der über 100 Delegierten auf der FIFA- Konferenz zu Wort meldete, was den Verdacht nährte, dass alle vom System „Blatter“ profitierten oder einfach feige sind. Dass sich auch der sonst so gern sich in der Öffentlichkeit als sozial eingestellter Verband darstellende DFB bedeckt hielt, wurde später erklärlich. Er hatte selbst Dreck am Stecken! Das Organisationskomitee für die WM in Deutschland 2006 hat mit undurchsichtigen Geldtransfers offenbar gegen viele auch sportliche Grundsätze verstoßen. Der sog. „Kaiser“ Beckenbauer stand ganz vorne auf der Liste der Verdächtigen. Ebenso der damalige Präsident Niersbach. Hier erkennt man dieselben Strukturdefizite jetzt auf der nationalen Ebene. Keine wirksame Kontrolle und Wegducken der Verantwortlichen. Angst der Funktionäre aus Furcht vor Verlust ihrer Pfründen. Wiederum ein Problem großer Verbände. Siehe die vor einiger Zeit aufgedeckten Machenschaften im ADAC.

Ich weiß nicht, welcher Intelligenzbolzen der **Sparkasse Mainz** die neue BIC – Bezeichnung für Kreditinstitute „MALADE“ usw. erteilt hat. Entweder war er ein witziger Mensch oder hat keine Ahnung vom Französischen. Sonst hätte er gewusst, dass „malade“ krank heißt. Aber die Sparkasse Mainz ist, wie ich schon gesagt habe, überhaupt nicht (mehr) malade, sondern kerngesund. Die Bezeichnung hätte doch auch einer anderen Sparkasse, z.B. Mansfeld, Marburg oder Mannheim verliehen werden können. Immerhin fragt man sich doch, ob dieser Missgriff den Verantwortlichen in der Sparkasse oder den Gewährsträgern im Landkreis Mainz-Bingen bzw. Stadt Mainz nicht rechtzeitig aufgefallen ist? Dass auch nach der kürzlichen Fusion das Epitheton beibehalten wurde, ist mir nicht verständlich. Man hat die Gelegenheit versäumt, sich von dem Beinamen zu trennen. Man spricht offenbar nicht mehr französisch.

Zum Verhältnis der Städte **Mainz – Wiesbaden** fällt mir abgesehen von den traditionell eher süffisanten Bemerkungen in der Mainzer Fastnacht diese wahre Begebenheit ein. Als die Stadt Mainz wegen ihrer vielfältigen wissenschaftlichen Institutionen und Forschungseinrichtungen zur „Stadt der Wissenschaft“ gewählt wurde, fuhr ich zu dieser Zeit zur Familie meines Sohnes Alexander und seiner Frau Tanja nach Wiesbaden. Dazu ist zu bemerken, dass sich seit dem Umzug der Ruf von Wiesbaden bei mir verbessert hatte. Als ich mit dem Auto die Anlage vor dem Bahnhof und die damals noch bestehende Rhein – Main – Halle entlang fuhr, war diese Straße in eine Allee von Fahnen und Transparenten gehüllt mit dem Emblem „Stadt des Bambis“, da diese wertvolle Trophäe in Wiesbaden verliehen wurde. Da dachte ich bei mir, „Du kannst doch Stolz auf Deine Heimatstadt sein, wenn wir schon schlauer sind, dann dürfen die Wiesbadener ruhig sich mit Bambi schmücken“. Ein bisschen Glamour gönne ich ihnen zur Kompensation fehlender Wissenschaftlichkeit dann doch.

Mich wundert, dass unsere Fastnachter sich noch nie die **Postleitzahl** des Deutschen Bundestages angeschaut haben. Sie wissen noch, wie diese lebenswichtige Neuerung von dem Männchen mit dem Slogan „Fünf ist Trümpf“ uns vertraut gemacht werden sollte. Dann hätten sie doch sicher gemerkt, dass die des Bundestags mit 11011 in Berlin zweimal die Narrenzahl „elf“ enthält. „Narren hoch zwei“ als Etikett für die Abgeordneten wäre ihnen sicher per Zufall oder als Kommentar eingefallen. Vielleicht war es aber ein heimlicher Narr oder Jeck bei der Post in Bonn, der auf diese Idee kam, um Rache an dem Umzug der Gremien nach Berlin zu nehmen. Noch nicht einmal dem „Boten vom Bundestag“ ist diese Tatsache bewusst gewesen. Vielleicht hatte er aber noch die unauffällige „53“ von Bonn im Kopf.

Als ich zum ersten Mal den Titel „**Fack ju Göhte**“ las, hielt ich das für ein Missverständnis. Als aber dieser Filmtitel zu einem großen Hit geriet, und zwei dümmliche Folgen kamen, war ich doch geschockt. Ich dachte mir, das kann doch nicht sein. In Frankreich würde niemand auf die Idee kommen, einen großen Dichter etwa Lafontaine oder Hugo mit „fuck you“ zu verbinden. Das deutsche Beispiel zeigt wenig Respekt vor einem bedeutenden Klassiker, sondern ist eine dumme sich anbiedernde, an den vermuteten Zeitgeist gerichtete, Entgleisung, die leider ohne großen Widerspruch geblieben ist. Sie hat aber auch keine Bedeutung für Integration und Zuwanderung, wie manche uns glauben machen wollen. Sie spricht eher für Kulturverlust („hat mich auch gehilft“).

ANHÄNGE

Anhang I

Meine Funktionen und Aufgaben in der Öffentlichkeit

a Im Land Rheinland-Pfalz

- Mitglied des Landtags 1985 bis 1987
- Mitglied des Landesprüfungsamts für Juristen bis 2002 (trotz Abgeordnetenstatus)
- Mitglied des Beirats der Justizvollzugsanstalt Mainz seit 1. 8. 1980 bis 1985
- Mitglied der Kommission zur Reform der Gerichtsorganisation 2014
- Freiherr von Stein-Plakette des Landes Rheinland - Pfalz
- Christian-Eberle-Medaille des Sparkassen und Giroverbands Rheinland – Pfalz in Gold
- Ehrennadel der Johannes-Gutenberg-Universität Mainz für Sport
- Mitglied der Schiedskommission der SPD Rheinland-Pfalz seit 10. 12. 2016

b Auf der Bundesebene

- Mitglied des Bundestags 1987 bis 2002 (vier Legislaturperioden)
- Mitglied des Rechtsausschusses 1987 bis 1998
- Stellvertreter im Innenausschuss 1987 bis 1990
- Mitglied des Unterausschusses „Europa" 1991 bis 1998
- Stellvertretender Vorsitzender der Arbeitsgruppe „Recht" der SPD-Bundestagsfraktion 1987 bis 1998
- Stellvertretender Vorsitzender der Arbeitsgruppe „Verbraucher" der SPD-Bundestagsfraktion 1991 bis 1998
- Vorsitzender der Landesgruppe Rheinland-Pfalz der SPD-Bundestagsabgeordneten 1991 bis 1998
- Stellvertretender Vorsitzender des Kuratoriums der „Deutschen Stiftung für internationale rechtliche Zusammenarbeit" (als Parlamentarischer Staatssekretär)
- Parlamentarischer Staatssekretär im Bundesministerium der Justiz 1998 bis 2002
- Bundesverdienstkreuz am Bande 2002

c In der Stadt Mainz

- Mitglied des Mainzer Stadtrats (29 Jahre) von Juni 1969 bis 12. 11 1998
- Stellvertretender Vorsitzender der SPD-Stadtrats-Fraktion 1979 bis 1983
- Vorsitzender der SPD-Stadtratsfraktion 1983 bis 1986
- Vorsitzender der SPD Mainz 1986 bis 1994
- Vorsitzender der Schiedskommission der SPD Mainz seit 2004
- Mitglied des Verwaltungsrats Sparkasse Mainz (1979 bis 12. 11.1998)
- Mitglied des Zweckverbands Sparkasse (1979 bis 1994)
- Mitglied des Aufsichtsrats der Mainzer Aufbau Gesellschaft (MAG) 1983 - 1986
- Vorstand der Volkshochschule Mainz ab 1985
- Ehrenring der Stadt Mainz 1998

d Funktionen und Ehrungen im Sport

- Deutscher Studentenmeister im Mannschaftsfechten Degen 1963, 1964, 1965 (Ehrennadeln in Gold)
- Deutscher Vizemeister im Degen Einzel der Studenten 1963 (Ehrennadel in Silber)
- Dritter im Mannschaftsfechten Degen der Studentenmeisterschaften 1966 und 1967 (Ehrennadeln in Bronze)
- Teilnehmer an den Universiaden 1963 und 1965 in Porto Alegre und Budapest im Degenfechten
- Vorsitzender des ASV Mainz 1888 e. V. (gerichtlich eingesetzt 1992 und 1989 und gewählt von 2010 bis 2012)
- Ehrenmitglied und Ehrenvorsitzender des ASV Mainz 88 (2012) Goldene Ehrennadel des Sportbunds Rheinhessen 2013

Anhang II

Veröffentlichungen (Monographien)

a Zu Rechtsfragen

- Die Bemühungen der Stände um eine beständige Wahlkapitulation und ihr Ergebnis 1711, Dissertation, Mainz 1967
- Mainzer Reichsstaatsrecht – Inhalt und Methode, Habilitationsschrift, Wiesbaden 1976
- Reform und Erneuerung des Juristischen Studiums, Berlin 1978
- Bärmann-Pick, Kommentar zum Wohnungseigentumsgesetz, 7. bis 19. Aufl., München 1974 – 2010
- Reiserecht, Kommentar, München 1995
- Bärmann, Großkommentar zum WEG, 3. Aufl. 1975 bis 12. Aufl., München 2013

b Zur Geschichte der SPD

- Fortschritt als Programm – 150 Jahre SPD in Mainz, mit Hedwig Brüchert, Mainz 2013

c Zur Numismatik

- Münzen, Mächte und Mäzene, Mainz 2006
- Münzreiches Rheinland-Pfalz, Blätter zum Land 3/2012 (herausgegeben von der Landeszentrale für politische Bildung)
- Zwischen Gunst und Galgen, Münzmeister im Kurfürstentum Mainz (Beiträge zur Geschichte der Stadt Mainz, Bd. 39), Mainz 2014
- Das Mainzer Medailleursquartett, Regenstauf 2022
- Die Sprache der Münzen, Regenstauf 2023

d Autographen berühmter Mainzerinnen und Mainzer

- Mainzer G/g/estalten die Welt, Oppenheim, 2020

Anhang III

Das Reformpaket

Gesetzgebungsbilanz des Bundesministeriums der Justiz in der Legislaturperiode 1998 bis 2002

Übersicht

a) In Kraft getretene Gesetze

Gesetz zur Änderung des Einführungsgesetzes zur Insolvenzordnung und anderer Gesetze (BGBl. 1998 I S. 3836)

Gesetz zum internationalen Privatrecht für außervertragliche Schuldverhältnisse und für Sachen (BGBl. 1999 I S. 1026)

Gesetz zur Änderung des DNA-Identitätsfeststellungsgesetzes (BGBl. 1999 I S. 1242)

Gesetz zur Änderung von Zuständigkeiten nach dem Sorgerechtübereinkommens-Ausführungsgesetz (BGBl. 1999 I S. 702)

Überweisungsgesetz (BGBl. 1999 I S. 1642)

Gesetz zur Änderung insolvenzrechtlicher und kreditwesenrechtlicher Vorschriften (BGBl. 1999 I S. 2384)

Zweites Gesetz zur Änderung des Einführungsgesetzes zum Gerichtsverfassungsgesetz (BGBl. 1999 I S. 2398)

Gesetz zur Änderung des Gesetzes zur Entlastung des Bundesfinanzhofs (BGBl. 1999 I S. 2447)

Änderungsgesetz zur Neuordnung des Berufsrechts der Anwälte und Patentanwälte (BGBl. 1999 I S. 2448)

Gesetz zur strafverfahrensrechtlichen Verankerung des Täter-Opfer-

Ausgleichs und zur Änderung des Fernmeldeanlagengesetzes (BGBl. 1999 I S. 2491)

Gesetz zur Stärkung der Unabhängigkeit der Richter und Gerichte (BGBl. 1999 I S. 2598)

Gesetz zur außergerichtlichen Streitbeilegung (BGBl. 1999 S. 2400)

Zweites Gesetz zur Verbesserung rehabilitierungsrechtlicher Vorschriften für Opfer der Verfolgung in der ehemaligen DDR (BGBl. 1999 I S. 2662)

Kapitalgesellschaften & Co-Richtlinie-Gesetz (BGBl. 2000 I S. 154)

Gesetz zur Umsetzung von Richtlinien der Europäischen Union auf dem Gebiet des Berufsrechts der Rechtsanwälte (BGBl. 2000 I S. 182)

Gesetz zur Beschleunigung fälliger Zahlungen (BGBl. 2000 I S. 330)

Gesetz und Ausführungsgesetz zu dem Protokoll von 1996 zur Änderung des Übereinkommens von 1976 über die Beschränkung der Haftung für Seeforderungen (BGBl. 2000 II S. 790 und I S. 938)

Gesetz über Fernabsatzverträge und andere Fragen des Verbraucherrechts sowie zur Umstellung von Vorschriften auf Euro (BGBl. 2000 I S. 897)

EG-Finanzschutz-Auslegungsprotokollgesetz(BGBl. 2000 II S. 814)

Gesetz zur vergleichenden Werbung und zur Änderung wettbewerbsrechtlicher Vorschriften (BGBL I S. 1374)

Gesetz zur Änderung und Ergänzung des Strafverfahrensrechts 1999 (BGBl. 2000 I S. 1253)

Gesetz zur Änderung des Rechts an Grundstücken in den neuen Ländern (Grundstücksrechtsänderungsgesetz) (BGBl. 2000 I S. 1481)

Gesetz zur Ächtung der Gewalt in der Erziehung (BGBl. 2000 I S. 1479)

Gesetz zur Änderung produkthaftungsrechtlicher Vorschriften (BGBl. 2000 I S. 1478)

Vertragsgesetz zum Römischen Statut des Internationalen Strafgerichtshofs und Gesetz zur Änderung des Grundgesetzes (Artikel 16) (BGBl. 2000 I S. 1633 und BGBl. 2000 II S. 1393)

Gesetz zur Änderung des Grundgesetzes (Artikel 12a) (BGBl. 2000 I S. 1755) Gesetz zur Verlängerung der Besetzungsreduktion bei Strafkammern (BGBl. 2000 I S. 1756)

Gesetz zur Änderung des Revisionsverfahrens nach der Finanzgerichtsordnung (BGBl. 2000 I S. 1757)

Fünftes Gesetz zur Änderung des Strafvollzugsgesetzes (Neuregelung der Gefangenenentlohnung) (BGBl. 2000 I S. 2043)

Gesetz zur Namensaktie und zur Erleichterung der Stimmrechtausübung (Namensaktiengesetz) (BGBl. 2001 I S. 123)

Neufassung des Anerkennungs- und Vollstreckungsausführungsgesetzes (BGBl. 2001 I S. 288)

Gesetz zur Neuordnung des Gerichtsvollzieherkostenrechts (BGBl. 2001 I S. 623) Entwurf eines Gesetzes zu dem Europäischen übereinkommen vom 5. März 1996 über die an Verfahren vor dem Europäischen Gerichtshof für Menschenrechte teilnehmenden Personen (BGBl. 2001 II S. 358)

Gesetz zu dem Internationalen Übereinkommen von 1989 über Bergung (BGBl. 2001 II S. 510) und Gesetz zur Neuregelung des Bergungsrechts in der See- und Binnenschifffahrt (Drittes Seerechtsänderungsgesetz) (BGBl. 2001 I S. 898)

Gesetz zur Durchführung gemeinschaftsrechtlicher Vorschriften über die Zustellung gerichtlicher und außergerichtlicher Schriftstücke in Zivil oder Handelssachen in den Mitgliedstaaten (EG-Zustellungsdurchführungsgesetz - ZustDG) (BGBl. 2001 I S. 1536)

Gesetz zu dem Vertrag vom 2. Februar 2000 zwischen der Bundesrepublik Deutschland und der Tschechischen Republik über die Ergänzung des Europäischen Auslieferungsübereinkommens vom 13. Dezember 1957 und der Erleichterung seiner Anwendung (BGBl. 2001 II S. 726)

Gesetz zu dem Vertrag vom 2. Februar 2000 zwischen der Bundesrepublik Deutschland und der Tschechischen Republik über die Ergänzung des Europäischen Übereinkommens über die Rechtshilfe in Strafsachen vom 20. April 1959 und die Erleichterung seiner Anwendung (BGBl. 2001 II S. 733)

Gesetz zur Aufhebung der Zugabeverordnung und zur Anpassung weiterer Rechtsvorschriften (BGBl. 2001 I S. 1661)

Gesetz zur Beendigung der Diskriminierung gleich geschlechtlicher Gemeinschaften: Lebenspartnerschaften (Lebenspartnerschaftsgesetz) (BGBl. 2001 I S. 266)

Gesetz zur Anpassung der Formvorschriften des Privatrechts an den modernen Rechtsgeschäftsverkehr (BGBl. 2001 I S. 1542)

Gesetz zur Neugliederung und Vereinfachung des Mietrechts (Mietrechtsreformgesetz) (BGBl. 2001 I S. 1149)

Zweites Reiserechtsänderungsgesetz (BGBl. 2001 I S. 1658)

Gesetz zur Bereinigung offener Fragen der Rechte an Grundstücken in den neuen Ländern (Grundstücksrechtebereinigungsgesetz) (BGBl. 2001 I S. 2716)

Vertragsgesetz und Begleitgesetz zu dem Haager Übereinkommen vom 29. Mai 1993 über den Schutz von Kindern und die Zusammenarbeit auf dem Gebiet der internationalen Adoption (BGBl. 2001 II S. 1034; BGBl. 2001 I S. 2950)

Gesetz zu dem Europäischen Übereinkommen vom 25. Januar 1996 über die Ausübung von Kinderrechten (BGBl. 2001 II S. 1074)

Gesetz zu dem Vertrag zwischen der Bundesrepublik Deutschland und der Tschechischen Republik vom 2. Februar 2000 zur weiteren Erleichterung des Rechtshilfeverkehrs (BGBl. 2001 II S. 1210)

Gesetz zur Änderung der Insolvenzordnung und anderer Gesetze (BGBl. 2001 I S. 2710)

Gesetz über rechtliche Rahmenbedingungen für den elektronischen Geschäftsverkehr (BGBl. 2001 I S. 3721)

Gesetz zur Umstellung des Kostenrechts und der Steuerberatergebührenverordnung auf den Euro (KostREuroUG) (BGBl. 2001 I S. 751)

Gesetz zur Reform des Zivilprozesses (BGBl. 2001 I S. 1887)

Gesetz zur Modernisierung des Schuldrechts (BGBl. 2001 I S. 3138)

Gesetz zur Anpassung bilanzrechtlicher Bestimmungen an die Einführung des Euro, zur Erleichterung der Publizität für Zweigniederlassungen ausländischer Unternehmen sowie zur Einführung einer Qualitätskontrolle für genossenschaftliche Prüfungsverbände (Euro-Bilanzgesetz- EuroBilG) (BGBl. 2001 I S. 3414)

Gesetz zur Bereinigung von Kostenregelungen auf dem Gebiet des geistigen Eigentums (BGBl. 2001 I S. 3656)

Gesetz zur Verbesserung des zivilrechtlichen Schutzes bei Gewalttaten und Nachstellungen sowie zur Erleichterung der Überlassung der Ehewohnung bei Trennung (BGBl. 2001 I S. 3513)

Gesetz zur Einführung des Euro in Rechtspflegegesetzen und in Gesetzen des Straf- und Ordnungswidrigkeitenrechts, zur Änderung der Mahnvordruckverordnungen sowie zur Änderung weiterer Gesetze (BGBl. 2001 I S. 3574)

Siebtes Gesetz zur Änderung der Pfändungsfreigrenzen (BGBl. 2001 I S. 3638)

Gesetz über elektronische Register und Justizkosten für Telekommunikation (ERJuKoG) (BGBl. 2001 I S. 3422)

Gesetz zur Änderung der Strafprozessordnung (§§ 100g, 100h StPO; Nachfolgeregelung § 12 FAG) (BGBl. 2001 I S. 3879)

Gesetz zur Bereinigung des Rechtsmittelrechts im Verwaltungsprozess (RmBereinVpG) (BGBl. 2001 I S. 3987)

Gesetz zur Änderung des Strafrechtlichen Rehabilitierungsgesetzes (BGBl. 2001 I S. 3986)

Gesetz zur Änderung des Gesetzes über Arbeitnehmererfindungen (BGBl. 2002 I S. 414)

Erstes Gesetz zur Änderung des Vermögenszuordnungsgesetzes (BGBl. 2002 I S. 562)

Gesetz zur Bereinigung des als Bundesrecht fortgeltenden Rechts der Deutschen Demokratischen Republik (BGBl. 2002 I S. 567)

Gesetz zu dem Markenrechtsvertrag vom 27. Oktober 1994 (BGBl. 2002 II S. 174)

Gesetz zur Änderung der Strafprozessordnung (Zeugnisverweigerungsrecht für Journalisten) (BGBl. 2002 I S. 682)

Gesetz zur Änderung des Anerkennungs- und Vollstreckungsausführungsgesetzes (BGBl. 2002 I S. 564)

Gesetz zur Änderung des Übereinkommens vom 14. Juli 1967 zur Errichtung der Weltorganisation für geistiges Eigentum (BGBl. 2002 II S. 598)

Gesetz zur Änderung von Vorschriften über die Bewertung der Kapitalanlagen von Versicherungsunternehmen und zur Aufhebung des Diskontsatz-Überleitungsgesetzes (Versicherungskapitalanlagen Bewertungsgesetz - VersKapAG) (BGBl. 2002 I S. 1219)

Viertes Gesetz zur Änderung des Bundeszentralregistergesetzes (4. BZRGÄndG) (BGBl. 2002 I S. 1406)

Erstes Gesetzes zur Änderung des Schuldrechtsanpassungsgesetzes (BGBl. 2002 I S. 1580)

Gesetz zur Einführung des Völkerstrafgesetzbuches (VStGB-Einführungsgesetz - VStGBEG) (BGBl. 2002 I S. 2254)

Gesetz zur Reform des Verfahrens bei Zustellungen im gerichtlichen Verfahren (Zustellungsreformgesetz - ZustRG) (BGBl. 2001 I S. 1206)

Gesetz zur Stärkung der vertraglichen Stellung von Urhebern und ausübenden Künstlern (BGBl. 2002 I S. 1155)

Gesetz zur Ausführung des Römischen Statuts des Internationalen Strafgerichtshofs vom 17. Juli 1998 (RSAG) (BGBl. 2002 I S. 2144)

Gesetz zur Reform der Juristenausbildung (BGBl. 2002 I S. 2592)

Zweites Gesetz zur Änderung des Schadensersatzrechts (BGBl. 2002 I S. 2674)

Gesetz zur Modernisierung des Stiftungsrechts (BGBl. 2002 I S. 2634)

Strafrechtsänderungsgesetz - § 129b StGB (BGBl. 2002 I S. 3390)

Gesetz zur Änderung der Strafprozessordnung (DNA-Spuren, IMSI-Catcher) (BGBl. 2002 I S. 3018)

Gesetz zur Änderung des Pflichtversicherungsgesetzes und anderer Gesetze (BGBl. 2002 I S. 2586)

Gesetz zur weiteren Reform des Aktien- und Bilanzrechts, zu Transparenz und Publizität (Transparenz- und Publizitätsgesetz) (BGBl. 2002 I S. 2681)

Gesetz zur Änderung des Gesetzes zur Aufhebung nationalsozialistischer Unrechtsurteile in der Strafrechtspflege (NS-AufhGÄndG) {BGBl. 2002 I S. 2714)

Gesetz zur Änderung des Rechts der Vertretung durch Rechtsanwälte vor den Oberlandesgerichten (OLG-Vertretungsänderungsgesetz - OLGVertrÄndG) (BGBl. 2002 I S. 2850)

Gesetz zur Einführung der vorbehaltenen Sicherungsverwahrung (BGBl. 2002I S. 3344)

Gesetz zur Änderung des Gerichtsverfassungsgesetzes (BGBl. 2002 I S. 2863) und Gesetz zur Änderung des Grundgesetzes (Artikel 96) (BGBl I S. 2863)

Vertragsgesetz und Ausführungsgesetz zu dem Zusatzprotokoll vom 18. Dezember 1997 zum Übereinkommen über die Überstellung verurteilter Personen (BGBl. 2002 II Nr. 45 20.12.2002 S. 2866)

Gesetz zur Anpassung von Rechtsvorschriften an veränderte Zuständigkeiten oder Behördenbezeichnungen innerhalb der Bundesregierung (Zuständigkeitsanpassungsgesetz) (BGBl. 2002 I S. 3165)

Gesetz zur Änderung des Ordnungswidrigkeitenverfahrensgesetz (OWiVÄG) (BGBl. 2002 I S. 2864)

Gesetz zu dem Zweiten Protokoll vom 19. Juni 1997 zum Übereinkommen über den Schutz der finanziellen Interessen der Europäischen Gemeinschaften (EG-Finanzschutz-2. Protokoll-Gesetz); Gesetz zur Ausführung des Zweiten Protokolls und weiterer strafrechtlicher Rechtsinstrumente der Europäischen Union (BGBl. 2002 I S. 3387)

Gesetz zu dem Übereinkommen vom 26. Mai 1997 über die Bekämpfung der Bestechung, an der Beamte der Europäischen Gemeinschaften oder der Mitgliedstaaten der EU beteiligt sind (BGBl. 2002 II S. 2727)

Sechstes Gesetz zur Änderung des Strafvollzugsgesetzes (BGBl. 2002 I S. 395)

b) Gesetzentwürfe

Entwurf eines Gesetzes zur Umsetzung der europäischen Biopatentrichtlinie

Entwurf eines Gesetzes zur Neuordnung des Rechtsanwaltsvergütungsrechts (Rechtsanwaltsvergütungs-Neuordnungsgesetz - RVNeuOG)

Entwurf eines Gesetzes zur Reform des Sanktionenrechts

Im Einzelnen

a) In Kraft getretene Gesetze

• **Gesetz zur Änderung des Einführungsgesetzes zur Insolvenzordnung und anderer Gesetze (BGBl. 1998 II S. 3836)**
Das Gesetz ist am 1. Januar 1999 in Kraft getreten.

Inhalt: Durch das Gesetz sind die Bundesgesetze mit Berührungen zum Insolvenzrecht inhaltlich und redaktionell an die Insolvenzordnung angepasst worden.

Politische Bedeutung: Das Gesetz hat die letzten Hindernisse für das Inkrafttreten der Insolvenzordnung aus dem Weg geräumt.

• **Gesetz zum Internationalen Privatrecht für außervertragliche Schuldverhältnisse und für Sachen (BGBl. 1999 I S. 1026)**
Das Gesetz ist am 1. Juni 1999 in Kraft getreten.

Inhalt: Durch eine Änderung und Ergänzung des Einführungsgesetzes zum Bürgerlichen Gesetzbuch wird das Internationale Privatrecht in den Bereichen der Geschäftsführung ohne Auftrag, der ungerechtfertigten Bereicherung, der unerlaubten Handlungen und des Sachenrechts auf eine zusammenhängende und gesicherte gesetzliche Grundlage gestellt.

Politische Bedeutung: Die in unserer Zeit der Mobilität immer wichtigere Frage nach dem anwendbaren Recht bei grenzüberschreitenden Kontakten war bislang nur lückenhaft geregelt. Diese Lücke ist knapp 13 Jahre nach dem ersten Gesetz zur Neuregelung des Internationalen Privatrechts geschlossen worden. Hierdurch wird eine ver lässliche Grundlage für die rechtliche Beurteilung alltäglicher grenzüberschreitender Probleme und damit größere Rechtssicherheit für den Bürger geschaffen.

• Gesetz zur Änderung des DNA-Identitätsfeststellungsgesetzes (BGBl. 1999 II S. 1242)
Das Gesetz ist am 12. Juni 1999 in Kraft getreten.

Inhalt: Das Gesetz ermöglicht die Gewinnung und Speicherung des „genetischen Fingerabdrucks" auch von denjenigen Straftätern, die bereits in den vergangenen Jahren verurteilt worden sind.

Politische Bedeutung: Mit dem Gesetz wird eine Lücke geschlossen, die das in der letzten Legislaturperiode verabschiedete DNA-Identitätsfeststellungsgesetz gelassen hat.

• Gesetz zur Änderung von Zuständigkeiten nach dem Sorgerechtsübereinkommens-Ausführungsgesetz (BGBl. 1999 I S. 702)
Das Gesetz ist am 1. Juli 1999 in Kraft getreten.

Inhalt: Durch das Gesetz sind die gerichtlichen Zuständigkeiten für das Haager Kindesentführungsübereinkommen und das Europäische Sorgerechtsübereinkommen (insbesondere für grenzüberschreitende Fälle von Kindesentführungen) für jeden Bezirk eines Oberlandesgerichts bei einem Familiengericht gebündelt worden. Dadurch, dass nicht mehr, wie bisher, 600 verschiedene Familiengerichte tätig sind, kann eine Spezialisierung sowie eine Vereinheitlichung der Rechtsprechung und Beschleunigung der gerichtlichen Verfahren erfolgen.

Politische Bedeutung: Vor allem im Ausland ist oft kritisiert worden, wie in Deutschland das Kindesentführungsübereinkommen angewendet wird, nach dem ein von einem Elternteil in einen anderen Staat entführtes Kind auf schnellstem Wege wieder zurück gebracht werden soll. Durch das Gesetz soll diese Anwendung durch deutsche Gerichte wirksamer ausgestaltet werden.

- **Überweisungsgesetz (BGBl. 1999 I S. 1642)**

Das Gesetz ist am 14. August 1999 in Kraft getreten.

Inhalt: Durch das Gesetz ist die Überweisungsrichtlinie der EG in deutsches Recht umgesetzt worden. Außerdem sind Regelungen getroffen worden, nach denen die Vorteile für Bankkunden nicht nur bei Überweisungen zwischen verschiedenen EU-Staaten, sondern nach Ablauf einer Übergangszeit auch bei Inlandsüberweisungen gelten. Es ist insbesondere geregelt worden, dass Überweisungen künftig innerhalb bestimmter Fristen ausgeführt werden müssen und bei Überweisungen bis 12.500 Euro ein Anspruch auf kostenlose Erstattung bei Verlust des Überweisungsbetrages besteht.

Politische Bedeutung: Durch das Gesetz wird für Bankkunden nicht nur bei grenzüberschreitenden, sondern auch bei Inlandsüberweisungen mehr Rechtssicherheit geschaffen.

- **Gesetz zur Änderung insolvenzrechtlicher und kreditwesenrechtlicher Vorschriften (BGBl. 1999 I S. 2384)**

Das Gesetz ist am 11. Dezember 1999 in Kraft getreten.

Inhalt: Durch das Gesetz ist eine EG-Richtlinie über die Wirksamkeit von Abrechnungen in Zahlungs- sowie Wertpapierliefer- und Abrechnungssystemen umgesetzt worden. Vor allem wird die Insolvenzfestigkeit von Überweisungsverträgen festgeschrieben. Außerdem werden Melde- und Unterrichtungspflichten festgelegt.

Politische Bedeutung: Durch das Gesetz soll insbesondere verhindert werden, dass die Insolvenz eines großen Kreditinstituts über weltweite Verflechtungen zahlreiche andere Kreditinstitute in Schwierigkeiten bringt, so dass über diesen Domino-Effekt eine Krise des internationalen Bankensystems heraufbeschworen werden könnte.

- **Zweites Gesetz zur Änderung des Einführungsgesetzes zum Gerichtsverfassungsgesetz (BGBl. 1999I S. 2398)**

Das Gesetz ist am 22. Dezember 1999 in Kraft getreten.

Inhalt: Durch das Gesetz sind die rechtlichen Grundlagen für die Datenerhebung und -übermittlung zur Einführung einer bundeseinheitlichen Insolvenzstatistik geschaffen worden.

Politische Bedeutung: Im Hinblick auf die am 1. Januar 1999 in Kraft getretene Insolvenzordnung ist es besonders wichtig, eine Rechtsgrundlage für eine Bundesstatistik zu Insolvenzverfahren zu schaffen. Diese enthält nicht nur Angaben zur wirtschaftlichen Entwicklung, sondern wird auch Aufschluss über die Auswirkungen der Insolvenzreform geben.

• **Gesetz zur Änderung des Gesetzes zur Entlastung des Bundesfinanzhofs (BGBl. 1999 I S. 2447)**
Das Gesetz ist am 23. Dezember 1999 in Kraft getreten.

Inhalt: Das Gesetz zur Entlastung des Bundesfinanzhofs wird um ein weiteres Jahr verlängert. Dies ist erforderlich, weil die Eingänge beim Bundesfinanzhof ansonsten in kurzer Zeit so stark ansteigen würden, dass die Verfahren nicht mehr in angemessener Zeit abgeschlossen werden könnten. Das Gesetz soll bis zum Ablauf der Verlängerungsfrist durch eine Novellierung der Finanzgerichtsordnung abgelöst werden.

Politische Bedeutung: Das Gesetz sichert die Funktionsfähigkeit des Bundesfinanzhofs bis zur Novellierung der Finanzgerichtsordnung.

• **Änderungsgesetz zur Neuordnung des Berufsrechts der Rechtsanwälte und Patentanwälte (BGBl. 1999 I S. 2448)**
Das Gesetz ist am 23. Dezember 1999 in Kraft getreten.

Inhalt: Durch eine Neufassung des § 78 ZPO wird die Postulationsfähigkeit von Rechtsanwälten vor Amts- und Landgerichten in Deutschland in der Weise geregelt, dass alle Rechtsanwälte vor allen Amts- und Landgerichten auftreten können.

Politische Bedeutung: Das Gesetz trägt der zunehmenden Vereinheitlichung der Lebensverhältnisse in den alten und neuen Bundesländern Rechnung, indem noch be stehende Übergangsregelungen für die neuen Länder aufgehoben werden. Dies stellt einen weiteren Schritt auf dem Wege zur vollständigen Rechtseinheit dar.

• **Gesetz zur strafverfahrensrechtlichen Verankerung des Täter-Opfer-Ausgleichs und zur Änderung des Fernmeldeanlagengesetzes (BGBl. 1999 I S. 2491)**
Das Gesetz ist am 28. Dezember 1999 in Kraft getreten.

Inhalt: Durch das Gesetz wird der Anwendungsbereich des Täter-Opfer-Ausgleichs in Strafverfahren erweitert. Richtern und Staatsanwälten wird die Pflicht auferlegt, in Strafverfahren die Möglichkeiten eines Ausgleichs zwischen Beschuldigtem und Ver letztem zu prüfen. Außerdem wird durch das Gesetz die Geltungsdauer des§ 12 Fernmeldeanlagengesetz, einer wichtigen Rechtsgrundlage für die Überwachung des Telefonverkehrs, durch datenschutzrechtliche Sicherungen ergänzt und um zwei Jahre verlängert.

Politische Bedeutung: Das Gesetz trägt einem in der Koalitionsvereinbarung angesprochenen wichtigen Anliegen der Rechtspolitik Rechnung. Die Belange von Kriminalitäts opfern werden stärker in den Vordergrund gerückt und ihre Rechtsstellung wird ver bessert.

• **Gesetz zur Stärkung der Unabhängigkeit der Richter und Gerichte {BGBl. 1999 I S. 2598)**
Das Gesetz ist am 30. Dezember 1999 in Kraft getreten.

Inhalt: Durch das Gesetz wird die Präsidialverfassung der Gerichte reformiert. Insbesondere ist eine Bestimmung aufgehoben worden, wonach die Hälfte der Mitglieder eines Präsidiums bei den Land- und Oberlandesgerichten sowie beim BGH Vorsitzende Richter sein müssen. Dasselbe gilt für die Kollegialgerichte der anderen Gerichtszweige. Über die Geschäftsverteilung innerhalb eines Spruchkörpers entscheiden nicht mehr nur die Vorsitzenden Richter allein, sondern alle Richter eines Spruchkörpers gemeinsam. Außerdem ist die Möglichkeit geschaffen, Präsidiumssitzungen richteröffentlich durchzuführen.

Politische Bedeutung: Das Gesetz schränkt die Privilegien der Vorsitzenden Richter bei der Wahl zu dem Präsidium und bei der spruchkörperinternen Geschäftsverteilung ein und gestaltet die Präsidialverfassung der Gerichte demokratischer.

• **Gesetz zur Förderung der außergerichtlichen Streitbeilegung (BGBl. 1999 I S. 2400)**
Das Gesetz ist am 1. Januar 2000 in Kraft getreten.

Inhalt: Das Gesetz schafft für die Länder eine Öffnungsklausel zur Einführung eines obligatorischen außergerichtlichen Streitbeilegungsverfahrens. Es wird den Ländern ermöglicht, für bestimmte bürgerlichrechtliche Streitigkeiten (insbesondere bei einem Streitwert bis zu 1.500,-- DM) einer Zivilklage ein Schlichtungsverfahren zwingend vorzuschalten.

Politische Bedeutung: Die gezielt eingesetzte außergerichtliche Streitbeilegung unterstützt die Entlastung der Justiz und trägt zur Verfahrensbeschleunigung bei. Sie ist ein erster Schritt zu der geplanten grundlegenden Justizreform.

• **Zweites Gesetz zur Verbesserung rehabilitierungsrechtlicher Vorschriften für Opfer der politischen Verfolgung in der ehemaligen DDR (BGBl. 1999 I S. 2662)**
Das Gesetz ist am 1. Januar 2000 in Kraft getreten.

Inhalt: Durch das Gesetz werden die Leistungen nach den Rehabilitierungsgesetzen für die in der sowjetischen Besatzungszone und unter dem SED-Regime politisch Verfolgten verbessert. Die Kapitalentschädigung nach dem strafrechtlichen Rehabilitierungsgesetz wird auf einheitlich 600,-- DM pro angefangenem Monat einer rechtswidrigen Haft erhöht. Außerdem erhalten die nächsten Angehörigen von Hingerichteten bzw. aufgrund der Haft Verstorbenen Leistungen von der Stiftung für ehemalige politische Häftlinge, ohne dass auf die wirtschaftliche Situation abgestellt wird.
Politische Bedeutung: Mit den Verbesserungen hat die Bundesregierung ihre Zusage aus der Koalitionsvereinbarung eingelöst, Härten der Rehabilitierungsgesetze zu beseitigen und wichtigen Forderungen der Opferverbände zu entsprechen.

• **Kapitalgesellschaften & Co-Richtlinie-Gesetz (BGBl. 2000 I S. 154)**
Das Gesetz ist am 9. März 2000 in Kraft getreten.

Inhalt: Das Gesetz dient der Umsetzung der sog. GmbH & Co.-Richtlinie der EG. Bestimmte Kapitalgesellschaften & Co. sollen in die bilanzrechtlichen Vorschriften für Kapitalgesellschaften einbezogen werden. Deutschland ist wegen der Nichtumsetzung dieser Richtlinie im April 1999 vom Europäischen Gerichtshof verurteilt worden. Daneben soll das deutsche Handelsrecht hinsichtlich der Sanktionierung bei Nichtoffenlegung von Jahresabschlüssen an das Urteil des Europäischen Gerichtshofs vom 18. September 1998 angepasst werden.

Politische Bedeutung: Bei der umstrittenen Erweiterung der Bilanzierungspflichten auf Kapital- und Co-Gesellschaften bestand aufgrund der zwingenden europarechtlichen Vorgaben keine Wahl. Dennoch bietet das Gesetz gerade für mittelständische Unternehmen einige Erleichterungen, beispielsweise im Hinblick auf die Pflicht, einen Wirtschaftsprüfer beauftragen zu müssen. Außerdem wird mehr Unternehmen die Möglichkeit eröffnet, den Konzernabschluss allein nach internationalen Rechnungslegungsgrundsätzen aufzustellen.

• **Gesetz zur Umsetzung von Richtlinien der Europäischen Union auf dem Gebiet des Berufsrechts der Rechtsanwälte (BGBl. 2000 I S. 182)**
Das Gesetz ist am 14. März 2000 in Kraft getreten.

Inhalt: Durch das Gesetz soll das deutsche Recht an eine EG-Richtlinie angepasst werden, die eine Liberalisierung der Niederlassungsmöglichkeiten für Rechtsanwälte innerhalb der Europäischen Gemeinschaft anordnet. Rechtsanwälten aus anderen Mitgliedstaaten wird ermöglicht, sich in Deutschland niederzulassen und hier den Beruf unter der ausländischen Berufsbezeichnung wie ein deutscher Rechtsanwalt auszuüben. Die Befugnis zur Rechtsberatung umfasst dabei nach den Vorgaben der Richtlinie auch das deutsche Recht. Nach dreijähriger Tätigkeit in Deutschland kann der ausländische Anwalt die volle Eingliederung in die deutsche Anwaltschaft verlangen. Das bisherige Erfordernis einer Eignungsprüfung auf der Grundlage der Diplomanerkennungsrichtlinie entfällt.

Politische Bedeutung: Das Gesetz trägt der Dienstleistungsfreiheit und dem freien Niederlassungsrecht innerhalb der Europäischen Union auf dem Gebiet des Berufsrechts der Rechtsanwälte Rechnung.

• **Gesetz zur Beschleunigung fälliger Zahlungen (BGBl. 2000 I S. 330)**
Das Gesetz ist am 1. Mai 2000 in Kraft getreten.

Inhalt: Durch das Gesetz werden die rechtlichen Voraussetzungen für den Eintritt des Verzuges vereinfacht und der pauschale Verzugszins angehoben. Außerdem darf die Abnahme erbrachter Werkleistungen nicht mehr verweigert werden, wenn nur noch geringfügige Mängel vorliegen.

Politische Bedeutung: Das Gesetz dient der Verbesserung der Zahlungsmoral. Mittelstand und Handwerk, vor allem in den neuen Bundesländern, sollen vor den Risiken der Insolvenz geschützt werden, die oft auf säumigen Zahlungen der Schuldner beruht.

• **Gesetz und Ausführungsgesetz zu dem Protokoll von 1996 zur Änderung des Übereinkommens von 1976 über die Beschränkung der Haftung für Seeforderungen (BGBl. 2000 II S. 790 und I S. 938)**
Das Vertragsgesetz ist am 28. Juni 2000 in Kraft getreten. Das Ausführungsgesetz tritt an dem Tag in Kraft, an dem das Protokoll von 1996 in Kraft tritt. Dieses tritt 90 Tage nach Hinterlegung der zehnten Ratifikations- oder Beitrittsurkunde in Kraft. Bislang ist es von neun Staaten, darunter Deutschland, gezeichnet, aber noch von keinem Staat ratifiziert worden.

Inhalt: Wesentlicher Inhalt des Haftungsbeschränkungsübereinkommens von 1976 ist das Recht des Haftpflichtigen, seine Haftung auf eine nach dem Schiffsraum zu be rechnende Haftungshöchstsumme und auf einen von ihm zu errichtenden Fonds als Haftungsmasse zu beschränken. Die in dem Übereinkommen festgelegten Höchstbeträge sind allerdings zunehmend als nicht mehr zeitgemäß und zu niedrig empfunden worden. Deshalb sind sie in einem Änderungs-

protokoll von 1996 angehoben worden.
Politische Bedeutung: Die Havarie des Frachters „Pallas“ Ende Oktober 1998 hat deutlich gemacht, dass die international einheitlich festgelegten Haftungshöchstbeträge, auf die der Reeder seine Haftung für alle Ansprüche aus einem Schadensfall beschränken kann, bei weitem nicht ausreichen, um eine angemessene Befriedigung der Gläubiger sicherzustellen. Das Protokoll von 1996 hebt diese Beträge an. Obwohl mit einem bal digen Inkrafttreten des Protokolls nicht zu rechnen ist, wird Deutschland mit der Ratifikation ein Signal für andere Staaten geben, diesem Schritt zu folgen.

- **Gesetz über Fernabsatzverträge und andere Fragen des Verbraucherrechts sowie zur Umstellung von Vorschriften auf Euro (BGBl. 2000 I S. 897)**

Das Gesetz ist am 30. Juni 2000 in Kraft getreten.

Inhalt: Die Fernabsatzrichtlinie der Europäischen Union sieht für den Distanzvertrieb Informationspflichten der Anbieter und ein Widerrufsrecht des Verbrauchers vor. Das Gesetz setzt diese Richtlinie durch ein Fernabsatzgesetz sowie durch Änderungen im BGB und verschiedenen Verbraucherschutzgesetzen um. Bei dieser Gelegenheit sind auch die zivilrechtlichen Vorschriften auf Euro umgestellt worden.

Politische Bedeutung: Das Gesetz stärkt den Verbraucherschutz in Fällen des Distanzvertriebs.

- **EG-Finanzschutz-Auslegungsprotokollgesetz (BGBl. 2000 II S. 814)**

Das Gesetz ist am 11. Juli 2000 in Kraft getreten.

Inhalt: Das EG-Finanzschutz-Auslegungsprotokoll vom 29. November 1996 eröffnet den Mitgliedstaaten die Möglichkeit, die Zuständigkeit des Gerichtshofs der Europäischen Gemeinschaften für die Auslegung des Übereinkommens über den Schutz der finanziellen Interessen der Europäischen Gemeinschaften und des ersten Protokolls hierzu im Wege der Vorabentscheidung anzuerkennen. Der Gesetzentwurf trifft die zur Umsetzung dieser Erklärung erforderlichen innerstaatlichen Regelungen.

Politische Bedeutung: Die Anerkennung der Vorabentscheidungszuständigkeit des Gerichtshofs der Europäischen Gemeinschaften trägt zur Vereinheitlichung der Rechtsprechung im Bereich des Übereinkommens über den Schutz der finanziellen Interessen der Europäischen Gemeinschaften bei.

• **Gesetz zur vergleichenden Werbung und zur Änderung wettbewerbsrechtlicher Vorschriften (BGBl. 2000 I S. 1374)**
Das Gesetz ist am 14. September 2000 in Kraft getreten.

Inhalt: Durch das Gesetz wurde eine EG-Richtlinie in deutsches Recht umgesetzt. Da nach ist vergleichende Werbung künftig grundsätzlich zulässig. Der Vergleich muss aber sachlich sein und darf den Verbraucher nicht irreführen. Nicht gestattet ist es, den Mitbewerber oder sein Produkt herabzusetzen oder zu verunglimpfen. Zudem dürfen nur die wesentlichen, typischen und nachprüfbaren Eigenschaften von Waren oder Dienstleistungen oder der Preis gegenübergestellt werden. Außerdem wird die urheberrechtliche Vergütungspflicht für sog. „scanner" neu geregelt.

Politische Bedeutung: Durch das Gesetz wird das Werberecht als zentraler Punkt im Alltag aller Verbraucher in der Europäischen Union weiter harmonisiert und die Zulässigkeit vergleichender Werbung in Deutschland erheblich liberalisiert.

• **Gesetz zur Änderung und Ergänzung des Strafverfahrensrechts 1999 (BGBl. 2000 I S. 1253)**
Das Gesetz ist am 1. November 2000 in Kraft getreten.

Inhalt: Durch das Gesetz sollen die Vorgaben aus dem Volkszählungsurteil des Bundesverfassungsgerichts für die Verwendung von personenbezogenen Kenntnissen in Strafverfahren umgesetzt werden. Daneben enthält das Gesetz Bestimmungen zur Fahndung und längerfristigen Observation.

Politische Bedeutung: Das Gesetz sichert das Grundrecht auf informationelle Selbstbestimmung in Strafverfahren.

• Gesetz zur Änderung des Rechts an Grundstücken in den neuen Ländern (Grundstücksrechtsänderungsgesetz) (BGBl. 2000 I S. 1481)
Das Gesetz ist am 8. November 2000 in Kraft getreten.

Inhalt: Das Gesetz trägt u. a. einem Beschluss des Bundesverfassungsgerichts Rechnung, wonach das Sachenrechtsänderungsgesetz insoweit für mit Artikel 14 GG unvereinbar erklärt worden ist, als dieses für die Zeit vom 22. Juli 1992 bis 31. Dezember 1994 einen gesetzlichen Anspruch des Grundstückseigentümers gegen den berechtigten Nutzer auf Nutzungsentgelt nicht vorsieht. Dem Gesetzgeber ist aufgegeben worden, eine verfassungskonforme Regelung zu verabschieden. Durch das Gesetz wird ein gesetzlicher Anspruch des Grundstückseigentümers auf Zahlung von Nutzungsentgelt für den betreffenden Zeitraum eingeführt. Außerdem enthält das Gesetz Änderungen u. a. im Vermögensgesetz, im Entschädigungsgesetz und in der Grundstücksverkehrsordnung.

Politische Bedeutung: Neben der Umsetzung der Entscheidung des Bundesverfassungsgerichts sollen auch Schwierigkeiten bei der praktischen Bewältigung des Immobilienrechts der neuen Länder beseitigt und Zuständigkeiten der Bundesanstalt für vereinigungsbedingte Sonderaufgaben angepasst werden.

• Gesetz zur Ächtung der Gewalt in der Erziehung (BGBl. 2000 I S. 1479)
Das Gesetz ist teilweise am 8. November 2000 in Kraft getreten; die unterhaltsrechtlichen Regelungen sind am 1. Januar 2001 in Kraft getreten.

Inhalt: Das Gesetz räumt dem Kind im Rahmen der Vorschriften über die Personensorge ein Recht auf gewaltfreie Erziehung ein. Körperliche Bestrafungen, seelische Verletzungen und andere entwürdigende Maßnahmen, auch solche zum Zwecke der Erziehung, werden für unzulässig erklärt. Mit dem Gesetz verknüpft wird auch eine Regelung, die die Anrechnung des Kindergelds auf den Unterhaltsanspruch betrifft (§ 1612 b Abs. 5 BGB).

Politische Bedeutung: Gewalt wird in der Familie erlernt und potenziert weitergegeben. Kinder, die geschlagen werden, neigen als Erwachsene eher zur Gewaltanwendung o der ihrer Hinnahme.

Deshalb ist es erforderlich, Gewalt in der Erziehung durch ein zivil rechtliches Verbot zu ächten.

• Gesetz zur Änderung produkthaftungsrechtlicher Vorschriften {BGBl.2000 I S. 1478)
Das Gesetz ist am 1. Dezember 2000 in Kraft getreten.

Inhalt: Durch das Gesetz wird eine Änderung der EG-Produkthaftungsrichtlinie umgesetzt. Die Umsetzung muss bis zum 1. Dezember 2000 erfolgen. Es wird insbesondere die Privilegierung landwirtschaftlicher Naturprodukte und Jagderzeugnisse in § 2 Satz 2 Produkthaftungsgesetz gestrichen.

Politische Bedeutung: Die Umsetzung der Richtlinie war zunächst in dem Regierungsentwurf des Fernabsatzgesetzes enthalten und ist dort im Rechtsausschuss herausgenommen worden, um eine mögliche Auseinandersetzung mit den Landwirtschaftsministern der Länder in dem Gesetzgebungsverfahren zum Fernabsatzgesetz zu vermeiden.

• Vertragsgesetz zum Römischen Statut des Internationalen Strafgerichtshofs und Gesetz zur Änderung des Grundgesetzes (Artikel 16) (BGBl. 2000 I S. 1633 und BGBl. 2000 II S. 1393)
Das Gesetz zur Änderung des Grundgesetzes (BGBl. 2000 I S. 1633) ist am 2. Dezember 2000 in Kraft getreten. Das Gesetz zum Römischen Statut des Internationalen Strafgerichtshofs vom 17. Juli 1998 (IStGH-Statutgesetz) (BGBl. 2000 II S. 1393) ist am 8. Dezember 2000 in Kraft getreten. Die Ratifikationsurkunde ist am 11. Dezember 2000 in New York hinterlegt worden.

Inhalt: In dem Statut des künftigen Internationalen Strafgerichtshofs (IStGH) hat sich die internationale Staatengemeinschaft darauf verständigt, einen unabhängigen ständigen Internationalen Strafgerichtshof zu errichten. Dieser soll die Gerichtsbarkeit über die schwersten Verbrechen haben, die die internationale Gemeinschaft als Ganzes be rühren (Völkermord, Verbrechen gegen die Menschlichkeit, Kriegsverbrechen und Verbrechen der Aggression). Durch das Vertragsgesetz werden die Voraussetzungen für eine künftige

Hinterlegung der Ratifikationsurkunde durch die Bundesrepublik Deutschland geschaffen. Damit wird zu einem zeitnahen Inkrafttreten des Statuts bei getragen (zum Inkrafttreten ist die Ratifikation durch 60 Staaten erforderlich). Für die Umsetzung des Statuts ist auch eine Änderung des Artikel 16 Abs. 2 GG erforderlich. Hierdurch werden Regelungen ermöglicht, um für Auslieferungen an einen Internationalen Gerichtshof von dem Grundsatz des Verbots der Auslieferung Deutscher abzuweichen. Gleichzeitig wird eine gesetzliche Regelung für die Auslieferung an andere EU-Mitgliedstaaten ermöglicht.

Politische Bedeutung: Die baldige Errichtung eines ständigen Internationalen Strafgerichtshofs zur Verfolgung der schwersten Verbrechen von internationaler Bedeutung ist ein Meilenstein in der Entwicklung des Völkerrechts. Die deutsche Ratifikation des IStGH-Statuts soll ein rasches Tätigwerden des Internationalen Strafgerichtshofs er möglichen. Durch die Aufhebung des verfassungsrechtlichen Auslieferungsverbots im Hinblick auf die Mitgliedstaaten der Europäischen Union wird ein Impuls der Sondertagung des Europäischen Rates in Tampere über die Schaffung eines Raums der Freiheit, der Sicherheit und des Rechts in der Europäischen Union zügig aufgenommen.

- **Gesetz zur Änderung des Grundgesetzes (Artikel 12a) (BGBl. 2000 I S. 755)**

Das Gesetz ist am 23. Dezember 2000 in Kraft getreten.

Inhalt: Durch eine Änderung von Art. 12a Abs. 4 Satz 2 GG wird klargestellt, dass lediglich die Verpflichtung von Frauen zum Dienst mit der Waffe untersagt ist.

Politische Bedeutung: Damit soll eine eindeutige verfassungsrechtliche Grundlage für den freiwilligen Dienst von Frauen in der Bundeswehr geschaffen werden, um dem Wandel des gesellschaftlichen Bewusstseins hinsichtlich des Dienstes von Frauen mit der Waffe und neueren Entscheidungen des Europäischen Gerichtshofs zum gleichberechtigten Zugang von Frauen zu den Streitkräften gerecht werden zu können.

• **Gesetz zur Verlängerung der Besetzungsreduktion bei Strafkammern (BGBl. 2000 I S. 1756)**
Das Gesetz ist am 23. Dezember 2000 in Kraft getreten.

Inhalt: Die Möglichkeit der Großen Straf-, Wirtschaftsstraf- und Jugendkammern, in geeigneten Fällen in reduzierter Besetzung mit zwei statt drei Berufsrichtern zu verhandeln, lief am 31. Dezember 2000 ab. Durch das Gesetz wird die Geltungsdauer der entsprechenden Bestimmungen im Gerichtsverfassungsgesetz und im Jugendgerichtsgesetz bis zum 31. Dezember 2002 verlängert.

Politische Bedeutung: Nach einem Bericht, den die Bundesregierung dem Deutschen Bundestag im Februar 2000 vorgelegt hat, hat sich die Besetzungsreduktion in der Praxis bewährt. Durch die Besetzungsreduktion werden die Binnenreserven der Justiz ausgeschöpft und wird gleichzeitig die hohe Qualität richterlicher Entscheidungsfindung gesichert.

• **Gesetz zur Änderung des Revisionsverfahrens nach der Finanzgerichtsordnung (BGBl 2000 I S. 1757)**
Das Gesetz ist am 1. Januar 2001 in Kraft getreten.

Inhalt: Das Gesetz löst das Ende 2000 auslaufende Gesetz zur Entlastung des Bundesfinanzhofs ab. Zur Verbesserung des Rechtsschutzes wird der Zugang zum Bundesfinanzhof erweitert. Eine Revision ist schon dann zuzulassen, wenn eine Rechtsfrage von grundsätzlicher Bedeutung zu entscheiden ist oder wenn die Fortbildung des Rechts oder die Sicherung einer einheitlichen Rechtsprechung eine Entscheidung des Bundesfinanzhofs erfordert. Zugleich sieht der Entwurf Verbesserungen für das erstinstanzliche Verfahren vor, beispielsweise die Möglichkeit, bei mündlichen Verhandlungen Videokonferenzen einzusetzen.

Politische Bedeutung: Das Gesetz soll die Funktionsfähigkeit des Bundesfinanzhofs dauerhaft sichern.

• Fünftes Gesetz zur Änderung des Strafvollzugsgesetzes (Neuregelung der Gefangenenentlohnung) (BGBl. 2000 I S. 2043)
Das Gesetz ist am 1. Januar 2001 in Kraft getreten.

Inhalt: Das Bundesverfassungsgericht hat die geltende Regelung für Gefangenenentlohnung nur noch bis zum 31. Dezember 2000 als mit der Verfassung für vereinbar erklärt. Die Arbeit der Gefangenen muss angemessene Anerkennung finden. Dies kann durch eine höhere Vergütung oder in anderer Form geschehen. Der Gesetzentwurf der Bundesregierung sah eine Verdreifachung der Gefangenenentlohnung vor. Bundestag und Bundesrat haben sich im Vermittlungsausschuss am 7. Dezember 2000 darauf geeinigt, dass die Gefangenenentlohnung von bisher 5 % des Durchschnittslohnes auf 9 % angehoben wird und Gefangenen 6 zusätzliche arbeitsfreie Tage pro Jahr eingeräumt werden, die auch auf den Entlassungszeitpunkt angerechnet werden können; soweit eine Anrechnung ausgeschlossen ist, werden die arbeitsfreien Tage zusätzlich durch eine höhere Gefangenenentlohnung ausgeglichen.

Politische Bedeutung: Die Gefangenenentlohnung wird an die Bedürfnisse der heutigen Zeit angepasst.

• Gesetz zur Namensaktie und zur Erleichterung der Stimmrechtsausübung (Namensaktiengesetz) (BGBl. 2001 I S. 123)
Das Gesetz ist am 25. Januar 2001 in Kraft getreten.

Inhalt: Durch das Gesetz werden die Vorschriften des Aktiengesetzes über die Namensaktien aktualisiert und der modernen Informationstechnologie bei der Abwicklung der Hauptversammlung börsennotierter Gesellschaften Rechnung getragen. Dies betrifft insbesondere die Stimmrechtsausübung. Außerdem sollen datenschutzrechtliche Anforderungen berücksichtigt, der Anwendungsbereich der Nachgründungsvorschriften eingeschränkt, Erleichterungen bei Handelsregisterbekanntmachungen eingeführt und die Beträge auf EURO umgestellt werden.

Politische Bedeutung: Seitens der Wirtschaft werden die vorgeschlagenen Regelungen bereits seit längerem gefordert, um den Bedürfnissen des modernen Rechtsverkehrs im Aktienrecht gerecht zu werden.

• **Neufassung des Anerkennungs- und Vollstreckungsausführungsgesetzes (BGBl. 2001 I S. 288)**
Das Gesetz ist am 1. März 2001 in Kraft getreten.

Inhalt: Das Anerkennungs- und Vollstreckungsausführungsgesetz enthält Regelungen zur Ausführung zwischenstaatlicher Anerkennungs- und Vollstreckungsverträge in Zivil und Handelssachen. Dieses Gesetz musste geändert werden, um die erforderlichen Durchführungsbestimmungen für die Brüssel II-Verordnung zu schaffen. Die Brüssel II Verordnung regelt in der EU die Zuständigkeit sowie die Anerkennung und Vollstreckung von Entscheidungen in Ehesachen und damit zusammenhängenden Sorgerechtsstreitigkeiten. Sie geht auf ein im Mai 1998 gezeichnetes Übereinkommen zurück, das nach der Vergemeinschaftung der Materie ebenfalls am 1. März 2001 als EG Verordnung in Kraft getreten ist.

Politische Bedeutung: Das Gesetz war zur Durchführung der Brüssel II-Verordnung erforderlich. Diese Verordnung stellt einen wichtigen Schritt zur Vereinheitlichung des Verfahrensrechts in Familiensachen in der EU dar. Insbesondere für die zunehmende Zahl binationaler Ehen und Familien ist es wichtig, dass die Frage, welche Gerichte für ein Scheidungsverfahren mit Beteiligung eines ausländischen Partners zuständig sind, einheitlich geregelt wird. Damit wird für die Partner einer binationalen Ehe Chancengleichheit geschaffen. Von erheblicher Bedeutung ist auch die Regelung der Zuständigkeiten für bestimmte Fallgruppen grenzüberschreitender Sorgerechtskonflikte.
Durch die Neufassung des Anerkennungs- und Vollstreckungsausführungsgesetzes wird die Konzentration sorgerechtlicher Verfahren auf ein Amtsgericht im OLG-Bezirk weiter fortgesetzt, um die praktische Durchsetzung zu erleichtern und eine größere Erfahrung der mit den Fällen betrauten Richter zu gewährleisten.

• **Gesetz zur Neuordnung des Gerichtsvollzieherkostenrechts (GvKostRNeuOG) (BGBl. 2001 I S. 623)**
Das neue Gerichtsvollzieherkostengesetz ist am 1. Mai 2001 in Kraft getreten. Die vorgesehenen Euroumstellungen treten am 1. Januar 2002 in Kraft.

Inhalt: Das bisherige Gesetz über Kosten der Gerichtsvollzieher ist durch ein neues Gesetz abgelöst worden, das an das Gerichtskostengesetz angelehnt ist. Hierdurch wird das Kostenrecht vereinfacht. Dabei werden insbesondere die Kostentatbestände in einem Kostenverzeichnis übersichtlich dargestellt und die derzeit geltenden Wertgebühren durch Festgebühren ersetzt. Des weiteren fallen nicht mehr benötigte Gebührentatbestände weg, Auslagentatbestände werden durch eine Auslagenpauschale er setzt und die Gebühren stärker pauschaliert. Für die Länder sind Mehreinnahmen von 10 bis 15 % zu erwarten.

Politische Bedeutung: Das Gerichtsvollzieherkostenrecht wird durch das Gesetz nicht nur vereinfacht, sondern auch an die heutigen Verhältnisse angepasst.

• Gesetz zu dem Europäischen Übereinkommen vom 5. März 1996 über die an Verfahren vor dem Europäischen Gerichtshof für Menschenrechte teilnehmenden Personen (BGBl. 2001 II S. 358)
Das Gesetz ist am 8. Mai 2001 in Kraft getreten.

Inhalt: Ziel des Übereinkommens ist es, den Beteiligten an Verfahren vor dem Gerichtshof (insbesondere Parteien, Prozessbevollmächtigten, Zeugen und Sachverständigen) bestimmte Immunitäten und Erleichterungen zu gewähren. Das Übereinkommen ersetzt ein Europäisches Übereinkommen vom 6. Mai 1969, dessen Bestimmungen zum großen Teil übernommen werden. Geregelt wird vor allem die Immunität in Bezug auf mündliche oder schriftliche Äußerungen gegenüber dem Gerichtshof, das Recht auf ungehinderten schriftlichen Verkehr mit dem Gerichtshof und das Recht auf freie Reise zum Gerichtshof sowie freie Rückkehr. Das Vertragsgesetzes ermöglicht die Hinterlegung der deutschen Ratifikationsurkunde.

Politische Bedeutung: Immunitäten und Erleichterungen sichern den Beteiligten an Verfahren vor dem Europäischen Gerichtshof für Menschenrechte die Unabhängigkeit, die für die Ausübung ihrer Rechte und für die Wahrnehmung ihrer Aufgaben vor dem Gerichtshof erforderlich ist.

• **Gesetz zu dem Internationalen Übereinkommen von 1989 über Bergung (BGBl. 2001 II S. 510) und Gesetz zur Neuregelung des Bergungsrechts in der See- und Binnenschifffahrt (Drittes Seerechtsänderungsgesetz) (BGBl. 2001 I S. 898)**
Das Vertragsgesetz ist am 24. Mai 2001 in Kraft getreten. Die Ratifikationsurkunde ist am 8. Oktober 2001 hinterlegt worden. Das übereinkommen tritt für Deutschland, ebenso wie das Dritte Seerechtsänderungsgesetz, am 8. Oktober 2002 in Kraft.

Inhalt: Durch die Gesetze sollen das Internationale Übereinkommen vom 28. April 1989 über Bergung ratifiziert und die notwendigen Folgeänderungen getroffen werden. Geregelt werden die Rechte und Pflichten des Bergers sowie des Schiffseigentümers und des Kapitäns bei der Bergung eines Schiffes. Danach besteht ohne erfolgreiche Bergung grundsätzlich kein Bergelohnanspruch. Um den Anforderungen des Umweltschutzes gerecht zu werden, kann der Berger allerdings - auch ohne erfolgreiche Bergung - eine Sondervergütung verlangen, wenn von dem havarierten Schiff die Gefahr eines Umweltschadens ausgeht.

Politische Bedeutung: Die Havarie des Frachters „Pallas“ Ende Oktober 1998 hat nicht nur deutlich gemacht, dass die Haftungshöchstbeträge nicht mehr der heutigen Zeit entsprechen (vgl. dazu oben Gesetz und Ausführungsgesetz zu dem Protokoll von 1996 zur Änderung des Übereinkommens von 1976 über die Beschränkung der Haftung für Seeforderungen), sondern dass es auch dringend erforderlich ist, das Internationale Bergungsübereinkommen von 1989 zu ratifizieren, um die Regelungen über die Bergung in der See- und Binnenschifffahrt an die heutigen Verhältnisse anzupassen.
Dabei wird insbesondere den Anforderungen des Umweltschutzes in sehr viel stärkerem Umfang als bisher Rechnung getragen.

• **Gesetz zur Durchführung gemeinschaftsrechtlicher Vorschriften über die Zustellung gerichtlicher und außergerichtlicher Schriftstücke in Zivil- oder Handelssachen in den Mitgliedstaaten (EG-Zustellungsdurchführungsgesetz - ZustDG) (BGBl. 2001 I S. 1536)**
Das Gesetz ist am 13. Juli 2001 in Kraft getreten.

Inhalt: Das Gesetz dient der Durchführung der Verordnung (EG) Nr. 1348/2000 des Rates vom 29. Mai 2000 über die Zustellung gerichtlicher und außergerichtlicher Schriftstücke in Zivil- oder Handelssachen in den Mitgliedstaaten. Diese Verordnung ist zur Beschleunigung und Vereinheitlichung des grenzüberschreitenden zivilrechtlichen Zustellungsverkehrs in der Gemeinschaft erlassen worden. Sie tritt innerhalb der EU an die Stelle des Haager Übereinkommens vom 15. November 1965 über die Zustellung gerichtlicher und außergerichtlicher Schriftstücke im Ausland in Zivil- oder Handelssachen. Das Durchführungsgesetz enthält die erforderlichen Zuständigkeitsregelungen und regelt außerdem die Bedingungen, unter denen es künftig möglich sein soll, vom EU-Ausland aus Schriftstücke in Deutschland auch unmittelbar durch die Post zustellen zu lassen.

Politische Bedeutung: Die gemeinschaftsrechtlichen Vorschriften, deren Durchführung das Gesetz dient, sind am 31. Mai 2001 in Kraft getreten.

• **Gesetz zu dem Vertrag vom 2. Februar 2000 zwischen der Bundesrepublik Deutschland und der Tschechischen Republik über die Ergänzung des Europäischen Auslieferungsübereinkommens vom 13. Dezember 1957 und der Erleichterung seiner Anwendung (BGBl. 2001 II S. 726)**
Das Gesetz ist am 20. Juli 2001 in Kraft getreten.

Inhalt: Die Regelungen des Vertrages ermöglichen es den Justizministerien der Bundesländer, Auslieferungsersuchen nunmehr direkt und nicht mehr über den Weg über das Bundesministerium der Justiz mit dem tschechischen Justizministerium auszutauschen. Zudem regelt der Vertrag ein vom tschechischen Recht bislang nicht vorgesehenes, vereinfachtes Auslieferungsverfahren, das deutsche Ermittlungsverfahren beschleunigen und die Zeit verkürzen wird, in der sich der Auszuliefernde in Tschechischer Auslieferungshaft befindet

Politische Bedeutung: Der Vertrag erleichtert und beschleunigt den umfangreichen Auslieferungsverkehr zwischen der Bundesrepublik Deutschland und der Tschechischen Republik.

• **Gesetz zu dem Vertrag vom 2. Februar 2000 zwischen der Bundesrepublik Deutschland und der Tschechischen Republik über die Ergänzung des Europäischen Übereinkommens über die Rechtshilfe in Strafsachen vom 20. April 1959 und die Erleichterung seiner Anwendung (BGBl. 2001 II S. 733)**
Das Gesetz ist am 20. Juli 2001 in Kraft getreten.

Inhalt: Mit dem Vertragsgesetz soll eine bilaterale Vereinbarung zwischen der Bundesrepublik Deutschland und der Tschechischen Republik ratifiziert werden, die das Europäische Übereinkommen vom 20. April 1959 über die Rechtshilfe und das dazu vereinbarte Zusatzprotokoll vom 17. März 1988 ergänzt und die Anwendung des Rechtshilfe-Übereinkommens erleichtern soll.

Politische Bedeutung: Mit der Ratifizierung des Vertrages wird der umfangreiche Rechtshilfeverkehr zwischen der Bundesrepublik Deutschland und der Tschechischen Republik beschleunigt und der Datenschutz verbessert werden.

• **Gesetz zur Aufhebung der Zugabeverordnung und zur Anpassung weiterer Rechtsvorschriften (BGBl. 2001 I S. 1661)**
Das Gesetz ist am 25. Juli 2001 in Kraft getreten.

Inhalt: Mit dem Gesetz wird - parallel zur Aufhebung des Rabattgesetzes - die Zugabeverordnung aufgehoben, die es bislang verbietet, neben Waren und Leistungen eine Zugabe anzubieten, anzukündigen oder zu gewähren. Daneben enthält der Gesetzentwurf die notwendigen Folgeregelungen.

Politische Bedeutung: Mit der Aufhebung der Zugabeverordnung und des Rabattgesetzes sollen die wettbewerbsrechtlichen Rahmenbedingungen modernisiert werden, da die restriktiven Vorschriften nicht mehr den Bedürfnissen von Wirtschaft und Verbrauchern entsprechen. Eine Liberalisierung des Zugabe- und Rabattrechts ist vor allem im Hinblick auf die europäische Rechtsentwicklung im Bereich des elektronischen Handels geboten.

• **Gesetz zur Beendigung der Diskriminierung gleichgeschlechtlicher Gemeinschaften / Lebenspartnerschaften (Lebenspartnerschaftsgesetz) (BGBl. 2001 I S. 266)**
Der Bundestag hat ein zustimmungsfreies Lebenspartnerschaftsgesetz und ein zustimmungspflichtiges Lebenspartnerschaftsgesetz-Ergänzungsgesetz am 10. November 2000 beschlossen. Das Lebenspartnerschaftsgesetz hat den Bundesrat am 1. Dezember 2000 passiert und ist am 1. August 2001 in Kraft getreten. Dem Lebenspartnerschaftsgesetz-Ergänzungsgesetz hat der Bundesrat am 1. Dezember 2000 nicht zugestimmt. Der Bundestag hat am 8. Dezember 2000 beschlossen, den Vermittlungsausschuss anzurufen, der sich inzwischen mehrfach mit dem Ergänzungsgesetz befasst hat, aber noch keine Einigung erzielt hat.

Inhalt: Die Gesetze sollen für auf Dauer angelegte gleichgeschlechtliche Lebenspartnerschaften eine sicherere rechtliche Grundlage schaffen. Durch das Rechtsinstitut einer eingetragenen Lebenspartnerschaft soll ein Rechtsrahmen für das Zusammenleben von zwei Personen gleichen Geschlechts geschaffen werden, der in ausgewählten Bereichen an das für Ehegatten geltende Recht angelehnt ist.

Politische Bedeutung: Die Gesetze setzen den Auftrag aus der Koalitionsvereinbarung um, dass niemand wegen seiner sexuellen Orientierung als Schwuler oder als Lesbe diskriminiert werden darf und alle Formen von auf Dauer angelegten Lebensgemeinschaften Anspruch auf Schutz und Rechtssicherheit haben.

• **Gesetz zur Anpassung der Formvorschriften des Privatrechts an den modernen Rechtsgeschäftsverkehr (BGBl. 2001 I S. 1542)**
Das Gesetz ist am 1. August 2001 in Kraft getreten.

Inhalt: Durch das Gesetz sollen die allgemeinen Formvorschriften im BGB modernisiert und an die neue Entwicklung im Bereich der Informationstechnik angepasst werden.
Mit der elektronischen Form und der Textform werden neue Formtypen geschaffen. Zugleich werden die Bestimmungen der Zivilprozessordnung so geändert, dass die Parteien und Gerichte für ihre Prozesshandlungen die neue Informationstechnologie besser nutzen können.

Politische Bedeutung: Durch das Gesetz sollen die Voraussetzungen für eine umfassendere Nutzung der neuen Informationstechnologien durch Wirtschaft und Bürger im Privatrechtsverkehr geschaffen werden. Außerdem stellt das Gesetz einen wichtigen Beitrag dar, um die Justiz an die Erfordernisse der modernen Informationsgesellschaft anzupassen.

- **Gesetz zur Neugliederung und Vereinfachung des Mietrechts (Mietrechtsreformgesetz) (BGBl. 2001 I S. 1149)**

Das Gesetz ist am 1. September 2001 in Kraft getreten.

Inhalt: Durch das Gesetz wird das private Mietrecht im BGB in neuer systematischer Gliederung zusammengefasst, vereinfacht und sprachlich aktualisiert. Dabei wird ins besondere das Miethöhegesetz einbezogen. Durch das Gesetz wird unter anderem ein umfassendes Eintrittsrecht für Haushaltsangehörige bei Tod des Mieters und vereinfachte Kündigungsmöglichkeiten für Mieter eingeführt.

Politische Bedeutung: Neben der Vereinfachung und Aktualisierung des Mietrechts steht vor allem das Anliegen im Vordergrund, das soziale Mietrecht den gewandelten gesellschaftlichen Verhältnissen anzupassen.

- **Zweites Reiserechtsänderungsgesetz (BGBl. 2001 I S. 1658)**

Das Gesetz ist am 1. September 2001 in Kraft getreten.

Inhalt: Mit dem Gesetz wird § 651k BGB geändert, der Reiseveranstalter zu einer lnsolvenzabsicherung verpflichtet, aufgrund der bisherigen Erfahrungen mit der Regelung (insbesondere im Hinblick auf den Nachweis der Absicherung und die Pflichten der Reisevermittler). Ferner werden im Reisevertragsrecht ergänzende Regelungen zu Informations- und Vertragspflichten und Kündigungsrechten für Reisen im Rahmen des internationalen Jugendaustausches geschaffen.

Politische Bedeutung: Durch die vorgesehenen Änderungen wird die praktische Wirksamkeit der Insolvenzabsicherung von Pauschalreisenden und der Schutz von Jugendlichen bei Gastschulaufenthalten im Ausland verbessert.

• Gesetz zur Bereinigung offener Fragen der Rechte an Grundstücken in den neuen Ländern (Grundstücksrechtebereinigungsgesetz) (BGBl. 2001 I S. 2716)
Das Gesetz ist mit Wirkung vom 1. Oktober 2001 in Kraft getreten.

Inhalt: Mit dem Gesetz sollen die Rechtsverhältnisse an öffentlich genutzten Privatgrundstücken bereinigt werden. Bisher wurde in Artikel 233 § 2a Abs. 9 EGBGB nur eine Übergangsregelung getroffen, die mit dem 30. September 2001 ausgelaufen ist.
Nach diesem sogenannten sachenrechtlichen Moratorium können Grundstückseigentümer von den öffentlichen Nutzern nur ein Nutzungsentgelt in Höhe von 0,8 % des Bodenwertes eines in gleicher Lage gelegenen unbebauten Grundstücks und die Freistellung von Grundstückslasten verlangen. Mit dem Gesetz soll der öffentliche Nutzer zunächst in Anlehnung an das Instrumentarium der Sachenrechtsbereinigung ein Ankaufsrecht erhalten. Für den Ankaufspreis wird zwischen Verkehrsflächen und anderen Flächen unterschieden. Für Flächen, die nicht Verkehrsflächen sind, soll der Ankaufspreis 1/3 des Bodenwertes betragen. Der Ankaufspreis für Verkehrsflächen, die wirtschaftlich nicht verwertbar sind, wird niedriger angesetzt. Hat der öffentliche Nutzer sein Erwerbsrecht bis zum 30. Juni 2007 nicht ausgeübt, sollen die Grundstückseigentümer die Bereinigung durch Verkauf an den öffentlichen Nutzer verlangen können.

Politische Bedeutung: In den neuen Länder bestand großes Interesse an einer entsprechenden Regelung.

• Vertragsgesetz und Begleitgesetz zu dem Haager Übereinkommen vom 29. Mai 1993 über den Schutz von Kindern und die Zusammenarbeit auf dem Gebiet der internationalen Adoption (BGBl. 2001 II S. 1034; BGBl. 2001 I S. 2950)
Das Vertragsgesetz ist am 27. Oktober 2001 in Kraft getreten; die Ratifikationsurkunde wurde am 22. November 2001 hinterlegt. Das Begleitgesetz ist im wesentlichen am 1. Januar 2002 in Kraft getreten.

Inhalt: Durch das Vertragsgesetz soll das Haager Adoptionsübereinkommen, ein multilateraler Vertrag über die internationale Zusammenarbeit auf dem Gebiet der grenzüberschreitenden Adoption, ratifiziert werden. Das Begleitgesetz soll das autonome deutsche Recht an das Übereinkommen anpassen und auch für Sachverhalte, die nicht vom Übereinkommen abgedeckt werden, weiterentwickeln. Das Adoptionsübereinkommen sieht insbesondere die Einrichtung zentraler Behörden durch die Vertragsstaaten vor. Durch die Änderung des autonomen deutschen Rechts soll beispielsweise ein Verfahren zur Anerkennung im Ausland vollzogener Adoptionen eingeführt werden. Außerdem wird eine Rechtsgrundlage geschaffen, um den Jugendämtern die Beobachtung der Entwicklung von Kindern zu ermöglichen, die von inländischen Bewerbern im Ausland adoptiert wurden.

Politische Bedeutung: Durch das Gesetz sollen grenzüberschreitende Adoptionen erleichtert werden und das Kindeswohl stärker geschützt werden, indem „Privatadoptionen" ohne Mitwirkung einer deutschen Adoptionsvermittlungsstelle erschwert werden. Die Umsetzung des Übereinkommens wird den Kampf gegen den internationalen Kinderhandel wesentlich erleichtern.

- **Gesetz zu dem Europäischen Übereinkommen vom 25. Januar 1996 über die Ausübung von Kinderrechten (BGBl. 2001 II S. 1074)**

Das Vertragsgesetz ist am 13. November 2001 in Kraft getreten.

Inhalt: Das Übereinkommen enthält einen Katalog von Verfahrensrechten für Kinder. Vorgesehen sind subjektiv-rechtliche Gewährleistungen (z. B. Auskunfts- und Anhörungsrechte), Vorgaben für die objektiv-rechtliche Ausgestaltung des innerstaatlichen Verfahrensrechts sowie die Einrichtung eines ständigen Ausschusses zur Überwachung der Anwendung des Übereinkommens. Das innerstaatliche deutsche Recht erfüllt die Anforderungen des Übereinkommens bereits jetzt, so dass neben dem Vertragsgesetz keine gesetzgeberische Anpassung erforderlich ist. Das Übereinkommen soll auf die meisten Verfahren vor dem Familien- oder Vormundschaftsgericht Anwendung finden, soweit die Sorge für die Person des Kindes betroffen ist.

Politische Bedeutung: Das Übereinkommen erleichtert die Ausübung materieller Kinderrechte durch verfahrensrechtliche Regelungen. Insofern soll ein hoher Mindeststandard im Kreis der Mitgliedstaaten des Europarates verbindlich werden.

• **Gesetz zu dem Vertrag zwischen der Bundesrepublik Deutschland und der Tschechischen Republik vom 2. Februar 2000 zur weiteren Erleichterung des Rechtshilfeverkehrs (BGBl. 2001 II S. 1210)**
Das Vertragsgesetz ist am 23. November 2001 in Kraft getreten.

Inhalt: Durch den Vertrag vom 2. Februar 2000 soll der Rechtshilfeverkehr zwischen den beiden Vertragsstaaten, der nach dem Haager Zivilprozess-Übereinkommen abgewickelt wird, vereinfacht werden. Der Vertrag ermöglicht den unmittelbaren Geschäftsverkehr zwischen den Gerichten und sieht Erleichterungen bei der Sicherheitsleistung für die Prozesskosten und bei der Prozesskostenhilfe vor.

Politische Bedeutung: Mit dem Vertragsgesetz sollen die Voraussetzungen für die Ratifikation des Vertrages vom 2. Februar 2000 geschaffen werden.

• **Gesetz zur Änderung der Insolvenzordnung und anderer Gesetze (BGBl. 2001 I S. 2710)**
Das Gesetz ist im wesentlichen am 1. Dezember 2001 in Kraft getreten; die Euroumstellungen sind am 1. Januar 2002 in Kraft getreten.

Inhalt: Mit dem Gesetz wird auch mittellosen Personen der Zugang zum Verbraucher Insolvenzverfahren eröffnet. Ihnen soll eine besondere Verfahrenskostenhilfe gewährt werden, die auf eine Stundung der Verfahrenskosten abzielt. Ehemalige oder noch aktive Unternehmer (Ausnahme: ehemalige Kleinunternehmer) sollen grundsätzlich vom Anwendungsbereich des Verbraucherinsolvenzverfahrens ausgenommen werden. Zu dem soll bei der Vorfinanzierung von Insolvenzgeld an die frühere Rechtslage angeknüpft und sollen die auf die Bundesanstalt für Arbeit übergegangenen Ansprüche generell wieder zu Insolvenzforderungen herabgestuft werden.

Politische Bedeutung: Das Verbraucherinsolvenzverfahren soll effektiver ausgestaltet werden. Im Unternehmensinsolvenzverfahren sind Korrekturen vorgesehen, die insbesondere den Schuldnerschutz ausbauen und Unternehmenssanierungen erleichtern sollen.

• **Gesetz über rechtliche Rahmenbedingungen für den elektronischen Geschäftsverkehr (BGBl. 2001 I S. 3721)**
Das Gesetz ist im wesentlichen am 21. Dezember 2001 in Kraft getreten.

Inhalt: Durch Änderungen des Teledienstegesetzes und der Zivilprozessordnung wer den einige der Regelungen der europäischen Richtlinie über den elektronischen Geschäftsverkehr 2000/31/EG umgesetzt: Dies betrifft insbesondere das sog. Herkunftslandprinzip, die Haftungsregelungen sowie die Möglichkeiten außergerichtlicher und gerichtlicher Streitbeilegung auf elektronischem Weg. Ferner sollen Änderungen im Teledienstedatenschutzgesetz die Transparenz und die Abstimmung von allgemeinem und bereichsspezifischem Datenschutz verbessern.

Politische Bedeutung: Die Electronic-Commerce-Richtlinie, die der Verbesserung und Harmonisierung der rechtlichen Rahmenbedingungen für den elektronischen Geschäftsverkehr in Europa dient, muss bis Anfang 2002 in nationales Recht umgesetzt werden. Mit den Änderungen im Teledienstedatenschutzgesetz sollen die Erkenntnisse aus der Evaluierung des Informations- und Kommunikationsdienste-Gesetzes berücksichtigt werden.

• **Gesetz zur Umstellung des Kostenrechts und der Steuerberatergebührenverordnung auf Euro (KostREuroUG) (BGBl. 2001 I S. 751)**
Das Gesetz ist am 1. Januar 2002 in Kraft getreten.
Inhalt: Durch das Gesetz sollen die Signalbeträge in den Justizkostengesetzen auf Euro umgestellt und so angepasst werden, dass glatte Eurobeträge herauskommen.

Politische Bedeutung: Das Gesetz stellt einen weiteren Schritt zur Vorbereitung des endgültigen Übergangs zum Euro dar. Die Verwendung des Euro wird auch im Bereich des Kostenrechts durch die Umstellung der gesetzlichen Vorschriften vereinfacht und so die Akzeptanz der Gesetzesanwender für den Euro erhöht.

• **Gesetz zur Reform des Zivilprozesses (BGBl. 2001 I S. 1887)**
Das Gesetz ist im wesentlichen am 1. Januar 2002 in Kraft getreten.

Inhalt: Der Zugang zu den Berufungs- und Revisionsgerichten soll neu geregelt werden und dabei sollen streitwertabhängige Zugangsbarrieren abgebaut werden. Die Berufung soll darauf beschränkt werden, Urteile der ersten Instanz zu überprüfen und Fehler zu beseitigen, und die Tätigkeit der Revisionsgerichte darauf konzentriert werden, die Rechtseinheit zu wahren und das Recht fortzubilden. Dieses Konzept stärkt die Eingangsgerichte, da die entscheidungserheblichen Tatsachen im wesentlichen in der ersten Instanz ermittelt werden und eine konzentrierte und umfassende Prüfung des Rechtsstreits dort stattfindet. Die materiellen Prozessleitungs- und Hinweispflichten des Gerichts sowie die prozessualen Aufklärungs- und Vorlagepflichten der Parteien sollen erweitert werden, um dem Gericht die Tatsachenfeststellung zu erleichtern. Gleichzeitig wird das Verfahren weiter vereinfacht und beschleunigt. Außerdem sollen die Möglichkeiten zur gütlichen Einigung und zur außergerichtlichen Streitbeilegung ausgebaut werden, um die Gerichte zu entlasten.

Politische Bedeutung: Ziel der Justizreform ist es, eine transparentere, effizientere und bürgernähere Gerichtsbarkeit zu schaffen. Die vorgesehenen Änderungen führen zu einem einfacheren und schnelleren Rechtsschutz für den Bürger. Durch Maßnahmen zur Stärkung der Eingangsinstanz, wie beispielsweise die Ausweitung der gütlichen Streitbeilegung, soll dazu beigetragen werden, dass die erstinstanzlichen Entscheidungen auch von den unterlegenen Parteien stärker akzeptiert und weniger Rechtsmittel eingelegt werden.

• **Gesetz zur Modernisierung des Schuldrechts (BGBl. 2001 I S. 3138)**
Das Gesetz ist am 1. Januar 2002 in Kraft getreten.

Inhalt: Mit dem Gesetz werden EG-Richtlinien umgesetzt, die das nationale Schuldrecht partiell vereinheitlichen, insbesondere die Richtlinie über den Verbrauchsgüterkauf. Die notwendige Richtlinienumsetzung wird mit einer umfassenden Modernisierung des Schuldrechts verbunden, die die Vorschläge der vom BMJ eingesetzten Schuldrechtskommission aufgreift. Es ist vorgesehen, das Verjährungsrecht, das Rücktrittsrecht, das Leistungsstörungsrecht, das Kaufrecht und das Werkvertragsrecht umzugestalten und den Erfordernissen des modernen Rechtsverkehrs anzupassen. Es wird eine einheitliche Grundverjährung von drei Jahren eingeführt. Die Rücktrittsvoraussetzungen werden vereinheitlicht und die Alternativität von Rücktritt und Schadenersatz wird aufgehoben. Die positive Forderungsverletzung und die culpa in contra hendo werden kodifiziert sowie die Unterscheidungen zwischen anfänglicher und nachträglicher Unmöglichkeit wird aufgegeben. Die zentralen Regelungen insbesondere des Kaufrechts werden modernisiert und vereinfacht. Außerdem werden die Bestimmungen aus den speziellen Verbraucherschutzgesetzen ins BGB integriert und das BGB mit Überschriften versehen.

Politische Bedeutung: Durch die Änderungen werden nicht nur die europarechtlichen Vorgaben erfüllt, sondern das Schuldrecht wird so umgestaltet, dass es auch weiterhin den Anforderungen genügt, die der moderne Rechtsverkehr stellt.

• **Gesetz zur Anpassung bilanzrechtlicher Bestimmungen an die Einführung des Euro, zur Erleichterung der Publizität für Zweigniederlassungen ausländischer Unternehmen sowie zur Einführung einer Qualitätskontrolle für genossenschaftliche Prüfungsverbände (Euro-Bilanzgesetz- EuroBilG) (BGBl. 2001 I S. 3414)**
Das Gesetz ist am 1. Januar 2002 in Kraft getreten.

Inhalt: Mit dem Gesetz sollen in bilanzrechtlichen Bestimmungen Geldbeträge, die noch auf D-Mark lauten, zum 1. Januar 2002 auf Euro umgestellt werden. Daneben sollen Zweigniederlassungen ausländischer Kreditinstitute und Kapitalgesellschaften von nicht mehr zeitgemäßen Publizitätsanforderungen entlastet werden. Außerdem wird eine externe Qualitätskontrolle für genossenschaftliche Prüfungsverbände vorgesehen, die den Grundsätzen der Qualitätskontrollen nach den §§ 57a ff. WPO entspricht, die kürzlich für Wirtschaftsprüfer und Buchprüfer eingeführt wurden.

Politische Bedeutung: Folgen der Einführung des Euro.

• **Gesetz zur Bereinigung von Kostenregelungen auf dem Gebiet des geistigen Eigentums (BGBl. 2001 I S. 3656)**
Das Gesetz ist am 1. Januar 2002 in Kraft getreten.

Inhalt: Mit dem Gesetz werden Kostenregelungen im Bereich der gewerblichen Schutz rechte vereinheitlicht und vereinfacht. Zugleich werden die notwendigen Regelungen zur Umstellung auf Euro getroffen. Ergänzend enthält der Gesetzentwurf auch einige markenrechtliche Änderungen, mit denen das Verfahren beim DPMA und bei den Gerichten vereinfacht werden soll. Daneben werden die Sanktionen bei der Verletzung der Gemeinschaftsmarke und das Verfahren der Erteilung der Vollstreckungsklausel für Entscheidungen des Harmonisierungsamtes für den Binnenmarkt in Alicante geregelt.

Politische Bedeutung: Das Gesetz dient der Modernisierung der Verwaltungsstrukturen im DPMA und der Beschleunigung der Verfahren beim DPMA.

• **Gesetz zur Verbesserung des zivilrechtlichen Schutzes bei Gewalttaten und Nachstellungen sowie zur Erleichterung der Überlassung der Ehewohnung bei Trennung (BGBl. 2001 I S. 3513)**
Das Gesetz ist zum 1. Januar 2002 in Kraft getreten.

Inhalt: Kernstück des Gesetzes ist das Gewaltschutzgesetz. Die Zivilgerichte sollen ermächtigt werden, bei Verletzung des Körpers, der Gesundheit oder der Freiheit eines anderen die erforderlichen Schutzanordnungen zu treffen. Wenn es um Gewalttaten im häuslichen Bereich geht, soll dem Opfer ein Anspruch auf Überlassung der mit dem Täter gemeinsam genutzten Wohnung eingeräumt werden. Geregelt wird auch der zivilrechtliche und strafrechtliche Schutz gegen das sog. Stalking, worunter man Belästigung, Bedrohung, Verfolgung oder sonstige Behelligungen versteht, die auf dem Begehren des Täters beruhen, das Opfer zu einer Beziehung zu dem Täter zu bewegen oder es zu schikanieren.

Politische Bedeutung: Die Verbesserung des zivilrechtlichen Schutzes bei Gewalttaten ist ein wichtiger Bestandteil des Bündnisses von Maßnahmen, das die Bundesregierung mit dem Aktionsplan zur

Bekämpfung von Gewalt gegen Frauen beschlossen hat. Die Neuregelungen sollen den Zivilgerichten klare Rechtsgrundlagen für Schutzmaß nahmen der von Gewalt betroffenen Bürger geben. Dies gilt insbesondere für Gewalttaten im sozialen Nahraum des Opfers. Die Erfahrung zeigt, dass bei häuslicher Gewalt ganz überwiegend Frauen die Opfer sind.

• **Gesetz zur Einführung des Euro in Rechtspflegegesetzen und in Gesetzen des Straf- und Ordnungswidrigkeitenrechts, zur Änderung der Mahnvordruckverordnungen sowie zur Änderung weiterer Gesetze (BGBl. 2001 I S. 3574)**
Das Gesetz ist am 1. Januar 2002 in Kraft getreten.

Inhalt: Mit dem Gesetz werden Vorschriften in Justizgesetzen sowie in Gesetzen des Straf- und Ordnungswidrigkeitenrechts, die Wertangaben in Deutscher Mark enthalten, zum 1. Januar 2002 auf Euro umgestellt, soweit dies nicht in anderen Gesetzesvorhaben (z.B. den Novellen zur Reform der Pfändungsfreigrenzen, der ZPO und der VwGO) geschieht. Sogenannte Signalbeträge, die auf „glatte" DM-Beträge lauten, etwa Höchstgrenzen für eine Geldbuße, werden grundsätzlich im Verhältnis 2:1 umgestellt.

Politische Bedeutung: Eventuelle Mindereinnahmen bei einzelnen Tatbeständen wer den durch Anhebung anderer Gebühren und Kostenbeträge im zugehörigen Bereich und teilweise durch eine Anhebung der allgemeinen Rahmenbeträge für Ordnungs- und Zwangsgelder ausgeglichen, so dass im Ergebnis weder nennenswerte Mindereinnahmen noch höhere Kosten zu erwarten sind.

• **Siebtes Gesetz zur Änderung der Pfändungsfreigrenzen (BGBl. 2001 I S. 3638)**
Das Gesetz ist am 1. Januar 2002 in Kraft getreten.

Inhalt: Durch das Gesetz werden die Pfändungsfreigrenzen in der ZPO angehoben. Maßstab für die Erhöhungen ist insbesondere die Entwicklung der Lebenshaltungskosten und der Regelsätze nach dem BSHG. Durch eine Dynamisierungsregelung sollen die Pfändungsfreigrenzen künftig automatisch entsprechend der Entwicklung des steuerlichen Grundfreibetrages angehoben werden.

Auch das Verfahren zur Festsetzung des pfändbaren Eigentums wird vereinfacht.

Politische Bedeutung: Die Anhebung der Pfändungsfreigrenzen auf ein der heutigen Zeit entsprechendes Niveau soll insbesondere dafür sorgen, dass Schuldnern das Existenzminimum erhalten bleibt und für sie ein Anreiz besteht, Einkommen zu erzielen und nicht von der Sozialhilfe zu leben.

- **Gesetz über elektronische Register und Justizkosten für Telekommunikation (ERJuKoG) (BGBl. 2001 I S. 3422)**

Das Gesetz ist zum 1. Januar 2002 in Kraft getreten.

Inhalt: Mit dem Gesetz werden Regelungen geschaffen, die den Online-Abruf aus den maschinell geführten Handelsregistern erleichtern. Diese Regelungen werden ergänzt durch entsprechende Gebührenvorschriften, mit denen in den Kostengesetzen Vorschriften für die elektronische Datenübermittlung geschaffen werden. Zusätzlich werden die Handelsregistereintragungen zur Vertretungsmacht der Handelsgesellschaften erweitert. Künftig soll bei allen Gesellschaften eingetragen werden, wer zur Vertretung befugt ist, unabhängig davon, ob sich die Vertretung nach der gesetzlichen Vertretungsregelung richtet oder eine abweichende Regelung getroffen wurde.

Politische Bedeutung: Das Gesetz dient der Modernisierung des Registerrechts im Hinblick auf die elektronische Datenübermittlung.

- **Gesetz zur Änderung der Strafprozessordnung (§§ 100g, 100h StPO; Nachfolgeregelung § 12 FAG) (BGBl. 2001 I S. 3879)**

Das Gesetz ist zum 1. Januar 2002 in Kraft getreten.

Inhalt: § 12 des Gesetzes über Fernmeldeanlagen (FAG), der es Strafverfolgungsbehörden gestattet, von den verpflichteten Diensteanbietern Auskunft über Telekommunikationsverbindungen zu verlangen, tritt mit Ablauf des 31.12.2001 außer Kraft. Als Nachfolgeregelung soll diese Befugnis der Strafverfolgungsbehörden aus systematischen Gründen in die Strafprozessordnung eingestellt werden. Die neuen §§ 100g, 100h StPO sollen im Interesse wirksamen Grundrechtsschutzes die Anordnungsvoraussetzungen für den Auskunftsanspruch maßvoll anheben. Darüber hinaus sollen die von den Diensteanbietern mitzuteilenden Informationen präzisiert und der Auskunftsanspruch insgesamt mit den Regelungen zur Telekommunikationsüberwachung in §§ 100a, 100b StPO harmonisiert werden. Die Neuregelung soll bis zum 31.12.2004 befristet werden, weil auf der Grundlage gegenwärtig erstellter Gutachten bis dahin insbesondere hinsichtlich der Berücksichtigung von Zeugnisverweigerungsrechten ein den Besonderheiten aller heimlichen Ermittlungsmaßnahmen gerecht werdendes Gesamtkonzept erarbeitet werden soll.

Politische Bedeutung: Unter dem Gesichtspunkt einer effektiven Strafverfolgung ist es unverzichtbar, dass die Strafverfolgungsbehörden weiterhin Auskünfte über Telekommunikationsverbindungen zu Ermittlungs- und Fahndungszwecken erhalten. Daher bedarf es einer Nachfolgeregelung, die dem Schutz der betroffenen Grundrechte ebenso wie den Geboten der Rechtssicherheit und -klarheit und den im Rechtsstaatsprinzip verankerten Belangen einer wirksamen Strafrechtspflege genügt.

• **Gesetz zur Bereinigung des Rechtsmittelrechts im Verwaltungsprozess (RmBe reinVpG) (BGBl. 2001 I S. 3987).**
Das Gesetz ist zum 1. Januar 2002 in Kraft getreten.

Inhalt: Mit dem Gesetz wird das Rechtsmittelrecht der VwGO, das durch das Sechste Gesetz zur Änderung der Verwaltungsgerichtsordnung und anderer Gesetze geändert worden war, in einigen Bereichen bereinigt. Insbesondere werden die Fristen für die Begründung der Berufung und der Beschwerde im Verfahren des vorläufigen Rechtsschutzes verlängert. Auch die Verwaltungsgerichte sollen die Zulassung der Berufung zu Zwecken der Rechtsfortbildung oder -vereinheitlichung anordnen können. Außerdem kann künftig das BVerwG angerufen werden, um Zweifelsfragen im Zusammenhang mit der Zulassung der Berufung zu klären. Daneben regelt der Gesetzentwurf die Vorlage- und Auskunftspflichten der Behörden teilweise neu (§ 99 VwGO).

Politische Bedeutung: Mit dem Gesetz sollen der Rechtsschutz vor den Verwaltungsgerichten verbessert und insbesondere die Rechtsmittelverfahren noch effizienter gestaltet werden.

- **Gesetz zur Änderung des Strafrechtlichen Rehabilitierungsgesetzes (BGBl. 2001 I S. 3986)**

Das Gesetz ist zum 1. Januar 2002 in Kraft getreten.

Inhalt: Das Gesetz sieht vor, die Antragsfrist für die Durchführung der strafrechtlichen (gerichtlichen) Rehabilitierung, die am 31.12.2001 ausläuft, um zwei Jahre zu verlängern. Dies gilt auch für die Leistungsfristen sowie für das verwaltungsrechtliche und das berufliche Rehabilitierungsgesetz.

Politische Bedeutung: SED-Opfern soll weiterhin die Möglichkeit einer Rehabilitierung für erlittenes Unrecht in der ehemaligen DDR erhalten bleiben.

Gesetz zur Änderung des Gesetzes über Arbeitnehmererfindungen (BGBl. 2002 I S. 414)

Das Gesetz ist am 7. Februar 2002 in Kraft getreten.

Inhalt: Das Gesetz dient dazu, die bisherige Regelung der Rechte an Erfindungen von Hochschullehrern (das sog. „Hochschullehrerprivileg" des§ 42 ArbEG) an die veränderten Rahmenbedingungen der Hochschulforschung anzupassen. Den Hochschulen soll die Möglichkeit eröffnet werden, alle wirtschaftlich nutzbaren Erfindungen in ihrem Bereich schützen zu lassen und auf dieser Basis stärker und effektiver als bisher einer industriellen Verwertung zuzuführen. Gleichzeitig sollen Hochschul-Erfinder durch eine Besserstellung bei der Erfindervergütung motiviert werden, aktiv an der Schutzrechtserlangung und Verwertung ihrer Erfindungen mitzuwirken. Durch die Gesetzesnovellierung sollen die an wissenschaftlichen Hochschulen beschäftigten Professoren, Dozenten und wissenschaftlichen Assistenten den übrigen Arbeitnehmern grundsätzlich gleichgestellt werden. Dem Grundrecht auf Forschungsfreiheit wird durch Sonderregelungen Rechnung getragen.

Politische Bedeutung: Ziel des Gesetzes ist es, den Wissens- und Technologietransfer zwischen Hochschulen und Wirtschaft zu fördern.

- **Erstes Gesetzes zur Änderung des Vermögenszuordnungsgesetzes (BGBl. 2002 I S. 562)**

Das Gesetz ist am 7. Februar 2002 in Kraft getreten.

Inhalt: Mit dem Gesetz wird das BMF ermächtigt, die Arbeit der Zuordnungsbehörden örtlich zu konzentrieren. Deren Tätigkeit umfasst im wesentlichen die Zuordnung ehemals staatlichen Vermögens der DDR auf Bund, Länder und Gemeinden entsprechend den Regelungen des Einigungsvertrages. Zudem wird in dem Gesetz die Antragstellung für ein vereinfachtes Übertragungsverfahren, dessen Bedeutung immer geringer wird, auf den 31. Dezember 2003 befristet. Schließlich werden einige bisher leerlaufende Regelungen des Vermögenszuordnungsgesetzes aufgehoben.

Politische Bedeutung: Das Gesetz betrifft lediglich das verwaltungsinterne Verfahren zur Feststellung welcher Gegenstand des Staatsvermögens der DDR welcher heute zuständigen Stelle zugefallen ist.

- **Gesetz zur Bereinigung des als Bundesrecht fortgeltenden Rechts der Deutschen Demokratischen Republik (BGBl. 2002 I S. 567)**

Das Gesetz ist am 7. Februar 2002 in Kraft getreten.

Inhalt: Zweck des Gesetzes ist es, Bestimmungen der Deutschen Demokratischen Republik, die nach dem Einigungsvertrag fortgelten, heute aber gegenstandslos sind bzw. nicht mehr angewandt werden, formal aufzuheben.

Politische Bedeutung: Nach der erfolgten Aufhebung und deren Berücksichtigung im Anhang „Fortgeltendes Recht der ehemaligen DDR“ zum Fundstellennachweis A bzw. in der Juris-Datenbank ist aus diesen Auflistungen der aktuelle Stand des als Bundes recht fortgeltenden Rechts der DDR ersichtlich.

• **Gesetz zu dem Markenrechtsvertrag vom 27. Oktober 1994 (BGBl. 2002 II S. 174)**
Das Vertragsgesetz ist am 19. Februar 2002 in Kraft getreten.

Inhalt: Der Markenrechtsvertrag, dem mit dem Gesetz zugestimmt wird, dient der Vereinheitlichung der Verfahren zur Anmeldung einer Marke in den Mitgliedstaaten der WIPO, damit standardisierte Verfahrensbedingungen eingeführt werden können.

Politische Bedeutung: Der Vertrag erfordert keine Änderung des deutschen Markengesetzes, sondern lediglich Anpassungen der vom Präsidenten des DPMA erlassenen Markenverordnung.

• **Gesetz zur Änderung der Strafprozessordnung (Zeugnisverweigerungsrecht für Journalisten) (BGBl. 2002 I S. 682)**
Das Gesetz ist am 23. Februar 2002 in Kraft getreten.

Inhalt: Das Zeugnisverweigerungsrecht für Journalisten soll ausgedehnt werden; ebenso das Beschlagnahmeverbot. Gleichzeitig wird der Kreis der Zeugnisverweigerungsberechtigten erweitert und das Zeugnisverweigerungsrecht auch auf selbst recherchiertes Material erstreckt.

Politische Bedeutung: Die Pressefreiheit wird durch die Erweiterung des Zeugnisverweigerungsrechts für Journalisten noch besser geschützt.

• **Gesetz zur Änderung des Anerkennungs- und Vollstreckungsausführungsgesetzes (BGBl. 2002 I S. 564)**
Das Gesetz ist am 1. März 2002 in Kraft getreten.

Inhalt: Mit dem Gesetz werden die notwendigen Durchführungsbestimmungen zu der Verordnung EG Nr. 44/201 über die gerichtliche Zuständigkeit für die Anerkennung und Vollstreckung von Entscheidungen in Zivil- und Handelssachen geschaffen und das Verfahren der Vollstreckbarkeitserklärung wird entsprechend den Vorgaben der Verordnung ausgestaltet.

Politische Bedeutung: Die EG-Verordnung, die am 1. März 2002 in Kraft tritt, strafft und vereinfacht die Anerkennung und das Verfahren der Vollstreckbarkeitserklärung.

• **Gesetz zur Änderung des Übereinkommens vom 14. Juli 1967 zur Errichtung der Weltorganisation für geistiges Eigentum (BGBl. 2002 II S. 598)**
Das Gesetz ist am 15. März 2002 in Kraft getreten.

Inhalt: Mit dem Vertragsgesetz sollen die Voraussetzungen für die Ratifizierung des Änderungsübereinkommens geschaffen werden, mit dem die bisher unbegrenzt mögliche Wiederwahl des Generaldirektors der WIPO beschränkt werden soll. Künftig soll es nur noch möglich sein, einen Generaldirektor höchstens zweimal für Amtsperioden von jeweils sechs Jahren zu wählen.

Politische Bedeutung: Konsequenz aus früheren Erfahrungen mit zu langen Amtszeiten.

• **Gesetz zur Änderung von Vorschriften über die Bewertung der Kapitalanlagen von Versicherungsunternehmen und zur Aufhebung des Diskontsatz Überleitungsgesetzes (Versicherungskapitalanlangen-Bewertungsgesetz- VersKapAG) (BGBl. 2002 I S. 1219)**
Das Gesetz ist am 4. April 2002 in Kraft getreten.

Inhalt: Das Gesetz sieht eine Anpassung der versicherungsbilanzrechtlichen Vorschrift des HGB zur Bewertung von Kapitalanlagen (§ 341b HGB) an die für die Kreditwirtschaft geltende Bestimmung (§ 340e HGB) vor: Versicherungen sollen insbesondere Aktienvermögen danach nicht mehr ausnahmslos wie Umlaufvermögen bewerten und bei vorübergehenden Kurseinbußen diese nicht sofort von den Bilanzwerten abschreiben müssen. Wenn Aktien dem Geschäftsbetrieb langfristig dienen, sollen sie Anlagevermögen bewertet werden, und nur bei länger anhaltenden Kursverlusten müssen entsprechende Abschreibungen vorgenommen werden. Ferner sollen die Rechtsänderungen, die durch das Entfallen des Diskontsatzes der Deutschen Bundesbank als Bezugsgröße für Zinsen in den Vorschriften des Bundesrechts und in Verträgen und Vollstreckungstiteln und durch dessen Ersetzung durch den Basiszinssatz sowie durch das Gesetz zur Modernisierung des Schuldrechts bedingt sind, für bundesrechtliche Vorschriften auf dem Gebiet des öffentlichen Rechts nachvollzogen werden. Hierzu enthält das Gesetz eine Verordnungsermächtigung.

Politische Bedeutung: Die bisherige Regelung für Versicherungen hat sich nach der Entwicklung auf den Aktienmärkten in den letzten Monaten, insbesondere nach dem 11. September 2001, als nicht mehr sinnvoll erwiesen und soll deshalb an die für Banken geltende Regelung angepasst werden, damit lediglich kurzfristige Kurseinbußen den Überschuss der Versicherungen nicht übermäßig schmälern.

• **Viertes Gesetz zur Änderung des Bundeszentralregistergesetzes (4. BZRGÄndG) (BGBl. 2002 I S. 1406)**
Das Gesetz ist weitgehend am 30. April 2002 in Kraft getreten.

Inhalt: Es geht insbesondere darum, einzelne datenschutzrechtliche Regelungen im Bundeszentralregister fortzuentwickeln. So wird z. B. die Eintragung der Schuldunfähigkeit im Zusammenhang mit einer strafbaren Handlung beschränkt.

Politische Bedeutung: Das Recht auf informationelle Selbstbestimmung soll im Bundeszentralregistergesetz noch stärker gesichert werden.

• **Erstes Gesetz zur Änderung des Schuldrechtsanpassungsgesetzes (BGBl. 2002 I S. 1580)**
Das Gesetz ist weitgehend am 1. Juni 2002 in Kraft getreten.

Inhalt: Ziel des Gesetzes ist insbesondere die Umsetzung der Entscheidung des Bundesverfassungsgerichts vom 14. Juli 1999 (BVerfGE 101, 54) zu den Rechten der Grundstückseigentümer und Nutzer nach dem Schuldrechtsanpassungsgesetz und der Nutzungsentgeltverordnung. Dies erfordert Anpassungen des Wortlauts des Schuldrechtsanpassungsgesetzes, eine Regelung der angemessenen Beteiligung des Nutzers an den öffentlichen Lasten, die auf einem Erholungs- und Freizeitgrundstück ruhen, sowie die Schaffung eines Teilkündigungsrechts des Nutzers eines besonders großen Erholungs- und Freizeitgrundstücks. Ferner sind Änderungen der Nutzungsentgeltverordnung vorgesehen.

Politische Bedeutung: Der Gesetzentwurf ist von einer durch die Ost-JUMIKO unter Federführung des BMJ und JM Brandenburg eingesetzten Bund-Länder-Arbeitsgruppe erarbeitet worden und folgt den Vorgaben der BVerfG-Entscheidung.

• **Gesetz zur Einführung des Völkerstrafgesetzbuches (VStGB-Einführungsgesetz - VStGBEG) (BGBl. 2002 II, S. 2254)**
Das Gesetz ist am 30. Juni 2002 in Kraft getreten.

Inhalt: Das deutsche materielle Strafrecht soll an das Römische Statut des Internationalen Strafgerichtshofs vom 17. Juli 1998 und weiteres allgemein anerkanntes Völkerrecht angepasst werden. Zu diesem Zweck wird das weitgehend eigenständige Regelungswerk eines Völkerstrafgesetzbuches geschaffen, das die Entwicklung des humanitären Völkerrechts und des Völkerstrafrechts widerspiegelt, indem es die Verbrechen gegen das Völkerrecht unter Strafe stellt. Soweit es um Verbrechen nach dem VStGB geht, sieht das Gesetz die Geltung des Weltrechtsprinzips ohne die Notwendigkeit eines inländischen Anknüpfungspunktes vor. Daneben enthält der Entwurf eine prozessuale Begleitregelung zur Strukturierung des Ermessens für das Absehen von der Verfolgung nach dem VStGB strafbarer Taten sowie die notwendigen Folgeänderungen im StGB und anderen Gesetzen.

Politische Bedeutung: Das Völkerstrafgesetzbuch soll das spezifische Unrecht der Verbrechen gegen das Völkerrecht besser erfassen, als dies nach allgemeinem Strafrecht derzeit möglich ist, und durch die Normierung in einem einheitlichen Regelungswerk die Rechtsklarheit und die Handhabbarkeit in der Praxis fördern. Damit soll im Hinblick auf die Komplementarität der Verfolgungszuständigkeit des IStGH sichergestellt werden, dass Deutschland stets in der Lage ist, in die Zuständigkeit des IStGH fallende Verbrechen selbst zu verfolgen. Durch die Schaffung eines eigenständigen nationalen Regelungswerks soll das humanitäre Völkerrecht gefördert und zu seiner Verbreitung beigetragen werden.

• **Gesetz zur Reform des Verfahrens bei Zustellungen im gerichtlichen Verfahren (Zustellungsreformgesetz- ZustRG}**
(BGBl. 2001 I S. 1206)
Das Gesetz ist am 1. Juli 2002 in Kraft getreten.

Inhalt: Das Gesetz vereinfacht und vereinheitlicht das gerichtliche Zustellungsverfahren. Es erweitert die Wahlmöglichkeiten zwischen verschiedenen Zustellungsarten und schränkt die Pflicht zur kosten- und zeitaufwendigen Beurkundung der Zustellung ein, erweitert die Möglichkeit der Zustellung durch Telefax und vereinfacht die Zustellung im Ausland.

Politische Bedeutung: Durch das Gesetz wird das Zustellungsrecht der Gerichte aller Gerichtszweige vereinheitlicht. Künftig soll für alle Gerichte das Zustellungsrecht der ZPO gelten. Durch die Vereinfachung des Zustellungsrechts der ZPO werden die Gerichte entlastet. Die Modernisierung ermöglicht es, auch bei der Zustellung die moder nen Informations- und Kommunikationstechniken zu nutzen.

- **Gesetz zur Stärkung der vertraglichen Stellung von Urhebern und ausübenden Künstlern (BGBl. 2002 I S. 1155)**

Das Gesetz ist am 1. Juli 2002 in Kraft getreten.

Inhalt: Jeder Urheber erhält einen gesetzlichen Anspruch auf angemessene Vergütung, der aufgrund der Werknutzung neben vertraglichen Ansprüchen entsteht. Das Gesetz regelt das Verfahren zur Schaffung gemeinsamer Vergütungsregeln zwischen den Interessenverbänden der Urheber, Werknutzer und Verwerter zur Bestimmung angemessener Vergütungen in der jeweiligen Branche und sieht ein obligatorisches Schlichtungsverfahren vor. Urheber können ihre angemessene Vergütung vor Gericht einklagen. Und mit einem verbesserten Bestsellerparagraphen, der auch für die Vergangenheit wirkt, enthält das Gesetz einen Fairnessausgleich für die Fälle, in denen das Honorar und der nach Jahren eintretende Erfolg eines Werkes weit auseinander klaffen.

Politische Bedeutung: Die aufgrund struktureller Unterlegenheit schwache Position der Urheber und ausübenden Künstler beim Abschluss von Verträgen über die Verwertung ihrer Werke wird gestärkt, auch um der Entwicklung der Neuen Medien gerecht zu werden. Die Allgemeinheit und damit auch die Copyright-Industrie haben ein Interesse an angemessenen Vergütungen für die Leistungen der Kreativen als Beitrag zur Sicherung des Standortes Deutschland.

• **Gesetz zur Ausführung des Römischen Statuts des Internationalen Strafgerichtshofs vom 17. Juli 1998 (RSAG) (BGBl. 2002 I, S. 2144)**
Das Gesetz ist am 1. Juli 2002 in Kraft getreten.

Inhalt: Das Ausführungsgesetz soll den Anpassungsbedarf erfüllen, der sich aus dem Römischen Statut des Internationalen Strafgerichtshofs ergibt. In erster Linie betrifft dies den Bereich der strafrechtlichen Zusammenarbeit zwischen der Bundesrepublik und dem Gerichtshof, der Überstellung und Durchbeförderung von Personen, der Vollstreckung von Entscheidungen des Gerichtshofs, der Leistung von sonstiger Rechtshilfe sowie der Duldung von Verfahrenshandlungen auf nationalem Territorium. Das Gesetz enthält eine zusammenhängende Regelung des Rechts der strafrechtlichen Zusammenarbeit mit den IStGH, wobei soweit möglich bewährten Regelungen des Gesetzes über die internationale Rechtshilfe in Strafsachen (IRG) gefolgt wird.
Daneben enthält das Gesetz auch Änderungen der Strafprozessordnung, des Gerichtsverfassungsgesetzes und des Gesetzes über die internationale Rechtshilfe in Strafsachen.

Politische Bedeutung: Durch die Hinterlegung der Ratifikationsurkunde zum Römischen Statut des Internationalen Strafgerichtshofs am 11. Dezember2000 will die Bundesrepublik ein rasches Inkrafttreten des Statuts und baldiges Tätigwerden des für die Entwicklung des Völkerrechts wichtigen IStGH unterstützen. Dem dient auch die Schaffung der innerstaatlichen Voraussetzungen mit dem als Entwurf vorliegenden Gesetz.

Reform der Juristenausbildung

Auch diese „immerwährende" Problematik musste uns natürlich beschäftigen. Die dazu koalitionsintern gebildete Arbeitsgruppe tagte am 7. 5. 2001.

• **Gesetz zur Reform der Juristenausbildung**
Der Bundestag hat das Gesetz am 21. März 2002 beschlossen.
Der Bundesrat hat dem Gesetz am 26. April 2002 zugestimmt.
Das Gesetz wurde am 11. Juli 2002 unter dem Namen „Gesetz zur

Reform der Juristenausbildung“ ausgefertigt und anschließend verkündet (BGBl. 2002 I S. 2592). Es trat zum 1. Juli 2003 2003 in Kraft.

Inhalt: Die Juristenausbildung wird durch das Gesetz von Anfang an stärker berufsfe!dorientiert und fächerübergreifend gestaltet. Den Studierenden sollen auch interdisziplinäre Schlüsselqualifikationen sowie verstärkt die internationalen und europarechtlichen Bezüge des Rechts und fremdsprachliche Kenntnisse vermittelt und frühzeitige Möglichkeiten der Spezialisierung geboten werden. Zur Verstärkung der internationalen Orientierung werden fremdsprachliche Pflichtveranstaltungen in den Kanon der an den Universitäten zu lehrenden und zu prüfenden Fächer aufgenommen. Die Prüfung der Schwerpunktbereiche (bisher: „Wahlfächer“) innerhalb der Studienabschlussprüfung als „erster Prüfung“ wird vollständig auf die Universitäten übertragen und ihr Ergebnis wird zu 30% in die Gesamtnote mit einfließen. Der Vorbereitungsdienst wird stärker als bisher am Bild des Rechtsanwalts ausgerichtet. Gleichwohl soll es bei der zweijährigen Dauer des Vorbereitungsdienstes verbleiben. Zu den jeweils dreimonatigen Pflichtstationen bei Verwaltung und Justiz wird eine neunmonatige Pflichtstation beim Rechtsanwalt hinzutreten, wobei nach Landesrecht von diesen neun Monaten drei Monate auch an einer anderen Stelle abgeleistet werden können, soweit dort eine rechtsberatende Ausbildung gewährleistet ist. Gesetzliche Voraussetzung für die Aufnahme des Richterberufes wird in Zukunft auch sein, dass der Bewerber für ein Richteramt über die erforderliche soziale Kompetenz verfügt.

Politische Bedeutung: Das Gesetz geht auf Entwürfe der Koalitionsfraktionen und des Bundesrates zurück und soll die Forderung erfüllen, die Juristenausbildung so zu reformieren, dass sie den Bedürfnissen der in der Ausbildung befindlichen Juristinnen und Juristen ebenso gerecht wird, wie den Belangen der Rechtssuchenden und den Interessen der Anwaltschaft, der Justiz, der Verwaltung und der Wirtschaft an einem qualifizierten Nachwuchs.

• Zweites Gesetz zur Änderung des Schadensersatzrechts

Das Gesetz wurde unter dem Namen „Zweites Gesetz zur Änderung schadensersatzrechtlicher Vorschriften“ am 19. Juli 2002 ausgefertigt und anschließend verkündet (BGBl. 2002 I S. 2674). Es trat zum 1. August 2002 in Kraft.

Inhalt: Mit dem Gesetz soll das deutsche Schadensersatzrecht modernisiert und an europäische Standards angeglichen werden. Vor allem die Rechtstellung von Opfern, die Körper- und Gesundheitsschäden erlitten haben, soll gestärkt werden. Mit dem Entwurf soll die haftungsrechtliche Situation von Kindern im motorisierten Straßen- und Bahnverkehr verbessert werden. Die Altersschwelle für eine Haftung von Kindern im motorisierten Verkehr wird von derzeit sieben Jahren auf zehn Jahre heraufgesetzt.

Die Schmerzensgeldansprüche sollen ausgeweitet werden. Künftig soll auch in Fällen der Gefährdungs- und der Vertragshaftung Schmerzensgeld verlangt werden können. Allerdings soll es für nicht vorsätzlich zugefügte leichte Verletzungen künftig kein Schmerzensgeld mehr geben. Im Bereich der Arzneimittelhaftung sollen für den Arzneimittelanwender Beweiserleichterungen geschaffen und Auskunftsrechte erweitert werden, damit er Haftungsansprüche besser geltend machen kann. Die im Gesetz geregelten Haftungshöchstgrenzen sollen der wirtschaftlichen Entwicklung angepasst werden. Beim Sachschadensrecht soll der Schadensersatz künftig stärker daran ausgerichtet werden, ob und wie ein Schaden beseitigt wird.

Politische Bedeutung: Durch die vorgesehenen Änderungen wird das Haftungsrecht modernisiert und die haftungsrechtliche Stellung, vor allem von Kindern deutlich verbessert.

- **Gesetz zur Modernisierung des Stiftungsrechts**

Das Gesetz wurde unter dem Namen „Gesetz zur Modernisierung des Stiftungsrechts“ am 15. Juli 2002 ausgefertigt und anschließend verkündet (BGBl. I S. 2634).
Der Bundestag hat das Gesetz am 25. April 2002 beschlossen.
Der Bundesrat hat am 31. Mai 2002 nicht den Vermittlungsausschuss angerufen. Ausfertigung und Verkündung werden vorbereitet.

Inhalt: Das Gesetz verfolgt das Ziel, das materielle Stiftungsrecht (§§ 80 ff BGB) zu modernisieren und insbesondere die für die Errichtung einer Stiftung maßgeblichen rechtlichen Anforderungen für potenzielle Stifter transparenter und einfacher zu gestalten. Die gesetzlichen Voraussetzungen, unter denen eine Stiftung Rechtsfähigkeit erlangt, sollen im Bürgerlichen Gesetzbuch bundeseinheitlich und abschließend bestimmt werden. Dem Stifter soll unter anderem ausdrücklich der Rechtsanspruch zuerkannt werden, dass die Stiftung als rechtsfähig anzuerkennen ist, wenn diese Voraussetzungen erfüllt sind.

Politische Bedeutung: Das Gesetz basiert auf den Ergebnissen einer Bund-Länder Arbeitsgruppe und wird nach der steuerlichen Förderung von Stiftungen als weiterer Schritt zur Verbesserung der rechtlichen Rahmenbedingungen für Stiftungen gesehen, um neue Impulse für das gemeinwohlorientierte Stiftungswesen zu geben.

• **Gesetz zur Änderung und Ergänzung vermögensrechtlicher und anderer Vorschriften (Vermögensrechtsergänzungsgesetz - VermRErgG)**
Vom 15. September 2000 verkündet am 21. September 2002 (BGBl. I Nr. 43 S. 1382). Der Bundestag hat das Gesetz am 26. April 2002 beschlossen. Der Bundesrat hat am 31. Mai 2002 den Vermittlungsausschuss angerufen.

Inhalt: Das Gesetz dient der Klarstellung gesetzlicher Bestimmungen zur Durchführung vermögensrechtlicher Verfahren im Vermögensgesetz, im Entschädigungsgesetz, im Ausgleichsleistungsgesetz und im NS-Verfolgtenentschädigungsgesetz. Außerdem können die geltenden Regelungen in Ausnahmesituationen zu unbilligen Ergebnissen führen; hier sollen gerechtere Lösungen ermöglicht werden.

Politische Bedeutung: In der Praxis aufgetretene Unklarheiten des Gesetzestextes sollen beseitigt und die Rechtslage für die Betroffenen verbessert werden, ohne die bislang getroffenen Grundentscheidungen in Frage zu stellen.

• **Strafrechtsänderungsgesetz-§ 129b StGB**
Der Bundestag hat das Gesetz am 26. April 2002 beschlossen. Der Bundesrat am 31. Mai 2002 den Vermittlungsausschuss angerufen und am 21. Juni 2002 Einspruch gegen das Gesetz eingelegt. Der Bundestag wird sich am 4. Juli 2002 mit dem Gesetz beschäftigen. Das Gesetz wurde unter dem Namen „Vierunddreißigstes Strafrechtsänderungsgesetz - § 129b StGB (34. StrÄndG)“ am 22. August 2002 ausgefertigt und anschließend verkündet (BGBl I S. 3390).

Inhalt: Das Gesetz sieht die Ausweitung der §§ 129, 129a StGB auf ausländische kriminelle oder terroristische Vereinigungen vor.

Politische Bedeutung: Das Gesetz setzt im Hinblick auf die Erstreckung der Strafbarkeit der Beteiligung an einer kriminellen Vereinigung auf die EU-Mitgliedstaaten eine Gemeinsame Maßnahme der EU vom 21. Dezember 1998 um und ist Teil der Maßnahmen zur Bekämpfung des internationalen Terrorismus nach den Anschlägen in den USA.

- **Gesetz zur Änderung der Strafprozessordnung (DNA-Spuren, IMSI-Catcher) (BGBl. 2002 I S. 3018)**

Der Bundestag hat das Gesetz am 17. Mai 2002 beschlossen.
Das Gesetz wurde unter dem Namen „Gesetz zur Änderung der Strafprozessordnung" am 6. August 2002 ausgefertigt und anschließend verkündet BGBl. I S. 3018.

Inhalt: Mit dem Gesetz soll klargestellt werden, dass auch für die molekulargenetische Untersuchung von Spuren unbekannter Täter eine richterliche Anordnung nach§ 81e StPO erforderlich ist. Es enthält ferner mit § 1OOi StPO Regelungen für den Einsatz sog. „IMSI-Catcher".

Politische Bedeutung: Diese Klarstellung ist nötig geworden, da es vereinzelt Entscheidungen von Landgerichten gibt, die die molekulargenetische Untersuchung von Spuren unbekannter Täter auch ohne richterliche Anordnung für zulässig erachten.

- **Gesetz zur Änderung des Pflichtversicherungsgesetzes und anderer versicherungsrechtlicher Vorschriften**

Der Bundestag hat das Gesetz am 17. Mai 2002 beschlossen.
Das Gesetz wurde unter dem Namen „Gesetz zur Änderung des Pflichtversicherungsgesetzes und anderer versicherungsrechtlicher Vorschriften" am 10. Juli 2002 ausgefertigt und anschließend verkündet BGBl. I S. 2586)

Inhalt: Das Gesetz dient in erster Linie der Umsetzung der Vierten Kraftfahrzeughaftpflicht-Richtlinie 2000/26/EG. Die Richtlinie sieht vor, die Versicherungen zu verpflichten, in jedem Mitgliedstaat

Schadensregulierungsbeauftragte zu benennen und Schäden aus Verkehrsunfällen innerhalb von drei Monaten zu regulieren. Die Mitgliedstaaten müssen Auskunftsstellen und Entschädigungsstellen einrichten oder anerkennen, die dem Geschädigten alle zur Regulierung seiner Ansprüche aus einem Verkehrsunfall notwendigen Daten mitteilen und unter bestimmten Voraussetzungen an Stelle des säumigen Versicherers den Schaden regulieren. Ferner sollen einige Anpassungen des Rechts der Kfz-Haftpflichtversicherung sowie einige Euro-Umstellungen vorgenommen werden.

Politische Bedeutung: Zweck der umzusetzenden europäischen Richtlinie ist es, im Interesse des Verbraucherschutzes Schwierigkeiten nach einem Verkehrsunfall im Ausland zu minimieren. Die Umsetzungsvorschriften sind laut Richtlinie vor dem 20. Juli 2002 zu erlassen und veröffentlichen und müssen vor dem 20. Januar 2003 in Kraft treten.

• Gesetz zur weiteren Reform des Aktien- und Bilanzrechts, zu Transparenz und Publizität (Transparenz- und Publizitätsgesetz - TransPuG)

Das Gesetz ist am 17. Mai 2002 vom Bundestag beschlossen worden. Das Gesetz wurde unter dem Namen „Gesetz zur weiteren Reform des Aktien- und Bilanzrechts, zu Transparenz und Publizität (Transparenz- und Publizitätsgesetz)" am 19. Juli 2002 ausgefertigt und anschließend verkündet (BGBl. 2002 I S. 2681). Es trat mit der Verkündung in Kraft, abgesehen von Art. 1 Nr. 1, 12, 13 und 13a, die zum 1. Januar 2003 in Kraft traten.

Inhalt: Das Gesetz soll die Arbeit der sog. Kodex-Kommission, die bis Frühjahr 2002 einen Deutschen Kodex Corporate Governance mit Verhaltensregeln zur Unternehmensführung und -kontrolle erarbeiten soll, begleiten. Dazu bedarf es unter anderem einer Verpflichtung zu einer sog. Entsprechenserklärung („comply or explain") im Aktiengesetz. Ferner sind Änderungen der Regelungen über den Aufsichtsrat und dessen Informationsversorgung sowie zur Deregulierung im Bereich Finanzierung, Hauptversammlung und Information der Aktionäre vorgesehen. Zu den Bereichen Rechnungslegung und Abschlussprüfung werden, z. T. in Umsetzung von Empfehlungen des Deutschen Rechnungslegungs Standards Committee (DRSC), zum Schutz der Anleger die Publizitätsanforderungen an kapitalmarktorientierte Unternehmen sowie und die Mitwirkungsaufgaben des Aufsichtsrates bei der Prüfung und Finalisierung des Konzernabschlusses erweitert. Ferner beinhaltet das Gesetz eine Modernisierung einzelner Vorschriften des Konzernbilanzrechts.

Politische Bedeutung: Mit dem Gesetz sollen Empfehlungen des Berichts der Regierungskommission „Corporate Governance" im Gesellschafts- und Bilanzrecht umgesetzt werden.

• Gesetz zur Änderung des Gesetzes zur Aufhebung nationalsozialistischer Unrechtsurteile in der Strafrechtspflege (NS-AufhGÄndG)

Das Gesetz ist am 17. Mai 2002 vom Bundestag beschlossen worden. Das Gesetz wurde unter dem Namen „Gesetz zur Änderung des Gesetzes zur Aufhebung nationalsozialistischer Unrechtsurteile in der Strafrechtspflege (NS-AufhGÄndG)" (BGBl. 2002 I S. 2714) am 23. Juli 2002 ausgefertigt and anschließend verkündet.

Inhalt: Durch das Gesetz zur Aufhebung nationalsozialistischer Unrechtsurteile in der Strafrechtspflege vom 25. August 1998 (NS-AufhG) werden nach§ 1 verurteilende strafgerichtliche Entscheidungen, die unter Verstoß gegen elementare Gedanken der Gerechtigkeit nach dem 30. Januar 1933 zur Durchsetzung oder Aufrechterhaltung des nationalsozialistischen Unrechtsregimes aus politischen, militärischen, rassischen, religiösen oder weltanschaulichen Gründen ergangen sind, aufgehoben. § 2 konkretisiert dies durch Regelbeispiele unter anderem auch dahingehend, dass Entscheidungen, die auf den in der Anlage zu § 2 Nr. 3 NS-AufhG genannten gesetzlichen Vorschriften beruhen, ohne Einzelfallprüfung als aufgehoben gelten. Nicht erfasst wurden durch diese Regelung bislang jedoch Verurteilungen homosexueller Männer nach den §§ 175, 175a Nr. 4 Reichsstrafgesetzbuch sowie eine Vielzahl von Verurteilungen unter anderem wegen Desertion (§ 69 Militärstrafgesetzbuch), Feigheit (§ 85) oder unerlaubter Entfernung (§ 64). Die Betroffenen mussten sich, um eine Aufhebung ihres Ur teils zu erhalten, einer Einzelfallprüfung durch die zuständige Staatsanwaltschaft unterziehen, die von den Betroffenen teilweise als unzumutbar empfunden wird.

Durch das Änderungsgesetz werden nun auch die entsprechenden Strafvorschriften des Reichsstrafgesetzbuchs und des Militärstrafgesetzbuchs ebenfalls in die Anlage zu§ 2 Nr. 3 des NS-AufhG aufgenommen, wodurch die Einzelfallprüfung entfällt und die entsprechenden Verurteilungen durch Gesetz aufgehoben werden.

Politische Bedeutung: Mit dem Gesetz soll eine angemessene Rehabilitierung der betroffenen Opfer nationalsozialistischer Unrechtsurteile in der Strafrechtspflege erreicht werden.

- **Gesetz zur Änderung des Rechts der Vertretung durch Rechtsanwälte vor den Oberlandesgerichten (OLG-Vertretungsänderungsgesetz - OLGVertrÄndG)**

Der Bundestag hat das Gesetz am 7. Juni 2002 beschlossen. Der Bundesrat hat am 21. Juni 2002 den Vermittlungsausschuss angerufen, der sich am 27. Juni 2002 geeinigt hat. Der Kompromiss ist am 28. Juni 2002 vom Bundestag beschlossen worden.
Das Gesetz wurde am 23. Juli 2002 unterer dem Namen „Gesetz zur Änderung des Rechts der Vertretung durch Rechtsanwälte vor den Oberlandesgerichten (OLG- Vertretungsänderungsgesetz - OLGVertrÄndG)“ (BGBl. 2002 I S. 2850) ausgefertigt und anschließend verkündet.

Inhalt: Mit dem Gesetz sollen die Regelungen über die Postulationsfähigkeit vor den Zivilgerichten geändert werden, nachdem das Bundesverfassungsgericht die Singularzulassung von Rechtsanwälten (Zulassung von Anwälten nur beim Oberlandesgericht) für mit dem Grundgesetz unvereinbar erklärt hat. Anwälte, die bei einem Oberlandesgericht zugelassen sind, sollen künftig auch bei allen anderen Oberlandesgerichten postulationsfähig sein. Zusätzlich soll durch den Gesetzentwurf auch das Gerichtsvollzieherkostengesetz geändert werden, um Unklarheiten zu beseitigen, die bei der Anwendung des neuen Gerichtsvollzieherkostenrechts entstanden sind. Ferner hat der Bundestag im Rahmen des Gesetzes u. a. eine Änderung des Widerrufsrechts bei Verbraucherverträgen im BGB sowie Änderungen des Gerichtsverfassungsgesetzes und der Prozessordnungen beschlossen, mit der die Gerichte verpflichtet werden, die geeigneten personellen und technischen Hilfsmittel für die Kommunikation mit hör-, sprach- und sehbehinderten Personen zur Verfügung zu stellen.

Politische Bedeutung: Als Folge der Entscheidung des Bundesverfassungsgerichts zur Singularzulassung von Rechtsanwälten und der Aufhebung der Lokalisation für die Vertretung vor den Landgerichten zum 1. Januar 2000 soll eine weitere Deregulierung erfolgen, wobei die qualitätssichernden Zulassungsvorschriften nicht geändert werden. Rechtssuchende sollen sich in der ersten und in der zweiten Instanz eines Zivilprozesses vom Anwalt ihres Vertrauens vertreten lassen können, unabhängig vom Sitz der Kanzlei. Die Änderung des Widerrufsrechts dient u. a. der Umsetzung eines Urteils des Europäischen Gerichtshofs. Die Modernisierung der Vorschriften über die gerichtliche Kommunikation von behinderten Menschen ist ein weiterer Baustein der Gleichstellung behinderter Menschen.

• **Gesetz zur Einführung der vorbehaltenen Sicherungsverwahrung**
Der Bundestag hat das Gesetz am 7. Juni 2002 beschlossen und dem Bundesra zugeleitet. Der Bundesrat hat am 21. Juni 2002 den Vermittlungsausschuss angerufen.
Der Bundesrat hat sich am 12. Juli 2002 erneut mit dem Gesetz beschäftigt. Das Gesetz wurde unter dem Namen „Gesetz zur Einführung der vorbehaltenen Sicherungsverwahrung" (BGBl. 2002 I S. 3344) am 21. August 2002 ausgefertigt und anschließend verkündet.

Inhalt: Das Gesetz sieht vor, dass ein Gericht bei eventuell hochgefährlichen Straftätern im Strafurteil die Unterbringung in der Sicherungsverwahrung nach Vollzug der Freiheitsstrafe nicht sofort gem. § 66 StGB anordnen muss, sondern die Sicherungsverwahrung unter bestimmten Voraussetzungen zunächst vorbehalten kann und die endgültige Anordnung durch die Strafvollstreckungskammer erfolgt, wenn nach Teil Verbüßung der Strafe die Gefährlichkeit des Verurteilten feststeht.

Politische Bedeutung: Mit dem neuen § 66a StGB sollen die Reaktionsmöglichkeiten bei hochgefährlichen Straftätern erweitert und die Gefahr falscher Prognosen verringert werden, damit Straftäter, deren besondere Gefährlichkeit erst zum Zeitpunkt der Entlassung aus dem Strafvollzug feststeht, in Sicherungsverwahrung verbleiben können, dabei jedoch den rechtsstaatlichen Garantien voll Rechnung getragen wird.

• Gesetz zur Änderung des Gerichtsverfassungsgesetzes und Gesetz zur Änderung des Grundgesetzes (Artikel 96)
Der Bundestag hat die Gesetze am 14. Juni 2002 beschlossen.
Der zweite Durchgang im Bundesrat erfolgte am 12. Juli 2002. Die Grundgesetzänderung wurde mit der erforderlichen 2/3 Mehrheit beschlossen, am 26. Juli 2002 unter dem Namen „Gesetz zur Änderung des Grundgesetzes Art. 96“ (BGBl. 2002 I S. 2863} ausgefertigt und anschließend verkündet.

Inhalt: Mit den Gesetzen sollen die Zuständigkeit der Oberlandesgerichte und des Generalbundesanwalts über den Völkermord hinaus auf alle Straftaten nach dem künftigen Völkerstrafgesetzbuch erstreckt und die verfassungsrechtlichen Grundlagen hierfür geschaffen werden. Dies erfordert entsprechende Änderungen bzw. Ergänzungen in Artikel 96 Abs. 5 Grundgesetz und in § 120 Abs. 1 Nr. 8 Gerichtsverfassungsgesetz.

Politische Bedeutung: Die Konzentration der erstinstanzlichen Verfolgungszuständigkeit bei den Oberlandesgerichten und beim Generalbundesanwalt ist wegen des Gewichts der Völkerrechtsverbrechen, der Besonderheit der Rechtsmaterie im Schnittfeld von Strafrecht und Völkerrecht, des regelmäßig gegebenen Auslandbezugs, der außenpolitischen Implikationen, der Notwendigkeit einer umfassenden Auseinandersetzung mit bewaffneten Konflikten und ihren Hintergründen und nicht zuletzt zur Vermeidung von Doppelarbeit und divergierenden Entscheidungen erforderlich.

• Vertragsgesetz und Ausführungsgesetz zu dem Zusatzprotokoll vom 18. Dezember 1997 zum Übereinkommen über die Überstellung verurteilter Personen
Über die Frage der Zustimmungsbedürftigkeit herrschte Streit. Der Bundesrat behandelte den Entwurf am 26. April und 12. Juli 2002. Nach dem Wortlaut der Verkündung war das Gesetz nicht zustimmungspflichtig. Es trat zum 21. Dezember 2002 unter dem Namen „Gesetz zu dem Zusatzprotokoll vom 18. Dezember 1997 zum Übereinkommen über die Überstellung verurteilter Personen (G- SIG: 14019924)“ BGBl. II, Nr. 45 - 20. 12. 2002, S. 2866) zum 21. 12. 2002 in Kraft.

Inhalt: Durch das Vertragsgesetz soll das am 18. Dezember 1997 gezeichnete Zusatzprotokoll ratifiziert werden. Dieses Zusatzprotokoll enthält Regelungen für die Überstellung Verurteilter, die aus dem Urteilsstaat geflohen sind oder die aus dem Urteilsstaat abgeschoben oder ausgewiesen werden können.

Politische Bedeutung: Es soll ermöglicht werden, dass mehr ausländische Straftäter auch ohne ihr Einverständnis zur Verbüßung ihrer Haft in ihr Heimatland überstellt werden können. Dies ist ein weiterer wichtiger Schritt zur Entlastung des Strafvollzugs und zur Erleichterung der Resozialisierung, wenn der Straftäter seinen Lebensmittelpunkt in seinem Heimatstaat hat.

- **Gesetz zur Anpassung von Rechtsvorschriften an veränderte Zuständigkeiten oder Behördenbezeichnungen innerhalb der Bundesregierung**

Das Gesetz ist am 13. Juni 2002 vom Bundestag beschlossen worden. Der zweite Durchgang im Bundesrat erfolgte am 12. Juli 2002. Das Gesetz wurde am 16. August 2002 unter dem Namen „Zuständigkeitanpassungsgesetz - ZustAnpG“ vom 16. August 2002, veröffentlicht am 21. August 2002 (BGBl. 2002 I S. 3165). Es trat gemäß Art. 5 zum 21. August 2002 in Kraft.

Inhalt: Bei Änderungen der Zuständigkeiten und Bezeichnungen der Ressorts inner halb der Bundesregierung sind die in Gesetzen und Rechtsverordnungen enthaltenen Behördenbezeichnungen auch formal im Wortlaut anzupassen. Die bisherige Regelung, die diese Anpassung einer Rechtsverordnung des BMJ im Einvernehmen mit den beteiligten Ressorts überträgt, führt angesichts des derzeitigen Bestands von ca. 2170 Stammgesetzen und 3130 Stammverordnungen im geltenden Bundesrecht zu hohem Zeit- und Abstimmungsaufwand. Das Gesetz soll den obersten Bundesbehörden innerhalb der Bundesregierung erlauben, im Nachgang zu einer Zuständigkeitsanpassungsverordnung des Bundesministeriums der Justiz, die Rechtsvorschriften ihres Zuständigkeitsbereichs mit dem geänderten Wortlaut ohne die bislang notwendige einzelgesetzliche Erlaubnis neu bekannt zu machen. Ferner dürfen sie Änderungen, die allein die Behördenbezeichnung betreffen, im Rahmen ohnehin anstehender Neubekanntmachung von Gesetzen und Rechtsverordnungen in eigener Verantwortung anpassen.

Politische Bedeutung: Das Gesetz zielt auf eine schnellere Umsetzung der Änderungen von Zuständigkeiten der Ressorts und von Bezeichnungen der obersten Bundesbehörden innerhalb der Bundesregierung, die durch Organisationserlasse des Bundeskanzlers angeordnet wurden, im Wortlaut der Rechtsvorschriften des Bundes.

• Gesetz zur Änderung des Ordnungswidrigkeitenverfahrensrechts (OWiVÄG)

Das Gesetz ist am 13. Juni 2002 vom Bundestag beschlossen worden. Der zweite Durchgang im Bundesrat ist für den 12. Juli 2002 vorgesehen. Das Gesetz ist zustimmungsbedürftig. Der zweite Durchgang im Bundesrat erfolgte am 12. Juli 2002. Das Gesetz wurde am 26. Juli 2002 unter dem Namen „Gesetz zur Änderung des Ordnungswidrigkeitenverfahrensrechts" ausgefertigt (BGBl. 2002 I S. 2864) und anschließend verkündet. Es trat zum 1. Oktober 2002 in Kraft.

Inhalt: Mit dem Gesetz soll die Anwendbarkeit der am 1. November 2000 in Kraft getretenen Regelungen des Strafverfahrensänderungsgesetzes (StVÄG) auf das Bußgeldverfahren konkretisiert werden. Das StVÄG regelt in den §§ 474 ff StPO die Verwendung personenbezogener Daten aus Strafverfahren, insbesondere deren Übermittlung und deren Verarbeitung in Dateien. Zwar sind diese Regeln über§ 46 Abs. 1. OWiG grundsätzlich sinngemäß auf das Bußgeldverfahren anzuwenden; doch sollen durch den Gesetzentwurf die Einzelheiten näher bestimmt werden.

Politische Bedeutung: Das Gesetz soll noch in dieser Legislaturperiode verabschiedet werden.

• Gesetz zu dem Zweiten Protokoll vom 19. Juni 1997 zum Übereinkommen über den Schutz der finanziellen Interessen der Europäischen Gemeinschaften (EG Finanzschutz-2. Protokoll-Gesetz); Gesetz zur Ausführung des zweiten Protokolls und weiterer strafrechtlicher Rechtsinstrumente der Europäischen Union

Die Gesetze sind am 13. Juni 2002 vom Bundestag beschlossen worden. Der zweite Durchgang im Bundesrat erfolgte am 12. Juli 2002. Das zustimmungsbedürftige Gesetz wurde am 22. August 2002 ausgefertigt (BGBl. I S. 3387) und anschließend verkündet.

Inhalt: Mit dem Ausführungsgesetz sollen das - zu ratifizierende - Zweite Protokoll vom 19. Juni 1997 zum Übereinkommen über den Schutz der finanziellen Interessen der Europäischen Gemeinschaften, die Gemeinsame Maßnahme betreffend die Bestechung im privaten Sektor vom 22. Dezember 1998 und der Rahmenbeschluss vom 29. Mai 2000 über die Verstärkung des mit strafrechtlichen und anderen Sanktionen bewehrten Schutzes gegen Geldfälschung im Hinblick auf die Einführung des Euro in nationales Recht umgesetzt werden. Die Ergänzungen im Zweiten Protokoll beziehen sich insbesondere auf Bestimmungen über die Geldwäsche, die Verantwortlichkeit juristischer Personen, Einziehung und Verfall sowie die Zusammenarbeit zwischen den Mitgliedstaaten und mit der Kommission. Die Gemeinsame Maßnahme ist Teil eines umfassenden Vorgehens der Europäischen Union gegen die Korruption; sie ergänzt die strafrechtlichen Rechtsinstrumente der Europäischen Union zur Bekämpfung von Bestechungshandlungen von und gegenüber Amtsträgern der Gemeinschaften und der Mitgliedstaaten. Der Rahmenbeschluss ergänzt den durch das Internationale Abkommen von 1929 zur Bekämpfung der Falschmünzerei geschaffenen internationalen Mindeststandard im Bereich der Geldfälschungsdelikte. Die Umsetzung der Rechtsinstrumente erfordert Ergänzungen und Klarstellungen zur Reichweite der §§ 149, 261, 299 StGB sowie eine Ausdehnung des § 30 OWiG mit Folgeänderungen und redaktionellen Anpassungen im StGB und OWiG.

Politische Bedeutung: Die strafrechtsbezogenen Rechtsinstrumente dienen im Rahmen des gemeinsamen Vorgehens und der Zusammenarbeit im Bereich der Justiz auf europäischer Ebene der Verbesserung der Verhütung und Bekämpfung bestimmter Erscheinungsformen von Straftaten (insbesondere im Bereich der Korruption und Geldfälschung).

- **Gesetz zu dem Übereinkommen vom 26. Mai 1997 über die Bekämpfung der Bestechung, an der Beamte der Europäischen Gemeinschaften oder der Mitgliedstaaten der EU beteiligt sind**

Das Gesetz ist am 13. Juni 2002 vom Bundestag beschlossen worden. Der zweite Durchgang im Bundesrat erfolgte am 12. Juli 2002. Das zustimmungsbedürftige Gesetz vom 21. Oktober 2002 wurde im

BGBl. 2002 II S. 2727 veröffentlicht. Das Übereinkommen selbst trat erst zum 28. September 2005 in Kraft.

Inhalt: Nach dem zu ratifizierenden Übereinkommen soll über die Bestechung nationaler Amtsträger hinaus allgemein die Bestechung und Bestechlichkeit von Gemeinschaftsbeamten und von Amtsträgern der Mitgliedstaaten mit Strafe bedroht werden. Das Übereinkommen geht über die Regelungen des Protokolls vom 27. September 1996 zum Übereinkommen über den Schutz der finanziellen Interessen der Europäischen Gemeinschaften hinaus, das solche Bestechungshandlungen nur erfasste, so weit durch sie die finanziellen Interessen der Europäischen Gemeinschaften geschädigt werden konnten. Strafrechtliche Mindestnormen sollen insbesondere zur Bekämpfung internationaler Bestechung eine größere Kompatibilität zwischen den Mitgliedstaaten sicherstellen und die strafrechtliche Zusammenarbeit verbessern. Der Gesetzentwurf enthält die zur Umsetzung des Übereinkommens erforderlichen Regelungen, soweit sie nicht schon durch das EU-Bestechungsgesetz vom 10. September 1998 eingeführt wurden.

Politische Bedeutung: Ziel des Übereinkommens ist es, innerhalb der Europäischen Union Bestechungshandlungen wirkungsvoller zu bekämpfen.

• **Gesetz zu dem internationalen übereinkommen vom 15. Dezember 1997 zur Bekämpfung terroristischer Bombenanschläge**
Das Gesetz ist am 13. Juni 2002 vom Bundestag beschlossen worden. Der zweite Durchgang im Bundesrat erfolgte am 12. Juli 2002. Das Gesetz wurde am 5. Oktober 2002 ausgefertigt und am 11. Oktober 2002 verkündet (BGBl. 2002 II S. 2506)

Inhalt: Ziel des Übereinkommens, dessen Ratifikation das Vertragsgesetz dient, ist es, die internationale Zusammenarbeit bei der Bekämpfung der speziellen Art des Terrorismus durch Bombenanschläge zu verbessern. Kern des Übereinkommens ist die Definition eines Straftatbestandes der Vorbereitung und Durchführung von Bombenanschlägen sowie die Beteiligung daran. Die Vertragsstaaten sind verpflichtet, unter gewissen Voraussetzungen diesen Tatbestand unter Strafe zu stellen sowie eine Gerichtsbarkeit darüber zu begründen. Die internationale strafgerichtliche Zusammenarbeit im

Hinblick auf dieses Delikt wird ausgebaut. Umsetzungsbedarf wird durch die Ratifikation dieses Übereinkommens in der Bundesrepublik Deutschland nicht ausgelöst, da alle aus dem Übereinkommen folgenden Verpflichtungen durch das geltende deutsche Recht bereits abgedeckt sind.

• **Sechstes Gesetz zur Änderung des Strafvollzugsgesetzes**
Das Gesetz ist am 13. Juni 2002 vom Bundestag beschlossen worden. Der zweite Durchgang im Bundesrat erfolgte am 12. Juli 2002.
Das zustimmungsbedürftige Gesetz wurde am 5. Oktober 2002 unter dem Namen „Sechstes Gesetz zur Änderung des Strafvollzugsgesetzes" (BGBl. 2002 I S. 3954) ausgefertigt und anschließend verkündet.

Inhalt: Nach bisheriger Rechtslage ist es nicht zulässig, zur Identitätsfeststellung in Justizvollzugsanstalten Lichtbilder von Gefangenen in den EDV-Anlagen der Justizvollzugsanstalten zu speichern und auf diese in Zweifelsfällen zuzugreifen. Durch das Gesetz soll eine solche Speicherung und Nutzung von Lichtbildern ermöglicht werden, wobei der Nutzerkreis auf das notwendige Maß beschränkt werden soll. Außerdem wird die Übermittlung der Lichtbilder an Strafverfolgungsbehörden ermöglicht, wenn sie für Fahndungs- und Festnahmezwecke gebraucht werden. Ferner soll durch das Gesetz eine Ermächtigungsgrundlage für die Übermittlung personenbezogener Daten von Gefangenen an die Finanzbehörden zu Zwecken der Besteuerung geschaffen werden.

b) Gesetzentwürfe

• **Entwurf eines Gesetzes zur Umsetzung der europäischen Biopatentrichtlinie (98 / 44 / EG)**
Der Regierungsentwurf ist am 18. Oktober 2000 vom Kabinett beschlossen worden. Der erste Durchgang im Bundesrat hat am 1. Dezember 2000 stattgefunden. Die Gegenäußerung ist am 21. März 2001 vom Kabinett beschlossen worden. Die erste Lesung im Bundestag ist am 21. Juni 2001 erfolgt. Am 17. Oktober 2001 hat eine Expertenanhörung stattgefunden.

Inhalt: Durch eine Änderung des Patentgesetzes soll die Technologie-Richtlinie der EG von 1998 umgesetzt werden. Durch die Biotechnologie-Richtlinie werden die Mitgliedstaaten der EU verpflichtet, biotechnologische Erfindungen durch das Patentrecht zu schützen; Erfindungen können auch patentiert werden, wenn sie ein Erzeugnis aus biologischem Material oder ein Verfahren zur Herstellung von biologischem Material zum Gegenstand haben. Gegenstand des Patents ist allerdings nur der (erfinderisch) isolierte Stoff als solcher und nicht die Gegenstände, in die dieser Stoff eingebracht wird.

Politische Bedeutung: Der Gesetzentwurf soll eine einheitliche Anwendung der Patentierungsmöglichkeiten und Patentierungsverbote für biotechnologische Erfindungen in der EU sicherstellen. Wichtig ist dabei vor allem, dass die aus ethischen Gründen notwendigen Grenzen der Patentierung gewahrt bleiben. Insofern sollen konkrete Schranken für die Patentierbarkeit bei biotechnologischen Erfindungen festgelegt werden.

Sowohl der menschliche Körper in allen Phasen seiner Entstehung und Entwicklung als auch die bloße Entwicklung eines seiner Bestandteile, eines Gens, können danach keine patentierbaren Erfindungen darstellen.

Der Bundestag stimmte erst am 30. November 2004 dem Gesetz zur Umsetzung der Richtlinie zu.

- **Entwurf eines Gesetzes zur Neuordnung des Rechtsanwaltsvergütungsrechts (Rechtsanwaltsvergütungs-Neuordnungsgesetzes - RVNeuOG)**

Der von den Koalitionsfraktionen eingebrachte Entwurf ist vom Bundestag am 16. Mai 2002 in erster Lesung behandelt worden. Die 2./3. Lesung ist für den 5 Juli 2002 vorgesehen; der Bundesrat würde sich dann am 27. September 2002 mit dem Gesetz befassen. Das Gesetz ist zustimmungsbedürftig.

Inhalt: Der Gesetzentwurf soll zu einer Vereinfachung des Rechtsanwaltsgebührenrechts und einer größeren Transparenz und Angleichung an den Aufbau der übrigen Kostengesetze durch ein übersichtliches Vergütungsverzeichnis für Gebühren und Auslagen führen. Erfasst werden bisher nicht geregelte anwaltliche

Tätigkeiten wie z.B. Mediation, Hilfeleistung in Steuersachen und Zeugenbeistand. Gezielt gestärkt werden sollen beratungsintensivere Dienstleistungen wie Streitvermeidung und Streitschlichtung. Eine leistungsorientiertere Vergütung soll erreicht werden durch eine verbesserte und differenziertere Vergütung für das strafrechtliche Ermittlungsverfahren, eine Verbesserung der Vergütung des Pflichtverteidigers, eine Neustrukturierung der Vergütung für das Bußgeldverfahren, eine Umgestaltung der bisherigen Vergleichsgebühr zu einer Eingangsgebühr für jede Form der vertraglichen Streitbeilegung sowie eine Förderung von Gebührenvereinbarungen. Die Vergütungen der Rechtsanwälte wurden seit 1994 nicht mehr verändert; die Neustrukturierung des Vergütungsrechts wird für die Anwaltschaft zu Mehreinnahmen in Höhe von rund 12 % führen.

Politische Bedeutung: Das Gesetz soll noch in dieser Legislaturperiode verabschiedet werden. Der Entwurf ist Teil einer Kostenstrukturreform. Er soll in der nächsten Legislaturperiode um eine Reform des Gerichtskostengesetzes und um eine Neuordnung der Vergütung von Sachverständigen, Dolmetschern und Übersetzern sowie der Entschädigung von ehrenamtlichen Richtern und Zeugen ergänzt werden.

Der Entwurf beruhte auf den Vorschlägen der vom BMJ eingesetzten Expertenkommission zum Gebührenrecht vom August 2001. Das Gesetz wurde nicht mehr in der 14. Legislaturperiode verabschiedet. Vielmehr wurde am 11. 11. 2003 ein interfraktioneller Gesetzentwurf eingebracht. Der Bundesrat behandelte den Entwurf am 12. März 2004. Der Bundestag verabschiedete das zustimmungspflichtige Gesetz am 12. Februar 2004. Es wurde als „Gesetz zur Modernisierung des Kostenrechts (Kostenrechtsmodernisierungsgesetz - KostRMoG) am 5. Mai 2004 verkündet (BGBl. I 2004, Nr. 21, s. 718). Es trat zum 1. Juli 2004 in Kraft, abgesehen von Art. 5, der zum 1. Juli 2006 in Kraft trat.

• **Entwurf eines Gesetzes zur Reform des Sanktionenrechts**
Im Februar 2000 waren Eckpunkte erstellt worden, die in der Koalition abgestimmt wurden. Außerdem liegt der Bericht der Strafrechtskommission inzwischen vor. Im Dezember 2000 wurde ein Referentenentwurf an Ressorts, Länder und Verbände versandt, der keine Regelung zur Einheitsstrafe enthält. Die Stellungnahmen wurden ausgewertet und der Hausleitung wurde ein überarbeiteter Entwurf vorgelegt. Die

Koalitionsfraktionen haben einen Gesetzentwurf vorgelegt, der am 27. Juni 2002 in 1. Lesung im Bundestag behandelt worden ist.

Inhalt: Durch Änderungen des strafrechtlichen Sanktionensystems sollen die gemeinnützige Arbeit als Sanktion gefördert, das Fahrverbot und die Verwarnung mit Strafvorbehalt erweitert und Änderungen im Bereich der Geldstrafe vorgenommen werden. Ein Teilbetrag der Geldstrafen soll von den Gerichten unmittelbar Organisationen der Opferhilfe zugewiesen werden.

Politische Bedeutung: Das geltende Sanktionensystem gibt den Gerichten zu wenig Gestaltungsmöglichkeiten, um vor allem im Bereich kleiner und mittlerer Kriminalität auf Straftäter einzuwirken. Die Reform will diese Möglichkeiten verbessern. Ihr Ziel ist es - soweit möglich - die Vollstreckung von kurzen Freiheits- und Ersatzfreiheitsstrafen zu vermeiden. Unerwünschte Nebenwirkungen von Freiheitsstrafen sollen so verhindert oder abgeschwächt werden. Der Strafvollzug wird von Fällen entlastet, in denen er nicht erforderlich ist, und seine Kapazitäten werden für diejenigen Straftäter offen gehalten, bei denen er notwendig ist. Daneben will die Reform für eine bessere Berücksichtigung von Opferinteressen im Rahmen des Geldstrafensystems sorgen.

Das Gesetz wurde nicht mehr in der 14. Legislaturperiode verabschiedet. Im Juni 2003 unternahm das BMJ einen neuen Anlauf mit einem Referentenentwurf. Er sah vor, ambulante Sanktionen auszuweiten und insbesondere kurze Ersatz (Freiheitsstrafen) zu vermeiden. Gemeinnützige Arbeit, Fahrverbot und Verurteilung mit Strafvorbehalt sollten ausgeweitet werden. Außerdem sollten im vollstreckungsrechtlichen Bereich der Geldstrafe Opferbelange stärker berücksichtigt werden. Damit blieb er hinter unserem Entwurf allerdings zurück. Auch der Gesetzentwurf der Bundesregierung „Gesetz zur Reform des Sanktionenrechts“ in der 15. Legislaturperiode (BT-Drucks. 15/2725) wurde nicht verabschiedet.

Personenverzeichnis

Bildnachweise

Bundestagsgebäude, Adobe Stock, Buchtitel
Redner am Rednerpult, Deutscher Bundestag, Buchtitel
Rückseite des Titels: Antje Pick
Allgemeine Zeitung, Mainzer Anzeiger, S. 49, 129, 152
Klaus Benz, S. 73, 110, 117
Bundespresseamt, S. 184, 233, 241
Cita del vaticano, S. 237
Deutsche Grammophon, S. 95
Deutscher Bundestag, S. 121,165, 191
Echter-Verlag, S. 250
Editions Chantal, S. 56
Günter Floch, S. 174
Jüdische Gemeinde Mainz, S. 100 (unten)
Limpert-Verlag, S. 37
Mainzer Rhein-Zeitung, S. 174, 179
Privat, S. 11, 12, 14, 15, 16, 18, 21, 29, 35, 46, 50, 51, 52, 59, 75, 94, 100 (oben), 111, 126, 130, 136, 139, 156, 161, 177, 192, 195, 208
Progress-Verlag, S. 36 oben
Rabanus-Maurus-Gymnasium, S. 23
Région Mont Tremblant, S. 239
SPD, S. 114, 126, 173, 176
Universität Mainz, S. 53
Wolfgang Volz, S. 148
Gemeinde Westenhagen, S. 135
Uhren Willenberg, S. 58
Ph. v. Zabern-Verlag, S. 31

Impressum

Herausgeber: Eckhart Pick
Autor: Eckhart Pick
Herstellung: verlag regionalkultur
Layout und Satz: hjwiehr, Oppenheim
Umschlaggestaltung: hjwiehr, Oppenheim
Endkorrektorat: Eckhart Pick

ISBN: 978-3-95505-498-4

Bibliographische Information der Deutschen Bibliothek
Die Deutsche Bibliothek verzeichnet diese Publikation in der Deutschen Nationalbibliographie; detaillierte bibliographische Daten sind im Internet über http://dnb.de abrufbar.

Diese Publikation ist auf alterungsbeständigem und säurefreiem Papier (TDF nach ISO 9706) gedruckt entsprechend den Frankfurter Forderungen.

verlag regionalkultur
Ubstadt-Weiher, Heidelberg, Speyer, Stuttgart, Basel
Korrespondenzadresse:
Bahnhofstraße 2, D-76698 Ubstadt-Weiher
Tel. 07251 36703-0, Fax 07251 36703-29
E-Mail kontakt@verlag-regionalkultur.de
Internet www.verlag-regionalkultur.de